本书出版获陕西师范大学优秀学术著作出版基金资助

陕 西 师 范 大 学 史 学 丛 书

大明宫研究

杜文玉 ◎ 著

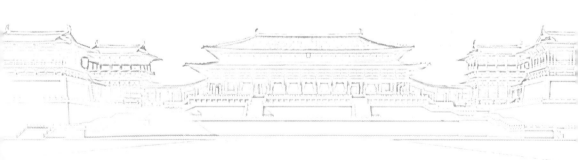

中国社会科学出版社

图书在版编目（CIP）数据

大明宫研究/杜文玉著. —北京：中国社会科学出版社，2015.9
ISBN 978 - 7 - 5161 - 6484 - 6

Ⅰ.①大…　Ⅱ.①杜…　Ⅲ.①宫殿遗址—研究—西安市—唐代
Ⅳ.①K878.3

中国版本图书馆 CIP 数据核字（2015）第 152621 号

出 版 人	赵剑英
责任编辑	宋燕鹏
责任校对	张依婧
责任印制	李寡寡

出　　版	中国社会科学出版社
社　　址	北京鼓楼西大街甲 158 号
邮　　编	100720
网　　址	http://www.csspw.cn
发 行 部	010 - 84083685
门 市 部	010 - 84029450
经　　销	新华书店及其他书店

印刷装订	三河市君旺印务有限公司
版　　次	2015 年 9 月第 1 版
印　　次	2015 年 9 月第 1 次印刷

开　　本	710×1000　1/16
印　　张	22.75
字　　数	384 千字
定　　价	80.00 元

目　　录

前　言

在唐长安城中的三大内中，大明宫是最为辉煌壮丽的建筑群，也是唐朝历代皇帝居住时间最长的一处宫殿群，被视为大唐帝国的政治中心。大明宫遗址历经1100多年的岁月，虽然屡遭人为和自然的破坏，却一直保存至今。自1961年被国务院公布为首批全国文物保护单位以来，陕西省和西安市政府采取了许多措施，对其遗址进行了保护。如今已在其遗址上建成了国家级大型历史文化遗址公园，除了继续加强对遗址的保护外，还发挥了历史教育的功能，是我国在大型历史遗址保护方面的一个创举。

由于大明宫在唐朝的重要地位，所以中外学者都对其表示出了极大的关注，进行了比较深入的研究。这些研究大体上可分为两大类，一类是对大明宫遗址进行考察、发掘，另一类则是利用文献记载和考古资料进行研究。就前一类而言，早在1907年9月，日本学者足立喜六就到大明宫遗址进行过考察，拍摄了一些建筑遗址的照片，尤为可贵的是拍下了含元殿遗址的全景照片，并且留下了文字记录。[1] 同年10月又一位日本学者桑原骘藏也考察过大明宫遗址，留下了一些珍贵的照片。[2] 这些都是100多年前大明宫建筑遗址的照片，其珍贵之程度是不言而喻的。关于大明宫遗址的考古调查工作始于1957年，迄今已历时半个多世纪，前后共进行了9次规模不等的探测与发掘活动。发掘的大明宫建筑遗址主要有：含元殿、麟德殿、右银台门、清思殿、三清殿、东朝堂、右藏库、含耀门、丹凤门、太液池、御道等，同时还出土了大量建筑材料残片以及各类文物。这些考古活动为大明宫的研究提供了丰富的资料，有力地推动了大明宫研

---

① ［日］足立喜六：《长安史迹研究》，三秦出版社2003年版。

② ［日］桑原骘藏：《考史游记》，中华书局2007年版。

究的深入发展。①

　　后一类的研究成果较多，其中著作类的成果主要有：马得志的《唐长安大明宫》② 属于田野考古报告一类，内容包括了 1957 年至 1959 年前半年中国科学院考古研究所对大明宫的考古发掘成果，其中也涉及其对大明宫一些建筑遗址的研究结论。日本学者平冈武夫在 20 世纪 50 年代先后出版了《唐代的长安与洛阳》（地图篇）、《唐代的长安与洛阳》（资料篇）以及其与今井清合著的《唐代的长安与洛阳》（索引篇），③ 其中收有不少有关大明宫的地图和相关研究资料，是研究大明宫建筑历史的重要参考资料。辛德勇的《隋唐两京丛考》④ 有些内容也涉及大明宫的部分建筑的地理方位，如凌霄门、玄化门、晨晖楼、翰林院、学士院和少阳院等。李健超的《增订唐两京城坊考》⑤ 其中部分内容也涉及大明宫，不过其对宫内建筑物的方位涉及不多，且所附大明宫图仍然沿用清人徐松的《唐两京城坊考》的《西京大明宫图》。马得志的《唐代长安宫廷史话》⑥ 虽然非大明宫方面的专书，但是其中也涉及了不少这方面的内容。杨希

---

　　① 陕西省文管会：《唐长安城地基初步探测》，《人文杂志》1958 年第 3 期；马得志：《1959—1960 年唐大明宫发掘简报》，《考古》1961 年第 7 期；马得志：《唐长安城发掘新收获》，《考古》1984 年第 4 期；中国社科院考古所西安唐城队：《陕西唐大明宫含耀门遗址发掘记》，《考古》1988 年第 11 期；中国社科院考古所西安唐城队：《唐大明宫含元殿遗址 1995—1996 年发掘报告》，《考古学报》1997 年第 3 期；中国社科院考古所西安唐城队：《关于唐含元殿遗址发掘资料有关问题的说明》，《考古》1998 年第 2 期；中国社科院考古所、日本独立行政法人文化财研究所奈良文化财研究所：《唐长安大明宫太液池遗址考古新收获》，《考古》2003 年第 11 期；中国社科院考古所、日本独立行政法人文化财研究所奈良文化财研究所：《唐长安城大明宫太液池遗址发掘简报》，《考古》2003 年第 11 期；中国社科院考古所、日本独立行政法人文化财研究所奈良文化财研究所：《西安唐大明宫太液池南岸遗址发现大型廊庑建筑遗存》，《考古》2004 年第 9 期；中国社科院考古所、日本独立行政法人文化财研究所奈良文化财研究所：《西安市唐长安城大明宫太液池遗址》，《考古》2005 年第 7 期；中国社科院考古所、日本独立行政法人文化财研究所奈良文化财研究所：《西安唐长安城大明宫太液池遗址的新发现》，《考古》2005 年第 12 期；中国社科院考古所西安唐城队：《西安市唐长安城大明宫丹凤门遗址的发掘》，《考古》2006 年第 7 期；龚国强：《唐大明宫含元殿遗址以南的考古新发现》，《考古》2007 年第 9 期等。
　　② 科学出版社 1959 年版。
　　③ 分别为陕西人民出版社 1957 年版；上海古籍出版社 1989 年版；上海古籍出版社 1991 年版。
　　④ 三秦出版社 2006 年版。
　　⑤ 三秦出版社 1996 年出版，2006 年版，三秦出版社又出版了修订版。
　　⑥ 新华出版社 1996 年版。

义、孙福喜等所撰的《大明宫史话》① 主要论述了发生在大明宫的事件及生活在其中的人物，对宫内的建筑的方位与功能论述极少。最近出版的杨鸿勋的《大明宫》② 对宫内的建筑涉及较多，不过此书更多的是从古建筑复原的角度展开论述的，虽然也多少提及建筑的方位和功能，有一定的参考价值，但存在的错误仍然不少。这主要是由于作者系古建筑方面的专家，对古文献的搜集和掌握不够丰富所致。

此外，刘敦桢的《中国古代建筑史》、傅熹年的《中国古代建筑史》、王其钧的《华夏营造：中国古代建筑史》、杨鸿年的《隋唐宫廷建筑考》、张永禄的《唐都长安》等书，③ 虽然都不是研究大明宫的专书，但均有程度不同的参考价值。类似这样有关古代建筑方面的专著和教材还有不少，就不一一列举了。

有关大明宫研究的论文比较多，综论方面的成果主要有：宿白的《隋唐长安城与洛阳城》、王静的《唐大明宫的构造形式与中央决策部门职能的变迁》和《唐大明宫内侍省及内使诸司的位置与宦官专权》、《唐朝大明宫初建史事考述》等。④ 日本学者松本保宣的《唐王朝の宫城と御前会议——唐朝听政制度の展开》和渡边信一郎的《天空の玉座——中国古代帝国の朝政と仪礼》两书，⑤ 也涉及一些有关大明宫建筑功能的问题。另一位日本学者妹尾达彦的《大明宫的建筑形式与唐后期的长安》一文，⑥ 对大明宫的建筑形式以及与唐后期的政治、礼仪、军事、宗教、文学等方面的关系，进行了宏观的论述。除了以上研究成果，中外学者中类似的研究成果还有不少，如妹尾达彦的《中唐の社会と大明宫》、秦建明和董鸿闻等的《唐初诸陵与大明宫的空间布局初探》、吴永江的《唐大

---

① 陕西人民出版社 2011 年版。

② 科学出版社 2013 年版。

③ 分别为中国建筑工业出版社 1984 年版；中国建筑工业出版社 2001 年版；中国建筑工业出版社 2010 年版；陕西人民出版社 1992 年版；三秦出版社 2010 年版。

④ 分见于《考古》1978 年第 6 期；《文史》2002 年第 4 期；《燕京学报》第 16 期；《文博》2006 年第 6 期。

⑤ 柏书房 1996 年版；晃洋书房 2006 年版。

⑥ 《中国历史地理论丛》1997 年第 4 期。

明宫遗址》等论文。①

　　关于大明宫建筑物方位及功能的研究，主要集中在一些单体建筑的研究方面，如葛承雍的《唐代的左藏、右藏与内藏》、矢野主税的《唐代にぉけゐ翰林学士院にいて》、辛德勇的《大明宫西夹城与翰林院学士院诸问题》、徐茂明的《唐代翰林院和翰林学士设置时间考辨》、刘健明《论唐代的翰林院》等，② 涉及了左右藏库与翰林院。李向菲的《唐大明宫浴堂殿方位考》和樊波的《唐大明宫玉晨观考》，③ 对浴堂殿与玉晨观方位的研究有一定的参考价值。关于大明宫含元殿的研究成果最多，仅傅熹年前后就发表了多篇专题论文，如《唐长安大明宫含元殿原状的探讨》《对含元殿遗址及原状的再讨论》和其撰写由日人福田美穗翻译的《含元殿遗构とその当初の状态に对する再检讨》等文章。马得志则发表了名为《唐代大明宫含元殿の建筑样式とその源流》的文章。杨鸿勋也有数篇专门研究含元殿的文章，如《唐长安大明宫含光殿应为五凤楼形制》《唐长安大明宫含元殿复原再论》《唐长安大明宫含元殿の复元的研究》等。此外，安家瑶有《唐大明宫含元殿遗址的几个问题》《唐大明宫含元殿龙尾道形制的探讨》等文章。④ 关于麟德殿的研究也比较多，如郭湖生的《麟德殿遗址的意义和初步分析》、刘致平与傅熹年合著的《麟德殿复原的初步研究》、张十庆的《麟德殿"三面"说浅析》、王仲殊的《试论唐长安城大明宫麟德殿对日本平城京、平安京宫殿设计的影响》等。⑤ 在这些研究中，除了翰林院与左右藏库的地理方位因记载不清有所争议外，含元殿

　　① 收入《中唐文学の视角》，东京创文社 1998 年版；《文博》2003 年第 4 期；《文物》1981 年第 7 期。

　　② 分别刊于《人文杂志》1990 年第 5 期；《史学研究》50 卷，1953 年；《陕西师大学报》1987 年第 1 期；《苏州大学学报》1992 年第 3 期；《食货月刊复刊》1986 年第 7、8 期合刊。

　　③ 分别刊于《中国历史地理论丛》2008 年第 4 辑；《唐代国家与地域社会研究》，上海古籍出版社 2008 年版。

　　④ 以上分见于《文物》1973 年第 7 期；《考古学报》1977 年第 2 期；《佛教艺术》246 卷，1999 年，《东ァジァの古代文化》93 卷，1997 年，《文物天地》1991 年第 5 期；《城市与设计》1997 年第 1 期；《佛教艺术》233 卷，1997 年；收入《论唐代城市建设》，陕西人民出版社 2005 年版；收入《新世纪的中国考古学》，科学出版社 2005 年版。

　　⑤ 《考古》1961 年第 11 期，《考古》1963 年第 7 期，《考古》1992 年第 5 期，《考古》2001 年第 2 期。

与麟德殿的地理方位十分明确，不存在分歧，所以有关它们的研究多集中在形制和复原等方面，这些的研究虽然十分必要，但却与本书的内容关系不甚密切。

对大明宫内其他建筑物的研究成果主要有：傅熹年《唐长安大明宫玄武门及重玄门复原研究》、刘健明《论唐玄宗时期的集贤院》、中纯子《中唐の集贤院——中唐诗人にとっての宫中藏书》、松本保宣《唐后半期における延英殿の机能について》、杨希义《唐延英殿补考》、王永平《论唐代道教内道场的设置》、佐藤武敏《唐の朝堂について》等。[①]

在大明宫建筑对外的影响方面，也有不少研究成果，主要有：王维坤的《隋唐长安城与日本平城京的比较研究——中日古代都城研究之一》、王仲殊的《论日本古代都城宫内太极殿龙尾道》和《试论唐长安城大明宫麟德殿对日本平城京、平安京宫殿设计的影响》等。[②] 此外，日本学者也有一些同类的论著，就不一一列举了。

研究大明宫最主要典籍是宋敏求的《长安志》一书，此书是目前存世最早的一部有关古长安地理和历史的志书，是其为了弥补唐人韦述的《两京新记》一书记述疏略而撰写的一部重要典籍，由于韦书亡佚已久，所以其史料价值更显得珍贵。《长安志》美中不足的是没有配图，为了弥补这一缺憾，元人李好文编绘了地图三卷，并辅以文字，取名为《长安志图》，附在《长安志》之前以传世。清人编辑《四库全书》时，其馆臣妄加揣测，将其书一分为二，分别刊行。2013 年，辛德勇、郎洁整理点校此书时，重新将《长安志》与《长安志图》合刊为一书，这一点值得称赞。唯此次整理校点较为疏略，还算不上精勘精校的本子。此书已由三秦出版社出版。

宋人程大昌的《雍录》一书，是又一部研究大明宫必须参阅的典籍。此书在记述长安地理沿革、宫室、山川、历史时，还利用了各种典籍加以考证，纠正了不少错误。正因为这个原因，所以此书并不像《长安志》

---

① 《考古学报》1977 年第 2 期；收入《隋唐史论集》，香港大学亚洲研究中心 1993 年版；《东方学》96 卷，1998 年；《立命馆文学》516 卷，1990 年；《文博》1987 年第 3 期；《首都师范大学学报》1999 年第 2 期；收入《难波宫と日本古代国家》，东京，1977 年版。

② 《西北大学学报》1990 年第 1 期，《考古》1999 年第 3 期，《考古》2001 年第 2 期。

那样记述系统，而是采取了札记的形式，编排也比较杂乱。此书还有一个好处，即收有不少相关的图幅，黄永年先生认为最重要的是转绘了《阁本大明宫图》和吕大防的《长安图》，并且尽量保存了原貌。目前最好的本子是黄永年亲自点校的本子，由中华书局 2002 年出版。

元人骆天骧的《类编长安志》一书，也是一部比较重要的典籍。此书把宋敏求的《长安志》加以分类，并据《三辅黄图》《雍录》等书及宋、金、元时期的有关文献，重新加以编排。其中遗址故迹多经撰者亲自考察，殊为翔实可信。又，今本《长安志》存在一些脱误，而《类编长安志》由于极少刊刻，故并未脱误。关于此书存在的不足以及其所具有的史料价值，黄永年先生已有详尽的论述，就不多说了。[①] 最好的版本当属黄永年点校的本子，早在 1990 年已由中华书局出版。

入清以来，又有一批涉及大明宫的志书和著作相继问世，如毕沅《关中胜迹图志》、董曾臣《长安县志》、陆耀遹《咸宁县志》、徐松《唐两京城坊考》、程鸿诏《唐两京城坊考校补记》等，其中最有学术价值的当属徐松的《唐两京城坊考》一书。徐松以宋敏求《长安志》为基本史料，采集碑石传记，参以《雍录》《阁本大明宫图》、李好文《长安图》等，补充了许多内容，并纠正了《长安志》的一些讹误和脱漏。但是此书也存在不少遗漏和错误，这一点后人早有指出。[②]

研究大明宫离不开地图，存留至今的古图主要有：吕大防《唐长安图·大明宫图》《六典大明宫图》《阁本大明宫图》、李好文《长安志图·唐大明宫图》、毕沅《图中胜迹图志·唐大明宫图》、徐松《唐两京城坊考·西京大明宫图》以及清代《长安县志》《咸宁县志》和《陕西通志》所附的大明宫图。近代以来中外学者也绘了不少大明宫图，大都是参照古大明宫图而有所补正。对古地图的研究和复原中外学者也有一些成果，如张鹏一《唐大明、兴庆两宫图残石跋文》、高良佐《石刻唐大明·兴庆两宫图考》、福山敏男《唐长安城の东南部——吕大防长安图碑

---

① 《述〈类编长安志〉的史料价值》，《中国古都研究》第 1 辑，浙江人民出版社 1985 年版。

② 如辛德勇《〈唐两京城坊考〉述评》，《历史地理》1995 年第 12 辑；邱晨音《〈唐两京城坊考〉正误一则》，《中国历史地理论丛》1991 年第 2 辑；寒石《〈唐两京城坊考〉增补质疑》，《书品》2000 年第 6 期等。

の复原》、李健超《宋吕大防〈长安图〉述略》、辛德勇《考〈长安志〉、〈长安志图〉的版本——兼论吕大防〈长安图〉》等。① 学界之所以对吕大防的图比较关注，研究较多，主要是因为吕大防在绘制此图时不仅参阅了大量的文献，而且还进行了实地考察与测绘，学术价值较高。再加之此图刻碑以后至今已有残缺，从而为后世学人研究留下了很大的余地。所有这些与大明宫有关的地图的绘制，是历代学者对大明宫研究结晶的体现，具有极大的参考价值。不可否认的是，这些地图均程度不同地存在着这样或那样的讹误和疏漏。

本书在充分吸收以上这些研究成果的基础上，广泛地搜集各种史料，除了以上提到过的研究大明宫的重要典籍外，举凡正史、政书、类书、文集、笔记、碑志以及考古发掘资料等，也都在搜集的范围内。经过对所收集来的史料整理、排比、研究，发现《长安志》《雍录》《唐两京城坊考》等书对大明宫中的许多建筑物地理方位的记载讹误甚多，同时也存在一些脱漏。上述的这些古代地图也同样存在这样的问题。即使有关大明宫的考古报告，对其中一些建筑物的定名也有不准确的现象，一方面是因其对史料的占有不够所致，另一方面也与学术界对大明宫建筑的研究不充分有关，没有为考古工作者提供更准确的参考资料。

本书主要涉及了五个方面的内容，具体情况是：一，对宫内许多建筑的地理方位进行了详尽地考证，以纠正讹误，恢复其正确的方位。二，大明宫中的一些重要建筑物的方位，如丹凤门、建福门、望仙门、含元殿、宣政殿、紫宸殿、麟德殿等，都是十分明确的，不存在任何争议，但是对其功能的探讨却不充分，故本书在这方面进行了较深入的探讨。三，对宫内的宗教建筑的方位和功能进行了研究，主要指佛寺和道观，包括一些虽然不是寺观，却与宗教有关的建筑，如灵符应圣院、玄元皇帝庙、三清殿等。四，对《长安志》等书记载脱漏的一些宫内建筑的地理方位和功能进行了考证，包括完全没有记载，或虽有记载但却有疏漏，或定名不准确的建筑。五，对大明宫的娱乐性建筑的方位和功能进行了考证，如走马

---

① 分见于《北平研究院院务汇报》1934 年第 5 卷第 4 期，《大陆杂志》1952 年第 4 卷第 8 期，《古代学》1953 年第 2 卷第 4 期，《西北历史资料》1984 年第 2 期；《古代文献研究集林》第 2 辑，陕西师范大学出版社 1992 年版。

楼、斗鸡楼、诸球场、教坊和梨园等。

还有两个问题需要说明：一是本书所涉及的并非大明宫的全部建筑，对地理方位和功能没有疑义的建筑则不予涉及；二是对本书已考证过的建筑方位重新制图进行标绘，以便更加直观地反映大明宫建筑的方位。

本书只是撰者对大明宫的研究一个初步的工作，还有不少方面值得深入探讨，由于史料所限，只好暂时收手。同时由于撰者能力有限，对本书存在的不足，欢迎学界批评指正。

第 一 章
诸宫门的方位与功能

大明宫内外宫门众多，但是重要的却并不多，主要有丹凤门、建福门、望仙门、左右银台门、九仙门、东西上阁门、光顺门、玄武门与重玄门等。这些宫门之所以重要，主要体现在政治性、安全性与功能等方面，所以有单独研究的必要。

一 丹凤门

丹凤门是唐大明宫的南门，其西为建福门、兴安门，其东为望仙门、延政门，丹凤门处在正中的位置。其建于唐高宗龙朔二年（662），建成之初就称丹凤门。丹凤门不是一座单纯出入宫廷的门式建筑物，在国家礼制方面也具有十分重要的意义。在国家礼制方面，丹凤门的主要作用表现在皇帝登基、大赦、改元、宴见等方面。这些活动大部分属于外朝之制的一部分内容，而且并不一定全在丹凤门举行，可以这样说，丹凤门只是唐朝举行外朝的场所之一，其与含元殿一起均为唐朝举行外朝典礼的场所。关于这一点后面还要详述，这里就不再多说了。

丹凤门遗址在今西安市新城区二马路与自强东路之间的革新街南口。为了搞清其遗址的确切位置和基本情况，以便加以保护，考古部门曾多次对其进行过发掘。

早在1957—1959年中国科学院考古所对唐长安城进行大规模考古勘探时就已经确定了，残存的遗址为一东西长49.6米、南北宽29米、高2

米余的土丘，上面占压有现代房屋建筑。① 1961 年，唐大明宫遗址被国务院公布为全国第一批重点文物保护单位，丹凤门遗址作为大明宫的一部分，也得到了较有效的保护。几十年来，其所在的土丘仍然大致保持原样，没有被毁坏。

2005 年 6 月至 7 月，西安市政府为实施大明宫含元殿御道保护工程，投巨资倾力迁移了含元殿御道范围内的所有住户以及学校、医院和工厂等单位，并全部拆除了有关的建筑物，涉及的区域长约 620 米、宽 400 米。这一工程为丹凤门遗址的全面发掘创造了极为有利的条件。2005 年 9 月至 2006 年 1 月，为配合西安市实施大明宫含元殿御道保护工程，中国社会科学院考古研究所西安唐城队对丹凤门遗址进行了全面发掘，取得了重要的考古成果，基本情况如下：

20 世纪 50、60 年代对丹凤门基址进行发掘时，初步勘探为 3 个门道。这与文献记载的情况不符，此次发掘扩大了发掘的范围，共布探方 20 个，总计发掘面积达 7525 平方米。发掘结果表明，丹凤门址是用黄土夯筑而成，由东、西墩台和 5 个门道、4 道隔墙，以及东、西两侧的城墙和马道组成。其中，门址西部的 3 个门道、隔墙、墩台以及城墙和马道保存状况较好；而东起第二门道之东半部以东的各部分则破坏严重，仅剩下最底部的夯土基础。在墩台和马道边缘还发现部分包砖遗迹。整个门址基座东西长 74.5 米、南北宽 33 米、保存高度为 2 米，唐代地面以下的基槽深 2.2 米。门向为北偏东 1°20″，恰与含元殿中轴线的方向一致。

这次发掘的结果就与文献记载完全一致了。之所以出现上次发掘的情况，一是发掘范围较小；二是因为西侧 3 个门道的保存情况较好，而东起第一门道已经被破坏无存，东起第二门道也仅存西半部分的缘故。从现存的门道遗迹，以及东部夯土基础的轮廓与西部夯土基座的形状和大小均相对应等现象判断，这 5 个门道的形制及大小相同，净宽皆为 8.5 米（如果按两侧夯土隔墙之间的距离计算，则宽达 9.4 米）、南北进深为 33 米（地表残存部分最多为 24 米）。所有门道内现

① 陕西省文物管理委员会：《唐长安城地基初步探测》，《考古学报》1958 年第 3 期。中国科学院考古研究所：《唐长安大明宫》，科学出版社 1959 年版，第 15—16 页。

存地面皆呈红色，未发现一般门道面上常见的车辙、铺砖或铺石等痕迹。鉴于现存地面被烧成红色，其上还覆盖有一层红黑夹杂的烧灰堆积，故推测当时门道内或有可能铺有木地板，后被火焚毁。①

门址墩台的东、西两边均连接有夯土城墙，应为大明宫的南宫墙。根据文献记载和考古勘探结果，此城墙同时也是隋代大兴城和唐代长安城北城墙的东段部分，也就是说，大明宫的南宫墙是沿用已有的城墙，并不是新筑的。②

在国家批准建设大明宫遗址公园以后，2010 年 1 月，在丹凤门原遗址上建成了丹凤门及门楼，仍然保持了 5 个门洞的规制。这实际上是一座遗址保护性的建筑物，采取了三层全钢架结构，等于给遗址本身安装了一个保护罩，相当于一座丹凤门遗址博物馆。在对遗址保护的同时，也可供游人参观和进行考古研究。其外观色彩全部为淡棕黄色，城台外表为城砖纹理，城墙外表为夯土墙纹理，古色古香，既体现了皇家宫门的形制、尺度和建筑特征，又使得建筑物颇具雕塑感。由于丹凤门在大明宫诸宫门中规格最高，故被誉为盛唐第一门。

关于丹凤门名称，出自于《诗·大雅·卷阿》："凤凰鸣矣，于彼高冈。梧桐生矣，于彼朝阳。"周文王曾见凤凰鸣于岐山，认为这是吉兆，预示着周室将兴。唐朝之所以将大明宫正门命名为丹凤门，出自于《春秋演礼图》的说法，所谓"凤为火精，在天为朱雀"。又据《春秋元命苞》的说法："火离为凤。"汉代以前称朱雀为凤鸟。因此，丹凤即朱雀，与玄武相对。中国古代把周天恒星划分为二十八宿，又把二十八宿分为四宫，即东苍龙、西白虎、南朱雀、北玄武。朱雀属火，色赤。"因此，很多叫作朱雀的地名都指南面。"③

丹凤门的名称自确定以来，至唐肃宗至德三载正月（758）改为明凤

---

① 以上均见中国社科院考古研究所西安唐城队《西安市唐长安城大明丹凤门遗址的发掘》，《考古》2006 年第 7 期，第 39—49 页。

② 宋代吕大防绘制的《长安城图》石刻表明，大明宫的南墙与长安城的外郭城墙东段是一体的，考古勘探结果也证实了这一点，具体材料可参见陕西省文物管理委员会《唐长安城地基初步探测》之图 8 "唐长安城探测复原图"，《考古学报》1958 年第 3 期；中国科学院考古研究所《唐长安大明宫》图 1 至图 3，第 10、16 页，科学出版社 1959 年版。

③ 李英：《大明宫外宫墙诸宫门名称考》，《丝绸之路》2010 年第 24 期，第 40 页。

门，"寻并却如故"①。从史籍记载看，直到唐代宗宝应元年（762）时，仍然称明凤门，② 说明明凤门的名称至少使用了5年时间，此后再也没有发生过变化。

丹凤门既然为宫门，其主要功能便表现在通行、政治性功能与典礼活动等三个方面，具体情况如下：

1. 专供皇帝通行

丹凤门是供皇帝专门出入的通道，平时紧闭不开，百官及其他人员出入大明宫，通常在建福门，有时也在望仙门。关于这个问题史籍中有大量的记载，如唐军击败安史叛军，收复长安，又从成都迎回太上皇李隆基，至德二载（757）十二月，唐肃宗"引玄宗自开远门至丹凤门，连棚夹道，兵马旗帜昭曜都邑，耆老缁黄垂泣蹈舞，皆曰：'不图今日天下再安，复睹二圣。'都人士女观者万亿计。繇丹凤门入大明宫，内外文武百僚先俟于含元殿前，以班序立，玄宗御殿"③。此外，唐人诗云："文武千官岁仗兵，万方同轨奏升平。上皇一御含元殿，丹凤门开白日明。"④ 说明这年元日时，太上皇又一次自丹凤门进入含元殿，主持了元日百官朝贺。丹凤门改名明凤门后，皇帝出入亦是如此，如"肃宗乾元二年春正月丁丑，将有事于九宫之神，兼行藉田礼。自明凤门出，至通化门，释辂而入坛，行宿斋于宫"⑤。

皇帝自丹凤门出入乃是唐朝制度的规定，另据记载："元和元年十二月，礼仪使高郢奏《六典》：'凡驾行幸，有夜警晨严之制。……其行事毕后，南郊回，请准礼依时刻三严，太庙宿其后不严。及南郊回，于明德门里鼓吹，引驾至丹凤门。'⑥ 为什么引驾至丹凤门呢？因为皇帝是要从

---

① 王溥：《唐会要》卷八六《城郭》，上海古籍出版社2006年版，第1877页。文渊阁《四库全书》本记载为至德三载正月二十七日，从其他诸书记载看，至德二载十二月时仍称丹凤门，说明文渊阁本的记载是正确的。

② 王应麟：《玉海》卷一四四《含元殿大阅》："代宗宝应元年九月壬寅，大阅明凤门街。"江苏古籍出版社1988年版，第2670页。

③ 王钦若：《册府元龟》卷二七《帝王部·孝德》，中华书局1960年版，第298页。

④ 彭定求：《全唐诗》卷五一一张祜二《元日仗》，中华书局1960年版，第5838页。

⑤ 王溥：《唐会要》卷一〇下《藉田》，第292页。

⑥ 王溥：《唐会要》卷一八《缘庙裁制下》，第422—423页。

此门入宫的。可见皇帝从丹凤门出入，乃是唐朝礼制的规定。胡三省也说："唐之郊庙皆在都城之南，人主有事郊庙，若非自丹凤门出，必由承天门出。"① 正因为如此，所以唐人诗曰："丹凤楼门把火开，先排法驾出蓬莱。棚前走马人传语，天子南郊一宿回。"② 这是描写皇帝出入丹凤门前往南郊祭天的场景。再如唐昭宗被大宦官刘季述等废黜，天复元年（901）正月，丞相崔胤与禁军将领孙德昭等联合铲除乱党后，"丞相崔胤奉迎御丹凤楼，率百辟待罪"③。昭宗被废后，囚居于少阳院，而少阳院本来就在大明宫中，皇帝复位后，为什么不迎奉入含元殿或宣政、紫宸等殿，而要使其御临丹凤门楼呢？原因就在于这里是昭示天下最好的场所。按照唐制，此时皇帝坐在门楼之上，当打开丹凤门时，宰相率百官只能待罪于楼下，然后宣布赦宥有罪。昭宗从丹凤门再走这么一遭，表示其又回到了大明宫，又成为至高无上的皇帝，反映的是一种象征意义。

在丹凤门与含元殿之间有御道相连，宋敏求《长安志》卷六载：含元殿"南去丹凤门四十余步，中无间隔"。然《唐六典》《太平御览》卷四四引辛氏《三秦记》以及《玉海》《唐两京城坊考》、乾隆《西安府志》等书，均载其南距丹凤门 400 余步。说明这条御道实长 400 余步，专门供皇帝行走，百官只能从御道两边的道路行走。此外，丹凤门南面还开辟了宽阔的丹凤门大街，宽 120 步，约合 176 米，是长安城中最宽的南北向大街。④ 由于这条大街颇为宽阔，所以就是成为丹凤门前举行各种典礼的很好场所，如举行大赦典礼、表演百戏等。

2. 颁布大赦的场所

在皇宫正门颁布大赦是历代王朝的一贯做法，据杜佑《通典》记载，

---

① 司马光：《资治通鉴》卷二三七，唐宪宗元和二年十一月条胡注，中华书局 1956 年版，第 7767 页

② 纪有功著，王仲镛校笺：《唐诗纪事校笺》卷四四，王建《宫词》，巴蜀书社 1989 年版，第 1196 页。

③ 薛居正：《旧五代史》卷一五《孙德昭传》，中华书局 1976 年版，第 212 页。

④ 中国社会科学院考古研究所西安唐城队：《西安市唐长安城大明宫丹凤门遗址的发掘》，载《唐大明宫遗址考古发现与研究》，文物出版社 2007 年版，第 188 页。原文说此街为唐长安城中南北向的最宽的大街。

至迟在北齐时已在阊阖门举行这种典礼了。《隋书》卷二五《刑法志》亦载：北齐之制，"赦日，则武库令设金鸡及鼓于阊阖门外之右，勒集囚徒于阙前，挝鼓千声，释枷锁焉"。杜佑曰："大唐令曰：'赦日，武库令设金鸡及鼓于宫城门外之右，勒集囚徒于阙前，挝鼓千声讫，宣制，放其赦书，颁诸州用绢写行下。'"① 所以大赦之典必须在宫门前举行。关于这一点，胡三省指出："唐初，天子居西内，肆赦率御承天门楼。自高宗以后，天子居东内，肆赦率御丹凤门楼。"② 肆赦，本意是指对因过失而非故意犯罪者的赦宥。因为大赦对十恶之罪也不赦免，所以肆赦如果赦宥范围是全国性的，与大赦并无本质的区别。

大明宫丹凤门举行大赦典礼表

时　间	大赦原因	资料出处
肃宗至德二年（757）十二月	收复京师	《旧唐书》卷一〇③
肃宗乾元元年（758）二月	原因不详	《玉海》卷六七
肃宗乾元元年（758）四月	郊庙祭祀	《册府元龟》卷八〇
肃宗乾元三年（760）四月	改元上元	《册府元龟》卷八八
肃宗上元二年（761）建卯月	改当年十一月为岁首	《太平御览》卷一一二
代宗宝应元年（762）五月	皇帝即位	《太平御览》卷一一二
代宗大历十四年（779）六月	皇帝即位	《册府元龟》卷八九
德宗建中元年（780）正月	改元建中，郊庙祭祀	《旧唐书》卷一二
德宗兴元元年（784）正月	改元兴元	《资治通鉴》卷二二九
德宗兴元元年（784）七月	平定叛乱	《册府元龟》卷八九④
德宗贞元四年（788）正月	京师地震	《唐会要》卷四二
德宗贞元四年（788）五月	朔日受朝贺	《册府元龟》卷一〇七
德宗贞元六年（790）十一月	南郊大典	《唐会要》卷九下

① 杜佑：《通典》一六九《刑典七》，中华书局1988年版，第4386页。

② 司马光：《资治通鉴》卷二四九，唐宣宗大中十二年二月条胡注，第8190页。

③ 王钦若：《册府元龟》卷八〇《帝王部·庆赐二》载：至德元载"十二月戊午，帝御丹凤门，大赦天下"。（第938页）大误，因为唐肃宗至德二载十月丁卯才回到长安，如何能在前一年就在丹凤门举行大赦典礼？故上引《旧唐书》所记更为可靠。

④ 上引《册府元龟》卷八九没有记载大赦原因，另据《资治通鉴》卷二三一记载：这年七月德宗因朱泚、李怀光之乱平定返回长安，大赦，却没有记载在何处颁布大赦，综合两书记载，可以得出以上结论。

续表

时　间	大赦原因	资料出处
德宗贞元九年（793）十一月	南郊大典	《册府元龟》卷八九
顺宗永贞元年（805）二月	皇帝即位	《顺宗实录》卷二
宪宗元和元年（806）正月	新帝即位，次年元日朝贺	《册府元龟》卷八九
宪宗元和二年（807）正月	郊庙祭祀	《唐会要》卷一〇上
宪宗元和三年（808）正月	皇帝受尊号	《旧唐书》卷一四
宪宗元和十三年（818）正月	元日受朝贺	《册府元龟》卷一〇七
宪宗元和十五年（820）二月	皇帝即位	《旧唐书》卷一六
穆宗长庆元年（821）正月	南郊大典，改元	《旧唐书》卷一六
穆宗长庆元年（821）七月	皇帝受尊号	《旧唐书》卷一六
敬宗长庆四年（824）三月	皇帝即位	《册府元龟》卷一〇八
敬宗宝历元年（825）正月	南郊大典，改元	《唐会要》卷九下
敬宗宝历元年（825）四月	皇帝受尊号	《旧唐书》卷一七上
文宗太和元年（827）二月	改元太和	《太平御览》卷一一五
文宗太和三年（829）十一月	南郊大典	《旧唐书》卷一七上
武宗会昌元年（841）正月	南郊大典，改元会昌	《唐会要》卷九下
武宗会昌二年（842）四月	皇帝受尊号	《樊川集》卷一一
宣宗大中元年（847）正月	郊庙祭祀，改元	《旧唐书》卷一八下
懿宗咸通元年（860）十一月	郊庙祭祀，改元	《唐会要》卷九下
懿宗咸通四年（863）正月	南郊大典	《唐会要》卷九下
僖宗乾符元年（874）十一月	宗庙祭祀，改元	《旧唐书》卷一九下

　　从上表的统计来看，自唐肃宗以来的皇帝一般均在丹凤门举行大赦之典礼，并非从唐高宗时开始在丹凤门举行。之所以出现这一情况，根本原因就在于，虽然唐高宗自大明宫建成以来就移居之，但在其统治后期多居于洛阳。至于武则天则以洛阳为神都，其统治晚期才回到长安，仅仅住了两年，便又返回洛阳。因此，在高宗、武则天统治时期极少在丹凤门举行典礼活动。神龙元年（705），武则天垮台后，唐中宗自洛阳返回长安，并没有住在大明宫，而是住在太极宫。正因如此，当中宗女安乐公主与武

延秀结婚时，"帝御承天门，大赦，因赐民酺三日"①。唐睿宗也住在太极宫，景云元年（710），其即皇帝时，"御承天门楼，大赦天下，常赦所不免并原之"。唐玄宗即位之初，也住在太极宫，先天二年（713）七月，诛杀太平公主之党后，"兵部尚书郭元振从上御承天门楼，大赦天下，自大辟罪已下，无轻重咸赦除之"②。玄宗后来移居于兴庆宫，重大典礼仍多在太极宫举行，皇帝真正在大明宫长期居住是从唐肃宗时开始的，此后唐朝诸帝举行大赦典礼便多在丹凤门举行了，上表所统计的情况也可证明这一点。

　　不过唐朝诸帝举行大赦典礼并非专在承天门或丹凤门，唐高宗与武则天就多次在明堂举行过，唐中宗在太极殿、唐玄宗在兴庆宫勤政楼、唐代宗与德宗在含元殿、唐文宗和僖宗在宣政殿、唐昭宗分别在武德殿和长乐门均举行过此类活动。③ 尤其唐昭宗多次在太极宫武德殿举行大赦典礼，仅在文德元年（888）二月，因即位改元，在承天门举行过一次大赦。他在天复元年正月恢复帝位时，在丹凤门楼召见群臣，却于当年三月，跑到长乐门举行大赦，说明唐朝礼制到了统治末期已是混乱不堪了。之所以这样说，因为对大明宫而言含元殿与丹凤门均为举行外朝的场所，④ 故在含元殿举行大赦尚能说得过去，明堂为布政之所，也可以举行此类活动，在其他诸处举行大赦则明显不符合礼制。

　　在唐代大赦是一种非常隆重的典礼，除了竖金鸡、⑤ 击鼓，召集囚徒当面宣布大赦制书外，还要派使者前往全国各地颁送赦书。如宪宗元和三年大赦时，"知枢密中使刘光琦党庇同类，奏准旧例，散差中使，走马往

---

① 欧阳修：《新唐书》卷八三《中宗八女传》，中华书局1975年版，第3655页。

② 以上均见《旧唐书》卷七《睿宗纪》，中华书局1975年版，第162页，同书卷八《玄宗纪上》也记载登承天门楼颁布制书之事，却未明确说是否大赦。

③ 以上均见《册府元龟》卷一五《帝王部·年号》，第175—177页。

④ 司马光：《资治通鉴》卷一七三，陈宣帝太建十一年正月条胡三省注曰："以唐大明宫丹凤门、太极宫承天门皆为唐之外朝。"参见杜文玉《唐大明宫含元殿与外朝朝会制度》，《唐史论丛》第15辑，陕西师范大学出版总社有限公司2012年版，第1—25页。

⑤ 参见于赓哲、吕博《中古放赦文化的象征——金鸡考略》，《陕西师范大学学报》2010年第3期，第102—109页。

诸道送赦书。所贵疾速，意欲庇假其类，使至诸道受纳财赂"①。既称"奏准旧例"，可见这是一贯的做法，只是此次派出的使者为宦官而已。按照唐制，大赦的制书应使用黄麻纸书写，但从上引杜佑的说法看，颁送到各地的赦书则是用绢书写的。此外，举行大赦也是一种花费颇大的典礼活动，如唐宣宗大中十二年二月，"上欲御楼肆赦，令狐绹曰：'御楼所费甚广，事须有名；且赦不可数。'上不悦，曰：'遣朕于何得名！'慎由曰：'陛下未建储宫，四海属望。若举此礼，虽郊祀亦可，况于御楼！'"证明凡颁布赦书，皇帝必须亲临丹凤门楼或承天门楼，而且还得事出有名，所以宰相崔慎由才建议宣宗早立太子，以便以此为名，举行大赦之典。那么为什么说花费颇巨呢？胡三省说："唐制：凡御楼肆赦，六军十二卫皆有恩赉，故云所费甚广。刘温叟曰：故事，非肆大眚不御楼，军庶皆有恩给。"②

3. 宣布改元的场所

在唐后期丹凤门楼还是皇帝举行改元大典的重要场所。不过唐朝改元并没有固定的场所，唐前期多在承天门、太极殿举行，明堂与兴庆宫勤政楼也举办过此类活动。唐后期除了丹凤门外，含元殿、宣政殿也是举办改元大典的场所，甚至在太极宫武德殿、长乐门都举行过改元之典。③ 但是在丹凤门楼举行改元的次数明显多于其他场所，尤其是自唐肃宗以来，大量的此类活动都在丹凤门举行。之所以多在这里举行，是因为改元典礼本来就属于外朝活动的内容，而丹凤门就是举行外朝活动的场所，所以在这里举行改元典礼顺理成章。

从文献记载的情况看，凡在丹凤门举行的改元活动，多是在皇帝举行祭祀典礼之后，回宫后再在当日驾御丹凤门楼举行的。此类祭祀活动大体可分为南郊圜丘祭天大典，如"宝历元年正月乙巳朔。辛亥，亲祀昊天

---

① 蒋偕：《李相国论事集》卷一《论请驿递赦书状》第446册，文渊阁《四库全书》，上海古籍出版社1987年版，第211—212页。

② 司马光：《资治通鉴》卷二四九，宣宗大中十二年二月条及胡注，第8190—8191页。

③ 据《册府元龟》卷一五《帝王部·年号》载：唐昭宗先后四次在武德殿，一次在太极宫长乐门宣布改元，第177页。

上帝于南郊，礼毕，御丹凤楼，大赦改元"①。"会昌元年正月辛巳，有事于郊庙，礼毕，御丹凤楼，大赦改元。"② 此外，皇帝在太庙举行祭祀活动后，也会在丹凤门举行改元典礼的。如乾符元年十一月庚寅，"上有事于宗庙，礼毕，御丹凤门，大赦，改元为乾符"③。类似的记载还很多，就不一一列举了。不过皇帝举行郊庙之礼后，往往会宣布大赦，但不一定都会改元，如果要改元，则多在丹凤门举行，所以说丹凤门楼是唐后期举行改元典礼的重要场所则并不为过。

4. 观戏与大阅

丹凤门楼前的大街长 1500 米，宽 176 米，除了太极宫前横街外，它算是长安城中最宽的大街之一了。正因为如此，所以有唐一代也在这里举行一些盛大的活动，观戏便是其中一种。如元和十五年（820）正月，唐穆宗即皇帝位。"二月丁丑，大赦。赐文武官阶、爵，高年粟帛。二王后、三恪、文宣公、嗣王、公主、县主、武德配飨及第一等功臣家予一子官。放没掖庭者。幸丹凤门观俳优。"④ 在唐代举行俳优百戏表演的场所没有一定之规，大明宫的含元殿、宣和殿、麟德殿、永安殿、银台门，此外，太极宫玄武门、皇城安福门、兴庆宫勤政楼等处，皆举行过此类表演，丹凤门只不过是其中之一罢了。

唐朝偶尔也在丹凤门大街举行大阅典礼，如"宝应元年九月壬寅，大阅明凤门街"⑤。所谓"大阅"，即检阅军队的操练，也就是举行讲武之礼。唐制："仲冬之月，讲武于都外。前期十有一日，所司奏请讲武，兵部承诏，遂命将帅简军士"云云。⑥ 但是在特殊情况下，亦在其他场所举行此礼，肃宗就曾在含元殿庭举行过此类活动。此次代宗在九月举行此礼，且选在丹凤门街举行，是因为唐朝即将对安史叛军发动大规模的攻

---

① 王溥：《唐会要》卷九下《銮驾还宫》，第 228 页。

② 同上书，第 229 页。

③ 刘昫：《旧唐书》卷一九下《僖宗纪》，第 692 页。

④ 欧阳修：《新唐书》卷八《穆宗纪》，第 222 页。又据《旧唐书》卷一六《穆宗纪》载："陈俳优百戏于丹凤门内。"（第 476 页）

⑤ 王应麟：《玉海》卷一四四《含元殿大阅》，第 2670 页。

⑥ 《大唐开元礼》卷八五《军礼·皇帝讲武》，民族出版社 2000 年版，第 408 页。

势，且又从回纥借了军队，为了显示朝廷军威和表示平叛的决心，故选在这一时机举行了这场活动。

5. 颁制与宴会

唐朝皇帝颁布重要的制敕，通常都对颁布的场所有所选择。如唐玄宗天宝十五载（756），安禄山叛军攻破潼关，玄宗御兴庆宫勤政楼，下制亲征。除了重大军国之务颁制时要选择重要的场所外，凡皇帝下制大赦天下时，也要对场所有所选择，并举行隆重的典礼。丹凤门楼便是皇帝颁布重要制敕的场所之一，如天宝八载（749），哥舒翰从吐蕃手中攻下石堡城后，"献功于朝。帝御丹凤楼会群臣，下制褒奖"①。之所以选在丹凤楼颁制褒奖，亦有向天下宣扬大唐军威的意思。再如至德二载（757）十月壬申，"上御丹凤门，下制：'士庶受贼官禄，为贼用者，令三司条件闻奏；其因战被虏，或所居密近，因与贼往来者，皆听自首除罪；其子女为贼所污者，勿问'"。② 此次在丹凤门楼颁制，是因为唐军击败叛军，收复京师，故必须找一处重要的场所，隆重颁制，以宣示天下。类似事例还可以再找出若干，这就说明凡是重大制敕，尤其与军事有关的，便选择丹凤门楼作为颁布的场所，因为其毕竟是举行外朝朝会的场所之一，地位十分重要。

唐代举办宫廷宴会的场所很多，诸殿阁及门楼都可成为这样的场所，其中也包括丹凤门楼在内。从史书记载的情况看，以唐玄宗开元时期举办的最多。开元七年（719），"御丹凤楼，宴九姓同罗及契丹，各赐物一百段，小妻主友三十段"。次年十一月己巳，"御丹凤楼，宴九姓蕃安等，设九部乐"③。开元九年九月丁巳，"御丹凤楼，宴突厥首领"④。开元十八年（730），"突骑施遣使入贡，上宴之于丹凤楼，突厥使者预焉。二使争长，突厥曰：'突骑施小国，本突厥之臣，不可居我上。'突骑施曰：'今日之宴，为我设也，我不可以居其下。'上乃命设东、西幕，突厥在

---

① 王钦若：《册府元龟》卷四三四《将帅部·献捷》，第 5158 页。
② 司马光：《资治通鉴》卷第二二〇，肃宗至德二载十月条，第 7043 页。
③ 王钦若：《册府元龟》卷一一〇《帝王部·宴享二》，第 1308 页。
④ 刘昫：《旧唐书》卷八《玄宗纪上》，第 182 页。

东，突骑施在西"①。以上史料显示在这里宴见者均为诸国、诸族使者。其实在这里宴见本朝诸将、群臣也是有的，如开元九年四月，上"御丹凤楼，宴平胡节将王晙、郭知运、王智方、高崇、谢知信等，四品以上清官及供奉官陪宴"②。唐后期虽然不排除在丹凤门楼举行此类活动，但是更多的还是在宫内诸殿阁举办。

二　建福门

建福门位于丹凤门的西面 415 米处，其遗址东西约 37 米，南北约 19 米，共有三个门道，门道宽度均为 5 米。建福门为百官上朝出入之门，门内有下马桥，桥跨龙首渠支流，百官入门后，经下马桥方能继续向北，进入朝堂。"故事，建福、望仙等门，昏而阖，五更而启，与诸里门同时"③。唐肃宗至德年间，有吐蕃罪犯从关押的金吾仗院逃脱，于是下令建福门晚开。在这种情况下，宰相只好在建福门外光宅坊的太仆寺车坊等候，其余百官则各自寻找处所等候。由于宫门五更才开启，百官必须在此之前赶到建福门等候，如遇风雨还是非常不便的，于是在唐宪宗元和三年（808）六月，建待漏院于建福门外，作为百官的待漏之处。由于百官人数众多，地位高下不一，所以待漏院是分品阶而建的，所谓"各据班品，置院于建福门"④。史书中也有"郎官待漏院"⑤的记载，可证其是。

大明宫虽然有颇多的宫门，但是供百官上朝退朝出入者则仅为建福门，关于这一点史书有不少记载。唐宪宗时，宰相武元衡被刺，史载："元和十年六月十三日敕：'以内库弓箭、陌刀赐左右街使，俟宰相入朝以为翼卫，及建福门而退。'至是因训注之乱，悉罢之，其所赐两街军器

---

① 司马光：《资治通鉴》卷二一三，唐玄宗开元十八年十二月，第 6911 页。

② 王钦若：《册府元龟》卷一一〇《帝王部·宴享二》，第 1309 页。

③ 王钦若：《册府元龟》卷一〇七《帝王部·朝会一》，第 1280 页。

④ 王溥：《唐会要》卷二五《杂录》，第 553 页。另据《册府元龟》卷一〇七《帝王部·朝会一》载，待漏院始建于元和二年（807）六月。《旧唐书·宪宗纪上》与《元龟》同，第 553 页。

⑤ 王钦若：《册府元龟》卷九三五《总录部·构患》，第 11021 页。

尽归于弓箭库。"① 罢去宰相翼卫的时间是在唐文宗太和九年（835）十二月。甘露之变失败后，宦官出动神策军大杀朝官，次日，"百官入朝，日出，始开建福门，惟听以从者一人自随，禁兵露刃夹道"②。这一切都说明建福门是包括宰相为首的百官入朝之门。正因为如此，所以官民有事，皆聚于建福门。如德宗时，严郢为京兆尹，因与宰相杨炎不和，杨炎指使御史劾其不轨，被扣押在金吾仗院。严郢素得百姓拥戴，"京师百姓日数千百人，将诣阙救郢于建福门。德宗微知之，乃削郢兼御史中丞。百姓知郢得不坐，皆迎拜，喧呼声闻数里"③。宰相于頔子杀他人之奴被告发，于頔"素服单骑，将赴阙下，待罪于建福门。门司不纳，退于街南，负墙而立，遣人进表"④。

每年新及第的进士拜见宰相，也要自建福门入。史载："新进士放榜后，翌日排光范门，候过宰相。虽云排建福门，集于四方馆。昔有诗云：'华阳观里钟声集，建福门前鼓动期。'即其日也。"⑤ 这句话的意思是说，新进士拜见宰相，名义上是集于四方馆，列队入建福门，但实际上却是在大明宫光范门内等候宰相接见。《唐摭言》卷三《过堂》条载："其日，团司先于光范门里东廊供帐备酒食，同年于此候宰相上堂后参见。……宰相既集，堂吏来请名纸；生徒随座主过中书，宰相横行，在都堂门里叙立"云云。虽然新及第进士在光范门等候宰相接见，但欲到达光范门，则必须经建福门而入。

三　望仙门

望仙门也是大明宫南门之一，位于丹凤门东面 430 米处。其遗址东西33—35 米，南北 19 米，似有三个门道，各宽 5 米左右。望仙门上亦建楼观，德宗贞元十二年（796）八月，增修望仙门，以拓宽夹城。敬宗时又在门侧造看楼 10 间，文宗即位后又毁之。《唐国史补》卷中载："旧，百

---

① 王钦若：《册府元龟》卷六五《帝王部·发号令四》，第 725 页。

② 司马光：《资治通鉴》卷二四五，唐文宗太和九年十一月，第 8306 页。

③ 王钦若：《册府元龟》卷六八三《牧守部·遗爱二》，第 8154 页。

④ 欧阳修：《新唐书》卷一五六《于頔传》，第 4131 页。

⑤ 钱易：《南部新书·丙》，中华书局 2002 年版，第 33 页。

官早期，必立马于望仙、建福门外，宰相于光宅车坊，以避风雨。"说明望仙门亦是百官入宫早朝必经之处。然而从史籍的记载情况看，百官入宫自建福门者多，经望仙门者极少，且宰相等既然避风雨于光宅坊的太仆寺车坊，然后又从望仙门入宫，岂不是舍近求远。故笔者推测皇帝入居大明宫之初，望仙、建福二门皆许百官出入，后来遂规定百官自建福门出入，其他人员则自望仙门出入。那么，哪些人员从望仙门出入呢？从史籍记载的情况看，应是军职人员、伎乐、僧道和其他人员。

德宗贞元时期，柏良器被任命为左神策军将军知军事，掌握了军中大权，引起了宦官的不满。因其"故人有犯禁宿于望仙门者"，被调任为右领军卫大将军，从而失去了禁军兵权。① 柏良器的这位"故人"实即神策军的军官。这就说明望仙门为军职人员出入者，于是才有可能发生犯禁之事。施肩吾《金吾词》一诗云："行拥朱轮锦幨儿，望仙门外叱金羁。染须偷嫩无人觉，唯有平康小妇知。"② 也证明包括金吾卫军人在内军职人员经常出入望仙门，于是诗人才将望仙门与其行为联系在一起。还有一件事也证明望仙门为军职人员出入之门。文宗太和九年（835）十二月，甘露之变后，京城人心不稳，"京城讹言有寇至，士民惊噪纵横走……敕使相继传呼：'闭皇城诸司门！'左金吾大将军陈君赏帅其众立望仙门下，谓敕使曰：'贼至，闭门未晚，请徐观其变，不宜示弱！'至晡后乃定"③。

《剧谈录》记载了一个故事，说文宗有一珍贵的白玉枕，是德宗时于阗国进贡的，价值连城，却在寝殿内不翼而飞了。文宗大怒，下令搜捕盗宝之贼。大家都认为盗宝者当为宫禁中人，但却一时无法查获。禁军将领王敬弘的小仆人侦知盗者为田膨郎，其委身军旅，"行止不恒，勇力过人，且善超越。苟非便折其足，虽千兵万骑，亦将奔走。自兹再宿，候之于望仙门，伺便擒之必矣"。一天，"膨郎与少年数辈，连臂将入军门，小仆执球杖击之，欻然已折左足"，一举抓获了盗宝者。"上喜于得贼，又知获在禁旅，引膨郎临轩诘问，具陈常在营内往来"④。通过这一故事

---

① 董诰：《全唐文》卷六三八《唐故特进左领军卫上将军兼御史大夫平原郡王赠司空柏公神道碑》，上海古籍出版社1990年版，第2856页。

② 彭定求：《全唐诗》卷四九四，第5600页。

③ 司马光：《资治通鉴》卷二四五，唐文宗太和九年十二月条，第8042—8043页。

④ 《太平广记》卷一九六《田膨郎》，中华书局1961年版，第1468页。

可以清楚地知悉，因为左神策军驻地距望仙门不远，故其军职人员经常出入此门，加之左龙武军、左羽林军皆屯于东内苑，[①] 左右金吾卫有仗院设于大明宫内，所以其人员也以此门为出入之所。

关于这一点还有史料可以证明，日本僧人圆仁到长安后，欲见功德使、左神策军中尉仇士良，"僧等随巡官人使御，从寺北行，过四坊，入望仙门，次入玄化门，更过内舍使门及总监院，更入一重门，到使衙南门。门内有左神策步马门"云云。圆仁还记载了仇士良德政碑迎立的过程，"从大安国寺入望仙门，左神策军里建之，题云：'仇公纪功德政之碑。'迎碑军马及诸严备之事，不可计数，今上在望仙楼上观者"[②]。唐朝后期以左右神策中尉兼任左右街功德使，而两军分驻于东西苑之内，故难免有僧侣出入宫门，而建福门既为百官出入，于是便命其出入望仙门了。

据《乐府杂录·熊罴部》载："其熊罴者有十二，皆以木雕之，悉高丈余。其上安版床，复施宝幰，皆金彩妆之，于其上奏雅乐。……乐具库在望仙门内之东壁。"于是这里遂成为伎乐之人的出入之门。穆宗长庆三年（823）十二月，"以钱一千贯赐章敬寺，又赐毗沙门神额曰：'毗沙天王'，导以幡幢，帝御望仙门观之。遂举乐杂戏角抵，极欢而罢"[③]。穆宗御望仙门并非仅此一次，因其喜观角抵，而角抵之士多隶于左右两军，故这里遂成为其经常驾临之所。

四 左右银台门

左银台门为大明宫东宫门，与右银台门相对而望。其位置在东宫墙的中部，据探测其为一门道，门道宽约 6 米，进深约 13 米。据载：宣宗大中二年正月令"神策军修左银台门楼、屋宇及南面城墙，至睿武楼"[④]。

---

① 司马光：《资治通鉴》卷二四三，唐穆宗长庆四年四月条，胡注："唐左神策、左龙武军、左羽林军皆列屯东内苑"，第 7958 页。

② 以上见［日］圆仁《入唐求法巡礼行记》卷三，上海古籍出版社 1986 年版，第 141、149 页。

③ 王钦若：《册府元龟》卷五二《帝王部·崇释氏二》，第 580 页。

④ 刘昫：《旧唐书》卷一八下《宣宗纪》，第 619 页。又据《册府元龟》卷一四《帝王部·都邑二》（第 161 页）载，为右银台门。

说明左银台门上是有门楼的。从此门遗址基座的宽度及堆积的瓦石情况看，亦可证明其上有门楼建筑。

右银台门是大明宫的西宫门之一，位于西城墙中部，在麟德殿之西。考古实测其仅有一个门道，有门楼基座，基座长 18 米，进深 12.5 米，门道宽 5.9 米。① 但是据文献记载，右银台门应为三个门道。文宗太和九年十月，"右军辟仗使田金操请准敕拆银台门，起修三门楼"。这条记载没有说修的哪个银台门。同年九月，"帝幸右银台门，观门楼兴工之作"②。说明唐文宗这次兴修的就是右银台门楼，既如此，为何考古简报却说只有一个门道，是史籍记载不实，还是因为右银台门遗址破坏严重，仅残留下来了一个门道，目前尚无法判断。

左银台门由于位于大明宫东面，其近有夹城可直通兴庆宫与曲江风景区。唐玄宗开元时修夹城，北通大明宫，南达曲江，当时可能仅通到大明宫望仙门，因为唐德宗曾于贞元十二年（796）八月，"增修望仙门，广夹城"③。即改建望仙门以拓宽夹城，可证其夹城只修到望仙门。由于望仙门距内宫较远，皇帝走夹城不便，于是在唐宪宗元和二年（807）六月，命"左神策军新筑夹城，别开门曰玄化，造楼曰晨辉"④。胡三省指出，玄化门在左银台门北面。⑤ 文宗太和九年二月，"发神策军一千五百人修淘曲江。如诸司有力要于曲江置亭馆者，宜给与闲地"。同年十月，"内出曲江新造紫云楼、彩霞亭额，左军中尉仇士良以百戏于银台门迎之"⑥。有学者认为此门应为右银台门，⑦ 恐怕不大可靠，因为出左银台门通过夹城可直达曲江，又何必舍近求远呢？且仇士良为左神策军中尉，其军驻在东内苑，如何能跑到右银台门迎接匾额呢？因此，左银台门应是皇帝前往兴庆宫、曲江的出入之门。因为"自左银台门西入，历温室、浴

① 马得志：《1959—1960 年唐大明宫发掘简报》，《考古》1961 年第 7 期。

② 以上见王钦若《册府元龟》卷一四《帝王部·都邑二》，第 161 页。

③ 刘昫：《旧唐书》卷一三《德宗纪下》，第 384 页。

④ 王钦若：《册府元龟》卷一四《帝王部·都邑二》，第 160 页。

⑤ 司马光：《资治通鉴》卷二四三，唐穆宗长庆四年四月条胡注，第 7958 页。这种说法恐有误，详情见本书"护国天王寺"条。

⑥ 刘昫：《旧唐书》卷一七下《文宗纪下》，第 561 页。又，王钦若：《册府元龟》卷一四《帝王部·都邑二》（第 161 页）记为太和九年九月，误。

⑦ 张永禄：《唐都长安》（增订本），三秦出版社 2010 年版，第 124 页。

堂殿、绫绮殿而后至紫宸殿"①。出入十分方便。此后穆宗、文宗前往兴庆宫向太后上寿，都是出左银台门通过夹城前往的，前往曲江亦是如此，或者出玄化门经夹城前往。

左银台门平时还供杂役人员出入，如长庆四年（824）四月，卜者苏玄明与染坊工人张韶率染坊工人百余人，"匿兵于紫草车，载以入银台门，伺夜作乱"。胡三省认为这里所指就是左银台门，而紫草则是一种用作染料的植物。② 当时唐敬宗正在清思殿打球，闻乱，急避入左神策军，左神策军中尉马存亮出动禁军镇压了这次暴乱。

不过相对而言，右银台门则要繁忙得多，是百官、使者、宦官和宫中其他人员经常出入之门，也是大臣上表、进奉贡物、奉诏入对、臣民诉冤、问起居的必经之地或场所。百官上朝自然要从建福门入宫，平时晋见皇帝则往往自右银台门出入。关于这方面的记载非常之多，如代宗大历十年（775）二月，"昭义军节度留后薛萼以失守，至自相州见于银台门之内殿"。③ 是指自右银台门入宫见皇帝于内殿。李白诗云："承恩初入银台门，著书独在金銮殿。"④ 这里所说的也是指右银台门，因为李白做过翰林待诏，而翰林院就置于右银台门内。顺宗时，王叔文被任命为翰林学士，《旧唐书》本传记载说："其日，召自右银台门居于翰林，为学士。"可知翰林院人员都是自右银台门入宫的。不仅如此，对翰林学士的选拔也与右银台门有着密切的关系。史载："初选者中书门下召令右银台门候旨。其日入院试制书、批答共三道、诗一首。试毕封进，可者翌日受宣后，增试赋一首。"⑤

此外，右银台门还是向皇帝进献物品的出入之所。史载：宪宗虽下诏禁各地进献，然贡品到京时亦不拒绝，此举遭到翰林学士钱徽的谏止，于是"帝密戒后有献毋入右银台门，以避学士"⑥。可见平时贡物都是通过

---

① 司马光：《资治通鉴》卷二二一，唐肃宗乾元二年四月条胡注，第7192—7193页。

② 司马光：《资治通鉴》卷二四三，唐穆宗长庆四年四月条及胡三省注。另据《旧唐书》卷一七上《敬宗纪》、《新唐书》卷二〇七《马存亮传》均记为右银台门，第7958页。

③ 王钦若：《册府元龟》卷四一《帝王部·宽恕》，第468页。

④ 彭定求：《全唐诗》卷一七〇《赠从弟南平太守之遥二首》，第1755页。

⑤ 王钦若：《册府元龟》卷五五〇《词臣部·总序》，第6600页。

⑥ 欧阳修：《新唐书》卷一七七《钱徽传》，第5272页。

右银台门送入宫中的。再如"考功郎萧祐诣右银台，进古今书画二十卷"①。刘禹锡《为京兆尹降诞日进衣状》也说："前件衣服谨诣银台门奉进。"②《全唐词》所收的林楚翘《水古子》词云："银台门外多车马，尽是公卿进御衣。"户部侍郎王彦威撰成《唐典》70 卷，"谨诣右银台门奉进，文宗颇嘉之，赐以锦采银器"。③

给皇帝的上表和文状往往都是通过右银台门传送的，关于这个问题在《全唐文》中有大量的例证，臣下给皇帝的各类表状中最后往往有"谨诣右银台门奉表陈乞以闻""谨诣右银台门奉表陈谢以闻""谨诣右银台门奉表陈请以闻""诣右银台门别状奉进""谨指银台门冒死陈请以闻"等，包括陈情表、谢表和贡物状等，其中不乏僧侣的表章。文宗太和九年（835）七月敕："右银台门自今不得与诸县主簿进文状。"④ 说明此前连县主簿这样的小官也都是通过右银台门向皇帝进呈文状的。

右银台门还是各国各族使者晋见皇帝的场所。据《册府元龟》卷九七二《外臣部·朝贡五》的记载：大历八年（773）四月，"渤海遣使来朝并献方物，回纥遣使阿德俱裴罗来朝，引见于右银台门"。同年六月，"回纥遣使罗仙阙等来朝，引见于右银台门"。"闰十一月，渤海室韦并遣使来朝，回纥使散支赤心裴罗达干等还蕃，引辞于银台门。"大历九年十月，"回纥遣使来朝，见于银台门"。至于皇帝在宫中诸殿召见各国使者时，也多是从右银台门入宫的。德宗时回鹘公主入京，史载："于是引回鹘公主入银台门，长公主三人候诸内，译史传导，拜必答，揖与进。帝御秘殿，长公主先入侍，回鹘公主入拜谒已。"⑤ 这里所指的也是右银台门。在举行大朝会时，各国各族使者则必须自建福门入宫晋见皇帝，以上所论的均是指朝会之外的情况。皇帝除了在这里召见外来使者外，也召见本朝大臣，如玄宗时的宰相张说在《谢赐药表》中说："去年某月日，于右银台门蒙天恩引对，特赐慰问。"⑥ 唐军平定昭义镇刘稹叛乱，"仍捉得彼处

---

① 王钦若：《册府元龟》卷一六九《帝王部·纳贡献》，第 2033 页。

② 董诰：《全唐文》卷六〇三《刘禹锡五》，第 2698 页。

③ 王钦若：《册府元龟》卷五五六《国史部·采撰二》，第 6688 页。

④ 王钦若：《册府元龟》卷六五《帝王部·发号令四》，第 725 页。

⑤ 欧阳修：《新唐书》卷二一七上《回鹘传上》，第 6124 页。

⑥ 董诰：《全唐文》卷二二三《张说三》，第 995 页。

押衙、大将等，送到京城"，日本僧人圆仁记载说："天子坐银台门楼上看。"①"天子"指唐武宗，此处之门也是指右银台门。

此外，右银台门还是百官、宗室向皇帝问起居的场所，如太和元年（827）五月初一，"宗正卿李锐率诸宗属诣右银台门进名起居"②。当然臣下向皇帝问起居的场所不定，右银台门只是其中之一。正因为平时皇帝与外界沟通多通过右银台门，所以官员有错或犯罪往往也待罪于这里，臣民欲告御状也到这里申诉，类似事例，在史籍中比比皆是，就不一一列举了。

由于右银台门具有如此之多的功能，因此在这里设置有门司，置官专管负责接待臣下、使者以及受理各种表章和诉状。同时还在这里置有禁军仗舍，以负责此门的安全事务。

右银台门内还置有客省，专门负责接待四方奏计及上书言事者，德宗于大历十四年（779）七月清理了住在客省此类人员，关于其始末，史书记载甚为详尽：

> 初，代宗之世，事多留滞，四夷使者及四方奏计，或连岁不遣，乃于右银台门置客省以处之；及上书言事、失职、未叙，亦置其中，动经十岁。常有数百人，并部曲、畜产动以千计，度支廪给，其费甚广。上悉命疏理，拘者出之，事竟者遣之，当叙者任之，岁省谷万九千二百斛。③

之所以将客省置于右银台门，就是因为此门为皇帝与外界沟通最为频繁的场所。另据记载：

> （李辅国）专掌禁兵，常居内宅，制敕必经辅国押署，然后施行，宰相百司非时奏事，皆因辅国关白、承旨。常于银台门决天下事，事无大小，辅国口为制敕，写付外施行，事毕闻奏。又置察事数

---

① ［日］圆仁：《入唐求法巡礼行记》卷四，第 179 页。
② 王钦若：《册府元龟》卷三八《帝王部·尊亲》，第 423 页。
③ 司马光：《资治通鉴》卷二二五，唐代宗大历十四年七月条，第 7283 页。

十人，潜令于人间听察细事，即行推按；有所追索，诸司无敢拒者。御史台、大理寺重囚，或推断未毕，辅国追诣银台，一时纵之。三司、府、县鞫狱，皆先诣辅国咨禀，轻重随意，称制敕行之，莫敢违者。

此处所提到的银台门仍指右银台门。至于李辅国常居的"内宅"，胡三省解释说："内宅，盖在禁中，辅国止宿之署舍也。"① 由于李辅国乃宦官身份，其内宅必在内侍别省内，而内侍别省就距右银台门不远，故李辅国才选在这里决天下事及审决狱因。

五　九仙门

九仙门为大明宫西宫门之一，位于右银台门北 750 米处，下开 1 个门道，上有门楼，大小形制与右银台门相同。其门外即为禁苑，驻有禁军，《雍录》卷八《唐南北军》载："北军左右两军皆在苑内，左军在内东苑之东，大明宫苑东也。右军在九仙门之西。"关于右军屯驻的具体位置，宋敏求说："九仙门外之北，从东第一曰右羽林军，第二曰右龙武军，第三曰右神策军。"② 正因为九仙门附近驻扎有右三军，起到了保护大明宫西面诸门的作用，因此当皇帝需要面见禁军时，往往出九仙门见之。如唐德宗驾崩后，顺宗时为太子，但患有重病，故人心惶恐，于是顺宗"仍紫衣麻鞋，力疾出九仙门，召见诸军，以示不病"③。《资治通鉴》记载此事时说："力疾出九仙门，召见诸军使，人心粗安。"④

又由于九仙门距内宫最近，故凡与内宫有关的事务，多经此门出入。宝应元年（762），唐肃宗病危，宦官李辅国、程元振出动禁军诛杀张皇后等，肃宗受惊而亡，于是"乃迎太子见群臣于九仙门"⑤。顺宗"贞元二十一年三月，出后宫人三百人。其月，又出后宫及教坊女妓六百人，听

① 以上见《资治通鉴》卷二二一，唐肃宗乾元二年四月条及胡三省注，第7192—7193 页。
② 宋敏求撰、辛德勇点校：《长安志》卷六《宫室四》，三秦出版社 2013 年版，第 243 页。
③ 程大昌：《雍录》卷四《唐翰苑位置》，中华书局 2002 年版，第 72 页。
④ 司马光：《资治通鉴》卷二三六，唐顺宗永贞元年正月条，第 7729 页。
⑤ 欧阳修：《新唐书》卷六《代宗纪》，第 167 页。

其亲戚迎于九仙门。百姓莫不叫呼大喜"①。唐文宗宠信郑注,任其为工部尚书、翰林侍讲学士,为了表示亲近,"召自九仙门,帝面赐告身"②。又,前述张韶之乱平定后,将"九仙门等监共三十五人,并笞之"③。为什么笞责看守九仙门的监门宦官呢?史载:"盗所历诸门,监门宦者三十五人法当死;己亥,诏并杖之,仍不改职任。"④ 说明张韶徒众也有从九仙门攻入宫中的。总之,大明宫西面的右银台门与九仙门,前者多用于公务出入,后者则主要用于杂务出入,分工还是比较清楚的。

六 东西上阁门

东西阁门又称东上阁门与西上阁门,它们是大明宫中的内门之一,并非外宫门。关于其具体位置,史籍中亦有所记载。程大昌《雍录》卷三《西内两阁》载:"宣政之左,有东上阁,宣政之右,有西上阁,二阁在殿左右,而入阁者,由之以入也。"宣政即指宣政殿,据此可东西上阁门分别位于宣政殿的东西两边。唐大明宫以含元殿为主殿,其后为宣政殿,称为前殿,亦称正衙,宣政殿之后为紫宸殿,是为便殿,从而构成了三大殿的格局。皇帝在紫宸殿举行朝会时,百官必须自阁门而入,才能抵达便殿。

关于其入宫时的行走路线,自建福门入宫,经过光范门,在东西朝堂前列班,"平明,传点毕,内门开,监察御史领百官入。夹阶,监门校尉二人执门籍,曰'唱籍'。既视籍,曰'在'。入毕而止。次门亦如之"⑤。然后在"通乾、观象门外序班。武次于文。至宣政门。文由东门而入。武由西门而入。至阁门亦如之。其退朝。并从宣政西门而出"⑥。关于通乾门与观象门,《唐六典》卷七《尚书工部》载:在翔鸾阁、栖凤阁左右两边,"东有通乾门,西有观象门"。武班排在文班之后,进入宣政

① 王溥:《唐会要》卷三《出宫人》,第41页。
② 刘昫:《旧唐书》卷一六九《郑注传》,第4400页。
③ 刘昫:《旧唐书》卷一七上《敬宗纪》,第509页。
④ 司马光:《资治通鉴》卷二四三,唐穆宗长庆四年四月条,第7959页。
⑤ 欧阳修:《新唐书》卷二三上《仪卫志上》,第488页。
⑥ 王溥:《唐会要》卷二五《文武百官朝谒班序》,第563—564页。

门时，文班自宣政东门而入，武班自宣政西门而入。进入东西上阁门时，也是如此，文武班分别从东、西两门而入。退朝时则统统从宣政西门出，这样的话便可从建福门而出了，不必再绕道而行。

如以上记载不误的话，则会产生这样一个问题，即百官在东西朝堂首次列班后，进入内门，至通乾、观象门外序班，由于这两门分别在含元殿两边的翔鸾阁、栖凤阁的东西两边，相距甚远，那么到底是在通乾门还是观象门外序班呢？如果是文武两班分别在两门外序班，则无所谓"武次于文"的说法。如此说不误，则百官在东西朝堂前列班后，其中有一班必须跑过来与另一班汇合，然后再进入通乾门或观象门，进入以后，又再次分开，分别从宣政东、西门而入。这样的规定颇有不合理之处。因此笔者颇疑百官在朝堂列班时，就已分为文、武两班，文班在东朝堂，武班在西朝堂。进入内门序班后，然后分别从通乾门和观象门而入，再分别自宣政东、西门而入，再接着分别进入东、西上阁门。因为《新唐书·仪卫志上》说："文武列于两观，监察御史二人立于东西朝堂砖道以莅之。"说明此时已经分文武班了，因此才需要两名监察御史分别站在东、西朝堂砖道上监临之。这里所说的"两观"，骆天骧《类编长安志》载："周置两观，以表宫门。其上可居，登之。人臣将朝，至此思其所阙。"① 只是大明宫内的两观置于何处？文献未载，而东西朝堂前的砖道前又没有宫门，莫非唐朝兴建大明宫时专门在朝堂砖道之前建有东、西两观，以符合周制？如是这样，则文武百官在两观前列班，并以两名监察御史分别监临之。

由于进入东西上阁门后，就进入了大明宫的内廷，所以这个位置便显得十分重要了，故专门设置有阁门使负责其相关事务。阁门使首要的任务就是要保障内廷的安全，太宗时，长孙无忌被召入宫时，未解佩刀，"入东上阁门。尚书右仆射封德彝议，以监门校尉不觉，合死。无忌误带刀入，徒二年，罚铜二十斤"②。此事发生在唐初，当时尚未置阁门使，故由监门校尉负责安全，阁门使设置后，便由其负责了。这件事虽然发生在太极宫，但就制度而言，则是相通的。阁门使还负责阁门以及宣政门的启闭

---

① 骆天骧：《类编长安志》卷二《宫禁》，中华书局 1990 年版，第 71 页。
② 王溥：《唐会要》卷三九《议刑轻重》，第 825 页。

和传宣，即皇帝召见某人时，由其口头传宣。皇帝召见宰相或宰相欲见皇帝，也要通过阁门使进行，所谓"唐制：内中有公事商量，即降宣头付阁门开延英，阁门翻宣申中书，并榜正衙门。如中书有公事敷奏，即宰臣入榜子，奏请开延英，只是宰臣赴对"①。直到元和十五年（820）二月，穆宗始命在西上阁门内西廊开一便门，以方便宰相赴延英殿，"示优礼也"②。

皇帝做出的决定，也由阁门使对外传达。如甘露之变的次日，百官上朝，"宣政衙门未开……阁门使马元贽斜开宣政衙门传宣曰：'有敕召左散骑常侍张仲方。'仲方出班，元贽宣曰：'仲方可京兆尹。'然后衙门大开唤仗"③。故唐人诗曰："日晚阁门传圣旨，明朝尽放紫宸朝。"④ 皇帝的敕令如果不是大赦，有时也由阁门使颁宣，所谓"瑞气祥烟笼细仗，阁门宣敕四方知"⑤。

此外，唐朝还规定百官及四方表章须通过阁门进呈，所谓"唐制：凡四方章表，皆阁门受而进之"。但是这些表章欲进呈皇帝，必须要有引印。前述的宪宗时宰相于頔因其子杀人，诣建福门上表请罪，"阁门以无印引不受"⑥。这里所谓"印"，指上表官员的职印，"引"则指"内引"，是宫中的一种公文。如果阁门使擅自接受官员表状，则会受到处罚。如懿宗咸通十三年（872）五月，"国子司业韦殷裕于阁门进状，论淑妃弟郭敬述阴事。上怒甚，即日下京兆府决杀殷裕，籍没其家。殷裕妻崔氏、音声人郑羽客、王燕客，婢微娘、红子等九人配入掖庭。阁门使田献铦夺紫，配于桥陵，阁门司阍敬直决十五，配南衙，为受殷裕文状故也"⑦。这里所谓阁门司阍敬直当是阁门使属下的官吏，阁门司应是机构名。正因为阁门具有这样的职能，故唐人诗云："拜疏移阁门，为忠宁自谋。"⑧ 关于这种情况

---

① 司马光：《资治通鉴》卷二三三，唐德宗贞元三年八月胡注，第7621页。

② 王钦若：《册府元龟》卷七六《帝王部·礼大臣》，第871页。

③ 刘昫：《旧唐书》卷一七一《张仲方传》，第4445页。

④ 彭定求：《全唐诗》卷七九八花蕊夫人《宫词》，第8978页。

⑤ 彭定求：《全唐诗》卷七三五和凝《宫词》，第8393页。

⑥ 司马光：《资治通鉴》卷二三九，宪宗元和八年正月条及胡注，第7699页。

⑦ 刘昫：《旧唐书》卷一九上《懿宗纪》，第679页。

⑧ 彭定求：《全唐诗》卷三三六，韩愈《赴江陵途中，寄赠王二十补阙、李十一拾遗、李二十七员外翰林三学士》，第3768页。

在《全唐文》有大量的例证，所谓"谨诣阁门陈谢以闻"，"谨诣阁门进状奉谢以闻"，是指谢表；"臣等谨诣阁门奉状陈荐以闻"，这是指荐表；"诣东上阁门拜疏辞谢"，是因事谦辞之表；"谨诣东上阁门奉表陈献以闻"，是进献物件之表；"先诣东上阁门拜表称庆"，是指贺表。唐诗"须臾百辟诣阁门，俯伏拜表贺至尊"。① 说的也是百官到阁门向上表皇帝称贺之事。

　　需要说明的是，通过阁门向皇帝进呈表状是唐朝制度的规定，至于前述的经右银台门呈送表章的现象，多出现在唐后期，应是一种制度紊乱的表现。故唐文宗才禁止诸县主簿通过右银台门进呈文状，但从此后的情况，其他人员进呈表章的现象并未杜绝。

　　在唐代皇帝召见臣下或者群臣请求召见，其通常则在阁门等候。如代宗大历九年（774）四月，"中书舍人常衮率常侍、给舍、谏议、遗补一十八人，诣阁门请论事。有诏三人一引，各尽已怀，帝皆毕词听纳"②。"会昌中，（李）回为刑部侍郎，（魏）謩为御史中丞，尝与次对官三数人候对于阁门。"③ 御史欲弹奏某官，如果不是在朝会上当众弹劾，而是上表弹劾，也是在阁门进呈弹表。

　　唐制，新任官员要向皇帝谢官，然后才能赴任。元和元年（806）三月，御史中丞武元衡奏："中书门下、御史台五品已上官，尚书省四品已上官，诸司正三品已上及从三品职事官，东都留守、转运盐铁、节度、观察、都团练、防御、招讨、经略等使，河南尹，同、华州刺史、诸卫将军三品已上官，除授皆入阁门谢，其余官许于宣政南班拜讫便退。"④ 之所以这样规定，是因为紫宸殿庭面积有限，且众官地位高下有别，故不得不如此。又如，皇帝紫宸殿召见诸国使者，也要从阁门而入。肃宗至德三载（758）五月，举行大朝会，"回纥、黑衣大食各遣使朝贡，至阁门争长，诏其使各从左右门入"⑤。

　　前面已经论到，举行朝会时，文武两班分别自东、西上阁门入。不知

---

①　彭定求：《全唐诗》卷四二六，白居易《骠国乐》，第4698页。

②　王钦若：《册府元龟》卷九九二《外臣部·备御五》，第11656页。

③　王定保：《唐摭言》卷二《恚恨》，三秦出版社2011年版，第29页。

④　王钦若：《册府元龟》卷五一六《宪官部·振举一》，第6168页。

⑤　刘昫：《旧唐书》卷一〇《肃宗纪》，第252页。

何时，却改为"东上阁门，西上阁门，比常出入，以东上为先。大忌进名，即西上阁门为便"。唐朝末年，宦官专权，遂改为只以开启西上阁门。于是在天祐二年（905）四月颁敕规定："自今年五月一日后，常朝出入取东上阁门，或遇奉慰，即开西上阁门，永为定制。"[①] 不过此时唐朝已迁都洛阳，但作为制度的变化还是要说清楚的。

七 光顺门

光顺门虽然是大明宫的内门，但却十分重要，在唐朝政治与宫廷生活中占有重要的地位。关于其具体方位，史籍记载得十分清楚，《唐六典》卷七《尚书工部》载："（紫宸）殿之南面紫宸门，左曰崇明门，右曰光顺门。"光顺门前有南北向的街道，街道之西从东向西依次是命妇院、集贤院。这条街道向南直通昭庆门，再向南是光范门，出光范门经右金吾仗院，就可抵达建福门。进入光顺门，可达内侍别省、含象殿、延英殿、紫宸殿等。史载郭子仪"恩礼益厚，每谒见，乘肩舆入自光顺门，以造内殿"[②]。这里所谓的内殿，即指紫宸殿。本来到紫宸殿可自阁门而入，但是此门是举行朝会和宰相赴延英召对时用之，地位尊贵，郭子仪虽为中书令，但由于其是乘肩舆入内，故只能走光顺门。

关于光顺门在唐朝政治和宫廷生活的作用，主要表现在如下方面。

1. 朝见皇后、皇太后

进入光顺门便可到达内宫，除了含象殿外，明义殿、承欢殿、含凉殿、还周殿、仙居殿、长安殿等内殿，皆可到达。故外命妇朝见皇后之处——命妇院，就设在光顺门外。

唐朝在高祖、太宗时期没有命妇朝见皇后的制度，永徽五年（654）十一月，武则天被册立为皇后，于是命"群臣、命妇朝皇后"[③]。只是这次朝见在太极宫，与大明宫没有关系。与大明宫光顺门有关系的记载，最

---

① 刘昫：《旧唐书》卷二〇下《哀帝纪》，第 793 页。

② 王溥：《唐会要》卷四五《功臣》，第 945 页。

③ 王溥：《唐会要》卷二六《命妇朝皇后》，第 573 页。

早始于唐高宗仪凤三年（678）正月，"百官及蛮夷酋长朝天后于光顺门"①。此后，每逢元日、冬至百官只朝贺皇帝，并不朝贺皇后。至唐肃宗立张皇后后，又命百官与命妇于光顺门朝见皇后。国子祭酒于休烈上奏认为："朝官、命妇杂处，殊为失礼。"有诏乃停②。实际停止的只是百官朝见皇后，外命妇朝见皇后之礼却一直在执行。

外命妇朝见皇后、皇太后的时间，除了每年元日、冬至外，立夏、立秋、立冬时也要到光顺门朝见，如遇雨雪天气则停。通常是元日、冬至，外命妇自光顺门入，进至皇后或皇太后所居殿门参贺；其他节气则至光顺门进名参贺。除了这些时间外，有重大典礼举行，外命妇也要参贺，如唐穆宗于元和十五年即皇帝位，尊其母郭氏为皇太后，册礼在宣政殿庭举行，"是日，百僚称庆，外命妇奉贺光顺门"③。唐敬宗即位后，"上率群臣诣光顺门册皇太后"④。逢重大节庆，有时皇帝亲自率群臣进贺皇太后，如皇太后居住在兴庆宫，外命妇则要分别赴光顺门与兴庆宫参贺。关于这一点在《册府元龟》卷一〇八《帝王部·朝会二》中有详细记载，大体上是宰臣率群臣与外命妇，分别前往大明宫光顺门与兴庆宫向太皇太后、皇太后行朝贺之礼。

唐朝自玄宗以来将皇帝诞日作为全国性的节日，要放假庆贺。但是在唐穆宗时期却规定在其诞日，百官与外命妇一同赴光顺门进贺，这样又再次出现男女混杂的现象。于是在长庆元年（821）七月六日，改为"自降诞之辰，百官于紫宸殿称贺毕，诣昭德门，外命妇光顺门，并进名奉贺皇太后"⑤。即百官在昭德门，外命妇在光顺门，共同向皇太后进贺。不过这一制度毕竟不符合唐朝旧制，于是在唐敬宗宝历元年（825）六月明令废止，所谓"降诞日，文武百僚于紫宸殿称贺及诣光顺门奉贺皇太后，自今已后宜停。国朝本无降诞日贺仪，盖长庆初，尚书左丞韦绶率情上疏，行此礼。至是方罢"⑥。

---

① 司马光：《资治通鉴》卷二〇二，高宗仪凤三年正月条，第 6499 页。
② 王钦若：《册府元龟》卷五八九《掌礼部·奏议十七》，第 7047 页。
③ 刘昫：《旧唐书》卷五二《宪宗懿安皇后郭氏传》，第 2196 页。
④ 刘昫：《旧唐书》卷一七上《敬宗纪》，第 508 页。
⑤ 王溥：《唐会要》卷二九《节日》，第 635 页。
⑥ 王钦若：《册府元龟》卷二《帝王部·诞圣》，第 23—24 页。

2. 举哀与设次

在唐代凡重要大臣亡故，皇帝除了辍朝数日以示哀悼外，还要进行举哀仪式，通常在光顺门举行。这里所谓的举哀之礼，就是在光顺门外为亡者设牌位及祭品，进行祭祀，以表示皇帝的哀悼之意。至于祭品的规格高下，则视亡者的地位及功勋大小而定。

最早在大明宫光顺门为之举行举哀之礼的是唐初功臣李勣，总章二年（668），年龄高达 86 岁的李勣死，高宗"举哀光顺门，七日不视朝"[①]。郝处俊，"开耀元年卒，年七十五。赠开府仪同三司、荆州大都督。帝哀叹其忠，举哀光顺门，祭以少牢"[②]。开元十八年（730）十二月，张说死，时年 64 岁，"上惨恻久之，遽于光顺门举哀，因罢十九年元正朝会"[③]。开元二十九年（741）春，"金城公主薨，吐蕃遣使来告哀，仍请和，上不许之。使到数月后，始为公主举哀于光顺门外，辍朝三日"[④]。唐玄宗之所以在吐蕃告哀使到长安后数月，才为金城公主举行举哀礼，原因就在于当时唐蕃之间正进行着大规模的战争，有意冷落吐蕃使者。此外，唐朝公主薨，通常并不在光顺门举哀，之所以为金城公主在这里举哀，主要是因为唐蕃之间为敌国关系，金城公主作为吐蕃赞普之妻，有别于其他未外嫁之公主，故特意为之。

光顺门还是皇帝举行设次之礼的场所，所谓设次，在这里是指权宜性的典礼活动。如安史叛军攻下长安，焚毁唐室太庙，唐军收复长安后，肃宗"以宗庙为贼所焚，于光顺门外设次，向庙哭"[⑤]。不过在光顺门举行的这类活动，并非制度性的规定，此后发生的太庙被毁事件，当事皇帝的做法都不一致，或皇帝素服避正殿，或百官奉慰，或辍朝数日。

---

① 欧阳修：《新唐书》卷九三《李勣传》，第 3820 页。
② 欧阳修：《新唐书》卷一一五《郝处俊传》，第 4217 页。
③ 刘昫：《旧唐书》卷九七《张说传》，第 3056 页。
④ 刘昫：《旧唐书》卷一九六上《吐蕃传上》，第 5235 页。
⑤ 刘昫：《旧唐书》卷二五《礼仪志五》，第 963 页。《新唐书》卷一三《礼乐志三》、《唐会要》卷一七《庙灾变》所载同。

3. 与婚姻相关的礼仪

将光顺门作为公主举行婚嫁礼仪的场所，始于唐玄宗开元十六年（728）。这年五月六日唐昌公主出嫁，有司欲在紫宸殿举行相关礼仪，遭到右补阙施敬本等人的反对，认为紫宸殿是举行朝会的场所，地位尊贵，不适合举办此类礼仪，"其问名、纳采等，并请权于别所。玄宗纳其言，移于光顺门外设次行礼"①。在唐前期对此类问题并没有一定之规，大体上多在宫中燕见之处举行。后来在"开元中，置礼会院于崇仁里。自兵兴已来，废而不修，故公、郡、县主不时降嫁，殆三十年，至有华发而犹叩者"②。于是唐德宗命礼官与太常博士参照古今旧仪以及《开元礼》，制定公主、郡主、县主出嫁的相关礼仪。以致出现了岳阳、信宁、宜芳、永顺、郎陵、阳安、襄城、德清、南华、元城、新乡等 11 位县主同月出嫁的盛况。实际上公主的情况要好得多，不能及时出嫁的大都为郡主、县主等。

自此以后凡公主出嫁多在光顺门行册礼，如代宗女永清公主、升平公主、新都公主、嘉丰公主、普宁公主、长林公主等出嫁时，都是在光顺门外行册礼的，"遂为故事"③。对于郡主、县主而言，德宗此次新制定的礼仪规定，须先在礼会院拜见姑舅，然后"拜婿之伯叔兄弟姊妹讫，便赴光顺门谢恩。婿之亲族，次第奉谢讫"④，再在十六宅设宴。

唐宪宗女太和公主远嫁回鹘可汗，回鹘扰边被唐军击败，于会昌三年（843）被迎归长安，武宗加封其为定安大长公主。入宫面见皇帝之时，公主"以回纥背叛恩德，侵轶边陲，于光顺门内，脱去簪珥，变服请罪。陛下释其愆负，方敢对见"⑤。之所以选在光顺门变换服饰，是因为其远嫁之时就是从此门而出的，返回长安进入此门之后便是内宫，需要面见皇帝，这里自然是其变服改装的最佳场所。有意思的是，"宣城、贞宁、临

---

① 王钦若：《册府元龟》卷五四六《谏净部·直谏十三》，第 6549 页。

② 刘昫：《旧唐书》卷一五〇《德宗诸子传》，第 4046 页。另据《唐会要》卷八三《嫁娶》，第 1811 页载，礼会院置于开元十九年。

③ 王溥：《唐会要》卷六《杂录》，第 81 页。

④ 王溥：《唐会要》卷八三《嫁娶》，第 1812 页。

⑤ 王溥：《唐会要》卷六《杂录》，第 90 页。

贞、贞源、义昌等公主并宗室近亲，合先慰问，晏然私第，竟已不至，度于物体，稍似非宜，各罚封绢一百匹"。至于"阳安长公主既不与定安光顺相见，又两日就宅宣事，皆不在家，罚封物三百匹"①。阳安公主是顺宗之女，辈分虽比定安公主高，然其远嫁归来，应该与之相见，武宗派使至其府宅通告此事，她也不愿赴光顺门相见，故处罚稍重。这就说明定安公主入光顺门面见皇帝时，其余公主是应该入宫相见的。

4. 与宗教相关的活动

唐代有不少皇帝尊崇佛道二教，其中有不少活动都与光顺门有关。如永泰元年（765）九月，代宗"内出经二宝舆，以人为菩萨、鬼神之状，导以音乐卤簿，百官迎于光顺门外，从至寺"②。这里所谓的"寺"，指位于崇仁坊的资圣寺和位于延康坊的西明寺。大历三年（768），"代宗七月望日于内道场造盂兰盆，饰以金翠，所费百万。又设高祖已下七圣神座，备幡节、龙伞、衣裳之制，各书尊号于幡上以识之，昇出内，陈于寺观。是日，排仪仗，百僚序立于光顺门以俟之，幡花鼓舞，迎呼道路。岁以为常"③。如果说永泰元年的这次活动为偶然行为的话，大历三年的活动以后则年年举行，直到代宗末年。从法门寺迎佛骨的活动，有唐一代多次举行，宪宗元和"十四年正月，上令中使杜英奇押宫人三十人，持香花，赴临皋驿迎佛骨。自光顺门入大内，留禁中三日，乃送诸寺"④。造成了很不好的历史影响。

李唐皇室以老子的后裔自居，因此尊崇道教是其基本国策，其中有些活动与光顺门有关。如唐肃宗乾元元年（758）四月丁未，"内出皇帝写真图，自光顺门送太清宫，诸观道士都人，皆以棚车、幡花、鼓乐迎送"⑤。唐敬宗也是一位崇信道教、迷恋于长生之术的皇帝，其在位期间

---

① 王溥：《唐会要》卷六《杂录》，第 90 页。《资治通鉴》卷二四七唐武宗会昌三年二月条记为"安定公主大长公主"，恐误。又此书所引宋白《续通典》所载诸公主号，与上引《唐会要》稍有不同。

② 司马光：《资治通鉴》卷二二三，永泰元年九月条，第 7295 页。

③ 刘昫：《旧唐书》卷一一八《王缙传》，第 3418 页。

④ 刘昫：《旧唐书》卷一六〇《韩愈传》，第 4198 页。

⑤ 王钦若：《册府元龟》卷五四《帝王部·尚黄老二》，第 605 页。

多次出资修造道观，向道士赏赐衣物、银器等。宝历二年（826）五月，"命内官张士清押领光顺门进状山人杜景先，赴淮南、浙西、江东、湖南、岭南等道，访求药术之士，仍送景先衣一袭、绢三十匹"①。说明光顺门也是此类宗教人士出入宫廷的必经之地。

5. 上疏与进献

光顺门也是唐朝臣民上疏进状的场所。武则天时在大明宫朝堂置铜匦，接受四方上书之人的投书，并命谏议大夫、拾遗、补阙等轮流充任知匦使，"每日所有投书，至暮并即进入"。如果是重要的上疏或上书，则可以直接赴光顺门投之，所谓"其诣光顺门进状者，阁门使收而进之"②。元和中，大宦官吐突承璀率大军进讨河北藩镇，无功而返，谏官纷纷上表弹劾。"试太子通事舍人李涉知上待承璀意未衰，欲投匦上疏，论承璀有功"。当时孔戣以谏议大夫充知匦使，事先看到过李涉上疏的副本，"不受，面诘责之"。于是李涉便直接赴光顺门，通过阁门使将上疏呈上皇帝。③因为阁门使为宦官充任的内诸司使之一，李涉通过贿赂的手段进呈了上疏，引起了孔戣的极大愤慨，遂上疏宪宗请求严加罚处，致使李涉被贬为峡州司仓参军。④孔戣之所以能先看到上疏的副本，也是依据唐朝的规定，所谓"应旧例，所有投匦进状，及书策文章，皆先具副本呈匦使，其有诡异难行，不令进入"。这条规定直到文宗开成三年（838）八月才被废止。⑤

唐后期还规定，凡赴光顺门直接投状之人，由金吾卫查清其在京师的住处，直接在朝堂投匦者，则由知匦使问清其住址，并以公文的形式通报给京兆府。之所以如此规定，是由于如皇帝对上书内容感兴趣，欲召见上书人，却无从找寻，因此规定必须查清其住址。如十日内皇帝没有动静，则任其自由行动。唐宣宗大中四年（850）七月敕："应投匦及诣光顺门进状人，其中有已曾进状，令所司详考，无可采取，放任东西。未经两三

---

① 王钦若：《册府元龟》卷五四《帝王部·尚黄老二》，第 607 页。

② 司马光：《资治通鉴》卷二三八，元和六年闰十二月条胡注，第 7699 页。

③ 刘昫：《旧唐书》卷一五四《孔巢父传附孔戣传》，第 4097 页。

④ 司马光：《资治通鉴》卷二三八，元和六年闰十二月条，第 7810 页。

⑤ 王溥：《唐会要》卷五五《匦》，第 1125 页。

个月，又潜易姓名，依前进扰公廷，近日颇甚。自今以后，宜令知匦使及阁门使，如有此色，不得收状与进状。如故违与进者，必重书罚。"① 这样就进一步规范了这一制度。

光顺门还是向皇帝进献书籍的场所，有关这方面的记载较多。如元和十三年（818），王彦威撰成《曲台新礼》30 卷，"谨诣光顺门奉表以闻"②。元和中，"抚州山人张洪骑牛冠履，献书于光顺门"③。长庆二年（822），史馆撰成《宪宗实录》40 卷、目录 1 卷，"谨诣光顺门奉进以闻"。④ 长庆中，张祜有才，为天平节度使令狐楚所赏识，遂自撰荐表连同张祜诗作，指使其献入宫中，其中写道："谨令录新旧格诗三百首，自光顺门进献，望请宣付中书门下。"⑤ 可见张祜的诗作也是通过光顺门进献的。光顺门的这种情况与右银台门形成鲜明对照，通过后者进献的主要是物品，而前者则仅限于书籍诗作等。

6. 见臣僚与决事

唐高宗李治自移居大明宫以来，为了培养太子李弘治理国事的能力，仿效其父太宗皇帝的做法，从龙朔三年（663）十月开始，"诏太子每五日于光顺门内视诸司奏事，其事之小者，皆委太子决之"⑥。开元十八年（730），奚与契丹犯境，玄宗命忠王李浚（即唐肃宗李亨）为河北道元帅，率八总管兵讨之，"仍命百僚设次于光顺门"，与忠王相见。⑦ 宰相、弘文馆大学士裴光廷向玄宗进献《瑶山往则》及《维城前轨》各 1 卷，玄宗"手制褒美，诏皇太子、诸王于光顺门见光廷，谢所以规讽意"⑧。

在唐代有时也有人直接赴光顺门告御状，如唐德宗时，京兆吏张忠遭人诬陷，"忠妻、母于光顺门投匦诉冤，诏御史台推问，一宿得其实状，

---

① 以上均见《唐会要》卷五五《匦》，第 1126 页。

② 王溥：《唐会要》卷三七《五礼篇目》，第 784 页。

③ 刘昫：《旧唐书》卷一五上《宪宗纪上》，第 427 页。

④ 王钦若：《册府元龟》卷五五六《国史部·采撰二》，第 6687 页。

⑤ 王定保：《唐摭言》卷一一《荐举不捷》，第 167 页。

⑥ 司马光：《资治通鉴》卷第二○一，唐高宗龙朔三年十月条，第 6452 页。

⑦ 刘昫：《旧唐书》卷一○《肃宗纪》，第 239 页。

⑧ 欧阳修：《新唐书》卷一○八《裴行俭传附裴光廷传》，第 4090 页。

事皆虚，乃释忠"①。

需要说明的是，太子决事和皇子在光顺门见臣僚，仅见于高宗与玄宗时期。赴光顺门诉冤之事也是极为少见的，因为到达这里还要经过数道宫门，如果没有人从中协助，一般人员是很难到达这里的。因此上述诸事在唐后期多在右银台门进行，光顺门的功能更多的还是体现在上面所述的前五项上。

八　太和门

太和门，《六典大明宫图》《阁本大明宫图》《长安志图》等，皆未标绘。宋敏求说："丹凤西曰建福门，门外有百官待漏院，次西曰兴安门，东面一门曰太和门，西面一门曰日营门，北面一门曰玄武门。"② 从这一记载看，似乎太和门应为大明宫的东门。其又曰："东内苑南北二里，与大明宫城齐，东西尽一坊之地。南即延政门，北即银台门，东即太和门。"③ 则太和门又为东内苑之东门，那么到底哪种说法可靠呢？另据宋人程大昌记载："其苑（指东内苑）之南亦有三门，延政门在正南，太和门在东，左银台门在北。"④ 根据这些记载，可以断定太和门乃东内苑之东门，而且其位置偏东内苑之南部。吕大防《唐长安城图》标绘有太和门，将其绘在晨晖楼的北面，与左、右银台门东西相齐。清代的《陕西通志》所附的《唐大明宫图》标绘与吕大防图相同。清人徐松《唐两京城坊考》所附《大明宫图》亦绘有太和门的位置，却与日营门东西相齐，明显偏于东内苑之南。程大昌说其位置在"苑之南"，而太和门在吕大防图上的位置却在东内苑中部，故徐松之图的标绘更为准确一些。

但是徐松之图所绘的东内苑范围明显错误，其可能根据宋敏求《长安志》"东内苑南北二里"记载，进行了绘制，其实这一记载很不可靠。如元人骆天骧的《类编长安志》，众所周知，其主要是根据宋敏求《长安

---

① 刘昫：《旧唐书》卷一三五《裴延龄传》，第 3728 页。

② 宋敏求撰，辛德勇点校：《长安志》卷六《东内大明宫》，三秦出版社 2013 年版，第 239 页。

③ 同上书，第 238 页。

④ 程大昌撰，黄永年点校：《雍录》卷三《内苑》，中华书局 2002 年版，第 49 页。

志》的内容加以分类，再参考《三辅黄图》《雍录》以及宋、金、元三朝的相关文献，重新加以编排而成。可是此书却说："东内苑，南北三里，与大明宫城齐。"① 骆天骧的这一记载显然是来自《长安志》，这就说明今本《长安志》的这一记载并不可靠。程大昌说："其（大明宫）广袤亦及五里。五里之东，尚有余地，可以为苑，故大明东面有东内苑。……此之内东苑者，包大明宫之东面，而向南直出，与大明宫城之丹凤门相齐。……此苑之北亦抵禁苑也。"② 这一记载应该比较可靠，因为今大明宫遗址以东，地势平缓，南北并无沟壑，在划定东内苑范围时，没有理由只划取南半截。③ 大明宫"南北五里，东西三里"④ 既然东内苑"包大明宫之东面"，那就说明东内苑的南北也是五里。关于东内苑应与大明宫南北相齐，还有一个证据，即日本僧人圆仁曾进入过大明宫和东内苑，并住在苑内的护国天王寺。其指出该寺位于左神策军球场北，与大明宫仅隔一墙，"即皇城内城东北隅也"⑤。

搞清太和门的具体方位，有利于搞清禁军的驻防情况。所谓"太和门外之北，从西第一曰左羽林军，第二曰左龙武军，第三曰左神策军，以上左三军"⑥。

九　玄武门与重玄门

玄武门是大明宫北面的中门，其东为银汉门，西为青（凌）霄门，东距宫城东北角597米，西距宫城西北角538米。考古探测，玄武门基座

①　骆天骧：《类编长安志》卷三《苑圃》，中华书局1990年版，第80页。

②　程大昌撰，黄永年点校：《雍录》卷三《内苑》，第49页。

③　马正林：《丰镐—长安—西安》一书说：大明宫"北部为不规则正方形。根据实测和从大明宫周围的地形来看，东城的偏斜可能是被龙首原至含元殿以东即折向东北的地势所限。东城的北部如不偏西，而是正南北的话，则北部的城垣就恰好处于龙首原折向北去的西麓之下，这样原高城低，对宫廷的防卫说来显然是不利的"。陕西人民出版社1978年版，第58页。但是对于东内苑来说，则不存在这样的问题。因为《长安志》说其"东西尽一坊之地"，以宽1公里计，则基本不受龙首原这种地形的影响，其苑东墙完全可以南北取直。

④　宋敏求撰，辛德勇点校：《长安志》卷六《东内大明宫》，第238—239页。

⑤　［日］圆仁：《入唐求法巡礼记》卷三，上海古籍出版社1986年版，第142页。

⑥　宋敏求撰，辛德勇点校：《长安志》卷六《左右三军、飞龙院》，第243页。

东北长 34.2 米，南北宽 16.4 米，平面呈长方形，为一门道，门上有楼。大明宫玄武门始建于何时？由于史书记载不详，已很难搞清楚了。但《唐六典》对其已有记载，说明至迟在开元时期就已经有了。关于其改建情况，据《唐会要》卷三〇《杂记》载：贞元"五年正月十九日，（班）宏又修玄武楼"。同书卷八六《城郭》又载："贞元八年，新作玄武门。"之所以记为"新作"，据《册府元龟》卷一四《帝王部·都邑二》载："（贞元）八年正月，新作玄武门及庑会、鞠场。"宋敏求《长安志》卷六《东内大明宫》条载：玄武门，"德宗造门楼，外设两廊，持兵宿卫，谓之北衙"。可见是由于德宗重新建造了玄武门楼以及两廊、鞠场等，故称"新作"。

　　由于玄武门是大明宫的北门，与太极宫玄武门不同的是，大明宫的玄武门之北还有一道重玄门，其直通内苑。宋敏求《长安志》卷六《大明宫》说苑内屯有左三军与右三军，即左羽林军、左龙武军、左神策军和右羽林军、右龙武军、右神策军，不过这些军队并不在玄武门附近，"玄武门外西曰飞龙院，又曰飞龙厩，内有骥德殿"。飞龙院之军队即飞龙兵，是骑兵部队。宝应元年（762），宦官李辅国、程元振发动兵变，捕杀肃宗张皇后与越王李系，为了保证太子安全，将其藏于飞龙厩，程大昌曰："在玄武门外"，"且以甲卒守之"①。可见飞龙院是有军队的，其主要责任就是保卫玄武门的安全。具体负责把守玄武门的，就是上述的分布于其外两廊的兵士，即所谓三卫之士，"任三卫者，配玄武门上，一日上，两日下"②。出入玄武门者皆须持有木契，唐朝规定"玄武门苑内诸门有唤人木契，左以进内，右以授监门，有敕召者用之"③。唐后期宦官势力强大，分局司理事，所谓"宦官列局于玄武门内，两军中尉护诸营于苑中，谓之中官，亦谓之北司"④。

　　大明宫之玄武门很少作为出入之门使用，这一点与太极宫的玄武门颇不同，其主要作用就在于出入内苑。唐宪宗曾打算到内苑狩猎，已经走到太液池西，对左右说："李绛必谏，不如且止。"胡三省在这里注曰："自

---

① 司马光：《资治通鉴》卷二二二，唐代宗宝应元年建巳月条及胡注，第 7242 页。

② 李林甫：《唐六典》卷五《尚书兵部》，中华书局 1992 年版，第 154 页。

③ 欧阳修：《新唐书》卷二四《车服志》，第 526 页。

④ 司马光：《资治通鉴》卷二四三，唐文宗太和二年三月胡注，第 7979 页。

蓬莱池西出玄武门，入重玄门，即苑中。"① 玄武门还是皇帝举行射礼的场所之一，张说的《玄武门侍射并序》诗云："贯心精四返，饮羽妙三联。雪鹤来衔箭，星麟下集弦。一逢军宴洽，万庆武功宣。"② 玄武门外的内苑之中，还养有各种珍禽异兽，《画断》说边鸾善画花鸟，"贞元中，新罗国献孔雀解舞。德宗召于玄武门写貌"③。可证其事。太极宫的玄武门楼上时有皇帝举行宴会，但是在大明宫的玄武门楼却未见有此类记载。

大明宫的玄武门的建构比较独特，是一组三门周筑垣墙的防卫性建筑结构。在玄武门北面 160 米处建有重玄门，其以南 20 米处为内重门，玄武门与重玄门周垣有城墙环绕，构成一个类似于瓮城的建筑群，但却是长方形的。重玄门与玄武门一样，亦为一门道，据考古探测推断，重玄门的门道用木柱承梯形梁架，城墩顶上建平坐，平坐上建有面阔为 5 间进深 2 间的单层单檐庑殿顶城楼。其中内重门较小，由 3 间平房构成，中间 1 间为门道，与玄武门、重玄门直线相通，上无楼观建筑，其与玄武门之间的东西两侧以及门道的两侧均建有城墙，从而与重玄门共同构成了严密的防卫性建筑。

关于玄武门与重玄门的记载非常少，咸通十四年（873）四月八日，唐懿宗从法门寺将佛骨迎入大明宫，就是从重玄门进入的。④ 有学者根据考古探测尝试对其进行复原性研究，对其形制与特点做了有意义的探讨，可以参见。⑤

---

① 司马光：《资治通鉴》卷二三八，唐宪宗元和五年六月条及胡注，第 7799 页。
② 彭定求：《全唐诗》卷八八，第 968 页。
③ 《太平广记》卷二一三《边鸾》条引，第 1633 页。
④ 刘昫：《旧唐书》卷一九上《懿宗纪》，第 683 页。
⑤ 傅熹年：《唐长安大明宫玄武门及重玄门复原研究》，收入《唐大明宫遗址考古发现与研究》，文物出版社 2007 年版，第 366—389 页。

第 二 章
三大殿与三朝朝会

大明宫最重要的建筑无疑是含元殿、宣政殿和紫宸殿，这三大殿不仅构成了大明宫的建筑主体，同时也是大唐帝国的政治中枢，许多重大的决策都是在这些建筑中讨论决定的。三大殿还是唐王朝举行三朝朝会的场所，礼仪方面的规格也是很高的，在一定意义上可以视为大唐帝国的象征。

一 含元殿与外朝朝会

1. 含元殿遗址的发掘与保护

含元殿作为大明宫的主殿，与宣政殿、紫宸殿一起构成了所谓的三大殿，它们均与丹凤门同处在一条南北走向的中轴线上，是大明宫中最重要的建筑群，是举行外朝、中朝和内朝朝会的场所。含元殿始建于唐高宗龙朔二年（662），竣工于次年四月。最初就叫含元殿，取"含宏光大"，"元亨利贞"之意。① 这是《易经·乾坤》中的一句话。武则天长安元年（701）十二月，又改称大明殿，唐中宗神龙元年（705）二月，又恢复了含元殿的旧称。含元殿实际上是由一组殿阁组成，其主殿含元殿位于中心的三层大台之上，其东面建有翔鸾阁，西面建有栖凤阁，主殿与两阁之间以飞廊相连接。东西两面各有一条龙尾道，可以拾级而上，直达主殿。主

---

① 李华：《含元殿赋》，董诰《全唐文》卷三一四，上海古籍出版社 1990 年版，第 1408 页。

殿的正南面是宽阔的殿前广场，广场的尽头就是丹凤门，两者相距为 400 步，约合今 588 米，实测 610 米。整个建筑结构严密，气势恢弘，是大明宫中最为雄伟壮丽的建筑物。

含元殿遗址当初是大明宫内能够在地面上看得见，并且根据其方位可以确定名称的唯一一处殿廷遗址。① 此外多已埋在地下，看不出遗迹，有的顶多只是地形稍高，稍微隆起而已。经过多次的考古发掘，目前已发现的殿址已达数十处。

中华人民共和国成立后，于 1957 年至 1959 年，中国科学院考古所对大明宫进行了首次科学的发掘，其中就包括了含元殿遗址。经过初步发掘探测，含元殿殿址高出地面 10 余米，殿庑东西长 60 余米，南北宽 40 余米。殿前东西两侧各有一高出殿址的夯土台基，即翔鸾、栖凤二阁之遗址，两阁相距 150 米。此次发掘虽然取得初步的成绩，但由于探测面积有限，有许多问题并没有完全搞清楚。②

1960 年，经过中国科学院考古研究所的进一步探测，得出含元殿殿址东西长 75.9 米，南北宽 49.3 米，殿面阔 11 间，进深 3 间（59.2 米 × 16 米）。翔鸾阁的台基东西约长 24.5 米，南北约 13 米，栖凤阁大体相同。殿前与两阁之间，有平行的三条踏道，长达 120 米，中间的一条宽约 25.5 米，两边两条各宽约 4.5 米。③ 这里所谓的三条踏道就是指龙尾道，由于当时没有全部发掘，仅凭有限的数条探沟推测，所以得出的结论不免发生误差。

1994 年，联合国教科文组织及日本政府与中国确立了合作保护大明宫含元殿遗址的项目，于是中国社会科学院考古所于 1995 年至 1996 年又对含元殿遗址进行了大规模的发掘探测，共布 122 个探方，发掘面积达 27000 平方米，并且采用了一些现代化的探测技术。此次对含元殿保护性

---

① ［日］桑原骘藏《考史游记》说：大明宫遗址"现已化为畦田。只是周围窿然兴起，长约八九十米，高约六七米。……实际上这就是含元殿之旧址"。中华书局 2007 年版，第 79 页。这一描述反映的是 1907 年作者亲眼看到的情况。

② 中国科学院考古研究所：《唐长安大明宫》，收入《唐大明宫遗址考古发现与研究》，文物出版社 2007 年版，第 37 页。

③ 中国科学院考古研究所资料室：《中国科学院考古研究所 1960 年田野工作的主要收获》，收入《唐大明宫遗址考古发现与研究》，文物出版社 2007 年版，第 62 页。

的发掘，主要是搞清了殿堂、两阁、飞廊、大台、殿前广场、龙尾道、东朝堂等遗址的全部情况，获得了各种相关数据，为下一步实施的保护工程提供了可靠的依据。尤其值得重视的是，纠正了上一次对龙尾道发掘探测的错误。证明龙尾道只有两条，即殿基东西两侧各有一条，而殿基南面正中的一条是不存在的。龙尾道从殿前广场的平地起，沿两阁内侧的坡道，经三层大台，迂回登到殿上。[①] 发掘的结果也与文献的记载完全吻合。[②] 含元殿建于三层大台之上，高大巍峨，充分显示了皇帝至高无上的地位。殿前广场平坦而宽广，举行大朝会时，可以容纳文武九品以上的官员以及规模宏大的仪卫队伍。如果在广场正中建一条踏道，则必然会把广场分割为两块，不利于演礼之需要。而把龙尾道置于两侧，则更加突出了殿堂的宏伟高大和广场的宽阔无比，适应外朝典礼的需要。

在对含元殿科学发掘和探测的基础上，为了加强对其的保护，防止自然风化和人为的继续破坏，经过中外专家学者的充分讨论，最终确定了对基址的保护方案。从 2003 年开始施工，在唐代遗址表面覆盖一层 3—5 厘米的细沙，回填 50 厘米的黄土夯实作为保护层，再在其上铺砖进行保护，全部工程于 2004 年建成，并对外开放。含元殿遗址保护展示工程是我国大型高台夯土遗址保护的示范工程，为中国古遗址的保护积累了经验，同时也为大明宫遗址整体保护和遗址公园的建设提供了经验，因此具有极大的意义。

2. 外朝朝会的历史渊源与礼仪规格

（1）历史渊源

在唐大明宫中最重要的建筑无疑是含元殿、宣政殿和紫宸殿，这三座大殿构成大明宫的主体建筑，再加上含元殿前的丹凤门，从而形成了南北

---

① 中国社会科学院考古研究所西安唐城工作队：《唐大明宫含元殿遗址 1995—1996 年发掘报告》，收入《唐大明宫遗址考古发现与研究》，文物出版社 2007 年版，第 129 页。

② 程大昌：《雍录》卷三引韦述《两京新记》曰："含元殿左右有砌道盘上，谓之龙尾道。"同书卷三记五代人"王仁裕自蜀入洛过长安，记其所见曰：'含元殿前玉阶三级……阶两面龙尾道，各六七十步达第一级，皆花砖，微有亏损。'"此为王仁裕亲眼所见，当然十分可靠。此外，《太平御览》卷一八四引唐《西京记》以及《长安志》卷六、《南部新书》等，也有大致相同的记载。

中轴线，大明宫中的其他建筑物均分布于这条中轴线两侧。这三座大殿完整地构成了唐朝的所谓天子三朝，即外朝、中朝、内朝的基本格局。关于唐大明宫三大殿格局的历史渊源，宋人叶梦得在《石林燕语》卷二中指出：

> 古者，天子三朝：外朝、内朝、燕朝。外朝在王宫库门外，有非常之事，以询万民于宫中。内朝在路门外，燕朝在路门内。盖内朝以见群臣，或谓之路朝；燕朝以听政，犹今之奏事，或谓之燕寝。郑氏《小宗伯》注，以汉司徒府有天子以下大会殿，设于司徒府则为殿，则宜有后殿。大会殿设于司徒府，则为外朝；而宫中有前后，则为内朝、燕朝，盖去周犹未远也。唐含元殿，宜如汉之大会殿，宣政、紫宸乃前后殿，其沿习有自来矣。①

从以上所述看，天子三朝制度似乎始于周代，然周代天子宫室的建筑格局已难以详考，不过《周礼》一书中的确有三朝的说法，《礼经会元》卷一下《朝仪》载：

> 周有三朝：一曰燕朝，在路门之内，王国宗人嘉事之朝也，太宰、小臣掌焉；一曰治朝，在路门之外，王日听治之朝也，宰夫、司士掌焉；一曰外朝，在库门之外，询万民听政之朝也，小司寇、朝士掌焉。②

这里所谓的治朝，就是内朝，相当于唐代的中朝。郑玄曰："外朝，司寇断狱弊讼之朝也，今司徒府中有百官朝会之殿，云天子与丞相旧决大事焉，是外朝之存者，与内朝路门外之朝也。"③ 关于内朝，郑玄曰："大

---

① 中华书局1984年点校本，第19页。另据此书校勘记："设于司徒府则为殿，稗海本无此句，有'为周之外朝而萧何造未央宫言前殿'十五字。杨刻本亦同。"

② 叶时：《礼经会元》卷一下《朝仪》，文渊阁《四库全书》，台湾商务印书馆1983年版，第92册，第39页。

③ 郑玄注：《周礼注释》卷一六，文渊阁《四库全书》，台湾商务印书馆1983年版，第90册，第305页。

寝，路寝也，其门外则内朝之中，如今宫殿端门下矣。"① 可见内朝建在
天子大寝之门外，由于大寝又称路寝，所以其门也称路门，这就是上引
《石林燕语》中所谓的"内朝在路门外"。《石林燕语》又曰"燕朝在路
门内"，则其应在大寝之内。关于这一点，郑玄曰："燕朝，朝于路寝之
庭。"那么为什么叫燕朝呢？贾公彦疏曰："以其路寝安燕之处，则谓之
燕朝，以其与宾客飨食在庙，燕在寝也。"② 燕，宴也。周王城有五门，
库门为第三门，如以宫门言之，则库门为外门。

可见汉代的大会殿、前殿、后殿，相当于周的外朝、内（治）朝和
燕朝，而唐朝的三朝制度，上引叶梦得之书已明确说："唐含元殿，宜如
汉之大会殿，宣政、紫宸乃前后殿，其沿习有自来矣。"从历史渊源和三
朝制度的角度看，这种说法无疑是正确的。

不过唐人杜佑却提出了天子四朝、诸侯三朝的说法，与上述诸家之说
颇不同，原文如下：

> 周制，天子有四朝。（原注：恒言三朝者，以询事之朝非常朝，
> 故不言之。）一曰外朝，（原注：在皋门内，决罪听讼之朝也。）秋官
> 朝士掌之。……二曰中朝，（原注：在路门外。）夏官司士正其位，
> 辨其贵贱之等。朝夕视政，公卿大夫辨色而入应门，北面而立，东
> 上。……三曰内朝，亦谓路寝之朝。人君既从正朝视事毕，退适路寝
> 听政。……四曰询事之朝，（原注：在雉门外。）小司寇掌其政，以
> 致万人而询焉。一曰询国危，二曰询国迁，三曰询立君。③

据此可知，杜佑之所以细分为四朝，是把外朝中的询万民听政之朝从
中分离出来了，而其他前代学者却是把决罪听讼之朝与询万民之朝合而为
一，均视外朝。现在看来三朝的说法更为历代学者所接受，而四朝的说法
则极少为人所认可，就连杜佑本人也说"恒言三朝者，以询事之朝非常
朝，故不言之"。可见他也知道天子三朝的说法更为流行。因为听讼之朝

---

① 郑玄注：《周礼注释》卷三一，第 90 册，第 575 页。
② 同上书，第 577 页。
③ 杜佑：《通典》卷七五《礼典三五·天子朝位》，中华书局 1988 年版，第 2039—
2041 页。

与询事之事均由主管刑狱之官掌之，前者由司寇掌之，后者由其副职小司寇掌之，将两者合而为一，亦无不可，且后者极少举行，没有必要将之单独列出。

然而大明宫的三殿建筑布局却与周汉之制略有不同，反倒是西内太极宫的建筑布局直接沿袭了周制。众所周知，唐太极宫即隋朝所建的大兴宫，唐朝建立后，改名为太极宫，故其建筑格局是隋朝奠定的，换句话说，太极宫的三朝格局实际上早在隋代就已形成了。关于唐太极宫的三朝格局，《唐六典》卷七《尚书工部》条有详细记载：

> 若元正、冬至大陈设，燕会，赦过宥罪，除旧布新，受万国之朝贡，四夷之宾客，则御承天门以听政，盖古之外朝也。……其内曰太极殿，朔、望则坐而视朝焉，盖古之中朝也。……其内曰两仪殿，常日听朝而视事焉，盖古之内朝也。

唐太极宫以承天门作为举行外朝的场所，与周在库门之外举行外朝，在建筑格局上如出一辙，反倒与汉把司徒府大会殿作为举行外朝的场所格格不入。至于在太极殿、两仪殿分别举行中朝和内朝，与周汉之制并无不同。

可是，从建筑格局的角度看大明宫的三朝制度，与古制却略有不同，主要表现在大明宫把含元殿作为举行外朝的场所上，这一点与周在库门之外举行外朝颇不一致，与汉代在司徒府大会殿举行外朝也不相同。因为唐在含元殿举行的外朝，重要的活动大都在殿内，周的外朝活动却在库门外的空旷之地举行，汉的外朝活动虽然在殿内，但大会殿位于司徒府内，与皇宫显然不是同一处建筑群。因此，唐大明宫的三朝制度虽然是沿袭古制而来的，但在建筑格局方面周汉之制却并不完全相同，反倒是在太极宫举行的三朝在建筑格局方面更接近周制。正因为如此，为了使在大明宫举行的三朝活动更加符合古制，唐朝一度把含元殿与丹凤门共同作为举行外朝活动的场所。如唐德宗贞元"四年五月庚戌朔，御含元殿受朝贺毕，御丹凤门楼，大赦天下"[①]。再如"宪宗元和元年正月丁卯，御含元殿受朝贺，礼毕，御丹凤楼，大赦天下"。元和"十三年正月乙酉朔，帝御含元

---

① 王钦若：《册府元龟》卷一〇七《帝王部·朝会一》，中华书局1960年版，第1278页。

殿受朝贺，礼毕，御丹凤楼，大赦天下"①。此外，还有许多外朝活动直接就在丹凤门楼举行，实际上是在此门前的广场举行，只是皇帝坐在门楼之上而已，并不一定都是先驾御含元殿，然后再御丹凤楼这样的模式。可见丹凤门也是大明宫举行外朝活动的场所之一，之所以出现这样的情况，原因就是这样做更加符合古制。关于这一点恰恰为许多研究大明宫的学者所忽视。

需要指出的是，并非每次举行外朝活动都要分别在含元殿与丹凤门先后举行，因为这样做毕竟有许多不便之处，更多还是在含元殿或者在丹凤门举行，此外，在丹凤门举行的外朝活动内容也有特定的规定，与含元殿活动的内容并不完全一致，这里就不多说了。

（2）外朝听政制度

关于外朝，上引《礼经会元》说："询万民听政之朝也。"关于上古时期的所谓外朝活动是需要进一步解释的，据宋人林之奇的《尚书全解》卷一八《盘庚上》云："司寇掌外朝之政，以致万民而询焉，一曰询国危，二曰询国迁。盘庚盖将迁都，而谋于民，故使臣民皆至于外庭也。"这里所谓的"民"，就是先秦时期的"国人"，他们都是拥有一定参政权力的社会阶层。凡国家有重大事情，皆要征询其意见，比如上面所提到两类情况，即国家发生危及其安全的大事，或者迁移国都，其王都要派人征询其意见。宋人魏了翁所撰的《尚书要义》卷一一《洪范》云："《周礼》小司寇掌外朝之政，以致万民而询焉。一曰询国危，二曰询国迁，三曰询立君，是有大疑而询众也。"又增加了一项征询国人的内容，即拥立新君，也要征询国人的意见。同书还载："谋及庶人，必是大事，若小事，不必询于万民，或谋及庶人在官者耳。"这里所谓的"庶人在官者"，就是指国人在朝担任官职者，也就是说小事只要征询官员的意见即可。也有典籍将这种"庶人在官者"称为"臣"。除此之外，司寇审判案件时，也会在外朝征询国人的意见，这就是上引郑玄所说的"外朝，司寇断狱弊讼之朝也"。这种制度实际上是我国进入文明社会早期阶段时，所保留的原始氏族公社民主制度的残余。到了西周时期外朝又增加了一项重要内

---

① 王钦若：《册府元龟》卷八九《帝王部·赦宥八》，第 1067、1070 页。

容，即"外朝所在，朝觐四方诸侯之所"①。这就是后世在举行外朝时接受外国及诸族使者朝觐之滥觞。

到了唐代外朝活动的内容已经发生了很大的变化，除仍然保留了外朝的名称外，其性质和内容已经发生了根本的改变。上引《唐六典》对唐朝的外朝内容有扼要的记载："若元正、冬至大陈设，燕会，赦过宥罪，除旧布新，受万国之朝贡，四夷之宾客，则御承天门以听政。"自唐高宗移居大明宫以来，外朝活动便在含元殿举行。从上面的引文可知，唐的外朝活动主要包括元日、冬至朝贺；举办宴会以款待外国、四夷君长和使者；颁布大赦；在元日举行外朝时，因为是新的一年的开始，还要举行除旧布新活动；除了接受万国、四夷朝贡，更多的还是接受天下诸州的贡物，由诸州朝集使进献等。② 以上这些是唐代外朝活动最主要的内容，此外还有一些非常态的活动内容，如改元、册立、上尊号、献祥瑞等，但这一切可以在含元殿举行外朝时进行，也可以在其他场合进行，其在外朝时进行，则构成外朝活动的内容，否则就不能算外朝听政的内容。

严格地说，在含元殿举行的外朝活动主要是指在元日与冬至举行朝贺典礼，故《文献通考》卷一〇七《王礼考二》说："盖唐前含元殿非正、至大朝会不御。"当然，含元殿作为大明宫中的一处最宏伟的建筑，除了举行外朝听政典礼外，也举行一些其他方面的活动，这些活动均不属于外朝听政的范围，这一点是需要严格区分的，切不可混为一谈。

通过以上的叙述可以清楚地看出，发端于上古时期的外朝制度到了唐代时已经发生了很大的变化，从原来民主议事性质演变为炫耀皇帝权势、宣扬大唐国威的一种礼仪性活动。正是因为外朝听政活动具有这种性质，所以当条件不具备时，宁可停止举办，也决不勉强凑合。下面的史料可以充分证明这一点：

　　　　大中七年冬，诏来年正月一日，御含元殿受朝贺。（赵）璘时为左补阙……（上）疏曰："伏以新正大庆，万国来朝，华夷愿睹盛

① 许谦：《读书丛说》卷六《康王之诰》，文渊阁《四库全书》，上海古籍出版社1987年版，第67册，第526页。

② 胡宝华：《唐代朝集制度初探》，《河北学刊》1986年第3期，第73—75页。

仪，士庶固当胥悦。但窃闻关辅之内，频岁不登；自冬以来，降雪极
少。尚须祈祷，方轸圣慈。伏见去岁之初，权御宣政。从宜之制，出
自宸衷。事简礼全，人心为便。伏乞且推此例，停御含元。待至丰
年，却依旧典。"①

赵璘之所以提出停办来年元日的外朝活动，就是因为此类活动兴师动众，
花费颇大，而关中地区因为连年歉收，政府财力紧张，加之万国来朝，四
夷毕至，看到大唐帝国灾后的萧条景象，将有损于大唐国威，所以才提出
停办，并且得到了宣宗皇帝的批准。

当然在一些特殊情况下，即使条件不具备，也要坚持办下去。如唐德
宗兴元元年（784）十二月诏曰：

朕一经播迁，久旷礼仪，不惟霜露之感，实贻失坠之忧。赖先泽
在人，上帝临我，克平大难，载复旧京。方欲展礼郊丘，请罪宗庙，
而乃股肱卿士，询谋异同，明孝敬之大端，陈古今之正义，三省章
表，深体乃诚，以义制心，允从众请。予之不德，愧叹良深，其来年
告谢郊庙百僚，请俟后期者可之。其元日御含元殿准式。

这件事的背景是：泾原兵变，朱泚称帝，导致德宗逃离长安，好不容易平
定了叛乱，皇帝刚回到了长安，打算举行告谢郊庙之礼，却遭到内外臣僚
的反对，其中最重要的反对者是平叛功臣李晟。关于这一情况，在上引这
段诏书之后，接着又写道："时李怀光、李希烈并叛逆不宾，京师将士赏
赉未遍，人情尚扰不安。李晟自镇上表请权停郊庙之礼，百僚议与晟协，
故有是诏。"② 虽然德宗停止了举办郊庙之礼，但却仍然坚持来年元日在
含元殿举行外朝活动，其原因就在于这种活动具有很强烈的宣示性，可以
宣示皇权天授，永不动摇。同时也可以起到向周边国家和四夷宣告大唐皇
帝虽然经历了磨难，但仍是四方之主，任何叛乱都不能动摇大唐皇帝的统

---

① 裴庭裕：《东观奏记》卷下引《因话录》，然今本《因话录》虽有此条记载，但详尽程
度远不及此书，可能后世有所删节，故不直接引用。

② 以上见王钦若《册府元龟》卷三〇《帝王部·奉先三》，中华书局 1960 年版，第
329 页。

治，有利于稳定唐朝主导的东亚世界秩序。

综上所述，可见外朝听政制度发展到唐代，除了徒具古制的名目外，内容与性质均已发生了根本的改变，尽管表面上仍称"外朝听政"，这里的"听"字，除了具有听取的意思外，仍然具有询政的意思，但实际意义却与此风马牛不相及，不要说向万民询政，即使与臣下议政，也不在这种场合中进行。

（3）礼制规格

关于含元殿之名称的深刻含义，开元进士李华说："含元建名，《易》乾坤之说曰：'含宏光大。'又曰：'元亨利贞。'括万象以为尊，特巍巍乎上京。"① 特取前一句之"含"字和后一句之"元"字，作为含元殿的名称。

那么，为什么要选择每年的元日与冬至作为举办外朝的日期呢？《太平御览》卷二八引《唐玄宗实录》曰：

> 上御含元殿受朝。太史奏曰："朔日至，历数之元，嘉辰之会。按《乐计图征》云：'朔日冬至，圣主厚祚。'又按《春秋感精符》云：'冬至阴云祁寒有云迎日者，来岁大美。'此并圣德光被，上感天心，请付有司，以彰嘉瑞。"从之。

意思是说元日是新年之始，是举行"嘉辰之会"的好日子，此外按照古制，元日与冬至是圣主举行重要祭祀典礼的时间，所谓"厚祚"，就是这个意思。其实这一段话对冬至举行外朝活动根本原因还是没有说清楚，另据记载："案开元八年中书奏：'冬至一阳生，万物潜动，所以自古圣帝明王，皆此日朝万国，观云物，礼之大者，莫逾是时。'"② "冬至一阳生"是《易经》中的一句话，宋代大理学家程颢解释说："冬至一阳生，而每遇至后，则倍寒，何也？阴阳消长之际，无截然断绝之理，故相搀掩过，如天将晓，复至阴黑，亦是理也。息止也，生也，止则便生，不止则

---

① 董诰：《全唐文》卷三一四《含元殿赋》，上海古籍出版社1990年版，第1408页。

② 王溥：《五代会要》卷五《受朝贺》，上海古籍出版社1978年版，第83页。

不生，艮终始万物。"① 意思与我们今天常说的一句话："冬天来了，春天还会远吗？"是完全相同的。冬至是一年中天气最冷时节的开始，也是春天即将到来的标志，万物也即将复苏，所谓"冬至一阳生，万物潜动"就是这个意思。既然这个节气如此重要，所以自古以来每在此日都要举行盛大朝会和南郊祭祀活动。之所以举行南郊祭祀，是因为南郊是祭祀昊天上帝的场所，所谓"冬至一阳生之辰，宜行亲告之礼"②。即天子亲告于天，祈求来年风调雨顺，江山永固。此外，含元殿及其周围建筑的恢宏气势也是决定在这里举行外朝听政活动的因素之一，"当四夷和外国君长以及使者进入丹凤门，经龙尾道拾阶而上，徐徐进入含元殿时，沿途所见气势恢宏的建筑，以及威严壮观的朝见仪式，其心灵的震撼是不言而喻的，而这正是唐王朝显示国威，令外夷臣服的目的所在"③。

　　正因为以上这些缘故，所以外朝听政的礼仪在三朝中最为隆重。据《旧唐书》卷四三《职官志》载：

　　　　凡元日，大陈设于含元殿，服衮冕临轩，展宫悬之乐，陈历代宝玉、舆辂，备黄麾仗，二王后及百官朝集使、皇亲，并朝服陪位。大会之日，陈设如初。凡冬至，大陈设如元正之仪。其异者，无诸州表奏祥瑞贡献。

可见元日与冬至朝会的礼仪基本一致，唯一的不同是"无诸州表奏、祥瑞、贡献"。那么何谓大陈设呢？这就是上面所说的"展宫悬之乐，陈历代宝玉、舆辂，备黄麾仗"等。所谓"宫悬之乐"，用于唐朝最重要的典礼，除了外朝之外，就是用于南郊祭祀昊天上帝，其他场合皆不能使用。据《唐六典》卷一四《太常寺》载：

　　　　宫县（悬）之乐：镈钟十二，编钟十二，编磬十二，凡三十有

----

　　① 李简：《学易记》卷九《说卦》引，文渊阁《四库全书》，上海古籍出版社1987年版，第25册，第401页。

　　② 薛居正：《旧五代史》卷五《梁太祖纪五》，中华书局1976年版，第78页。

　　③ 刘思怡、杨希义：《唐大明宫含元殿与外朝听政》，《陕西师范大学学报》2009年第1期，第42—46页。

六虡。东方、西方，磬虡起北，钟虡次之；南方、北方，磬虡起西，钟虡次之。镈钟在编县之间，各依辰位。四隅建鼓，左祝、右敔。又设笙、竽、笛、箫、篪、埙，系于编钟之下；偶歌琴、瑟、筝、筑，系于编磬之下。其在殿庭前，则加鼓吹十二按于建鼓之外，羽葆之鼓、大鼓、金钲、歌箫、笳置于其上焉；又设登歌钟、磬、节鼓、琴、瑟、筝、筑于堂上，笙、和、箫、埙、篪于堂下。（原注：宫县、登歌工人皆介帻、朱连裳、革带、乌皮履，鼓人及阶下工人皆武弁、朱连衣、革带、乌皮履。若在殿庭，加白练襦裆、白布袜。鼓吹按工人亦如之也。）

此外还要表演乐舞，其舞"一曰文舞，二曰武舞，宫县之舞八佾，轩县之舞六佾"。所奏乐章是："元正、冬至大朝会，迎送皇帝用《太和》，迎送王公用《舒和》，群臣上寿用《休和》，皇帝举酒登歌用《昭和》。文舞用《九功》之舞，武舞用《七德》之舞。若祠祀，武舞用《凯安》之舞。"[1]

在外朝朝会上陈列历代宝玉比较好理解，所谓舆辂，则有所特指，据载：

> 唐制，天子车舆有玉辂、金辂、象辂、革辂、木辂，是为五辂，耕根车、安车、四望车，已上八等，并供服乘之用。其外有指南车、记里鼓车、白鹭车、鸾旗车、辟恶车、轩车、豹尾车、羊车、黄钺车，属车十二乘，并为仪仗之用。大驾行幸，则分前后，施于卤簿之内。若大陈设，则分左右，施于仪卫之内。[2]

即以上这些舆辂要分为东西陈列在仪卫之内，这里所谓的仪卫特指黄麾仗，是唐朝皇帝的仪卫（也称仗卫）之一种，其详细情况如下：

> 黄麾仗，左右厢各十二部，十二行。第一行，长戟，六色氅，领

---

① 李林甫：《唐六典》卷一四《太常寺》，中华书局1992年版，第403—405页。

② 刘昫：《旧唐书》卷四五《舆服志》，中华书局1975年版，第1932页。

军卫赤氅，威卫青氅、黑氅，武卫驽氅，骁卫白氅，左右卫黄氅，黄地云花袄、冒。第二行，仪锽，五色幡，赤地云花袄、冒。第三行，大矟，小孔雀氅，黑地云花袄、冒。第四行，小戟、刀、楯，白地云花袄、冒。第五行，短戟，大五色鹦鹉毛氅，青地云花袄、冒。第六行，细射弓箭，赤地四色云花袄、冒。第七行，小矟，小五色鹦鹉毛氅，黄地云花袄、冒。第八行，金花朱縢格楯刀，赤地云花袄、冒。第九行，戎鸡毛氅，黑地云花袄、冒。第十行，细射弓箭，白地云花袄、冒。第十一行，大铤，白眊，青地云花袄、冒。第十二行，金花绿縢格楯刀，赤地四色云花袄、冒。十二行皆有行縢、鞋、縢。①

　　这些仗卫皆由诸卫军士充当，黄麾仗是各种仗卫中层次最高的一种，排在诸仗卫之首，史载"每黄麾仗一部，鼓一，左右卫、左右骁卫、左右武卫、左右威卫将军各一人，大将军各一人，左右领军卫大将军各一人检校，被绣袍"。黄麾仗设在含元殿前的庭中（即殿前广场上）。在殿内"则供奉仗、散手仗立于殿上"。此外，还有"五路、五副、属车、舆辇、伞二、翰一，陈于庭；扇一百五十有六，三卫三百人执之，陈于两厢"②。在仗卫中还有所谓立仗马八匹，由尚乘局提供，通常立于殿前宫门外，分左右两侧，如大陈设则立于乐悬的北面，紧靠着大象站立。有"进马二人，戎服执鞭，侍立于马之左，随马进退"③。

　　元日朝会的仗卫规模很大，唐人张祜的《元日仗》诗云："文武千官岁仗兵，万方同轨奏升平。上皇一御含元殿，丹凤门开白日明。"④ 贞元九年（793）正月初一，朝贺活动罢后，唐德宗曾撰写了一首名为《元日退朝观军仗归营》的诗，这里所谓的"军仗"，就是指仗卫，这是皇帝看到退朝后仗卫归营时的场景后所写的诗歌作品。其中写道："分行左右出，转旆风云生。历历趋复道，容容映层城。勇余矜捷技，令肃无喧声。"⑤ 可见人数之多，规模之大，但却纪律严整，无丝毫喧哗之声。

---

①　欧阳修：《新唐书》卷二三上《仪卫志上》，中华书局 1975 年版，第 483 页。

②　同上。

③　刘昫：《旧唐书》卷四四《职官志三》，中华书局 1975 年版，第 1866 页。

④　彭定求：《全唐诗》卷五一一，中华书局 1960 年版，第 5838 页。

⑤　彭定求：《全唐诗》卷四，第 45 页。

不仅军队如此，对参加朝会官员要求也颇严，唐宣宗大中十一年（857）元日朝会时，"太子少师柳公权年亦八十矣，复为百官首，含元殿廷夐远，自乐悬南步至殿下，力已绵惫，称贺之后，上尊号'圣敬文思和武光孝皇帝'，公权误曰：'光武和孝。'御史弹出之，罚一季俸料"①。如果有元老重臣表现突出，则会受人们的赞扬，如太子太师卢钧年过八旬，在一次元日举行的朝会上，"自乐悬之南步而及殿墀，称贺上前，声容朗缓，举朝服之"②。由于元日朝会仪制复杂，即使朝廷重臣有时也难免有失误之处，如"宪宗元和六年正月丙申朔，御含元殿受朝贺。摄太尉张茂昭、宰臣于頔、李藩并行事，失仪。诏释罪"③。这是几位主持仪式的重臣失误的例子，可见这些仪制是不容易掌握的。

有一点需要指出，尽管含元殿的建筑规模宏大，因为元日、冬至朝会规模甚大，参加人数众多，然殿内并不允许很多人进入，"每正至朝贺，宰相以下登殿者不过三十人"④。更多的人还是在殿前广场参加典礼活动。

元日、冬至举行的外朝听政活动不仅仗卫规模宏大，而且还制定了严格而烦琐的礼仪制度，《大唐开元礼》卷九五至卷九七《嘉礼》中就有这方面的详细的礼仪规定，就不一一详述了。至于外朝听政的具体内容以及变化情况，在下面将具体论述。

3. 外朝朝会的仪制及内容

（1）元日朝贺

每年元日，既是我国最重要的节日，又是所谓"一岁之元"⑤，因此自古以来都要举行盛大的朝会活动，以示庆祝。在含元殿举行外朝听政活动中，以元日大朝会最为隆重，礼仪之重超过了冬至朝会。关于元日朝会的内容和程序，《唐六典》卷四《尚书礼部》载：

----

① 裴庭裕：《东观奏记》卷下，中华书局1994年版，第132页。

② 同上。

③ 王钦若：《册府元龟》卷四一《帝王部·宽恕》，中华书局1960年版，第468页。

④ 颜真卿：《正议大夫行国子司业上柱国金乡县开国男颜府君神道碑铭》，董诰《全唐文》卷三四一，上海古籍出版社1990年版，第1530页。

⑤ 欧阳修：《新唐书》卷三四《五行志一》，第884页。

　　　　皇帝衮冕临轩……二王后及百官、朝集使、皇亲、诸亲并朝服陪
　　位。皇太子献寿，次上公献寿，次中书令奏诸州表，黄门侍郎奏祥
　　瑞，户部尚书奏诸州贡献，礼部尚书奏诸蕃贡献，太史令奏云物，侍
　　中奏礼毕。然后，中书令又与供奉官献寿。时，殿上皆呼万岁。（原
　　按：旧仪阙供奉官献寿礼，但位次立，礼毕，竟无拜贺。开元二十五
　　年，臣林甫谨草其仪，奏而行之）

　　这里所谓献寿，就是臣僚依次向皇帝敬酒表示拜贺之意。其中所谓上公，
指太师、太傅、太保，合称三师。这里所说的"诸州表"，是指朝集使带
来的诸州贺表。在《全唐文》中就收有不少这样的贺表，如李商隐所撰
的《为汝南公贺元日御正殿受朝贺表》一文曰："臣某言：臣得本州进奏
院状报，称元日皇帝陛下御含元殿受朝贺者。……事虽举旧，命则维新。
臣某中贺。"[1] 便是一例。所谓"诸州贡献"，与引文所提到"诸蕃贡献"
一样，均要陈列于庭前。如"（开元）十年正月癸卯朔，帝御含元殿受朝
贺。是日，诸蕃国各献方物"[2]。这条史料体现的就是这方面的内容。至
于诸州贡献，直到唐后期也没有废去，如唐德宗建中"二年正月朔，御
含元殿，四方贡献，列为庭实。复旧例也"[3]。因为安史之乱后，四方贡
献一度中断，至此才恢复，故曰"复旧例也"。

　　所谓太史令奏云物，即进奏天象变化情况，如开元十六年（728）
"十一月，日南至，帝御含元殿受朝贺。太史奏黄云扶日，请付所司。从
之"[4]。虽然这里记载的是冬至大朝会的情况，由于其与元日朝会的仪制
大体相同，所以亦可反映元日朝会的情况。由于太史令（后改为司天监）
负责历法的编制，当新历编成之时，往往也会在举办重大典礼的场合进
奏。如建中"四年正月戊寅朔，御含元殿受朝贺。礼毕，以建中元历二
十八卷示百僚。初，司天少监徐承嗣奏来年岁次甲子，应上元首，请修新
历。至是成，群臣称贺"[5]。在这里进献新历亦是元日朝会的内容之一，

①　董诰：《全唐文》卷七七一，上海古籍出版社1990年版，第3561页。
②　王钦若：《册府元龟》卷九七一《外臣部·朝贡四》，中华书局1960年版，第11406页。
③　王溥：《唐会要》卷二四《受朝贺》，上海古籍出版社2006年版，第534页。
④　王钦若：《册府元龟》卷二四《帝王部·符瑞三》，中华书局1960年版，第260页。
⑤　王钦若：《册府元龟》卷一〇七《帝王部·朝会一》，第1278页。

可包括在太史奏云物这一仪制之内。

除了以上内容外，为了宣扬大唐声威，在元日大朝会上往往还会举行百戏表演，郑锡的《正月一日含元殿观百兽率舞赋》写道：

> 陈八佾象钧天之仪，舞百兽备充庭之实。彼毛群与羽族，感盛德而呈质。度曲既三，薰风自南。……辞曰：铄元会兮正王度，奏《云门》兮歌《大濩》。百兽舞兮四夷惧，于胥乐兮皇风布。①

前述文舞、武舞以及八佾之舞，属于元日大朝会礼仪活动的内容之一，因而是必备的。而这里所提到的百兽率舞，在唐朝应属于百戏系列，并非每逢元日朝会均举行表演。

元日大朝会必须的内容还有百官谒皇太子、贺皇后以及赏赐将士等。所谓"凡元正、冬至大会之明日，百官、朝集使皆诣东宫，为皇太子献寿"。"其日，外命妇朝中宫，为皇后称觞献寿，司宫宣赐束帛有差。"②因为在元日这一天百官及朝集使都参加了在含元殿举行的大朝会，故谒皇太子只能安排在次日。唐后期太子不居东宫，则在崇明门进名谒皇太子，类似记载颇多，就不一一列举史料了。③ 至于外命妇并不参加此日举行的大朝会，所以可以在当日向皇后献寿。另据《大唐开元礼》的记载，这一天皇太子妃也要向皇帝和皇后朝贺。因为元日是春节，所以百官及外命妇向皇太子或皇后献寿，实际意义就是恭贺新春，也就是拜年了。如果皇太后在世，则还向其献寿，"准礼及开元、乾元、上元、元和以来元日及冬至日，皇帝御含元殿受朝贺，礼毕，百僚赴皇太后所居殿门外，进名候起居，诸亲及内外命妇并有朝会参贺之礼"④。有关这方面记载时有出现，当然其前提必须是皇太后在世，如果没有皇太后则不必行此礼仪。《大唐开元礼》卷九八《嘉礼》有"皇后元正、冬至受群臣朝贺"的条文，但是从存在史籍来看，有关这方面的记载极少，更多还是外命妇元日、冬至向皇后献寿，说明这一条很可能没有很好地执行。

---

① 董诰：《全唐文》卷四五〇，第2037页。

② 李林甫：《唐六典》卷四《尚书礼部》，中华书局1992年版，第113页。

③ 王钦若：《册府元龟》卷一〇七《帝王部·朝会一》，第1277—1281页。

④ 同上书，第1282页。

此外，元日大朝会向诸军军士赏赐钱物，也是必备的一项内容。《唐六典》卷四《尚书礼部》条在记述元日朝会的程序时，明确写道："侍中宣赐束帛有差。"皇后则要向前来献寿的外命妇们由司宫宣赐束帛。这种赏赐钱物的范围大小不同，有时并不仅限于诸军军士，如唐宪宗元和十三年（818）元日，"御含元殿受朝贺毕，御丹凤楼大赦，诏二王三恪及文宣公各赐物五十匹，神策、六军、威远、金吾及皇城等缘御楼立仗将士等，及在城内蕃客，各赐布有差。中书门下及文武常参官、诸道节度观察、神策诸军等使祖父母、父母节级，与赠官封，存者，量与致仕官及邑号。天下百姓高年，赐束帛羊酒有差"①。如此大范围的赏赐，在元日朝会这种场合是很罕见的，这是因为宪宗已取得了削平藩镇战争的空前胜利，实现了"元和中兴"，故通过这种大范围的赏赐以示庆贺，同时也有赏功的意义在内。

由于政府的财力问题，通常并不能做到如此大范围的颁赐，如唐德宗贞元元年（785）元日，"御含元殿，大赦改元。应（扈）从奉天及收城将士，以府库空竭，减六宫百司经费，据见漕运财赋随到者，赏赐之"②。这次赏赐主要涉及的是诸军将士，因为平定叛乱，收复京师依靠的是诸军将士，所以尽管府库空虚，皇帝削减宫中及诸司经费，也要将这项赏赐进行下去。以上这些情况都是特例，在正常情况下，元日朝会主要是赏立仗诸军将士，如代宗永泰元年（765）元日，共拿出了5万贯钱，就可满足对立仗诸军将士的赏赐需要。③ 对其他参加元日朝会人员的赏赐，则视财力以及形势情况而定，范围可大可小。

在元日朝会上还举行一些活动，如改元、上尊号、大赦、授外夷官等。有唐一代，凡改元不一定正好在一岁之首，其他月份也时有改元者，如果是在岁首改元，多在含元殿举行的元日朝会上宣布。关于这个问题史料非常之多，集中记载的可见《册府元龟》卷一五《帝王部·年号》，就不一一列举史料了。

群臣给皇帝上尊号与改元的情况相似，不一定非要元日朝会上进行，

---

① 王钦若：《册府元龟》卷八一《帝王部·庆赐三》，第944页。
② 同上书，第941页。
③ 同上。

其他场合也时有出现。因为给皇帝上尊号是一件非常重要的大事，对其场合和仪式的确定都十分慎重，因此利用元日大朝会的机会向皇帝上尊号情况要多于其他场合。如乾元二年（759）元日，"上（肃宗）御含元殿，受尊号曰乾元大圣光天文武孝感皇帝"①。"建中元年春正月丁卯朔，御含元殿，改元建中，群臣上尊号曰圣神文武皇帝。"② 这里是指唐德宗。

在含元殿举行元日朝会颁布大赦并非定制，通常是在改元，或者上尊号受册的情况下，才会颁制大赦。由于唐朝改元与上尊号并非仅限于元日朝会时，所以大赦颁布的场所也不仅限于含元殿或者丹凤门。此外，导致皇帝颁布大赦的因素很多，比如登基、大婚、生辰、大灾、祥瑞、重大军事胜利……都有可能颁布大赦，且颁布的场合不定，因此只有在元日朝会颁布大赦时，大赦才算得上外朝听政的内容之一，尽管其并非定制。

在含元殿举行的元日大朝会上，是要举行宴会的，《唐会要》卷二四《受朝贺》条载："开元八年九月，初，正冬朝会，宴见蕃国王，临轩，设乐悬，陈车辂，备麾仗。"另据《新唐书》卷一八二《卢钧传》载："帝元日大飨含元殿，钧年八十，升降如仪，音吐鸿畅，举朝咨叹。"按照古礼，大飨是天子宴请来朝诸侯的一种大规模的宴会，在唐代则是指外夷国王，届时朝廷重臣皆要出席陪宴，并不包括所有参加朝会的人员。实际上在元日举行大朝会时，是不可能在中间插入宴会的，这只能在朝会仪式结束后才有可能举行。不过含元殿倒是唐朝举行宫廷宴乐活动的场所之一，这一点在后面还要详细论述，并不限于举行外朝朝会之时。

还有一项内容也属于元日外朝听政的内容之一，即授外夷官，如贞元"十九年正月旦，上御含元殿受南诏朝贺，以其使杨镆龙武为试太仆少卿，授黎州廓清道蛮首领袭恭化郡王刘志宁试太常卿"③。这种情况也不常见，而且授外夷官也并非一定要在含元殿进行，其他场合也可以进行，只有在含元殿且是元日朝会时，才算是外朝内容之一。

在唐代并非凡元日皆要举行大朝会，从现有史料的记载看，在以下几种情况下是可以停止举行的：

---

① 刘昫：《旧唐书》卷一〇《肃宗纪》，第 254 页。

② 刘昫：《旧唐书》卷一二《德宗纪》，第 324 页。

③ 刘昫：《旧唐书》卷一九七《西南蛮·南诏传》，第 5284 页。

第一，遇有重大丧事。比如唐宪宗元和"七年正月辛酉朔，帝不受朝贺，以皇太子薨，废朝故也"①。唐穆宗长庆四年（824）"春正月辛亥朔，上始御含元殿朝会"。胡三省注云："上即位四年矣，是岁元正，方御东内正牙大朝会。"②穆宗是在元和十五年（820）正月即皇帝位的，即位之初，就在当年二月准了太常礼院上奏，"元日及冬至日，皇帝御含元殿受朝贺"③。可是为什么没有马上实施呢？原因就在于其要为唐宪宗服三年之丧，在期限未满之前，自然不能举行元日朝会。此外，遇到皇后、公主的丧事，也会罢去元日朝会，如开元十一年（723）十二月二十四日敕："万春公主薨，废元日朝贺。"唐德宗贞元三年（787）正月丙戌朔，"停朝贺，以大行皇后在殡故也。"④

第二，遇有重大战事。比如宪宗元和十年（815）十二月敕："淮蔡未宾，师人暴露，而三朝之会，万国来庭，举乐称庆，有怀愧惕。其来年正月朝贺宜权停。"元和十二年正月辛酉朔，"以淮右宿兵不受朝贺"。元和十四年正月庚辰朔，"不受朝贺，以东讨淄青李师道，未班师故也"。穆宗长庆二年（822）正月癸巳朔，"以幽镇阻兵不受朝贺"⑤。

第三，遇有雨雪天气。如"唐高祖武德九年正月庚寅朔，废朝，雨也"。这时唐朝的政治中心尚在太极宫，尽管与大明宫含元殿无关，但也说明自唐朝建立以来，凡遇有雨雪天气均停止举行元日大朝会。如贞元十八年（802）正月戊午朔，"大雨雪，罢朝贺"⑥。唐文宗太和七年（833）春正月乙丑朔，"御含元殿受朝贺。比年以用兵、雨雪，不行元会之仪"⑦。说明在此之前的数年因为用兵和天气的缘故，未有举行过元日朝会，至此才举行，故被史官郑重地写入了史册。

第四，因特殊原因。前面已经论到唐朝在大明宫含元殿举行元日大朝会时，万国来朝，正是展示大唐国威、粉饰太平的好时机，所以当遇有灾

① 王钦若：《册府元龟》卷一〇七《帝王部·朝会一》，第1281页。
② 司马光：《资治通鉴》卷二四三，中华书局1956年版，第7830页。
③ 王钦若：《册府元龟》卷一〇七《帝王部·朝会一》，第1282页。
④ 同上书，第1275、1278页。
⑤ 同上书，第1281—1282页。
⑥ 同上书，第1280页。
⑦ 刘昫：《旧唐书》卷一七下《文宗纪下》，第547页。

荒，国力不逮时，往往会暂时停止元日朝会。唐宣宗大中时，因"关辅之内，频岁不登，自冬以来，降雪极少"，于是左补阙赵璘上疏请求："停御含元，待至丰年，却依旧典。"① 由于元日朝会规模宏大，仪礼繁复，花费颇巨，当国家财力紧张时，往往也会停止举办此类活动。如贞元"十年正月乙亥朔，罢朝贺之礼，以九年冬郊祀故也"②。这件事的背景是：这一时期唐朝财力困乏，加之去冬刚刚举行了大规模的南郊祭祀活动，消耗了大量的财力物力，在这种情况下，只好宣布罢去元日朝贺活动。

需要指出的是，有唐一代也有不在含元殿举行元日外朝听政的情况存在，如"（开元）十六年正月戊戌朔，始听政于兴庆宫，朝贺如常仪"。众所周知，唐玄宗平时常居于兴庆宫，但在此之前举行外朝听政时，仍然在大明宫含元殿举行，至此才在兴庆宫举行，故宋人王钦若特地指出："兴庆宫听政自此始。""（天宝）九载正月辛卯朔，帝御华青（清）宫受朝贺。"③ 玄宗冬季多移居于华清宫，故在这里举行元日朝会亦在情理之中。

（2）冬至朝贺

每年冬至在含元殿举行的大朝会亦是外朝听政的形式之一，其规模和仪式之隆重大体与元日朝会相当。据《唐六典》卷四《尚书礼部》载：

> 凡冬至大陈设如元正之仪，其异者，皇帝服通天冠，无诸州表奏、祥瑞、贡献。凡元正、冬至大会之明日，百官、朝集使皆诣东宫，为皇太子献寿。

在元日朝会时皇帝服衮冕，而冬至却服通天冠，元日朝会时有诸州贺表，献祥瑞、贡献，而后者无之，从而构成了其与元日朝会的小小差异，至于百官向皇太子献寿之事，则与元日朝会完全相同。这一点在《册府元龟》卷一〇七《朝会一》中有大量的记载，在唐后期均于崇明门进名谒皇

---

① 董诰：《全唐文》卷七九一《请元正权御宣政殿疏》，第 3673 页。

② 王钦若：《册府元龟》卷一〇七《帝王部·朝会一》，第 1279 页。

③ 同上书，第 1275—1276 页。

太子。

　　冬至又称日南至，古人认为太阳在这一天走到了天上的最南方，所以称之为日南至。《左传·鲁僖公五年》："王正月辛亥朔，日南至。"孔颖达疏曰："日南至者，冬至日也。"在唐代又将冬至称为日长至，本来日长至在古代是指夏至，这一点在《礼记·月令》有明确的记载，因为这个时候白昼的时间在全年最长，故称长至。可是唐人却将冬至称为日长至，在相关史籍中，凡提到日长至均记载在每年的十一月，便是明证。

　　开元十六年（728）十一月乙巳，"日南至，御含元殿，受朝贺如常仪"①。可见冬至在含元殿举行大朝会是一项常规性的活动。有关描写唐代冬至大朝会的诗歌作品甚多，如崔立之的《南至隔仗望含元殿香炉》云：

　　　　千官望长至，万国拜含元。隔仗炉光出，浮霜烟气翻。
　　　　飘飘萦内殿，漠漠澹前轩。圣日开如捧，卿云近欲浑。
　　　　轮囷洒宫阙，萧索散乾坤。愿倚天风便，披香奉至尊。②

这首诗描写的就是在含元殿举行冬至大朝会时的情景。类似这样题材诗作还很多，如王良士的《南至日隔霜仗望含元殿炉烟》、裴次元的《南至日隔仗望含元殿炉香》等。③

　　由于在冬至这一天同时还要举行南郊祭祀大典，这也是一种非常重要的典礼，皇帝不可能分身同时参加这两种典礼，于是便规定："其日祀圜丘，皆令摄官行事。质明既毕，日出视朝，有国已来，更无改易。若亲拜南郊，受朝须改。"就是说在南郊进行的圜丘祭祀由相关官员主持，皇帝则在含元殿坐朝听政，如果皇帝要在冬至亲自前往圜丘主持祭祀，则必须改变冬至受朝贺的规定。于是唐玄宗在开元八年（720）颁敕明确规定："自今已后，冬至受朝，永为常式。"皇帝之所以如此重视冬至朝会，是因为"冬至一阳生，万物潜动，所以自古圣帝明王，皆此日朝万国，观

　　①　王钦若：《册府元龟》卷一〇七《帝王部·朝会一》，第1275—1276页。
　　②　彭定求：《全唐诗》卷三四七，第3882页。
　　③　彭定求：《全唐诗》卷三一八，第3588页；卷四六六，第5296页。

云物。礼之大者，莫逾是时"的缘故。① 但是到了天宝三载（744）十一月五日，唐玄宗又颁布了一道敕命，规定："敕伏以昊天上帝，义在尊严，恭惟祭典，每用冬至，既于是日有事圜丘，更受朝贺，实深兢惕。自今以后，冬至宜取以次日受朝，仍永为常式。"② 也就是说，在冬至举行圜丘祭祀大典的当日举行大朝会，是对昊天上帝的大不恭，于是便改在冬至次日举行大朝会。不过这一改变并未维持很长时间，至唐代宗永泰元年（765）十一月诏曰："冬至令有司祭南郊后，于含元殿受朝贺。"③ 此后在大历元年冬至也举行过朝会，大概此后还发生过争论，于是便停止了冬至大朝会。据《册府元龟》卷三四《帝王部·崇祭祀三》载：从大历七年（772）至十三年（778），除个别年份外，连续数年在这一天，"命有司祀昊天上帝于南郊，不受朝贺"。说明代宗认为在南郊祭祀昊天上帝时，不宜同时举办朝会，至于争论的具体情况，史书缺载，不得而知。代宗死后，唐德宗即位，于是在建中二年（781）十一月二十日再次颁敕强调："宜以冬至日受朝贺。"④ 也就是说又恢复了唐朝前期的做法。

不过也有冬至日皇帝亲祭于圜丘的记载，如唐德宗贞元六年（790）十一月庚午，"日南至，上亲祀昊天上帝于郊丘。礼毕还宫，御丹凤楼宣赦"。贞元九年十一月乙酉，"日南至，上亲郊圆丘。是日还宫，御丹凤楼"，大赦天下。⑤ 有唐一代这种情况毕竟不多见，即使在唐德宗统治时期也是如此，更多的时候还是在冬至时于含元殿举行朝会。

除了以上情况外，还有一些特殊情况也导致不能在含元殿举行冬至朝会，如天宝十载（751）十一月丙午，"冬至，御观风楼受朝贺"⑥。观风楼是华清宫内的一处建筑。唐玄宗晚年多在华清宫过冬，不可能专门为了含元殿的冬至朝会而返回长安，于是只好改在观风楼就近举行冬至朝会了。上述的唐德宗两次亲祭于南郊圜丘，返回宫中后，均在丹凤门楼颁布大赦，而没有再在含元殿举行朝会。前面已经论到元日在丹凤门楼举行的

---

① 以上均见王溥《五代会要》卷五《受朝贺》，上海古籍出版社1978年版，第83页。

② 王溥：《唐会要》卷二四《受朝贺》，上海古籍出版社2006年版，第523页。

③ 杜佑：《通典》卷七〇《礼典三〇》，中华书局1988年版，第1934页。

④ 王溥：《唐会要》卷二四《受朝贺》，第533页。

⑤ 刘昫：《旧唐书》卷一三《德宗纪下》，第370、377页。

⑥ 王钦若：《册府元龟》卷一〇七《帝王部·朝会一》，第1276页。

活动亦是外朝听政范围，同样的道理，冬至在这里颁布大赦也在外朝活动范围内。另据记载：唐肃宗"乾元二年十一月丁亥，冬至，帝朝圣皇于兴庆宫，翌日受朝于含元殿"①。这是由于太上皇李隆基居住在兴庆宫，所以唐肃宗不得不于当日先朝见其父，然后再于次日在含元殿举行朝会，以示对其父的尊崇。

冬至在含元殿举行的大朝会有时也会停止举办，其原因大体上与元日朝会相同，也多是因为雨雪、丧事、战争等方面原因。如贞元十一年（795）十一月丙辰，"日南至，不受朝贺"②。但却没有说明原因，另据记载"以司徒马燧葬也"③。再如"（大历）十二年十一月，日长至，帝不受朝贺，以防秋将士曝在野故也"④。贞元十五年（799）十一月，"罢冬至朝贺，以兴兵讨蔡州吴少诚也"⑤。此类记载颇多，就不再列举了。还有一种情况也会停止冬至朝会，如"（开元）二十二年闰十一月壬午朔，日有食之。是日长至，停朝"⑥。

在含元殿举行的冬至大朝会，不仅礼仪隆重，因为是重大节气，与元日朝会一样皇帝往往会向群臣赏赐绢帛等钱物，此类记载史籍颇多，就不一一列举了。同时也给立仗将士赏赐钱物，如"大历元年十一月甲子，日长至，御含元殿大赦改元。其立仗将士等，宜赐物五百匹"⑦。可见与元日朝会一样，冬至朝会往往也是皇帝颁布大赦和改元的最佳时机。这一类的史料颇多，就没有必要一一列举了。

前面已经论到，唐朝在冬至朝会上无诸州贺表、祥瑞、贡献等仪注，其他仪注与元日朝会同，但是在唐后期却有所变化。如"贞元四年十一月十三日，中书侍郎李泌奏：'冬至朝贺，请准元日中书令读诸方表。'敕旨：'宜依。'"⑧这里的所谓的诸方表，就是诸州所上的贺表。在唐后

---

① 王钦若：《册府元龟》卷一〇七《帝王部·朝会一》，第 1276 页。
② 同上书，第 1279 页。
③ 刘昫：《旧唐书》卷一三《德宗纪下》，第 382 页。
④ 王钦若：《册府元龟》卷一三五《帝王部·愍征役》，第 1631 页。
⑤ 王钦若：《册府元龟》卷一〇七《帝王部·朝会一》，第 1279 页。
⑥ 同上书，第 1276 页。
⑦ 王钦若：《册府元龟》卷八一《帝王部·庆赐三》，第 941 页。
⑧ 王溥：《唐会要》卷二四《受朝贺》，第 534 页。

期诸州贡献也成为冬至朝会的内容之一，据载："建中元年四月癸丑，德宗降诞之日也。先是，元日、南至、端午及降诞之日，四方竞贡献者数千万。及是，帝以为非故事，皆不纳。"① 说明此前已经这样做了，只是德宗于此时制止而已。需要指出的是，德宗自泾原兵变以来，大肆敛财，又恢复了接受四方贡献的做法。唐宪宗元和十二年（817）八月敕曰："其今年冬至及来年元日，诸司诸道进奉宜停。"② 此后，唐朝诸帝似乎并未停止这种做法，如文宗太和元年（827）十一月甲申，日南至，"中外进献贺冬如常岁"③。从"如常岁"一句，可知此举乃是每年之常例。这就说明在含元殿举行的冬至朝会，在仪注方面已经越来越向元日朝会靠近，两者逐渐趋于统一。

4. 含元殿举行的其他活动

由于含元殿是大明宫中举行外朝听政活动的场所，所以并不在这里议决军国大事，然而从有些记载看，情况似乎并不如此。如"贞观之制，中书、门下及三品官入奏事，必使谏官、史官随之，有失则匡正，美恶必记之；诸司皆于正牙奏事，御史弹百官，服豸冠，对仗读弹文；故大臣不得专君而小臣不得为谗慝"④。胡三省注曰："唐东内以含元殿为正牙，西内以太极殿为正牙。唐制：天子居曰衙，行曰驾。牙，与衙同。"⑤ 胡三省的这种说法并不全对，对太极宫而言是对的，对大明宫而言，则明显是错误的。大明宫的正牙（衙）是指宣政殿而非含元殿。唐德宗贞元十八年（802）七月，诏"公卿庶僚自今勿令正牙奏事，如有陈奏，宜延英门请对"⑥。这里所谓的"正牙"，也是指宣政殿，关于这个问题笔者将另外撰文讨论，这里就不多说了。

含元殿既然非议政场所，那么除了举办外朝听政外，其还具有哪些方面的功能呢？从现存文献记载看，主要表现在如下方面。

---

① 王钦若：《册府元龟》卷一六八《帝王部·却贡献》，第 2026 页。
② 同上书，第 2027 页。
③ 王钦若：《册府元龟》卷一〇八《帝王部·朝会二》，第 1283 页。
④ 司马光：《资治通鉴》卷二一一，唐玄宗开元五年九月条，第 6728 页。
⑤ 司马光：《资治通鉴》卷二三六，唐德宗贞元十八年七月条胡注，第 7599 页。
⑥ 司马光：《资治通鉴》卷二三六，唐德宗贞元十八年七月条，第 7599 页。

（1）尊号与受册

利用含元殿举行外朝听政典礼的时机给皇帝上尊号和进行册封，是有唐一代的常见做法，其实在其他月份群臣给皇帝上尊号时，往往也在含元殿举行受册典礼，这是因为含元殿建筑宏伟，是举行重大典礼的重要场所的缘故。如唐玄宗天宝八载（749）六月丁卯，"群臣奉上尊号曰开元天地大宝圣文神武应道皇帝，御含元殿受册"[1]。唐代宗宝应二年（763）七月戊申，"群臣上尊号曰宝应元圣文武皇帝，御含元殿受册"[2]。也有在含元殿当面接受群臣所上尊号的情况，如天宝元年（742）"二月丁亥，御含元殿，加尊号为开元天宝圣文神武皇帝"[3]。咸通"十二年春正月戊申，宰相路岩率文武百僚上徽号曰睿文英武明德至仁大圣广孝皇帝，御含元殿，册礼毕，大赦"[4]。这一种现象在史籍中有大量的记载。还有一种情况就是皇帝率群臣给太上皇上尊号，然后再在含元殿接受朝贺，如"（元和）二年正月丙寅，帝率百僚于兴庆宫奉册太上皇尊号。丁卯，御含元殿受朝贺"[5]。在含元殿接受朝贺的是唐宪宗而不是唐顺宗，算是一种特殊情况。

给皇太后上尊号也有在含元殿进行的情况，如"建中元年，乃具册前上皇太后尊号，帝供张含元殿，具衮冕，出自左序，立东方，群臣在位，帝再拜奉册，欷歔感咽，左右皆泣"[6]。德宗亲生母沈氏在安史之乱中失踪，故其即位后首先尊其为皇太后。关于此事《旧唐书》的记载更为详尽，所谓"建中元年十一月，遥尊圣母沈氏为皇太后，陈礼于含元殿庭，如正至之仪"[7]。这条记载在具体时间、礼仪规格、是否遥尊等问题上都比上一条史料详尽。

在唐代每一位皇帝都有尊号，皇太后、皇后有尊号者亦不少，举行受册之礼或朝贺的场所并不仅限于含元殿，在大明宫的其他殿内也举行过类

---

①　王钦若：《册府元龟》卷一六《帝王部·尊号一》，第182页。

②　刘昫：《旧唐书》卷一一《代宗纪》，第272页。

③　刘昫：《旧唐书》卷二四《礼仪志四》，第926页。

④　刘昫：《旧唐书》卷一九上《懿宗纪》，第677页。

⑤　王钦若：《册府元龟》卷一〇七《帝王部·朝会一》，第1280页。

⑥　欧阳修：《新唐书》卷七七《后妃传下·睿真沈太后传》，第3501页。

⑦　刘昫：《旧唐书》卷五二《后妃传下·代宗睿真皇后沈氏》，第2189页。

似的活动，含元殿只是作为举行此类典礼的场所之一，这一点还是要说清楚的。

（2）宴乐与祥瑞

在大明宫举办宴乐并未有固定的场所，一般来说，麟德殿举办此类活动要相对多一些，尤其是参加人数众多、规模较大的宴乐活动，多是在那里举行。在含元殿举行的宴乐活动虽然没有麟德殿那么多，但却都是比较重要的或者礼仪性更强的活动。从现存文献的记载看，在含元殿举行的宴乐活动主要有以下几类。

第一，大酺。也称赐酺，颜师古曰："酺，布也；言王德布于天下而合聚饮食为酺。"[1] 这是皇帝批准举办的大规模宴乐活动，自古以来就已有之，是有喜庆大事时才举办的，如皇帝生日、册立太子、公主出嫁、太子加元服、纳后妃、改元大赦等，而且持续时间长短不一，有时达数日之久，在唐代通常为三日或五日，甚至可以扩大到民间，以达到君民同乐的目的。在宫中举办大酺的场所不一，含元殿便是其中之一。如唐高宗"上元元年九月，高宗御含元殿东翔鸾阁，大酺。当时京城四县及太常音乐，分为东西朋，雍王贤为东朋，周王显为西朋，务以角胜为乐"[2]。可见规模之大，参加人数之多。由于此类活动旷日持久，一些大臣身体难以支持，竟有当场暴死的情况发生。如高宗时的卫尉卿李弼，"上元元年九月，帝御含元殿东翔鸾阁观大酺。是日，弼暴卒于宴所，帝为之废酺一日"[3]。就是死于此次大酺。

第二，宴侍老。侍老是指对高年老人的优待。我国自古以来就有优待老人的优良传统，为了倡导这种风气，历代王朝均制定了相应的制度和采取了一些措施，带头优待老人，以便促进良好社会风气的形成。在唐代主要针对80岁及以上的老人，采取了板授官职、邑号，赐衣粮钱物，减免侍丁赋役，给予适当的医药，设宴款待侍老等措施。在含元殿举行宴乐活动，就属于其中的措施之一。如唐玄宗开元二年（714）九月"丁酉，宴京师侍老于含元殿庭，赐九十以上几、杖，八十以上鸠杖，妇人亦如之，

---

①　司马光：《资治通鉴》卷一五，汉文帝前十六年九月条胡三省注引，第502页。

②　王溥：《唐会要》卷三四《论乐》，第729页。

③　王钦若：《册府元龟》卷六二〇《卿监部·恩奖》，第7465页。

赐于其家。"① 与此同时，玄宗还专门颁布了一道诏书，其文如下：

> 古之为政，先于尚老，居则致养，礼传三代，行则就见，制问百年，盖皇王之劝人教黎庶之为子。朕寅奉休历，祗膺圣谟，因秋归而岁成，属星见于郊，祀念其将至，尤重乞言，俾伸恩于几杖，期布惠于乡国。九十以上宜赐几杖，八十以上宜赐鸠杖。所司准式天下诸州侍老，宜令州县遂稳便设酒食，一准京城赐几杖。其妇人则送几杖于其家。②

这篇诏书将唐朝政府鼓励民间社会敬老养老，以形成良好社会风气的期望表露无遗了。之所以选择含元殿作为宴侍老的场所，原因就在于含元殿是大明宫的最重要建筑，在社会上影响甚大，在这里举行宴会款待高年老人，对社会号召力更大。

第三，宴群臣。尽管含元殿不是大明宫中主要的宴会场所，但也不排除皇帝在这里举办此类活动。如开元"十年正月乙巳，御含元殿，宴群臣赐帛有差"。开元十五年"十一月庚子，御含元殿，宴群臣赐帛有差"。开元"十六年十一月丙午，御含元殿，宴群臣赐帛有差"③。除了唐玄宗外，其他皇帝则很少在这里举办宴饮活动。

第四，合乐。合乐一词出自《仪礼·乡饮酒礼》，本意是指堂上歌诗，堂下吹笙击磬，众声俱作，谓之合乐。这里是指乐队的演练合奏。含元殿在举行外朝听政活动时，均要进行乐舞表演，所以事先在这里合乐亦是情理之中。如唐文宗太和九年（835）八月，"上幸左军龙首殿，因幸梨园、含元殿大合乐"④。

在含元殿举行的外朝听政活动中有进献祥瑞的内容，平时向皇帝进献祥瑞时，虽然没有固定场所的规定，但含元殿无疑是其中最佳的选择之一。如开元二十九年四月，"玄宗梦京师城南山趾有天尊之像，求得之于盩厔楼观之侧。至天宝元年正月癸丑，陈王府参军田同秀称于京永昌街空

---

① 欧阳修：《新唐书》卷五《玄宗纪》，第 123 页。
② 王钦若：《册府元龟》卷五五《帝王部·养老》，第 619 页。
③ 以上均见王钦若《册府元龟》卷八〇《帝王部·庆赐二》，第 931—932 页。
④ 刘昫：《旧唐书》卷一七下《文宗纪下》，第 560 页。

中见玄元皇帝，以'天下太平，圣寿无疆'之言传于玄宗，仍云桃林县故关令尹喜宅傍有灵宝符。发使求之，十七日，献于含元殿。于是置玄元庙于太宁坊，东都于积善坊旧邸"①。这里所谓的"天尊""玄元皇帝"，即指老子。以上情况在李唐皇室来说是尊祖行为，在我们今天看来，又何尝不是一种进献祥瑞的行为呢！

（3）制举及其他

唐制，每年举行一次科举考试，谓之常举，规定十月二十五日以前必须汇集于京师长安，然后在次月入大明宫听宣。关于这个问题《南部新书·丙》有详细的记载：

> 每岁十一月，天下贡举人于含元殿前，见四方馆舍人当直者，宣曰："卿等学富雄词，远随乡荐，跋涉山川，当甚劳止。有司至公，必无遗逸，仰各取有司处分。"再拜舞蹈讫退。

此类行动只是皇帝对天下贡举人勉励的一种表示。唐人黎逢曾撰写过一篇《贡举人见于含元殿赋》，其中写道："当仲冬月，候丹禁门，于时铜壶尚滴，粉壁犹昏，骊驹波跃，蜡炬星繁。俄而钟断长乐，殿启含元，中使森而鹤立，诸生凛以骏奔。进抑退扬，俨褒衣而设礼；左旋右折，俯丹陛以陈言。"② 描写就是这一典礼的情况。其实贡举人还有一次进入大明宫的机会，这就是每年元日在含元殿举行外朝听政典礼时，这些贡举人都要排列于朝堂前。朝见皇帝后，还要到国子监孔子庙拜谒。

唐玄宗统治时期还在含元殿举行过制举考试，据《册府元龟》卷六四三《贡举部·考试》载："玄宗开元九年四月甲戌，亲策试应举人于含元殿。谓曰：'古有三道，今减从一道。近无甲科，朕将存其上第，务收贤俊，用宁军国。仍令有司设食。'"③ 此外，在天宝十三载（754）十月，上"御含元殿，亲试博通坟典、洞晓玄经、词藻宏丽、军谋出众等举人。

---

① 刘昫：《旧唐书》卷二四《礼仪志四》，第 926 页。

② 董诰：《全唐文》卷四八二，第 2180 页。

③ 据王溥《唐会要》卷七六《缘举杂录》载："开元八年三月，上亲策试应制举人于含元殿"云云。可知此次乃制举考试，唯时间记载与上引《册府元龟》不同。另据《旧唐书》卷八《玄宗纪上》及《太平御览》卷一一一载，应为开元九年月四月，《会要》所记有误。

命有司供食。既而暮罢其词藻宏丽科，问策外更试律赋各一首。制举试诗赋自此始也。时登甲科者三人，太子正字杨绾最为所称，乙第者凡三十余人"①。这次考试仍属于制举，并且开创了制举试诗赋的先河。

唐制，制举考试均为皇帝亲试或亲临观试，但是在含元殿举行考试的情况却不多见，显示了唐玄宗对此类考试的重视程度。在唐代常举及第者，欲要做官还须经过吏部举办的铨选考试，但制举及第者则可直接授官，故士人们对其重视程度要更高一些。

（4）献俘与阅军

献俘之礼属于古代军礼中的一部分，《大唐开元礼·军礼》中就包括有献俘之礼。军队打胜仗凯旋回朝后，将抓获的战俘献于皇帝，为此而举行的典礼活动就称为献俘之礼，以彰显国威。在唐朝献俘之礼均在太庙、太社举行，《通典》卷一三三《礼典九三》载："若凯旋，唯陈俘馘及军实于北门之外，""若凯旋，唯陈俘馘及军实于南门外"。分别指太社北门和太庙南门，这种礼仪又称献捷之礼。只有取得重大胜利的情况下，才举行面向皇帝的献俘之礼，然后再献于社庙，通常多在昭陵、安福门、兴安门或者其他殿廷举行的，其中也包括含元殿在内。如唐高宗"总章元年十二月，以高丽平，献俘于含元殿，大会勋及部将以下，大陈设于庭"②。另据记载唐朝政府把被俘的高丽将士分散安置于各地，对其君臣则采取了不同的处置办法，"诏以高藏政不由己，授司平太常伯；男产先降，授司宰少卿；男建配流黔州；男生以乡导有功，授右卫大将军，封汴国公，特进如故"③。高藏虽是高丽王，但权力掌握在泉氏家族手中，故曰"政不由己"。引文中提到男产、男建、男生均为泉盖苏文的儿子，由于泉男建坚决抵抗唐军，故对其处罚最重。唐朝在平定安史之乱，收复长安、洛阳两京后，"令陷贼官立于含元殿前，露头跣足，抚膺顿首请罪，以刀杖环卫，令扈从群官宰臣已下视之"④。这也是一种献俘礼，只是所献对象不同于普通战俘而已。

含元殿并非是检阅军队的最佳场所，但是在特殊的历史条件下也会举

---

① 王钦若：《册府元龟》卷六四三《贡举部·考试一》，第 7711—7712 页。

② 王钦若：《册府元龟》卷四三四《将帅部·献捷一》，第 5157 页。

③ 刘昫：《旧唐书》卷一九九上《东夷·高丽传》，第 5327 页。

④ 刘昫：《旧唐书》卷一一五《崔器传》，第 3374 页。

行阅兵典礼的。如唐肃宗至德三载（758）正月"庚寅，大阅诸军于含元殿庭，上御栖鸾阁观之"①。此次在含元殿阅军主要是因为这时唐军刚刚收复长安不久，为了鼓舞士气，振奋人心，由于大明宫含元殿具有象征大唐帝国和皇权的意义，所以特地选择在这里举行大阅诸军之典礼。含元殿之所以能够阅军，还有一个客观的条件，即殿前广场（即殿庭）面积广大，正常年份举行外朝听政活动时，充当仗卫的将士人数众多，仪仗兵器繁杂，都可以容纳得下，所以在这里举行阅军典礼是完全具备条件的。

需要指出的是，含元殿毕竟不是举行献俘和阅军典礼的专门场所，从其建筑功能的设计来看，是专门为举办外朝听政活动而兴建的。因此，尽管在上面论述了含元殿的其他功能，但这些功能都是非主流的，是次要的功能。

（5）结语

关于含元殿的功能及其在大明宫中的地位，即使当时的普通人也未必完全知晓，在他们的心目中含元殿就是皇帝居住或者议决军国大事的地方，所以在有唐一代发生的几次动乱中，无知小民冲入大明宫后，首先占据的就是含元殿，因为其的确具有代表皇权及大唐帝国的象征意义。唐德宗时，发生了泾原兵变，乱兵拥朱泚为主，"夜半，（朱）泚按辔列炬，传呼入宫，居含元殿，设警严"②。黄巢起义军攻占长安，"巢即皇帝位于含元殿，画皂缯为衮衣，击战鼓数百以代金石之乐。登丹凤楼，下赦书；国号大齐，改元金统"③。朱泚和黄巢都不约而同地把目光投向了含元殿，是因为含元殿在大明宫诸殿中更具有皇权的象征。

随着唐帝国势力的衰落，帝国的都城长安及宫殿也不免遭到破坏，史载："自禄山陷长安，宫阙完雄，吐蕃所燔，唯衢衖庐舍；朱泚乱定百余年，治缮神丽如开元时。至巢败，方镇兵互入房掠，火大内，惟含元殿独存，火所不及者。"④ 正因为如此，唐军收复长安后，唐僖宗仍然可以在含元殿举行朝会，但是雅乐散失，乐架"略无存者"。唐昭宗时命人制造

---

① 刘昫：《旧唐书》卷一〇《肃宗纪》，第 251 页。
② 司马光：《资治通鉴》卷二二八，唐德宗建中四年十月条，第 7354 页。
③ 司马光：《资治通鉴》卷二五四，唐僖宗广明元年十二月条，第 8241 页。
④ 欧阳修：《新唐书》卷二二五下《黄巢传》，第 6462 页。

乐架等，"诸工询逮不得其法"，虽勉强制成，然"非先王之旧也"①。天
祐元年（904），朱全忠强迫昭宗迁都洛阳，并拆毁长安城，于是包括含
元殿在内的大明宫至此便荡然无存了。

二　宣政殿及中朝朝会

宣政殿是唐大明宫的三大殿之一，位于南北中轴线上，在含元殿之
北，紫宸殿之南，是唐朝举行中朝朝会的场所。我国自古以来就有所谓天
子三朝制度，这一点在《周礼》一书中有明确的记载，并为历代王朝所
沿袭。唐承隋制，在兴建大明宫时便规划了举办外朝、中朝和内朝等三朝
朝会的场所，分别是含元殿、宣政殿和紫宸殿。《唐会要》卷二四《受朝
贺》载："故事，朔望日，御宣政殿见群臣，谓之大朝。"《唐六典》卷七
《尚书工部》载："朔、望则坐而视朝焉，盖古之中朝也。"似乎唐之中朝
朝会就是朔、望朝，其实这只是唐中朝内容的一个方面，情况远比此复杂
得多。

1. 宣政殿遗址的发掘

宣政殿位于大明宫含元殿之北，是举行中朝朝会的场所，在大明宫中
地位比较重要。此殿也是龙朔二年（662）建成的，位于龙首原高台之
上。考古实测，宣政殿遗址相距含元殿 300 米，殿址东西长近 70 米，南
北宽 40 余米，殿址两侧亦有东西向的宫墙。殿址的两端，已被后来的掘
土扰乱，文献中记载的东、西上阁门遗址没有找到。

宣政殿以南至含元殿之间的一段，地层扰乱严重，有的地方只有片断
的夯土，已看不出形制。在宣政殿遗址南 130 米处，有一些小片的夯土基
础，但多已断续不接，颇疑是宣政门的遗址之所在。② 宣政门是宣政殿院
庭的正门，位于含元殿之北，宣政殿之南。此门平时不开，只供皇帝出
入，或立太子、册公主、拜大臣、布大政时才打开。百官朝见皇帝时，只

---

① 马端临：《文献通考》卷一四〇《乐考一三》，中华书局 1986 年版，第 1239—1240 页。
② 中国科学院考古研究所：《唐长安大明宫》，收入《唐大明宫遗址考古发现与研究》，文
物出版社 2007 年版，第 38—39 页。

能从东面的日华门或西面的月华门而入。

含元殿与宣政殿之间的面积很广，至目前止，有很多地方还没有勘探清楚，据文献记载，月华门以外有待制院、中书省、御史北台、命妇院等机构；日华门外以东则有待制院、门下省、弘文馆、少阳院等机构。这些建筑物的遗址还有待于勘探清楚。

2. 宣政殿与中朝朝会

（1）朔望朝与常朝

在论述唐朝的中朝朝会制度之前，有必要先将大明宫含元殿、宣政殿与紫宸殿的地位问题论述清楚。《资治通鉴》卷二一一唐玄宗开元五年九月条载："贞观之制，中书、门下及三品官入奏事，必使谏官、史官随之，有失则匡正，美恶必记之；诸司皆于正牙奏事，御史弹百官，服豸冠，对仗读弹文；故大臣不得专君而小臣不得为谗慝。"其中提到了正牙奏事的情况，那么这里所说的"正牙"是指什么场所呢？胡三省注曰："唐东内以含元殿为正牙，西内以太极殿为正牙。唐制：天子居曰衙，行曰驾。牙，与衙同。"[1] 其实是不对的，在唐代含元殿是正殿，[2] 而正衙则是指宣政殿，也称前殿，这方面的史料很多。如欧阳修说："宣政，前殿也，谓之衙，衙有仗。紫宸，便殿也，谓之阁。其不御前殿而御紫宸也，乃自正衙唤仗。"[3] 因为皇帝在宣政殿坐朝时有仗卫，其不在宣政殿而在紫宸殿坐朝时，由于没有仗卫，于是便需要把宣政殿前的仗卫唤入，从"乃自正衙唤仗"一句看，显然这里所谓的正衙指宣政殿。叶梦得《石林燕语》卷二则明确记载说："唐以宣政殿为前殿，谓之'正衙'。"此外，骆天骧的《类编长安志》卷二亦载："宣政殿东有东上阁门，西有西上阁

---

[1]　司马光：《资治通鉴》卷二三六，唐德宗贞元十八年七月条胡注，第7599页。

[2]　司马光：《资治通鉴》卷二〇一，唐高宗龙朔三年四月条载："戊申，始御紫宸殿听政。"胡三省注："蓬莱宫正殿曰含元殿。"第6335页。蓬莱宫即大明宫，胡三省关于含元殿为大明宫正殿的说法无疑是正确的，但其把正殿等同于正衙，则是错误的。唐人李商隐所撰的《为汝南公贺元日御正殿受朝贺表》中写道："臣某言：臣得本州进奏院状报，称元日皇帝陛下御含元殿受朝贺者。"也可证明含元殿就是正殿。见《全唐文》卷七七一，上海古籍出版社1990年版，第3561页。

[3]　欧阳修：《新五代史》卷五四《李琪传》，中华书局1974年版，第618页。

门，即正衙殿也。"《文献通考》卷一〇七《王礼考二·朝仪》载："盖唐前含元殿非正、至大朝会不御，次宣政殿谓之正衙，每坐朝必立仗于正衙。"所有这一切都证明在大明宫中所谓正衙是指宣政殿，而不是含元殿。

那么，为什么要把宣政殿称为正衙而不是含元殿呢？这是因为含元殿虽然是正殿，但却不常使用，所谓"非正、至大朝会不御"，而宣政殿则是皇帝经常举行朝会的场所，除了朔、望朝外，常朝也在这里举行，是大明宫中群臣朝见天子的最重要场所之一。正因为是天子经常坐朝的场所，所以才设计了仗卫制度，以体现天子的威严。因为天子"居曰衙，行曰驾"，宣政殿既然是天子经常（居）坐朝的场所，自然应称为正衙了。

在宣政殿举行的朔望朝，也是一类规模宏大的朝会活动，在礼仪方面亦有严格的要求，关于唐初的情况，史书缺载，见于记载的是开元时期的情况，原文如下：

> 开元中，萧嵩奏："每月朔望，皇帝受朝于宣政殿，先列仗卫，及文武四品以下于庭，侍中进外办，上乃步自序西门出，升御座。朝罢，又自御座起，步入东序门，然后放仗散。臣以为宸仪肃穆，升降俯仰，众人不合得而见之。乃请备羽扇于殿两厢，上将出，所司承旨索扇，扇合，上座定，乃去扇。给事中奏无事，将退，又索扇如初。"令以常式。①

从萧嵩进奏的内容看，他提出仪式只是增加了两厢的羽扇，皇帝在御座坐定前，需要以扇遮挡，待坐定后再打开羽扇这一仪式，那就说明其他仪式在此之前是一直存在的。在举行朔望朝会时，往往要向群臣提供廊下食，关于这个问题学术界已有研究成果，② 就不多说了。

举行中朝朝会时所列的仗卫，在唐前期是由诸卫将士组成的，关于仗卫的情况，《新唐书》卷三三上《仪卫志上》有详细记载，录之如下：

---

① 王溥：《唐会要》卷二四《朔望朝参》，第 541 页。
② 参见拜根兴《唐代的廊下食与公厨》，《浙江学刊》1996 年第 2 期，第 98—102 页。

凡朝会之仗，三卫番上，分为五仗，号衙内五卫。一曰供奉仗，以左右卫为之。二曰亲仗，以亲卫为之。三曰勋仗，以勋卫为之。四曰翊仗，以翊卫为之。……五曰散手仗，以亲、勋、翊卫为之。……皆带刀捉仗，列坐于东西廊下。每月以四十六人立内廊阁外，号曰内仗。……又有千牛仗，以千牛备身、备身左右为之。……皆执御刀、弓箭，升殿列御座左右。内外诸门以排道人带刀捉仗而立，号曰立门仗。宣政左右门仗、内仗，皆分三番而立，号曰交番仗。……

每朝，第一冬冬讫，持更稍皆举，张弓者摄箭收弩，立门队及诸队仗皆立于廊下。第二冬冬声绝，按稍、弛弓、收铺，诸门挟门队立于阶下。复一刻，立门仗皆复旧，内外仗队立于阶下。

……宴蕃客日，队下，复立半仗于两廊。朔望受朝及蕃客辞见，加纛、稍队，仪仗减半。凡千牛仗立，则全仗立。……

文中所谓"冬冬"，是指击鼓之声。唐后期则增加了六军之仗，比如羽林仗，[①] 是指左右羽林军组成的仗卫。其他四军是否有仗？《新唐书》卷四八《百官志三》记有"六军仗舍"[②]，可见六军均有仗。府兵制崩溃后，诸卫无兵可掌，但其仗卫还是保留下来了，比如金吾仗就一直沿用了下来，如"上（指唐敬宗）视朝每晏，戊辰，日绝高尚未坐，百官班于紫宸门外，老病者几至僵踣。谏议大夫李渤白宰相曰：'昨日疏论坐晚，今晨愈甚，请出阁待罪于金吾仗。'"胡三省注云："金吾左、右仗，在宣政殿前。"[③] 胡三省的这种说法并不完全对，皇帝在宣政殿坐朝时，金吾仗排列在宣政殿前，这是没有问题的，但这里显然不是指朝会时的仗卫，而

---

① 刘昫：《旧唐书》卷一九六上《吐蕃传上》："（开元）十八年十月，名悉猎等至京师，上御宣政殿，列羽林仗以见之。"第 5231 页。

② 左右神策军虽为禁军，却不置仗卫。《资治通鉴》卷二四五载："开成元年春，正月，辛丑朔，上御宣政殿，赦天下，改元。仇士良请以神策仗卫殿门，谏议大夫冯定言其不可，乃止。"胡三省注："南牙十六卫之兵，至此虽名存实亡，然以北军卫南牙，则外朝亦将听命于北司，既紊太宗之纪纲，又增宦官之势焰，故冯定言其不可。"可为一证。文宗开成元年条，第 7923 页。

③ 司马光：《资治通鉴》卷二四三，唐穆宗长庆四年三月条，第 7834 页。

是指左、右金吾仗舍（院），因为这里才是临时关押罪犯的场所。① 左、右金吾仗舍位于含元殿前，左、右朝堂之南，文宗时发生的所谓"甘露之变"，所说的夜降甘露的石榴树就在其仗舍院内。工部尚书于頔年老体弱，"因入朝仆地，为金吾仗卫掖起，改太子少师致仕"②。就是指排列在宣政殿前的金吾仗。此外，还有一点需要说明，在中朝仪注中，百官班定后，由金吾将军进奏"左右厢内外平安"，然后才开始朝会的其他仪程。

另据记载："高平徐弘毅为知弹侍御史，创置一知班官，令自宣政门检朝官之失仪者，到台司举而罚焉。有公卿大僚令问之曰：'未到班行之中，何必拾人细事？'弘毅报曰：'为我谢公卿。所以然，不以恶其无礼于其君。'"③ 这里所谓的"知弹侍御史"，即指殿中侍御史，"掌殿庭供奉之仪式"④，而徐弘毅却在宣政门就已开始检查朝官失仪者，所以才有人质问其"未到班行之中，何必拾人细事？"可见中朝朝会对朝仪要求之严。徐弘毅，德宗贞元四年（788）制举及第，⑤ 其任殿中侍御史当是在此之后，说明自德宗以来对中朝仪注越来越重视了。

每月初一、十五日举行的朔望朝，参加人数众多，届时不仅是常参官，凡在京文武九品以上职事官皆要参加。由于参加人数较多，朝会时间较长，"午后放归"，所以时有借故而逃避朝参者。为了杜绝此类情况的发生，历朝皇帝都颁布了一些办法，对违反官员进行惩罚。仅据《唐会要》卷二四《朔望朝参》条的记载，就有如下数次禁令的颁布：

> 先天二年十月敕：文武官朝参，著葱褶珂伞者，其有不著入班者，各夺一月俸。若无故不到者，夺一季禄。其行香拜表不到，亦准此。频犯者量事贬降。
>
> （天宝）十三载九月，御史中丞吉温奏："朔望朝参，望自今以后，除仗卫官外，余官不到两人以上者，（罪）及本司官长，各夺一

---

① 刘昫《旧唐书》卷一四《宪宗纪上》载："至德中有吐蕃囚自金吾仗亡命。"可见其是关押罪犯的场所，第 421 页。

② 刘昫：《旧唐书》卷一四六《于頔传》，第 3966 页。

③ 王谠：《唐语林校证》卷三，中华书局 1987 年版，第 196 页。

④ 李林甫：《唐六典》卷一三《御史台》，中华书局 1992 年版，第 381 页。

⑤ 王钦若：《册府元龟》卷六四五《贡举部·科目》，第 7731 页。

季禄。五人以上者，奏听处分。"

大历七年六月，御史大夫李栖筠奏："……请准永泰元年八月敕为定，其一司之中，有三人以上是参官，其日并不到者，本司长官，请罚一月手力资钱。其一月内三度不到者，虽每度有罚，亦准前罚一月资钱，每月仍便于左藏库折纳。其有久不朝谒，并假过百日以上者，望令本司录奏。……又文武常参官，或有晚入，并全不到，及班列失仪，委御史台录名，牒所由，夺一月俸。经三度以上者，弹奏。"

（元和）十四年二月诏："朔望据钱多少，每贯罚二十五文，仍委御史台纠察闻奏。"

从这些记载可以看出，唐朝对无故不参加朝参的官员大都采取了罚俸的措施。为了督促各部门长官重视此事，所以一度出台了对无故不参加朝参的官员所在部门长官的惩罚措施。值得注意的是，永泰元年（765）曾出台了罚手力钱的办法，大概当时没有很好的执行，于是又在大历七年（772）再度由李栖筠奏请施行。这个办法虽然是针对常朝而言的，其实也对朔望朝有效。从这一办法看，显然比以前的处罚要轻一些。因为处罚对象是诸司长官，他们是代人受过，负的是领导责任，直接罚俸似乎有些重，所以罚俸的对象只是针对违纪的常参官本人。

关于手力钱需要稍加解释，唐制，每位官员根据品阶高低都规定给予数量不等的役夫，以供其役使，称之为防阁或庶仆。这些役夫均由民户承担，如果不愿承担此种劳役，则需要交纳一定数额的钱，称之为手力课，完全归官员个人所有。唐后期官员们大都不要其服役，于是手力课遂成为官员的一项固定收入，并且统一由官府代为收取，罚取其手力钱便是在这样的背景下出台的。

至于元和十四年（819）出台的这一规定，只说是"据钱多少，每贯罚二十五文"，却没有说明是哪一项钱款，很可能包括月俸和手力钱在内，这是唐朝对朔望朝违纪者处罚规定的又一变化。

朔望朝会也不是每逢朔望日皆要举行，遇以下几种情况则不举行：其一，天宝三载（744）二月三十日敕：朔望朝"至闰二月一日宜停。自今以后，每逢此闰，仍永为常式"。其二，"朝官遇泥雨，准《仪制令》，停

朝参"①。这一规定适应一切朝会，朔望朝也不例外。其三，遇有大丧则
废朝，包括皇室重要成员和朝廷重臣的丧事。

在唐朝前期举行朔望朝时，并非仅仅是一种礼仪性的活动，群臣朝拜
皇帝后，还要进行听政活动。史载："故事，朔望日，皇帝御宣政殿见群
臣，谓之大朝。玄宗始以朔望陵寝荐食，不听政，其后遂以为常。"② 可
见此前在朔望日是有听政这一环节的。那么这一变化始于何时，据《文
献通考》卷一〇七《王礼考二·朝仪》载，始于天宝时期。那么玄宗不
在宣政殿举行听政后，改在了何处呢？据叶梦得《石林燕语》卷二载：
"宣政盖常朝，日见群臣，遇朔望陵寝荐食，然后御紫宸。"有学者据此
认为朔望朝从此改在紫宸殿举行，③ 其实是一种误解。不仅叶梦得如此，
宋人欧阳修也持这种观点，他说：

> 然唐故事，天子日御（前）殿见群臣，曰常参；朔望荐食诸陵
> 寝，有思慕之心，不能临前殿，则御便殿见群臣，曰入阁。宣政，前
> 殿也，谓之衙，衙有仗。紫宸，便殿也，谓之阁。④

实际上，唐玄宗罢去的只是朔望日举行的听政活动，而且在朔望日御紫宸
殿的现象也只存在了很短的时间，并未形成定制，其子孙并没有完全遵守
此制。如唐宪宗元和十年（815）"三月壬申朔，御延英殿召对宰臣。故
事，朔望日，皇帝御宣政殿见群臣，谓之大朝。玄宗始以朔望陵寝荐食不
听政。其后遂以为常。今之见宰臣特以事召也"⑤。唐宪宗是这一年的三
月初一在延英殿召见宰相的，并非在宣政殿，而仍然强调"今之见宰臣
特以事召也"，可见在这个时间是不能在任何场合举行听政活动的，并非
仅限于宣政殿或者紫宸殿。

至于在宣政殿恢复举行朔望朝，目前能看到最早记载是在唐代宗时
期，据载："代宗广德二年……六月丁卯朔，始御宣政殿受朝，以国哀终

---

① 以上见王溥《唐会要》卷二四《朔望朝参》，第542页。
② 王钦若：《册府元龟》卷一〇七《帝王部·朝会一》，第1281页。
③ 张国刚：《唐代官制》，三秦出版社1987年版，第14页。
④ 欧阳修：《新五代史》卷五四《李琪传》，第618页。括号内字系笔者根据前后文义补。
⑤ 王钦若：《册府元龟》卷一〇七《帝王部·朝会一》，第1281页。

制故也。凡朔望朝于前殿，旧章也。"① 这里所谓的"国哀终制"是指为唐肃宗守制时间的结束。说明在宣政殿举行朔望朝此前就已经恢复了，只是由于为唐肃宗守制，故没有举行，从"旧章也"一句看，说明至此又恢复了旧制。此类史料还很多，如唐德宗建中元年（780）"十一月辛酉朔，朝集使及贡使见于宣政殿。兵兴已来，四方州府不上计、内外不朝会者二十有五年，至此始复旧制。州府朝集者一百七十三人，诏每令分番二人待诏"②。这里所谓的二十五年，是从安史之乱爆发的天宝十四载（755）算起，所指的是地方政府上计及选派朝集使之事，而不是指朔望朝。此次在宣政殿举行的朝会是否是朔望朝呢？笔者以为是，因为《文献通考》中有明确的记载，所谓"待制、候对者，亦唐制也。每正衙置待制官两员，正衙退后，又令六品以下官于延英候对，皆所以备顾问"③。上文所说的"待诏"就是"待制"，只是平时从常参官中选择，由于此次是安史之乱首次召见朝集使，故德宗特意令其分番待制，以备顾问，以便了解地方政情。

不过唐后期似乎又开始在紫宸殿举行朔望朝，欧阳修曰：

> 宣政，前殿也，谓之衙，衙有仗。紫宸，便殿也，谓之阁。……然衙，朝也，其礼尊；阁，宴见也，其事杀。自乾符已后，因乱礼阙，天子不能日见群臣而见朔望，故正衙常日废仗，而朔望入阁有仗，其后习见，遂以入阁为重。④

据此看来在宣政殿举行常朝时废仗，而在紫宸殿举行朔望朝时反倒有仗卫，遂使入阁之礼重于正衙常朝。但是这种变化似不应在唐僖宗乾符时，另据叶梦得《石林燕语》卷二载：

---

① 王钦若：《册府元龟》卷一〇七《帝王部·朝会一》，第 1277 页。原文是"凡朔望朝于殿前"，疑有文字颠倒，故改为"前殿"。

② 刘昫：《旧唐书》卷一二《德宗纪》，第 327 页；王溥：《唐会要》卷二四《朔望朝参》，所载亦同。

③ 马端临：《文献通考》卷一〇七《王礼考二·朝仪》，第 971 页。

④ 欧阳修：《新五代史》卷五四《李琪传》，第 618 页。

> 中世乱离，宣政不复御正衙，立仗之礼遂废，惟以只日常朝，御
> 紫宸而不设仗。敬宗始复修之，因以朔望陈仗紫宸以为盛礼，亦谓之
> "入阁"，误矣。

叶梦得所谓的"中世乱离"，应指安史之乱。其认为由于此后皇帝不经常
在宣政殿坐朝，而坐紫宸殿时又不设仗卫，致使立仗之礼荒废，这种说法
显然是站不住脚的。仅《册府元龟》卷一〇七《帝王部·朝会一》的记
载，唐后期历朝皇帝坐朝于宣政殿的记载便不绝于其书，大概是由于后来
不在宣政殿举行朔望朝，不便于立仗，而紫宸殿是便殿，在这里举行朝会
时又不再从正衙唤仗进入阁门，遂使立仗之礼逐渐荒废。于是唐敬宗便在
紫宸殿举行朔望时恢复了立仗之礼，致使紫宸坐朝之礼反倒重于宣政殿的
朝会，所以叶梦得才说"误矣"。至于何时又恢复了在紫宸殿举行朔望朝
会并重新立仗，史书中有明确记载，时在敬宗长庆四年（824）三月。①

自西周确立三朝制度以来，所谓中朝就是"王日听治之朝也"②。也
就是天子处理国政之朝会也。唐朝的中朝朝会仍然沿袭了这一古制，在宣
政殿除了举行朔望朝外，也把这里作为举行常朝朝会的场所。唐制，文武
五品以上职事官、两省供奉官、监察御史、员外郎、太常博士等，每日朝
参，谓之常参官。唐朝前期皇帝每日御宣政殿朝见群臣，后来又改为单日
（只日）御朝，双日休朝，称之为常朝。常朝时百官奏事完毕，仗卫先行
撤出，《新唐书》卷四七《百官志二》载："每仗下，议政事。"但是却
没有说清楚与何人商议政事，关于这一点胡三省有一段论述，说得比较清
楚，他说："天子御正殿，则郎居左，舍人居右，有命，俯陛以听。每仗
下，天子与宰相议政事，郎、舍人亦分侍左右。若仗在紫宸内阁，则夹香
案分立殿下。"③ 可见仗卫退后，其余官员亦退出，皇帝与宰相商议政事，
只留下起居郎与起居舍人记录。至于对于重大政事的处理，史载：

> 凡赦书、德音、立后、建储、行大诛讨、拜免三公宰相、命将制

① 王钦若：《册府元龟》卷一〇八《帝王部·朝会二》："初展入阁之仪"。第1283页。
② 叶时：《礼经会元》卷一下《朝仪》，文渊阁《四库全书》，台湾商务印书馆1983年版，
第92册，第39页。
③ 司马光：《资治通鉴》卷二四六，唐文宗开成三年正月条胡注，第7932页。

书，并使白麻书，不使印。双日起草，候开门钥入而后进呈。至只
日，百僚立班于宣政殿，枢密使引案，自东上阁门出。若拜免宰相，
即便付通事舍人，余付中书门下，并通事舍人宣示。①

这一条史料说明凡军国重大政事以及拜免三公宰相、任命统兵大将等，都
是在宣政殿举行常朝朝会时对群臣颁示的，并且由枢密使引案；单纯拜免
宰相，则付通事舍人引案，在礼仪上显然要低一些；至于其余政事则付中
书门下，由通事舍人宣示，礼仪要更低一个层次。至唐末，社会动荡，政
事日非，但是在宣政殿举行的中朝朝会却仍然举行，所谓"自唐末丧乱，
朝廷之礼坏，天子未尝视朝，而入阁之制亦废。常参之官日至正衙者，传
闻不坐即退，独大臣奏事，日一见便殿，而侍从内诸司，日再朝而已"②。
说明废去的只是在紫宸殿举行所谓入阁之制，然在宣政殿举行的常朝朝会
并未废去，只是在皇帝不在宣政殿坐朝时，常参官退去，重要大臣再赴紫
宸殿面见皇帝奏事。

除了以上这些朝会外，在唐朝中期又创立了五月一日御宣政殿朝见群
臣的制度。史载：

贞元七年四月二十八日敕："昔者圣贤，仰观法象，因天地交会
之序，为父子相见之仪，沿袭成风，古今不易。王者制事，在于因
人，酌其情而用中，顺其俗而为礼。咸觌之仪，既行父子之间；资事
之情，岂隔君臣之际？申恩卿士，自我为初。自今以后，每年五月一
日，御宣政殿，与文武百僚相见。京官九品以上，外官因朝参在京
者，并听就列。宜令所司，即量定仪注颁示，仍永编礼式。"（原注：
本以五月一日阴生，臣子道长，君父道衰，非善月也，因创是日朝见
之仪）③

五月一日在宣政殿举行的这一朝会规模要远远超过常朝，主要是出于

---

① 王溥：《五代会要》卷一三《翰林院》，上海古籍出版社 1978 年版，第 227 页。这条史
料录自于李肇《翰林志》，反映的是唐朝时的情况。
② 欧阳修：《新五代史》卷五四《李琪传》，第 617 页。
③ 王溥：《唐会要》卷二四《受朝贺》，第 534 页。

"臣子道长,君父道衰"的缘故,有意识创立这一朝会以克制之,虽然史书并没有明确记载德宗确定这一朝会的仪注到底达到了什么规模,想必规模一定宏大而隆重,否则便难以达到克制的目的。

这一朝会自创立以来,除了德宗时期时常举行外,其余时期并不经常举行。《南部新书·甲》记载说:"五月一日御宣政殿,百僚相见之仪,贞元已来常行之,自后多阙。"至唐宪宗元和三年(808)四月敕曰:"旧制五月一日,御宣政殿受朝贺礼宜停。……帝以数术之说,经典不载,遂罢之。"① 自此以后直到唐朝灭亡,此制再也没有恢复过,不过至五代后唐明宗时期却恢复了此制。天成四年(929)四月,"中书门下奏:'五月一日入阁起居……伏以本朝旧制,近代不行,方当开泰之期,难旷会同之礼,宜兴坠典,以耀明庭。五月一日应在京九品以上官及诸进奉使,并准贞元七年敕,就位起居。自此每年永为常式者。'奉敕宜依"②。由于这一朝会是在便殿举行,故称为内殿起居,这是后唐之制与唐制的不同之处。此制恢复之初,只是一种群臣朝见皇帝、问起居的一种礼仪性制度,行礼毕,群臣便依次退出,并不奏事。后来经御史中丞李琪奏请,才允许群臣在起居日有事陈奏。③ 以此推论,很可能唐德宗创立此制以来,就没有群臣奏事的程序,所以后唐恢复此制之初,自然也就不存在群臣奏事的情况了。

(2)中朝内容

在宣政殿举行的朔望朝与常朝均属于中朝朝会的范围,其中朔望朝体现的更多是礼仪性质,而常朝则侧重于百官奏事与议政,除了这些方面之外,还有许多内容,都属于中朝的范围,总括起来主要有以下方面:

第一,读时令。早在唐太宗时,就在太极宫太极殿举行过此类活动。关于读时令的具体情况,史载:

> 太宗贞观十四年春正月庚子,命有司读春令,诏百官之长,升太

---

① 王钦若:《册府元龟》卷一〇七《帝王部·朝会一》,第 1280 页。
② 同上书,第 1287 页。
③ 欧阳修:《新五代史》卷五四《李琪传》载:李琪建言:"'入阁有待制、次对官论事,而内殿起居,一见而退,欲有言者,无由自陈,非所以数见群臣之意也。'明宗乃诏起居日有言事者,许出行自陈。"第 618 页。

极殿列坐而听之。开元二十六年，玄宗命太常卿韦绦每月进月令一篇。是后每孟月视日，玄宗御宣政殿，侧置一榻，东面置案，命韦绦坐而读之。诸司官长，亦升殿列座而听焉。岁余，罢之。乾元元年十二月丙寅立春，肃宗御宣政殿，命太常卿于休烈读春令。常参官五品已上正员，并升殿预坐而听之。①

可见在举行读时令活动时，最初是诸司之长官参加，肃宗乾元元年（758）始改为常参官五品以上参加，并且升殿坐而听之。唐文宗太和八年二月中书门下奏："'请从来年正月，依《开元礼》读时令。陛下御宣政殿，如朝朔之礼，兼请太常卿先撰仪注，务于简便，以酌时宜，所冀简而易从，行之可久。'从之。"②

读时令实际上是一种宣讲历法的仪式，自汉以来就已有之。最初是由太史每年上当年历法，以立春、立夏、大暑、立秋、立冬，读五时令。唐代多读月令，通常是在明堂举行读时令的仪式，关于其具体仪注，《新唐书》卷一九《礼乐志九》有详细记载。但是宣政殿也是举行此类活动的一个重要场所，杜佑《通典》卷一二五《礼八五·嘉礼四·朔日受朝》曰："其朔日读时令则不行此礼。"说明在朝会期间举行读时令的仪式并非偶尔为之，正因为如此，杜佑才在记述朔日受朝仪式时专门做了这样一个说明。

第二，朝集使朝见皇帝。诸州朝集使朝见皇帝通常是在含元殿举行的元日大朝会上，由于种种原因，在元日大朝会不举行时，则往往在宣政殿举行的朝会上觐见皇帝。关于这个问题史籍多有记载，上面亦有所涉及，就不多说了。

第三，受册与上尊号。有唐一代，凡皇帝受册，册封太子、皇后、诸王、三公等，以及向皇帝上尊号，除了在含元殿举行相关仪式外，宣政殿也是一处重要的场所。如唐肃宗自灵武即皇帝位后，一直没有正式举行受册之礼，至德二载（757）十二月，"上皇御宣政殿，授上传国玺，上于殿下涕泣而受之"。次年正月，"上皇御宣政殿，册皇帝尊号曰光天文武

---

① 刘昫：《旧唐书》卷二四《礼仪志四》，第914页。
② 王钦若：《册府元龟》卷五六四《掌礼部·制礼二》，第6776页。

大圣孝感皇帝。上以徽号中有'大圣'二字，上表固让。不允"①。贞元
二十一年（805）正月，德宗病危，"癸巳，会群臣于宣政殿，宣遗诏：
皇太子宜于枢前即位"②。是为顺宗皇帝。此外，唐宪宗、唐文宗等皆即
皇帝位于宣政殿。一般来说，皇帝即位礼多在含元殿举行，不便在含元殿
举行时才改在宣政殿举行。如唐肃宗因有抢班夺位之嫌，为了表示谦恭，
自然不便在含元殿受册。顺宗即位时，因德宗病危，宪宗即位时也是因为
这个原因，所以只能在宣政殿即皇帝位。至于唐文宗在宣政殿即位，则是
因为敬宗刚刚死去，正处于大丧期间，也不便在含元殿举行即位礼。

　　给皇帝上尊号也时常在宣政殿举行，尤其是安史之乱以来，在宣政殿
举行的此类活动已超过了含元殿。上面已经提到至德三载正月给唐肃宗上
尊号之事，此后有关这类活动的记载便不绝于史书，仅据《册府元龟》
卷一七《帝王部·尊号二》的记载，在宣政殿接受群臣上尊号的唐朝皇
帝就有唐宪宗、唐穆宗、唐敬宗、唐武宗、唐宣宗、唐僖宗等。此外，唐
宣宗大中三年（849）十二月，"追谥顺宗曰至德大圣大安孝皇帝，宪宗
曰昭文章武大圣孝皇帝。……上御宣政殿行事"③。

　　册立皇太子之礼虽然有在紫宸殿举行的例子，但是按照唐制，却应在
宣政殿进行，关于这个问题史书中是有明确记载的。如唐穆宗"长庆二
年十二月，上御紫宸殿，册皇太子。故事，册太子御宣政殿，时以圣体未
康，虑劳登御，故从便也"④。因为紫宸殿是内殿，亦称便殿，从礼制的
角度看，其地位不如宣政殿，而皇太子是储君，是未来的皇帝，其册立之
礼自然应在正衙进行。由于唐朝后期并非皇帝必在生前册立太子，但从已
经册立过的几位太子的情况看，无一不是在宣政殿进行。如玄宗开元二十
六年（738）"七月己巳，上御宣政殿，册太子"⑤。唐顺宗永贞元年
（805），"夏四月乙巳，上御宣政殿，册皇太子"⑥。唐文宗太和七年（833）

---

①　刘昫：《旧唐书》卷一〇《肃宗纪》，第 250、251 页。

②　刘昫：《旧唐书》卷一三《德宗纪下》，第 400 页。

③　刘昫：《旧唐书》卷一八下《宣宗纪》，第 626 页。

④　王溥：《唐会要》卷四《杂录》，第 53 页。

⑤　司马光：《资治通鉴》卷二一四，唐玄宗开元二十六年七月条，第 6834 页。

⑥　韩愈：《顺宗实录》卷三，《全唐文》卷五六〇，上海古籍出版社 1990 年版，第 2509 页。

"八月甲申朔，御宣政殿，册皇太子永"①。

　　除此之外，册皇太后、三公、三师以及册封周边少数民族首领，大都在宣政殿进行。如唐穆宗册其母郭氏，"元和十五年正月，穆宗嗣位，闰正月，册为皇太后，陈仪宣政殿庭"②。"大历十四年五月，临轩册尚父子仪于宣政殿。自开元已来，册礼久废，惟天宝末，册杨国忠为司空，至是复行。""贞元三年三月，御宣政殿，备礼册拜李晟为太尉。"③ 册封少数民族首领为可汗的例子有：乾元元年（758）七月，"以册立回纥英武威远毗伽可汗，上御宣政殿，汉中王瑀受册命"。后一句的意思以汉中王李瑀为册使。再如"代宗御宣政殿，出册文，加册（回纥）可汗为登里颉咄登密施含俱录英义建功毗伽可汗，可敦加册为婆墨光亲丽华毗伽可敦"④。

　　第四，大赦与改元。在大明宫中颁布大赦及改元的场所，除了含元殿与丹凤门楼外，就是宣政殿了。一般来说，在含元殿举行的改元与大赦之礼，多是在元日、冬至举行大朝会时，虽不排除其他时间亦有举行此类活动的情况，但在平时更多的还是在宣政殿举行。还要一点需要说明，即改元与大赦有时同时进行，则将其仪注合并进行。有关这些方面的史料很多，就不一一列举了。

　　第五，谢官、宴饮与召见四夷。唐制，新授官员必须入宫向皇帝拜谢，所谓"国朝旧制，凡命都督、刺史，皆临轩册命，特示恩礼。近岁虽无册拜，而牧守受命之后，便殿召对，仍赐衣服"⑤。但是在唐后期改为分别在紫宸殿与宣政殿谢官，元和元年三月，御史中丞武元衡奏云："中书门下御史台五品已上官、尚书省四品已上、诸司正三品已上、从三品职事官、东都留守、转运盐铁节度观察使、团练防御招讨经略等使、河南尹、同华州刺史、诸卫将军三品已上官除授，皆入阁谢，其余官许于宣政南班拜讫便退。从之。"⑥ 即在京诸司高官及地方长官均在紫宸殿谢，

---

①　刘昫：《旧唐书》卷一七下《文宗纪下》，第551页。

②　刘昫：《旧唐书》卷五二《后妃传下》，第2196页。

③　以上见王溥《唐会要》卷二六《册让》，第569—570页。

④　以上见刘昫《旧唐书》卷一九五《回纥传》，第5200、5204页。

⑤　王溥：《唐会要》卷六八《刺史上》，第1422页。

⑥　刘昫：《旧唐书》卷一四《宪宗纪上》，第416页。

其余官员在宣政殿举行朝会时谢。新任官员如不面谢皇帝，将会受到严厉处罚，但如遇放假皇帝不坐朝，新任官员便无法面谢，从而延误了赴任期限，于是在元和三年正月规定："许新除官及刺史等，假内于宣政门外谢讫进辞，便赴任。其日，授官于朝堂礼谢，并不须候假开。"① 至太和九年八月，"御史台奏：'应文武朝参官新除授，及诸道节度、观察、经略、防御等使，及入朝赴镇，并合取初朝谢日，先就廊下参见台官，然后赴正衙辞谢。或有于除官之日，及朝觐到城，忽遇连假三日以上，近例便许于宣政门外见谢讫，至假开，亦须特到廊下参台官者。请自今以后，如遇连假已见谢讫，至假开，亦须特到廊下参台官。'依奏"②。这一规定是对元和三年规定的进一步细化，之所以特别强调新任官员必须参见台官，是因为台官乃监察官员，新任官参见台官对其有着特别的警示作用。这样的话新任官员即使遇假在宣政门谢讫，也不能马上赴任，必须待收假参见台官后方可赴任。还有一点需要强调，即从元和三年起，所有新任官员均须到宣政殿或宣政门谢官，而不必再像以前那样分别赴紫宸殿和宣政殿谢官，这是一个很大的变化。

在宣政殿举办的宴饮活动较少，而且多是针对四夷首领或使者的，也有召群臣聚宴的，如唐肃宗乾元二年九月丙寅，"帝降诞日，宴百官于宣政殿前，赐绢三千匹"③。不过这种情况较少出现。即使宴四夷之客也不很多，如至德二载十二月，回纥帮助唐军收复两京，"回纥叶护自东京还，上命百官迎之于长乐驿，上与宴于宣政殿"④。之所以选择在宣政殿设宴款待回纥首领，是唐肃宗对回纥出兵助唐的特别回报，有唐一代，更多还是在麟德殿宴见四夷之客。

不过唐后期更多还是把宣政殿作为朝见四夷之客的场所，如开元十八年十月，吐蕃使者"名悉猎等至京师，上御宣政殿，列羽林仗以见之"⑤。大历元年（766）十月乙酉，"引吐蕃使见于宣政殿"⑥。贞元四年十月，

---

① 王溥：《唐会要》卷六八《刺史上》，第 1422 页。

② 王溥：《唐会要》卷二五《杂录》，第 554 页。

③ 王钦若：《册府元龟》卷二《帝王部·诞圣》，第 21 页。

④ 司马光：《资治通鉴》卷二二〇，唐肃宗至德二载十月条，第 7043 页。

⑤ 刘昫：《旧唐书》卷一九六上《吐蕃传上》，第 523 页。

⑥ 王钦若：《册府元龟》卷九八〇《外臣部·通好》，第 11512 页。

回纥"大首领等妻妾凡五十六妇人来迎可敦，凡遣人千余，纳聘马二千。德宗令朔州、太原分留七百人，其宰相首领皆至，分馆鸿胪、将作。癸巳，见于宣政殿"①。元和十三年八月，"吐蕃使论司热等七人辞于宣政衙"②。会昌"六年正月，南诏、契丹、室韦、渤海、牂牁、昆明等使，并朝于宣政殿"③。

此外，唐朝还把宣政殿作为召见佛教徒的场所，如韩愈向宪宗上书劝谏其迎佛骨时，写道："佛本夷狄之人，与中国言语不通，衣服殊制。……假如其身尚在，奉其国命，来朝京师，陛下容而接之，不过宣政一见，礼宾一设，赐衣一袭"云云。④ 那么韩愈凭什么断定皇帝一定会在宣政殿见佛呢？胡三省解释说："唐时四夷入朝贡者，皆引见于宣政殿。"⑤ 可见在大明宫中宣政殿的确是皇帝召见四夷之客的重要场所。

第六，举办朝贺活动。在唐代凡皇帝因故元日不御含元殿接受朝贺时，通常都在宣政殿接受群臣朝贺，如"（天宝）十五载正月乙卯朔，御宣政殿受朝贺"⑥。"开成元年正月辛丑朔，帝常服御宣政殿受贺，遂宣诏大赦天下，改元开成。"⑦ 在唐代朝贺活动颇多，除了节庆时外，工程竣工、军事胜利、婚姻喜庆等皆要向皇帝朝贺。如唐德宗贞元十四年（798）七月，"崔损修奉八陵寝宫毕，群臣于宣政殿行称贺"⑧。唐宪宗元和十二年十月乙卯，"隋唐节度使李愬帅师入蔡州，执贼帅吴元济以闻，淮西平。辛巳，御宣政殿受贺，九品以上及宗子四夷之使皆会"⑨。唐文宗太和三年（829）五月，"以沧州李同捷平，百僚称贺于宣政殿"⑩。唐武宗会昌三年（843）二月，"太原刘沔奏：'昨率诸道之师至大同军，遣石雄袭回鹘牙帐，雄大败回鹘于杀胡山，乌介可汗被创而走。

---

① 刘昫：《旧唐书》卷一九五《回纥传》，第 5208 页。
② 王溥：《唐会要》卷九七《吐蕃》，第 2058 页。
③ 王钦若：《册府元龟》卷九七二《外臣部·朝贡五》，第 11419 页。
④ 刘昫：《旧唐书》卷一六〇《韩愈传》，第 4200 页。
⑤ 司马光：《资治通鉴》卷二四〇，唐宪宗元和十四年正月条胡注，第 7758 页。
⑥ 王钦若：《册府元龟》卷一〇七《帝王部·朝会一》，第 1276 页。
⑦ 刘昫：《旧唐书》卷一七下《文宗纪下》，第 564 页。
⑧ 刘昫：《旧唐书》卷一三《德宗纪下》，第 388 页。
⑨ 王钦若：《册府元龟》卷一〇七《帝王部·朝会一》，第 1281 页。
⑩ 王钦若：《册府元龟》卷一〇八《帝王部·朝会二》，第 1283 页。

已迎得太和公主至云州。'是日，御宣政殿，百僚称贺"①。类似史料还不少，不烦再列举了。

3. 宣政殿举行的其他活动

有唐一代，在宣政殿还多次举行过制举考试，均由皇帝亲自主持。唐肃宗乾元二年（759）五月，"上御宣政殿试文经邦国等四科举人"②。唐代宗大历六年（771）四月戊午，又举行了一次制举考试，《旧唐书》卷一一《代宗纪》虽有记载，但却非常简略，而《册府元龟》卷六四三《贡举部·考试》记载比较详尽，对了解唐代制举考试制度颇有价值，故全文录之如下：

> （上）御宣政殿，亲试讽谏主文、茂才异等、智谋经武、博学专门等四科举人。帝亲慰免，有司常食外，更赐御厨珍馔及茶酒，礼甚优异举人。或有敝衣菜色者，帝悯之，谓左右曰："兵革之后，士庶未丰，皆自远来，资粮不足故也。"因为之泣下。时方炎暑，帝具朝衣，永日危坐，读太宗《贞观政要》。及举人策成，悉皆观览，一百余道。将夕有策未成者，命大官给烛，令尽其才思，夜分而罢。时登科者凡一十五人。

唐德宗在宣政殿也多次举行过制举考试，如"唐德宗贞元元年九月乙巳，御宣政殿，策贤良方正、能直言极谏等三科举人"③。贞元十年十月，"御宣政殿，试贤良方正、能直言极谏等举人"④。唐宪宗元和三年三月，"乙巳，御宣政殿试制科举人"⑤。另据记载此次制举共开四科举人，并且闹出了一场风波，史载："裴垍，元和初召入翰林。三年诏举贤良，时有皇甫湜对策，其言激切，牛僧孺、李宗闵亦苦谏时政。考官杨于陵、

---

① 刘昫：《旧唐书》卷一八上《武宗纪》，第593—594页。

② 刘昫：《旧唐书》卷一〇《肃宗纪》，第256页。另据《册府元龟》卷六四三《贡举部·考试》条载，时在该年三月，颇疑"三"字乃"五"字之误。

③ 王钦若：《册府元龟》卷六四四《贡举部·考试二》，第7713页。

④ 刘昫：《旧唐书》卷一三《德宗纪下》，第380页。

⑤ 刘昫：《旧唐书》卷一四《宪宗纪上》，第425页。

韦贯之，考三策皆在第，垍居中复视，无所同异。及为贵幸泣诉，请罪于帝，帝不得已，黜于陵、贯之官，罢垍翰林学士，除户部侍郎。"① 这里所谓的"贵幸"，即指宰相李吉甫。学术界通常把这一事件视为牛李两党结怨之始。

另据《册府元龟》卷六四四《贡举部·考试二》的记载，在宣政殿举行制举考试还有如下几次：

> 穆宗长庆元年（821）"十月，诏文武常参官及诸州府，准制举荐贤良方正人等，以十一月二十五日御宣政殿策试，宜令所司准式"。
>
> 敬宗宝历元年"三月辛酉，诏常参及诸州府准去年三月三日制，举诸色科目见到总三百一十九人，今月二十八日，御宣政殿临试，宜付所司准式"。
>
> 文宗太和二年"三月辛巳，御宣政殿，亲策试制举人"。

另据记载宝历元年三月的制举，参加者共291人，"以中书舍人郑涵、吏部郎中崔琯、兵部郎中李虞仲并充考制策官"②。

在唐代举行制举考试的场所也不固定，除了宣政殿外，含元殿、尚书省等处也都举行过。总的来看，如在宫中举行，则宣政殿要远远多于含元殿，这种情况在唐后期表现得最为明显。

除了在宣政殿举行制举考试外，对官员们的考试有时也在这里举行。如唐玄宗即位之初，"厉精为治。……岁十月，按察使校殿最，自第一至第五，校考使及户部长官总核之，以为升降。凡官，不历州县不拟台省。已而悉集新除县令宣政殿，亲临问以治人之策，而擢其高第者"③。另据记载，此次对新任县令的考试是在开元四年（716）五月，"或言于上曰：'今岁选叙大滥，县令非才。'及入谢，上悉召县令于宣政殿庭，试以理人策。惟鄄城令韦济词理第一，擢为醴泉令。余二百余人不入第，且令之

---

① 王钦若：《册府元龟》卷六四四《贡举部·考试二》，第7715页。
② 刘昫：《旧唐书》卷一七上《敬宗纪》，第514页。
③ 欧阳修等：《新唐书》卷四五《选举志下》，第1176—1177页。

官；四十五人放归学问。吏部侍郎卢从愿左迁豫州刺史，李朝隐左迁滑州刺史"①。可见此次考试针对的是吏部铨选后新任命的县令，玄宗利用其在宣政殿谢官的机会对其又进行了一次考试，对成绩优异者进行奖擢，对等级低下者45人剥夺了其新任的官职，并对主持铨选的卢从愿、李朝隐进行了处罚，贬到外州任刺史。

唐德宗贞元四年（788）十月，"诏中书门下选常参官曾为牧宰有理行者以名闻。宰臣奏于顼、董晋等十二人前任有治迹，诏顼等于左右丞厅各言政要，左右丞条奏，上乃御宣政殿亲试其言而后用之"②。这一次针对的是常参官中曾任地方长官并有治迹者，先在尚书省左、右丞厅口试，由左、右丞把其口试要点上奏皇帝，再在宣政殿亲自面试，以便于皇帝对其量才使用。

综上所述，可知宣政殿乃是大明宫中最重要的建筑物之一，其功能主要体现在朔望朝与常朝朝会上，这一切共同构成了中朝朝会的内容。至于在宣政殿举行制举考试，则是其附加功能的体现。总的来看，从礼仪轻重的角度看，宣政殿不如含元殿，唐宣宗大中七年（853）十二月，"左补阙赵璘请罢来年元会，止御宣政。上以问宰相，对曰：'元会大礼，不可罢。况天下无事。'上曰：'近华州奏有贼光火劫下邽，关中少雪，皆朕之忧，何谓无事！虽宣政亦不可御也。'"③ 可见含元殿是举行大礼仪的场所，重要性要高于宣政殿。但是从军国政事的角度看，则含元殿不如宣政殿，直到唐后期仍是如此，凡重大政事皆于宣政殿颁行，史载："元和初，学士院别置书诏印。凡赦书、德音、立后、建储、大诛讨、拜免三公将相日，制百官班于宣政殿而听之。"④ 就是一个明显的例子。正因为如此，所以当唐高宗立周王李显为皇太子后，令百官及命妇集于宣政殿，"并设九部伎及散乐"，以示庆祝时，遭到周王侍读、太常博士袁利贞的反对。他反对的理由是："臣以前殿正寝，非命妇宴会之地；象阙路门，非倡优进御之所。望诏命妇会于别殿，九部伎从东西门入，散乐一色伏望

---

① 司马光：《资治通鉴》卷二一一，唐玄宗开元四年五月条，第6717页。

② 刘昫：《旧唐书》卷一三《德宗纪下》，第366页。

③ 司马光：《资治通鉴》卷二四九唐宣宗大中七年十二月，第8052页。

④ 王钦若：《册府元龟》卷五五〇《词臣部·总序》，第6600页。

停省。若于三殿别所，自可备极恩私。"① 袁利贞身为太常博士，作为朝廷礼仪方面的权威，他的反对理由主要是从礼仪的角度出发的，认为三殿及其他殿阁才是举办此类活动的场所，可见宣政殿在国家政治生活中之重要地位。

三　紫宸殿与内朝朝会

1. 紫宸殿遗址的情况

紫宸殿位于宣政殿之北，处于龙首原的最高处，与含元殿、宣政殿共同构成了大明宫三大殿的格局。此殿亦建于龙朔二年（662），是唐朝举行内朝朝会的场所，从唐朝的政治生活的角度看，紫宸殿的地位则更加重要，凡军国大事多在此殿议定决策。

《唐六典》卷七《工部尚书》载："宣政北曰紫宸门，其内曰紫宸殿。（原注：即内朝正殿也）"据考古实测紫宸门南距宣政殿仅 35 米许，其西端有向西行的墙址一段，东边已被破坏，无墙址痕迹。文献记载紫宸门前设有外屏，又有东西廊庑。紫宸门平日不开，百官朝见天子，从东、西上阁门而入，故曰入阁。按照唐制，紫宸门只在非常特殊的情况下才会打开，主要是指皇帝因大丧不便于在紫宸殿坐朝时，才会在这里召见大臣。如元和十一年（816）三月，皇太后崩，宪宗见群臣于紫宸门外庑下。元和十五年（820）正月，宪宗驾崩，穆宗即位，见宰相于紫宸门外。长庆四年（824）正月，穆宗崩，敬宗即位，缞服见群臣于紫宸门外。

紫宸殿的夯土殿址已经找到，其位置与文献记载完全相符。只是殿基的西部早已破坏无存，仅东部还残存一部分。紫宸殿在紫宸门北 60 米处，南至宣政殿 95 米余。此殿遗址破坏严重，除东面有一部分夯土基外，西面仅有片断的夯土基，已不连续。殿基南北宽近 50 米，这一带砖瓦堆积最多，按其位置应是紫宸殿的基址。②

---

① 刘昫：《旧唐书》卷一九〇上《文艺传上·袁朗传附利贞传》，第 4985 页。
② 中国科学院考古研究所：《唐长安大明宫》，收入《唐大明宫遗址考古发现与研究》，文物出版社 2007 年版，第 39 页。

2. 紫宸殿与入阁之制

（1）内朝朝会

《唐六典》卷七《尚书工部》载：紫宸殿，"即内朝正殿也"。《类编长安志》卷二则称其为"内衙之正殿"。唐人通常还是将其称为"便殿"。需要说明的是，有时唐人也将延英殿称为便殿，阅读史料时是需要仔细鉴别的。关于紫宸殿的功能，宋人叶梦得说：

> 唐以宣政殿为前殿，谓之"正衙"，即古之内朝也；以紫宸殿为便殿，谓之"上阁"，即古之燕朝也……燕朝以听政，犹今之奏事，或谓之燕寝。①

叶梦得这里所谓的"燕朝"，即通常所说的内朝，古代称之为"路寝"，而他所说的"内朝"，通常称之为中朝。"人君既从正朝视事毕，退适路寝听政"②，即听取大臣奏事。正因为如此，所以在自古以来的三朝制度中，以内朝的礼仪最轻，在唐代亦是如此，所谓"但唐之入阁，御便殿也，其礼视正衙为简"③。为什么便殿举行朝会礼仪最轻呢？这是由于在设计三朝礼制时就已确定了的，并非在唐代才如此，所谓"凡言便殿便室者，皆非正大之处也"④。因此，在唐朝前期除了武则天临朝听政时，将紫宸殿作为主要议政场所外，其余皇帝都将其作为正衙之外的又一议政的场所。史载：

> 中宗即位，天后称皇太后，遗诏军国大务听参决。嗣圣元年，太后废帝为庐陵王，自临朝，以睿宗即帝位。……越三日，太后临轩，命礼部尚书摄太尉武承嗣、太常卿摄司空王德真册嗣皇帝。自是太后

---

① 叶梦得：《石林燕语》卷二，中华书局 1984 年版，第 19 页。

② 杜佑：《通典》卷七五《礼典三五·天子朝位》，中华书局 1988 年版，第 2041 页。

③ 秦蕙田：《五礼通考》卷一三三《嘉礼六·朝礼》，文渊阁《四库全书》，台湾商务印书馆 1983 年版，第 138 册，第 123 页。

④ 杜佑：《通典》卷四七《礼典七》，第 1301 页。

常御紫宸殿，施惨紫帐临朝。①

当时的人们提到武则天时，也说她"临紫宸而正南面"②。那么，武则天为什么不坐正衙宣政殿听政，却常坐紫宸殿听政呢？根本原因就在于她此时尚是皇太后身份，不便于坐正衙听政，以免激起更多大臣的反对，而紫宸殿是内衙便殿，在礼仪上不至于有僭越之嫌。当其后来改唐为周，登基当了皇帝后，就不必再有这样顾虑了。

作为便殿在唐前期紫宸殿的主要功能表现在如下方面。

其一，在正衙朝会上有些不便于让群臣知晓的军国大事，则在便殿召见宰相或重臣商议。"玄宗初立，宾礼大臣故老，雅尊遇崇，每见便殿，必为之兴，去辄临轩以送，它相莫如也。"③唐玄宗尊礼老臣的行动之所以发生在紫宸殿，原因有二：一是这里是召见重臣议决军国大事的场所，二是由于其是便殿，礼仪上比较随便，所以玄宗才可以临轩以送姚崇，如是在正衙由于礼仪上的限制，则不便如此了。需要说明的是，在唐朝后期入阁之仪加重之后，皇帝临轩礼送老臣的情况便不复存在了，但紫宸殿的这种功能仍然继续保留下来了，如太和二年（828），刘蕡在对策中就建议说："陛下何不听朝之余，时御便殿，召当世贤相老臣，访持变扶危之谋，求定倾捄乱之术。"④

其二，作为随时召对群臣的场所。因为在正衙召见群臣有立仗等一整套仪注，而便殿召对则没有如此复杂的礼仪，所以不仅在唐前期，有唐一代，也都多在紫宸殿随时召对群臣。

其三，在特殊情况下召见重要大臣或处理政事。如"睿宗祥月，太常奏朔望弛朝，尚食进蔬具，止乐。余日御便殿，具供奉仗。中书、门下官得侍，它非奏事毋谒"⑤。这是睿宗忌日之月期间为了不误国事而做出的一种安排。凡重要大臣死亡，唐朝有所谓辍朝制度，如果遇有重要的军

---

①　欧阳修：《新唐书》卷七六《后妃传上·则天武皇后传》，第3477页。另据司马光《资治通鉴》卷二〇三光宅元年二月胡三省注云："紫色之浅者为惨紫"，第6419页。

②　董诰：《全唐文》卷二四八，李峤《宣州大云寺碑》，第1108页。

③　欧阳修：《新唐书》卷一二四《姚崇传》，第4387页。

④　欧阳修：《新唐书》卷一七八《刘蕡传》，第5298页。

⑤　欧阳修：《新唐书》卷二百《韦公肃传》，第5721页。

国大事需要处理则会造成延误，于是有人建议，"臣谓大臣薨，礼合辍朝，纵有机务急速，便殿须召宰臣，不临正朝，无爽事体"①。之所以如此，原因就在含元殿与宣政殿地位尊贵，朝会礼仪隆重，而紫宸殿礼注简单，又是便殿，所以辍正殿与正衙之朝才能显示出皇帝的哀悼之意。

关于入阁之制的由来，司马光在《涑水记闻》中说：

> 上问宰相唐世入阁之仪，参知政事宋庠退而讲求以进，曰："唐有大内，有大明宫。大内谓之西内，大明宫谓之东内。高宗以后，多居东内。其正南门曰丹凤，丹凤之内曰含元殿，正至大朝会则御之。次曰宣政殿，谓之正衙，朔望大册拜则御之。次北紫宸殿，谓之上阁，亦曰内衙，奇日视朝则御之。唐制，天子日视朝，则必立仗于正衙，或乘舆止于紫宸，则呼仗自东西阁门入，故唐世谓奇日视朝为入阁。"②

据司马光上述之言，皇帝单日御朝坐紫宸殿，每日御朝则坐宣政殿，如果皇帝不在宣政殿坐朝，而在单日御紫宸殿坐朝时，则唤仗卫从东西阁门而入，故谓之入阁。其实按照唐制，皇帝要每日坐朝，后才改为单日坐朝，双日休朝，无论是在宣政殿或是紫宸殿，均是如此，故无所谓"奇日视朝为入阁"之说。关于入阁之制，欧阳修说：

> 然唐故事，天子日御殿见群臣，曰常参；朔望荐食诸陵寝，有思慕之心，不能临前殿，则御便殿见群臣，曰入阁。宣政，前殿也，谓之衙，衙有仗。紫宸，便殿也，谓之阁。其不御前殿而御紫宸也，乃自正衙唤仗由阁门而入，百官俟朝于衙者，因随以入见，故谓之入阁。然衙，朝也，其礼尊；阁，宴见也，其事杀。自乾符已后，因乱礼阙，天子不能日见群臣而见朔望，故正衙常日废仗，而朔望入阁有仗，其后习见，遂以入阁为重。③

---

① 刘昫：《旧唐书》卷一七六《崔龟从传》，第4537页。
② 司马光：《涑水记闻》卷八《入阁之仪》，中华书局1989年版，第152页。
③ 欧阳修：《新五代史》卷五四《李琪传》，中华书局1974年版，第618页。

欧阳修的这段话有几处含糊不清,首先,没有说清楚举行常参的殿为何殿?实际应为宣政殿。其次,没有说清楚哪位皇帝朔望日不坐宣政殿而改坐紫宸殿?实际应为唐玄宗。最后,既然是朔望日不坐宣政殿而改坐紫宸殿谓之入阁,那么单日坐紫宸殿时,算不算入阁?从欧阳修所述来看,显然也算入阁。因为自唐高宗迁入大明宫以来,[①] 在紫宸殿坐朝的现象就一直存在,既然如此,为什么自玄宗朔望日改在紫宸殿坐朝后才算入阁?难道在这之前群臣入紫宸殿朝见皇帝时,不也是从左右阁门而入吗?

关于入阁之制始于玄宗的说法,并非欧阳修一人持此说,宋人叶梦得亦持此观点,他说:

> 方其盛时,宣政盖常朝,日见群臣,遇朔望陵寝荐食,然后御紫宸;旋传宣唤仗入阁,宰相押之,由阁门进,百官随之入,谓之"唤仗入阁"。[②]

此外,元代著名学者马端临也持这种观点,而且说得更加明确,他说:

> 入阁,唐制起于天宝。明皇以无为守成,诏宴朝唤仗,百官从容至阁门入。[③]

马端临所谓"宴朝",即"燕朝",也就是内朝。如果这种说法能够成立,则前面笔者针对欧阳修语提出的第三点疑问便无法得到完满的解释。其实入阁之制早在唐初就已有之,贞观元年(627)正月"己亥,制:'自今中书、门下及三品以上入阁议事,皆命谏官随之,有失辄谏。'"胡三省注引《雍录》曰:

---

① 司马光:《资治通鉴》卷二〇一,唐高宗龙朔三年四月条,"丙午,蓬莱宫含元殿成,上始移仗居之,更命故宫曰西内。戊申,始御紫宸殿听政"。第 6335 页。自此以后,有关在紫宸殿坐朝的记载便代不绝于史书。

② 叶梦得:《石林燕语》卷二,第 19 页。

③ 马端临:《文献通考》卷一〇七《王礼考二》,中华书局 1986 年版,第 971 页。

　　程大昌曰："唐西内太极殿，即朔望受朝之所，盖正殿也。太极之北有两仪殿，即常日视朝之所。太极殿两庑有东西二上阁，则是两阁皆有门可入，已又可转北而入两仪也。此太宗时入阁之制也。至高宗以后，多居东内，御宣政前殿，则谓之衙，衙有仗；御紫宸便殿，则谓之入阁。其不御宣政前殿而御紫宸也，乃自正衙唤仗，由阁门而入，百官候朝于衙者，因随而入见，谓之入阁。"①

　　今本《雍录》无这一段话。尽管如此，入阁之制自唐初以来始终存在则是毋庸置疑的，实际上凡是皇帝在紫宸殿坐朝召见群臣，皆可视为入阁。

　　既然入阁之制早在唐初就已确立，那么单日在紫宸殿举行朝会时是否有仗呢？从上引史料看应没有立仗之仪，似乎是在唐玄宗时将朔望朝改在紫宸殿举行后，始从正衙唤仗进入阁门，于是才有了立仗的仪注。其实都是不对的，玄宗只是将朔望朝移至紫宸殿举行，并且将朔望朝的仗卫唤入阁门而已，致使人们误以为玄宗开创了入阁之制。此外，武则天曾编撰过一部10卷本的《紫宸礼要》的礼书，② 说明有关紫宸殿朝会的仪注还是十分复杂的。也许是武则天主要在紫宸殿坐朝，因此把仪注弄得比较复杂，否则也不至于有10卷之多，其退位之后，有关仪注当恢复到正常情况。宋神宗熙宁三年（1070）曾经讨论过入阁之仪，翰林学士承旨王珪说："今阁门所载入阁仪者，止是唐常朝之仪，非为盛礼。"③ 这里所谓的"常朝之仪"，就是指单日在紫宸殿举行的入阁之仪，而非朔望朝会之仪，故曰"非为盛礼"。亦可见唐朝确有入阁之仪，并且在北宋时期仍然存在。

　　关于这个问题可以从唐朝的记注之制论起，据《册府元龟》卷五六〇《国史部·记注》载："贞观初，置郎而省舍人。显庆中始两立，分侍左右仗下秉笔，随宰相入禁殿，命令谟猷，皆得详录。若仗在紫宸内阁，则夹香案分立殿下。"关于此事《新唐书》卷四七《百官志二》记载较详，录之如下：

---

① 以上均见《资治通鉴》卷一九二，唐太宗贞观元年正月条，第 6031 页。

② 刘昫：《旧唐书》卷四六《经籍志上》，第 1975 页。

③ 马端临：《文献通考》卷一〇八《王礼考三·朝仪》，第 973 页。

　　贞观初，以给事中、谏议大夫兼知起居注，或知起居事。每仗下，议政事，起居郎一人执笔记录于前，史官随之。其后，复置起居舍人，分侍左右，秉笔随宰相入殿；若仗在紫宸内阁，则夹香案分立殿下，直第二螭首，和墨濡笔，皆即坳处，时号螭头。高宗临朝不决事，有司所奏，唯辞见而已。许敬宗、李义府为相，奏请多畏人之知也，命起居郎、舍人对仗承旨，仗下，与百官皆出，不复闻机务矣。

　　唐文宗太和九年（835），"诏入阁日，起居郎、舍人具纸笔立螭头下，复贞观故事"①。可见当时在紫宸殿坐朝时也有仗卫的，从"复贞观故事"一句，亦可证明此制早在贞观时就已有之。上面论到睿宗祥月期间皇帝御紫宸殿时，"具供奉仗"，供奉仗是五仗之一，可见入阁时早就有仗，只是在皇帝祥月期间规模有所缩小而已。只是这里所说的睿宗祥月，不知是指大祥还是小祥，即使大祥，也不过是指睿宗亡后的第二十五个月。睿宗死于开元四年（716）六月，以大祥计，则上面所记的睿宗祥月之事发生在开元六年（718）；如是小祥，则发生在开元五年（717）。而玄宗将朔望朝移至紫宸殿举行，是天宝时发生的事，这件事后面还要论到，就不多说了。所有这一切都证明入阁立仗早已有之，欧阳修、叶梦得、马端临等人所说是错误的。

　　还有一个问题需要论述清楚，据《册府元龟》卷一〇七《帝王部·朝会一》载："朔望日，皇帝御宣政殿见群臣，谓之大朝。玄宗始以朔望陵寝荐食，不听政，其后遂以为常。"有学者据此认为从此以后唐朝便废去了朔望朝，其文如下：

　　　　元宗始以朔望陵寝荐食，不听政，其后遂以为常。宪宗元和十年三月朔，御延英殿，召对宰臣，特以事召，非故事也。夫入阁接见群臣所以听政，曰不听政，则并入阁亦废之矣。且入阁之仪，于紫宸殿行之，虽云便殿，固内朝之正殿也。延英则非正殿矣，朔望荐食，延英且不御，况御紫宸乎！窃意天宝以后，元宗怠于政事，始则借为守成之名，变正衙之朝而为入阁，继则借荐食陵寝之说，并朔望入阁亦

──────────

　　①　欧阳修：《新唐书》卷四七《百官志二》，第 1208 页。

废之，其后习以为常，有常日入阁，无朔望入阁矣。德宗以后率于延
英召对宰臣，而常日入阁，又复不讲。至敬宗复入阁之仪，则专于朔
望行之。①

而欧阳修、叶梦得、马端临等学者则认为玄宗将朔望朝改在了紫宸殿举
行，并非废去了朔望朝。笔者在上一节已经论到，玄宗罢去的只是朔望日
的听政活动，即不再议政，并未罢去朔望朝，这里就不多说了。从唐后期
的情况看，仍然在紫宸殿举行朔望朝会，在上一节中已经有所论述，兹不
赘述。至于上引史料所说的"德宗以后率于延英召对宰臣，而常日入阁，
又复不讲"云云，更是经不起推敲的。据《册府元龟》卷一〇七《帝王
部·朝会一》载：贞元六年"五月丙寅朔上御紫宸殿受朝"。并且规定今
后每年五月朔，"初将冕服御宣政殿，涂潦乃以常服御紫宸殿"。另据
《唐会要》卷二四《受朝贺》载："（贞元）九年正月朔，上御紫宸殿受
朝贺。"唐宪宗即位的当月"丁未，始御紫宸对百僚"②。唐穆宗长庆二年
（822）十二月"辛卯，上于紫宸殿御大绳床见百官"③。类似史料还很
多，这一切都发生在唐敬宗之前，如何能说至唐敬宗时才恢复在紫宸殿举
行朝会，而且上面列举的唐宪宗与唐穆宗两条史料，都不是朔望日，又如
何能说"专于朔望行之"呢？

其实，紫宸殿入阁立仗仪注是有变化的，据《旧唐书》卷一五八
《武元衡传》载：宰相武元衡上朝时遇害，"既明，仗至紫宸门，有司以
元衡遇害闻，上震惊，却朝而坐延英"。从"仗至紫宸门"一句看，直到
元和时紫宸坐朝仍然有仗。只是不知何时废去入阁立仗的仪注，上引欧阳
修之语说是在唐僖宗乾符之后正衙坐朝不再有仗，却没有说入阁之仗何时
废去。叶梦得说："中世乱离……惟以只日常朝，御紫宸而不设仗。敬宗
始复修之，因以朔望陈仗紫宸以为盛礼。"④"中世"之说，太过笼统。关
于敬宗恢复紫宸殿朔望朝会立仗的时间，据《册府元龟》卷一〇八《帝
王部·朝会二》载：长庆四年（824）二月"辛丑，御紫宸殿（见）群

① 秦蕙田：《五礼通考》卷一三三《嘉礼六·朝礼》第 138 册，第 129 页。
② 刘昫：《旧唐书》卷一四《宪宗纪上》，第 411 页。
③ 刘昫：《旧唐书》卷一六《穆宗纪》，第 501 页。
④ 叶梦得：《石林燕语》卷二，第 19 页。

臣，初展入阁之仪"。说明敬宗在即位之初便恢复了这一仪注。至此，朔望朝会立仗的仪式便算恢复了。另据记载：

> 　　敬宗冲年即位，坐朝常晚。一日入阁，久不坐，群臣候立紫宸门外，有耆年衰病者几将顿仆，（李）渤出次白宰相曰："昨日拜疏陈论，今坐益晚，是谏官不能回人主之意，渤之罪也。请先出阁，待罪于金吾仗。"语次唤仗，乃止。①

这里所说的"一日入阁"，显然是指单日入阁。另从李渤所说的"昨日拜疏陈论，今坐益晚"的话看，也证明不是指朔望日朝会。从"语次唤仗"一句看，说明直到这时，单日入阁仍然是有仗卫的。唐文宗太和九年（835）十一月二十一日，"帝御紫宸，班定，韩约不报平安"②。韩约时任金吾将军。按照唐朝仪注金吾将军押仗卫中的金吾仗，且其报平安是朝会的仪注之一。在开成三年（838）的一次紫宸殿朝会上，文宗待"仗下后"，赐右拾遗窦洵直绢百匹。③ 从这些情况判断，直到文宗时期单日御紫宸殿时依然有仗，单日入阁何时废仗，抑或根本就没有废过仗，目前尚难判定。

（2）入阁之仪

紫宸殿在三朝朝会的仪注方面虽然不如含元殿和宣政殿隆重，但是作为皇帝听政的主要场所，其地位仍不可忽视。唐玄宗开元十六年（728）五月六日，"唐昌公主出降，有司进仪注，于紫宸殿行五礼"。右补阙施敬本、左拾遗张烜、右拾遗李锐联名上疏曰："窃以紫宸殿者……陛下所以负黼扆，正黄屋，飨万国，朝诸侯，人臣致敬之所。"反对在这里举行此种礼仪，迫使玄宗将这一礼仪移到光顺门外举行。④ 在唐后期皇帝在紫宸殿坐朝要多于宣政殿，遂使这里成为皇帝面见群臣，与宰相商议国事的主要场所，唐末诗人裴说诗云："共贺登科后，明宣入紫宸。"⑤ 意思是说

---

① 刘昫：《旧唐书》卷一七一《李渤传》，第 4441 页。

② 刘昫：《旧唐书》卷一六九《李训传》，第 4397 页。

③ 王钦若：《册府元龟》卷五四九《谏净部·褒赏》，第 6597 页。

④ 王溥：《唐会要》卷三〇《大明宫》，第 645 页。

⑤ 彭定求：《全唐诗》卷七二〇《见王贞白》，中华书局 1960 年版，第 8268 页。

登科做官之后，就可以到紫宸殿朝见皇帝了。花蕊夫人《宫词》中有
"日晚阁门传圣旨，明朝尽放紫宸朝"①。可见直到五代时，紫宸入阁之制
亦有很大的影响。正因为如此，所以早在唐太宗时就已制定了入阁之仪，
武则天时又进一步丰富了这一仪制，除了排列仗卫外，还包括了严格的坐
朝仪式。关于唐代入阁之仪的详细情况，相关典籍中没有明确详尽的记
载，而《五代会要》卷五《入阁仪》却有详细的记载，录之如下：

> 司天进时刻牌，阁门进班齐牌。皇帝自内着袍衫，穿靴，乘辇，
> 至常朝殿门驻辇，受枢密使已下起居讫。引驾至正朝殿。皇帝坐定，
> 卷帘，殿上添香，喝"控鹤官拜"，次鸡叫官，次阁门勘契，次阁门承
> 旨唤仗，次阁门使引金吾将军南班拜讫，分引至位对揖。次细仗相次
> 入，次执文武班簿至位对揖。次宰臣南班拜讫，分引至位对揖。次金
> 吾将军奏"平安"，次文武百官入，通事舍人揖殿，靸靴入沙墀，两
> 拜立定。次引宰臣及两省官，金吾将军合班立定。阁门使喝"拜"，
> 搢笏舞蹈，三拜，奏"圣躬万福"。又引宰臣班首一人至近前跪奏，
> 又两拜，舞蹈，三拜，引至位对揖。通事舍人引宰臣于东西踏道下。
> 立次文武百官出，次两省官南班揖殿出，次翰林学士南班揖殿出，次
> 执文武班簿南班揖殿出，次金吾将军南班揖殿出，次细仗出，次引宰
> 臣香案前奏事讫。宣徽使喝"好去"，南班揖殿出。次阁门使引待制
> 官到位，两拜，引近前奏事讫，却归位磬折。宣徽使宣"所奏知"，
> 又两拜，舞蹈，三拜，舍人喝"好去"，南班揖殿出。次刑法官奏事
> 准上，次监察御史南班揖殿出，次起居郎南班揖殿出，次阁门承旨放
> 仗，次阁门使奏"衙内无事"，次喝"控鹤官门外祗候"，次下帘。
> 皇帝上辇归内。

上引五代之仪注是后唐明宗时期制定的朔望入阁之仪。欧阳修认为唐代朔
望日举行的入阁之仪是在紫宸殿进行的，而后唐却在文明殿举行的，此殿
乃前殿也，因此嘲笑五代之臣不懂故事。② 其实欧阳修之说并不全对，唐

---

① 彭定求：《全唐诗》卷七九八《宫词》，第 8978 页。
② 欧阳修：《新五代史》卷五四《李琪传》，第 618 页。

朝至迟在代宗、德宗时还在前殿（宣政殿）举行过朔望朝，后期虽不举行，然在宣政殿举行的常朝朝会并没有中断（参见上节），所以后唐此制并没有完全背离唐制，只是唐后期的制度略有不同而已。后唐以唐朝继承者自居，其制度基本沿袭唐朝，因此从上引的入阁之仪中亦可以窥见唐制的基本情况。

后唐制定的这套入阁之仪后来被宋代沿袭下来，所谓"朔望天子一出御文明前殿，为入阁，迄本朝不改"①。这种说法并不全对，另据记载：宋太宗淳化三年（992）五月甲午朔，"御文德殿……先是旧制入阁，惟殿中省细仗，随两省供奉官先入陈于廷，上以为仪卫太简，命有司增设黄麾仗二百五十人，其殿中省细仗仍旧"②。这是一次变化。宋神宗时一度废去入阁之仪，宋敏求上疏说："请下两制及太常礼院，约唐制御宣政殿，裁定朔望御殿仪，以备正衙视朝之制。"得到了皇帝的批准。③ 这又是一次变化。这样搞的结果遂使宋代的入阁之仪越来越繁复，故清代著名学者秦蕙田说："而外别有入阁之仪，但唐之入阁，御便殿也，其礼视正衙为简；宋之入阁，御前殿也，其礼视正衙为繁，则非唐旧矣。"④ 这是一种非常中肯的评价。

贞观之制，举行朝会时即使宰相奏事，御史、谏官、记注官必须在场，"有失则匡正，美恶必记之……故大臣不得专君而小臣不得为谗慝"。即使在紫宸殿的内朝朝会上亦是如此。唐高宗时，许敬宗、李义府用事，侍御史、谏官、记注等官随仗退下后，"于御坐前屏左右密奏"。开元时，宋璟为相，恢复贞观故事，规定"自今事非的须秘密者，皆令对仗奏闻"，记注官等不必退出。⑤ 李林甫任宰相时，专权擅政，又废去了这一制度。以至于长期形成了"正衙决事，二史在前；便殿坐日，全无纪录"的局面。⑥ 唐文宗太和九年（835），"诏入阁日，起居郎、舍人具纸笔立

① 叶梦得：《石林燕语》卷二，第20页。
② 王应麟：《玉海》卷七〇《淳化文德殿入阁仪注》，江苏古籍出版社1988年版，第1331页。
③ 马端临：《文献通考》卷一〇八《王礼考三·朝仪》，第973页。
④ 秦蕙田：《五礼通考》卷一三三《嘉礼六·朝礼》，第138册，第123页。
⑤ 以上见《资治通鉴》卷二一一，唐玄宗开元五年九月条，第6728—6729页。
⑥ 王溥：《唐会要》卷六四《史馆杂录下》，第1313页。

螭头下，复贞观故事"①。

唐制，凡举行朝会皆由殿中侍御史知班，监察百官失仪者，后来其他两院御史亦可充任知班御史。知班御史除了监察朝仪外，似乎还掌管百官奏事的程序，至少在入阁奏事是如此。如开元七年（719）"正月二十一日，上御紫宸殿，朝集使魏州长史敬让、辰州长史周利贞俱欲奏事。左台御史翟璋监殿廷，揖利贞先进。让以父晖为利贞所毙，不胜愤恨，遂越次而奏：'利贞受武三思使，枉害臣父。璋劾让不待监引，请付法。'上曰：让诉父枉，不可不矜，朝仪亦不可不肃，可夺一季禄而已。贬利贞为邕州长史"②。敬让之所以仍然被罚俸，原因就在于他违反了朝仪，可见知班御史的确有掌管百官奏事先后的权力。在唐朝御史如弹劾大臣，多在正衙对仗弹劾，在紫宸殿举行朝会时，亦可对仗弹劾，如"建中元年三月，监察御史张著冠豸冠，弹京兆尹、御史中丞严郢于紫宸殿"③。

唐朝还有所谓监搜之制，由御史充任监搜官，即在百官进入宫门后，将要入殿之前进行搜身。叶梦得说："唐制，百官入宫殿门必搜，非止为奏事官也。药树有监察御史监搜位，非泛用，御史一人亦非立也。"④ 其实监搜之制并非专门针对入宫官员，即使外命妇入宫者，由监门校尉和高品宦官查检，其自宫内退出时，亦要查检。"其下从入者，即监搜。"⑤ 可见这是一种比较普遍的制度，目的就是为了保证皇宫的安全。元稹诗云："松门待制应全远，药树监搜可得知。"⑥ 这里所谓"药树"，是指宣政殿前所种之药树。此外，紫宸殿前亦有药树，所谓"开成中，诏入阁赐对，官班退立东阶松树下是也，殿门外复有药树"⑦。史籍中之所以多次强调药树，是因为这里是御史监搜的位置。唐文宗太和元年（827）五月规定，凡紫宸坐朝，宰相随仗退出后，再次入殿时，"其监搜宜停"⑧。此举

①　欧阳修：《新唐书》卷四七《百官志二》，第 1208 页。

②　王溥：《唐会要》卷六二《御史台下·知班》，第 1279 页。

③　王溥：《唐会要》卷六一《御史台中·弹劾》，第 1262 页。

④　叶梦得：《石林燕语》附录一，第 184 页。

⑤　王溥：《唐会要》卷二六《命妇朝皇后》，第 574 页。

⑥　彭定求：《全唐诗》卷四二三《句》，第 4952 页。

⑦　叶梦得：《石林燕语》卷二，第 28 页。

⑧　刘昫：《旧唐书》卷一七上《文宗纪上》，第 526 页。

并不是废去了监搜制度，只是罢去了这一程序的监搜而已，而且仅限于宰相。

除了以上这些之外，另据《五代会要》卷五《待制官》载，入阁时还有一些仪制和朝会方面的内容，录之如下：

> 后唐天成元年七月，御史台奏："伏惟故事，每月百官入阁，百司排仪仗，金吾勘契。入后，百官待制次对。入阁举论本司公事，左右起居分记言动，以付史馆编录。此大朝经久之道也。"

从"此大朝经久之道也"一句看，这里实际上反映的仍是唐朝的制度。从上引史料可以看出，百官入阁排列好班位，列好仪仗后，金吾将军还要负责"勘契"，即勘验百官所携带的身份凭证。进入殿内后，才开始议政活动，先召见待制官，然后再由诸司奏论本司公事。待制官从常参官及诸司官员中选择，特殊情况下亦可从朝集使中临时指定。其主要职责就是向皇帝反映情况，讨论政务，前引入阁之仪中的"次阁门使引待制官到位，两拜，引近前奏事讫"云云，就是这一仪制的反映。有时皇帝甚至会向注记官咨询政事，如唐文宗在紫宸殿坐朝时，"与宰相语事已，或召左右史咨质所宜"[1]。

紫宸殿坐朝与延英召对宰相在仪制上有一个不同之处，即后者会给宰相"赐座吃茶"，赐廊下食时，亦可"就中书吃食"[2]。而前者则不能就座，如果宰相年老，时间过长，身体往往吃不消。如太和五年（831）二月"丁卯，紫宸奏事，宰相路随至龙墀，仆于地，令中人掖之。翌日，上疏陈退，识者嘉之"[3]。入阁虽然也赐廊下食，但却没有宰相可以赴中书门下进食的规定。之所以如此，因为紫宸殿毕竟是内衙之正殿，入阁议政属于正式朝会，仪制严格，不像延英殿召对仪注较轻，故可以随意一些。

此外，在唐后期如遇大丧，则皇帝不能御紫宸殿，由于政事还必须要处理，所以规定在紫宸门朝见群臣。如贞元二十一年正月，唐德宗崩，顺

---

[1] 欧阳修：《新唐书》卷一八二《周墀传》，第 5370 页。
[2] 王溥：《五代会要》卷六《开延英仪》，上海古籍出版社 1978 年版，第 91 页。
[3] 刘昫：《旧唐书》卷一七下《文宗纪下》，第 541 页。

宗即位，次月，"上始朝百官于紫宸门"。胡三省云："紫宸门，紫宸殿门也。《长安志》：'宣政殿北曰紫宸门，门内有紫宸殿，即内衙之正殿。'"① 再如元和十一年（816）"三月庚午，皇太后崩于兴庆宫之咸宁殿。……甲戌，见群臣于紫宸门外庑下"②。元和十五年正月庚子，"宪宗崩。丙午，即皇帝位于太极殿东序。……戊申，上见宰臣于紫宸门外"③。"（长庆）四年正月壬申，穆宗崩。癸酉，皇太子即位柩前……二月辛巳朔，上缞服见群臣于紫宸门外。"④ 宝历二年（826）十二月，敬宗被害，宦官拥立江王为帝，是为文宗。癸卯，"百官谒见江王于紫宸外庑"⑤。"紫宸外庑"，即紫宸门外廊。

3. 紫宸殿举行的其他活动

唐朝的内朝制度实即入阁之制，在唐朝前期是不包括朔望日朝会的，在唐后期由于朔望朝基本在紫宸殿举行后，遂被唐人视为入阁，实际上已与古代的内朝之制发生了异变，把本来属于中朝朝会的内容混杂了进来。

在唐朝凡军国大事均是由皇帝与宰相商议决策，宰相面见皇帝的形式有三：其一，在宣政殿举行正衙朝会时，百官退出后，宰相留下议事。自贞观以来皆是如此。其二，"紫宸坐朝，众僚既退，宰臣复进奏事"⑥。这也是自唐初以来就形成的制度。其三，延英召对。在延英召对没有形成制度之前，由于正衙朝会的举行相比入阁议政要少，故宰相在紫宸殿面见皇帝议政就显得更重要一些。延英召对制度形成后，虽然成为宰相与皇帝议政的最主要形式，但由于在仪制方面紫宸殿要更重要一些，故唐人对紫宸殿的重视程度并没有减弱。如右补阙朱敬则在上疏中论到武则天取代唐朝统治时，使用了"紫宸易主"的提法。⑦ 唐玄宗即位之初，李邕上表时，

---

① 司马光：《资治通鉴》卷二三六，唐顺宗永贞元年二月及胡注，第7607—7608页。
② 刘昫：《旧唐书》卷一五《宪宗纪下》，第455—456页。
③ 刘昫：《旧唐书》卷一六《穆宗纪》，第475页。
④ 刘昫：《旧唐书》卷一七上《敬宗纪》，第507页。
⑤ 司马光：《资治通鉴》卷二四三，唐敬宗宝历二年十二月条，第7852页。
⑥ 刘昫：《旧唐书》卷一七上《文宗纪上》，第526页。
⑦ 司马光：《资治通鉴》卷二〇五，周武则天长寿元年七月条，第6486页。

也使用了"及陛下正位紫宸"的说法。① 都不约而同地把皇位与紫宸殿联系在一起了。提到拜免宰相时同样也把其与紫宸殿联系起来，如上元元年（760）十二月，唐肃宗颁制曰："正议大夫、前河中尹、兼御史中丞、充本府晋绛等州节度观察等使、上柱国、嗣徐国公、赐紫金鱼袋萧华……俾参政于紫宸，用建中于皇极。可中书侍郎、同中书门下平章事、集贤殿崇文馆大学士，监修国史。"② 类似将宰相与紫宸殿联系在一起的史料还很多，就不一一列举了。

叶梦得说："唐正衙日见群臣……其后不御正衙，紫宸所见惟大臣及内诸司。"③ 有人据此认为"可见入阁者只有高级官员和宦官，其余百官只能'俟于正衙'，恭候在宣政门外而已"④。这种说法其实是没有依据的。仅据前引《入阁仪》中所涉及官员就有：宰相、中书门下两省常参官、司天台官员、通事舍人、金吾将军、翰林学士、待制官、司法官、监察官、注记官，宦官仅有枢密使、阁门使、宣徽使等三种使职。这些还都是进入紫宸殿内的官员，殿门外还有控鹤官员及仗卫。所有这些官员中除宰相和几个宦官地位较高外，其余品秩均不算高。此外，前面提到朝集使魏州长史敬让和辰州长史周利贞，也都是在紫宸殿面见皇帝奏事的，他们即使在地方官员中也算不上高官。唐朝自贞观以来就规定入阁时，命谏官随之，"有失辄谏"⑤。前面提到的左、右拾遗，品秩更低，仅仅是从八品上的官。"窦洵直为右拾遗。开成三年，文宗以仙韶乐人尉迟璋为王府率，洵直紫宸廷谏以为不可。仗下后，命中人赍绢一百匹赐之"⑥。窦洵此次进谏为廷谏，可见是在紫宸殿内当面向皇帝进谏的。又如"开成初，以王彦威判度支，尝紫宸廷奏曰……"⑦ 时王彦威以户部侍郎，判度支，为正四品的官，算是比较高的官职，但也决算不上高官。

在紫宸殿议政时，有时争论还很激烈，试举两例，如在唐文宗开成三

① 董诰：《全唐文》卷二六一《谢恩慰谕表》，第 1173 页。

② 刘昫：《旧唐书》卷九九《萧嵩附萧华传》，第 3096 页。

③ 叶梦得：《石林燕语》卷二，第 20 页。

④ 张国刚：《唐代官制》，三秦出版社 1987 年版，第 14—15 页。

⑤ 司马光：《资治通鉴》卷一九二，唐太宗贞观元年正月条，第 6031 页。

⑥ 王钦若：《册府元龟》卷五四九《谏诤部·褒赏》，第 6597 页。

⑦ 李昉：《太平御览》卷三三二《兵部六三·漕运》，中华书局 1960 年版，第 1527 页。

年（838）正月的一次朝会上，宰相杨嗣复与其他宰相发生了争执，详情如下：

> 杨嗣复欲援进李宗闵，恐为郑覃所沮，乃先令宦官讽上，上临朝，谓宰相曰："宗闵积年在外，宜与一官。"郑覃曰："陛下若怜宗闵之远，止可移近北数百里，不宜再用；用之，臣请先避位。"陈夷行曰："宗闵曏以朋党乱政，陛下何爱此纤人！"杨嗣复曰："事贵得中，不可但徇爱憎。"上曰："可与一州。"覃曰："与州太优，止可洪州司马耳。"因与嗣复互相诋讦以为党。上曰："与一州无伤。"覃等退，上谓起居郎周敬复、舍人魏謩曰："宰相谊争如此，可乎？"对曰："诚为不可。然覃等尽忠愤激，不自觉耳。"……李固言与杨嗣复、李珏善，故引居大政以排郑覃、陈夷行，每议政之际，是非锋起，上不能决也。①

还有一次宰相郑覃与文宗发生了争论，虽然郑覃碍于文宗的皇帝身份，不敢过分放肆，但双方的分歧却是十分明显的，详情如下：

> 覃虽精经义，不能为文，嫉进士浮华，开成初，奏礼部贡院宜罢进士科。初，紫宸对，上语及选士，覃曰："南北朝多用文华，所以不治。士以才堪即用，何必文辞？"帝曰："进士及第人已曾为州县官者，方镇奏署即可之，余即否。"覃曰："此科率多轻薄，不必尽用。"帝曰："轻薄敦厚，色色有之，未必独在进士。此科置已二百年，亦不可遽改。"覃曰："亦不可过有崇树。"②

从史书记载的情况看，紫宸殿议政的范围颇广，涉及内容十分广泛，举凡政治、人事、吏治、经济、军事、教育、科举、四夷之事等，无不在此范围之内。这方面的史料颇多，就不一一列举了。

紫宸殿除了作为举行内朝朝会的场所外，有时还在这里举行制举考

① 司马光：《资治通鉴》卷二四六，文宗开成三年正月条，第7932—7933页。
② 刘昫：《旧唐书》卷一七三《郑覃传》，第4491页。

试，如代宗大历二年（767）十月，"上御紫宸殿，策试茂才异行、安贫乐道、孝悌力田、高蹈不仕等四科举人"①。不过在紫宸殿举行制举考试毕竟不多，更多还是在宣政殿举行。

在紫宸殿还宴见过四夷之客，尤其是在唐后期，这种情况则相对要多一些。仅据《册府元龟》卷九七六《外臣部·褒异三》载，在这里宴见的四夷使者或首领有：

乾元元年……五月……戊戌，宴回纥使于紫宸殿。

八月丁卯，新罗国使来朝，归仁国使来朝，并宴于紫宸殿。

九月甲申，回纥使大首领盖将军等，谢公主下降，兼奏破昆坚五万人。宴于紫宸殿，赐物有差。

十一月甲子，回纥使三妇人，谢宁国公主之聘也。赐宴紫宸殿。

（乾元）二年三月甲申，回纥王子骨咄特勒宰相帝德等十五人，自相州奔于西京，帝宴之紫宸殿，赏物有差。庚寅，回纥特勒辞还行营，帝宴之于紫宸殿，赐物有差。……辛丑，回纥多害长吏等，还蕃，帝宴于紫宸殿，赐物有差。

（宝应）二年四月甲子，回纥遣首领密悉吉等及牙帐一百人来朝，宴于紫宸殿。

（大历）三年……五月丙寅，御紫宸殿，宴新罗、回纥使。

（大历）四年十月丁巳，宴吐蕃尚悉摩等八人于紫宸殿。

懿宗咸通元年正月，御紫宸殿受朝，对室韦使。

其实在紫宸殿宴见外夷使者之事还有一些，早在开元十五年（727），唐玄宗就"引梅录啜宴于紫宸殿"②。梅录啜为突厥使者。在紫宸殿宴见四夷使者时，有时不免同时召见数国，于是就会发生争礼的风波。如唐肃宗乾元元年五月召见回纥、黑衣大食使者时，"至阁门争长，通事舍人乃分为左右，从东西门并入"③。争礼事件发生在阁门，可见此次召见仍是在紫

---

① 刘昫：《旧唐书》卷一一《代宗纪》，第287—288页。
② 王钦若：《册府元龟》卷九九九《外臣部·互市》，第11727页。
③ 刘昫：《旧唐书》卷一九五《回纥传》，第5200页。

宸殿进行。

　　需要说明的是，在紫宸殿宴见四夷使者多出现在肃宗和代宗时期，其他时期极少出现，这是因为这一时期唐朝正处于安史叛乱或战乱之中，对周边政权不得不采取笼络政策，在紫宸殿宴见体现的便是一种优宠待遇。唐玄宗之所以在紫宸殿宴见突厥使者梅录啜，原因是此前吐蕃约突厥共同出兵进攻唐朝，突厥不仅拒绝了，还将吐蕃的来信献给了玄宗，进贡名马30匹，"上嘉其诚"，在紫宸殿赐宴，"厚加赏赍"，并允许与其互市。① 实际上也是一种优宠的待遇。在大明宫中元日、冬至接受四夷朝贺多在含元殿进行，平时召见多在宣政殿，如赐宴款待，正常情况下应在麟德殿进行，自古以来内朝都不是举行此类活动的场所，除非特殊情况，以上这些记载就是这种情况的反映。此外，唐玄宗在开元十二年（724）"三月庚午，宴朝集使于紫宸殿，赐物有差"②。这也是一种特例，有唐一代是极少在紫宸殿设宴款待朝集使。

　　唐制，谢官应在宣政殿，唐后期多在延英殿进行，紫宸殿本不是谢官的场所，但是偶尔也有在紫宸殿进行的。据载："始，都督、刺史皆天子临轩册授。后不复册，然犹受命日对便殿，赐衣物，乃遣。"③ 地方长官在任命时召见于紫宸殿，体现的是皇帝对其的一种勉励，还算不上谢官。在紫宸殿谢官的例子也是有的，如开成三年（838），魏暮自左补阙转起居舍人，"紫宸中谢"④。这种情况极少出现，之所以允许魏暮在紫宸殿谢官是因为他所任的是记注官，可以入阁参加朝会的缘故。

　　紫宸殿也举行庆贺之礼，如皇帝诞日、军事胜利、祥瑞等。如唐穆宗"长庆元年七月六日敕：自降诞之辰，百官于紫宸殿称贺毕"云云。⑤ 敬宗"宝历元年六月敕：降诞日，文武百僚于紫宸殿称贺"。随后便罢去了皇帝降诞日贺仪，因此这一礼仪实行时间不长。⑥ 军队作战获胜，百官往往要向皇帝进贺，有时也在紫宸殿进行。如大历三年九月，"灵州破吐蕃

---

① 王钦若：《册府元龟》卷九九九《外臣部·互市》，第 11727 页。
② 王钦若：《册府元龟》卷八〇《帝王部·庆赐二》，第 932 页。
③ 欧阳修：《新唐书》卷一九七《循吏传序》，第 5616 页。
④ 刘昫：《旧唐书》卷一七六《魏暮传》，第 4569 页。
⑤ 王溥：《唐会要》卷二九《节日》，第 635 页。
⑥ 王钦若：《册府元龟》卷二《帝王部·诞圣》，第 23—24 页。

六万余众，文武百僚入贺于紫宸殿"。大历八年十月，郭子仪奏："大破吐蕃十万余众。己巳，文武百官入贺于紫宸殿庭。"太和三年五月，"宰臣称贺于紫宸殿，下德州故也"[①]。开元二十八年，"有慈乌巢于紫宸殿之棋"[②]。当时认为这是祥瑞之兆，于是宰相与百僚观看后当殿向皇帝祝贺，各地长吏也纷纷上表进贺。

紫宸殿还举行过宣赦礼仪，如宪宗尊顺宗皇后王氏为皇太后，"册礼毕，宪宗御紫宸殿宣赦"[③]。本来宣布大赦通常在含元殿或丹凤门，有时也在宣政殿，在紫宸殿举行应是特例。此外，这里还举行过皇太子册礼，"故事，册太子御宣政殿。时以圣体未康，虑劳登御故从便也"[④]。唐穆宗长期服食丹药，致使身体不适，只好权且在紫宸殿举行册礼。

综上所述，可知紫宸殿主要是大明宫中举行内朝的场所，在唐代所谓内朝制度就是指入阁之制。唐后期由于朔望朝不在宣政殿举行，敬宗恢复在紫宸殿举行朔望朝礼仪后，遂使得入阁之仪反倒超过了正衙礼仪。发展到五代、宋代，虽然已在前殿正衙举行朔望朝会，但却仍然称之为入阁，可见入阁之制影响之大。至于在紫宸殿举行的其他礼仪活动以及宴见四夷使者、朝集使等，或出于一时权宜之计，或属于特例，并非紫宸殿固有的功能。需要说明的是，虽然宫中诸殿均有其固有的功能，如非重大礼仪，皇帝随心所欲，大臣和礼官一般也不会据理力争的，这也是导致上述诸种情况出现的一个重要原因。

① 以上均见王钦若《册府元龟》卷四三四《将帅部·献捷》，第5159、5164页。
② 王钦若：《册府元龟》卷二四《帝王部·符瑞三》，第262页。
③ 刘昫：《旧唐书》卷五二《后妃传下》，第2195页。
④ 王溥：《唐会要》卷四《储君·杂录》，第53页。

第 三 章
其他殿阁的方位与功能

在大明宫中除了含元、宣政和紫宸三大殿外，还有许许多多的殿阁建筑，它们除了满足皇帝与后妃们的生活之需外，有一些殿廷还占有十分重要的地位，具有独特的功能，如麟德殿、延英殿、金銮殿等。在这些殿阁中除了一部分建筑的方位比较清楚外，有许多建筑的方位，在文献记载中存在不少歧义甚至错误，故有必要重新进行研究。至于这些建筑的功能由于史籍记载多语焉不详，至今仍极少有研究涉及这个方面，所以对其进行一些考述也是十分必要的。

一 麟德殿及其功能

麟德殿是唐朝大明宫中最大的建筑群，本应引起学界的关注，可是关于其研究状况却不容乐观，仅有寥寥数篇论文有所涉及，其中多从建筑、考古角度入手，据笔者不完全统计，涉及其功能的论文仅有一篇，[①] 而且还不是专论，所论述的内容也仅限于娱乐方面。此外，在一些研究唐代长安城的论著中，也有极小的篇幅涉及了麟德殿的功能问题，但也没有超出

---

① 刘致平、傅熹年：《麟德殿复原的初步研究》，《考古》1963 年第 7 期；张十庆：《麟德殿"三面"说试析》，《考古》1992 年第 5 期；王仲殊：《唐长安城大明宫麟德殿对日本平城京、平安京宫殿设计的影响》，《考古》2001 年第 1 期；侯卫东：《含元殿、麟德殿遗址保护工程记》，《中国文化遗产》2009 年第 4 期；周侃：《唐中后期宫廷宴飨与乐舞、百戏表演场所考察——以勤政殿、花萼楼、麟德殿、曲江为考察中心》，《中华戏曲》2008 年第 2 期。其中最后一篇涉及了麟德殿的部分功能。

宫廷娱乐的范围。这种状况的存在，导致了长期以来对麟德殿功能认知的误区，将其仅视为大明宫中举行宴飨、乐舞和百戏表演的场所，这一切都是对这一建筑物缺少系统研究而导致的后果，因此有必要重新予以研究。

1. 麟德殿遗址的发掘及保护

麟德殿位于大明宫太液池正西隆起的高地上，西距宫墙仅 90 米，因为其建于唐高宗麟德年间（664—665），故称麟德殿。此殿坐北朝南，由前殿、中殿、后殿组成，三殿前后毗连，形成了一座完整的建筑物，故又称其为三殿。殿面宽 11 间，进深 17 间，其中中殿为主殿，面宽 11 间，进深 5 间。前殿面宽同中殿，进深 4 间；后殿面宽同前殿，后面另附面宽 9 间、进深 3 间的建筑物。三殿总面积约 5000 平方米，约是明清北京故宫太和殿面积的 3 倍。

麟德殿遗址的发掘始于 1957 年 12 月，其间有所停顿，直到 1958 年 5 月才基本发掘完毕。麟德殿是由台基和殿堂两部分构成，其遗址基本情况如下。

台基：由夯土筑成，原台基周围砌有砖壁，现存有部分砖基和印痕。台基为平面长方形，南北长 130.41 米，东西宽 77.55 米。为上下两层的重台结构，第一层高出当时地面 1.4 米，东西两侧各收进 6.2 米，南端收进 8 米，北端因破坏严重，数据不详。第二层高 1.1 米，东西宽 65.15 米，台基上面及殿庑均被火烧过，故表面形成了红烧土，砖、石因火烧多已变色，地面上还存留不少灰烬。从这些情况可以断定，此殿当是被火焚后而废弃的。

殿址上残存有门址、山墙、柱础等遗迹，其中柱础南北 17 排，东西 10 排，共计 164 个。从门址、隔墙及柱础等来看，殿堂是相连并列的，分为前、中、后三殿，与文献记载完全相符。经过实测，三殿殿址的数据分别是。

中殿：东西宽 9 间，共 47.7 米（不包括山墙厚度），进深 5 间，19.7 米（不包括前、后墙），两端山墙厚度不同，西山墙厚 5.35 米，东山墙厚 5.5 米，前墙厚 2.2 米，后墙厚 2.4 米。这些墙除南面的墙保存了一部分砖基，可能是砖壁外，其余均为夯土墙。殿堂的地面除一间铺砖外，其余均为铺石，石面光滑，对缝严密，大部分长 0.6—0.8 米，宽 0.4—0.5

米，少部分铺石长达1—1.5米左右，所有铺石厚度均为0.2米左右。

前殿：与中殿只隔一间通道，前后无墙，东西宽9间。中部的7间进深为3间（18.5米），左右两端每间进深为4间。当心间进深8.5米，两侧的各间进深为5米。前殿与中殿处在同一水平上，均为铺石地面。

后殿：与中殿仅一墙之隔，进深为17.2米，后殿与中殿相连的一间略窄，宽4.4米。后殿北面有三排柱础，东西9间，进深3间，惟四周均无墙。

文献记载说，后殿的两侧，东西各建有一楼，东为郁仪楼，西为结邻楼。二楼的前面，各建有一亭，称东亭、西亭。楼、亭与后殿之间，以回廊相连。这种三殿相连，楼、亭相接的独特建筑风格，反映了唐代我国建筑技术的新发展，是中国古代建筑艺术的结晶。

从考古发掘看，在后殿遗址东西侧各有夯土台基一座，台基靠近殿址一端，与殿基的第一层台基相连，应该是郁仪楼与结邻楼的遗址。台基的平面为长方形，夯土的台基南北宽10米，东西长26.3米，夯土台的周围包有一层砖壁，然破坏十分严重，仅存砖基而已。

至于东、西两亭从发掘情况看，在郁仪、结邻二楼的南面相距3.8米处，有近乎方形的夯土台基各一，东西对称，形状、大小相同，周围也彻有砖壁。台基南北宽10.15米，东西长11.15米，残存高度均高出当时的地面约5米。文献记载说后殿与这些楼、亭之间，均有回廊相连，从发掘的廊址看，其东西宽5.2米。①

从考古发掘的情况看，麟德殿是以三殿为中心，环绕殿身有回廊一周，其布局多为对称形式，东西二楼、东西二亭以及东西的重廊等，均是如此，使得处于中心位置的主殿显得更加宏伟壮观。由于发掘的面积较大，达10000平方米，发现在殿址的四周还有环绕的围墙遗址，这些围墙显然是出于安全的考虑，从而使整个建筑群形成了严密的独立防卫体系。

---

① 中国科学院考古研究所：《唐长安大明宫》，收入《唐大明宫遗址考古发现和研究》，文物出版社2007年版，第39—45页。

2. 麟德殿的宴饮娱乐功能

关于麟德殿在宴饮方面的功能，学术界也有人已经指出了，但是在何种情况下才在这里举办宴饮活动却没有论及，故有必要加以论述。从史籍记载的情况看，大体在以下几种情况下才会在这里举办宴会。

首先，举办规模较大的宴会。自大明宫建成以来，便在这里多次举行过规模较大的宴会，如果就规模的大小和频繁程度看，则以唐后期为多。如唐代宗大历三年（768）五月，"宴剑南、陈郑、神策将士三千五百人于三殿，赐物有差"①。这是目前所知在麟德殿举行的规模最大的一次宴饮活动，如此之大的规模，恐怕殿内是容纳不下的，必须延伸到廊亭、庭阁之中去。在唐代宗时期还举办数次规模颇大的宴会，如：

> （大历）十三年正月甲戌，帝御三殿，宴宰臣及节度使、转运使、判度支、户部侍郎、京兆尹等，赐物有差。二月庚辰，帝御三殿，宴侍臣五品以上、御史台五品以上、尚书省四品以上、及节度、观察、在城判官等并宰臣、勋臣弟兄等并赴会。凡三日连宴，锡赉极于丰厚。
>
> （大历）十四年二月壬辰，帝御三殿，宴宰臣及两省供奉官并文武百寮，赐物有差。癸巳，又御三殿，宴至德以来勋臣子弟及藩邸旧臣子弟，赐物有差，顺时令广恩也。②

这里所谓"三殿"，即指麟德殿。当时为什么要这样称呼麟德殿呢？这一点史籍是有明确记载的，所谓"三殿者，麟德殿也，一殿而有三面，故名三殿也，三院即三殿也"③。元代著名史家胡三省亦曰："麟德殿在大明宫右银台门内。殿西重廊之后，即翰林院。是殿有三面，亦曰三殿。"④一些接待少数民族使者的宴会也是在三殿中举行的，如宝应元年八月，

① 王钦若：《册府元龟》卷一一〇《帝王部·宴享二》，中华书局1960年版，第1312页。
② 同上书，第1313页。
③ 程大昌：《雍录》卷四《唐翰苑位置》，中华书局2002年版，第71页。
④ 司马光：《资治通鉴》卷二〇七，周武则天长安二年九月条胡注，中华书局1956年版，第6560页。

"奚及契丹来朝，宴于三殿"。元和八年五月，"回鹘请和亲使伊难珠还蕃，宴于三殿，赐以银器缯帛"①。

唐德宗自泾原兵变在外流亡返回京师后，连续在麟德殿举办盛大宴会，款待有功将士臣僚，史载："德宗兴元元年七月壬午，车驾自兴元至京师。帝即还宫，每间日宴勋臣于麟德殿，必亲阅酒馔，盛陈音乐，极欢而罢。其所领赐李晟首之，浑瑊次之，诸宰臣及节将又次之。所以褒元功，崇秩序也。"贞元四年（788）德宗又连续在麟德殿举办了数次颇具规模的宴会，对于这一现象，史籍记载说："至德以来，军事务殷，宴赐殆绝，大历末唯宴两省供奉官及诸司三品官而已，朝臣不周及焉。至是常参官及二王后、皇室从曾祖以下亲、异姓诸亲、勋臣、节将子孙悉集焉。"② 自此以来，凡规模较大的宴会莫不在麟德殿举行，如"宝历元年三月壬子，帝御三殿宴百僚。癸丑，又宴宰臣、翰林学士、给事中、中书舍人、御史中丞、诸曹尚书、侍郎、京兆尹等，颁赐银器、锦采有差"③。此后，在麟德殿"宴百僚"的记载便不绝于史籍。有时甚至连宴数日，如唐宪宗元和十三年（818）二月，"御麟德殿，宴群臣，大合乐，凡三日而罢，颁赐有差"④。

大型的宴会设在麟德殿，主要是因为这里建筑宏伟、场地广大，具有满足大型宴会举办的各种条件的缘故。

其次，出于赏功和笼络人心的需要。在唐后期凡地方节帅来朝，皇帝通常都会在麟德殿召见并设宴款待，如大历二年（767）八月癸未，"御三殿，宴李抱玉、杜鸿渐及河南江淮转运使刘晏、荆南节度卫伯玉等，赐物有差"⑤。元和十四年七月甲申，"御麟德殿，宴宣武军节度韩弘及判官、大将军等共三百人，赐物有差"⑥。同年八月"魏博节度使田弘正来朝，赐宴于麟德殿。其大将三百余人，赐物有差"⑦。另据《旧唐书》卷

① 以上均见王钦若《册府元龟》卷九七六《外臣部·褒异三》，第 11461、11464 页。
② 以上均见王钦若《册府元龟》卷一一〇《帝王部·宴享二》，第 1313 页。
③ 王钦若：《册府元龟》卷一一一《帝王部·宴享三》，第 1318 页。
④ 刘昫：《旧唐书》卷一五下《宪宗纪下》，中华书局 1975 年版，第 462 页。
⑤ 王钦若：《册府元龟》卷一一〇《帝王部·宴享二》，第 1312 页。
⑥ 王钦若：《册府元龟》卷一一一《帝王部·宴享三》，第 1317 页。
⑦ 王溥：《唐会要》卷二四《诸侯入朝》，上海古籍出版社 2006 年版，第 538 页。

一五六《王智兴传》载："以智兴首功，加守太傅，封雁门郡王。贼平入朝，上赐宴麟德殿，赏赐珍玩名马，进位侍中，改许州刺史、忠武军节度、陈许蔡等州观察使。"正因为麟德殿赐宴对臣下尤其是对将帅而言，是对其建立功勋的一种极大的奖赏，所以大家莫不以此为荣耀。关于这一点在唐诗中也有所反映，所谓"功成赐宴麟德殿，猿超鹘掠广毬场"①。前一句指在麟德殿参加皇帝的赐宴，后一句则指在麟德殿庭院举行的击鞠活动。关于后一个问题，下面还要详论，就不多说了。

再次，每年固定节日举行宴饮活动。从唐后期的情况看，每年二月的中和节或者九月的重阳节，皇帝都要在曲江亭赐宴，款待朝廷百官。而寒食等节则在麟德殿举办宴会，款待百僚。如贞元十二年（796）二月，唐德宗"以寒食节，御麟德殿内宴。于宰臣位后，施画屏风，图汉魏名臣，仍纪其嘉言美行，题之于下"②。唐宪宗元和二年（807）二月丁丑，"寒食节，宴群臣于麟德殿，赐物有差"③。唐敬宗宝历二年（826）二月丁巳，"寒食节，三殿宴百官"。④唐文宗太和六年（832）二月，"寒食节，上宴群臣于麟德殿"⑤。类似的记载还不少，就不一一列举了。有时也在麟德殿举行中和节宴会。

此外，在唐后期每遇皇帝生日，往往也在麟德殿举行盛大的宴会。由于自唐玄宗以来，凡皇帝生日皆为法定节日，届时要放假一至三天，所以这种宴会也可视为在麟德殿举行的节日宴饮活动。如"贞元十二年四月，德宗诞日，御麟德殿"⑥，召群臣学士讲论佛道，然后再举办宴会。唐文宗也在自己的生日这一天，召见僧道讲论于麟德殿，并设斋会。⑦唐武宗以自己生日为寿昌节，规定届时天下放假三天，置宴一天。《旧唐书》卷一五九《郑絪传》载："去年寿昌节，赴麟德殿上寿"云云。说明其曾入宫参加过武宗寿诞宴会。

---

①　彭定求：《全唐诗》卷五二〇杜牧《郡斋独酌》，中华书局1960年版，第5939页。

②　王溥：《唐会要》卷二九《节日》，第634页。

③　刘昫：《旧唐书》卷一五上《宪宗纪上》，第420页。

④　王钦若：《册府元龟》卷一一一《帝王部·宴享三》，第1318页。

⑤　刘昫：《旧唐书》卷一七下《文宗纪下》，第544页。

⑥　刘昫：《旧唐书》卷一三五《韦渠牟传》，第3728页。

⑦　刘昫：《旧唐书》卷一七下《文宗纪下》，第552页。

在其他情况下，麟德殿也会举办宴饮活动。比如唐高宗上元元年（674）九月，"百官俱新服上礼，帝御麟德殿之景云阁，以宴群臣"①。所谓具新服，是指此前不久对官员服色冠带的改革，关于这一点史籍亦有明确记载，这年八月戊戌敕："文武官三品已上服紫，金玉带；四品深绯，五品浅绯，并金带；六品深绿，七品浅绿，并银带；八品深青，九品浅青，鍮石带；庶人服黄，铜铁带。一品已下文官，并带手巾、算袋、刀子、砺石，武官欲带亦听之。"② 服色冠带改革后，百官穿着新服觐见皇帝，于是便有了这次在麟德殿景云阁举行的盛大宴会。有时皇室内部的家宴也在麟德殿举行，如唐宣宗的生母郑氏，被唐懿宗尊为太皇太后，曾于咸通三年（862）在麟德殿举行过宴会，以示庆贺。③ 不过这种皇室家宴在麟德殿举行的并不多，除非有重大情况发生。正因为经常在这里举行宴饮活动，所以宋人宋敏求在《长安志》卷六谈到麟德殿的功能时，索性说"凡内晏多在于此殿"。

麟德殿除了有宴饮功能外，还是一处举行娱乐活动的场所。关于这一点早在大明宫规划建设之时就已确定了，有一条史料非常重要，可以充分证明这一点。据载：

> 袁利贞为太常博士，高宗将会百官及命妇于宣政殿，并设九部乐。利贞谏曰："臣以前殿正寝，非命妇宴会之地；象阙路门，非倡优进御之所。望请命妇会于别殿，九部乐从东门入，散乐一色伏望停省。若于三殿别所，自可备极恩私。"高宗即令移于麟德殿。④

关于此事《唐会要》卷三〇《大明宫》条亦有记载，并明确记载事情发生在永隆二年（681）正月十日。此时距大明宫的建成还不到二十年，这就说明麟德殿一开始便被赋予了这样的功能。正因为如此，在这里举行宴饮活动就不难理解了，至于其所具有的娱乐方面的功能主要表现在如下方面。

---

① 王钦若：《册府元龟》卷一一〇《帝王部·宴享二》，第 1307 页。
② 刘昫：《旧唐书》卷五《高宗纪下》，第 99 页。
③ 欧阳修：《新唐书》七七《后妃传下·宪宗孝明皇后郑氏》，第 3505 页。
④ 刘肃：《大唐新语》卷二，中华书局 1984 年版，第 22—23 页。

　　首先，是举行大型乐舞、百戏表演的场所。如贞元四年春正月，德宗"宴群臣于麟德殿，设《九部乐》，内出舞马"。贞元十四年二月，"上御麟德殿，宴文武百僚，初奏《破阵乐》，遍奏《九部乐》，及宫中歌舞妓十数人列于庭。先是上制《中和乐舞曲》，是日奏之，日晏方罢"[①]。《破阵乐》与《九部乐》都是规模较大的乐舞。至于在这里进行百戏表演，除了武则天时期表演过外（详下），其他时期也时有表演。如唐宪宗元和十三年，李惟简、李光颜、郭钊等节帅入京朝见皇帝时，"上为之燕三殿，张百戏，公卿侍臣咸与"[②]。再比如唐穆宗长庆元年（821）二月，"丙子，上观杂伎乐于麟德殿，欢甚"[③]。文中所谓"杂伎乐"，就是指百戏。还有一件事亦可反映唐皇室经常在这里举行百戏表演。唐文宗太和六年（832）寒食节时，"上宴群臣于麟德殿。是日，杂戏人弄孔子，帝曰：'孔子，古今之师，安得侮渎。'亟命驱出"[④]。这里所谓"杂戏人"，也是指百戏艺人，由于拿孔子作为取笑对象，惹得皇帝不高兴，遂被赶出宫去。

　　其次，是创作或试看新乐舞的场所。据载："乾元元年三月十九日，上以太常旧钟磬，自隋已来，所传五声，或有差错。"于是肃宗命太常寺把这些乐器送入宫中，"上集乐工考试数日，审知差错，然后令再造及磨刻。二十五日，一部先毕，召太常乐工，上临三殿亲观考击，皆合五音，送太常"[⑤]。然而另据《新唐书》卷二一《礼乐志》载：山东人魏延陵获得了乐律一部，通过大宦官李辅国献给了肃宗，并且说"太常诸乐调皆下，不合黄钟，请悉更制诸钟磬"。得到了肃宗的赞同，于是才有了这次行动，"然以汉律考之，黄钟乃太簇也，当时议者以为非是"。不管怎么说，此次改制的太常寺部分乐器完成后，调试与试听是在麟德殿进行的，这决不是偶然的行动，与麟德殿功能的定位有着直接关系。

　　另据记载："贞元三年四月，河东节度使马燧献《定难曲》，（德宗）

　　①　以上均见刘昫《旧唐书》卷一三《德宗纪下》，第 364、387 页。

　　②　《凤翔陇州节度使李公墓志铭》，董诰《全唐文》卷五六五，上海古籍出版社 1990 年版，第 2534 页。

　　③　刘昫：《旧唐书》卷一六《穆宗纪》，第 485 页。

　　④　刘昫：《旧唐书》卷一七下《文宗纪下》，第 544 页。

　　⑤　刘昫：《旧唐书》卷二八《音乐志一》，第 1052 页。

御麟德殿，命阅试之。十二年十二月，昭义军节度使王虔休献《继天诞圣乐》。"① 在唐代，中外文化交流颇为频繁，所引进的乐舞往往也在麟德殿首演，如"德宗贞元十六年正月，南诏异牟寻作《奉圣乐》，因西川押云南八国使韦皋以进。帝御麟德殿以阅之。十八年正月，骠国王献乐，凡一十二曲，以乐工三十五人来朝。其国与天竺相近，故多演释氏之词，每为曲皆齐声唱，各以两手十指齐开、齐敛，为赴节之状，一低一昂，未尝不相对，有类中国柘枝舞也"②。关于前一事，《新唐书》卷二二《礼乐志》亦有记载："贞元中，南诏异牟寻遣使诣剑南西川节度使韦皋，言欲献夷中歌曲，且令骠国进乐。皋乃作《南诏奉圣乐》，用黄钟之均，舞六成，工六十四人，赞引二人，序曲二十八叠，执羽而舞'南诏奉圣乐'字，曲将终，雷鼓作于四隅，舞者皆拜，金声作而起，执羽稽首，以象朝觐。每拜跪，节以钲鼓。……德宗阅于麟德殿，以授太常工人，自是殿庭宴则立奏，宫中则坐奏。"据此来看，韦皋所献的乐舞名为南诏乐，恐怕亦吸收了不少骠国乐的因素。唐文宗太和九年（835）五月，"太常少卿冯定押进云韶乐官三百八十人，上于麟德殿观阅。翌日以乐成，颁赐有差"③。

再次，是表演角抵、击鞠的场所。如唐德宗贞元四年（788）二月，"帝御麟德殿，观宰臣李晟、马燧及诸将会鞠，李泌辞以不能，请记筹。从之。颁赐有差"。贞元六年二月，"帝以寒食与宰臣及北诸军将军，击鞠于麟德殿，颁赐各有差"④。贞元十二年（796）二月，"寒食节，帝御麟德殿之东亭，观武臣及勋戚子弟会球，兼赐宰臣宴馔"。贞元十三年二月，"赐宰臣宴于麟德殿前，观会球，各赐锦采瓶盘等"⑤。会球即击鞠。唐穆宗长庆元年（821）二月，"击鞠于麟德殿"⑥。从现有文献记载来看，最大的一次活动发生在唐敬宗宝历二年（826）六月，"上御三殿，观两军、教坊、内园分朋驴鞠、角抵。戏酣，有碎首折臂者，至一更二更

---

① 刘昫：《旧唐书》卷二八《音乐志一》，第1052页。

② 王钦若：《册府元龟》卷五七〇《掌礼部·夷乐》，第6861页。

③ 王钦若：《册府元龟》卷五六九《掌礼部·作乐》，第6847页。

④ 以上均见王钦若《册府元龟》卷一一〇《帝王部·宴享二》，第1313页。

⑤ 同上书，第1314页。

⑥ 欧阳修：《新唐书》卷八《穆宗纪》，中华书局1975年版，第223页。

方罢"①。众所周知，唐代有马球运动，所谓驴鞠，则是骑驴打球的一种运动。由于驴的体形较马要小得多，且奔跑速度较低，故在麟德殿庭院亦可比赛。类似的记载还不少，这就充分证明了麟德殿的确是大明宫的一处重要娱乐场所。

3. 麟德殿的外事功能

本书所谓的外事，除了指与大唐帝国有外交往来的国家外，也包括周边少数民族政权在内，也就是广义的外事工作。之所以限定，是因为这一时期的许多少数民族，在当时大都是独立的政权，如回纥（鹘）、渤海、突厥、吐蕃、南诏等，有些民族如契丹、室韦、奚、东蛮等，虽在政治上隶属于唐朝，但却具有较大的自主性，实际上是处于半独立状态。

自大明宫麟德殿建成以来，这里就具有了外事召见的功能，如武则天长安二年（702）九月，"宴论弥萨于麟德殿"②。这个论弥萨为吐蕃使者。另据《旧唐书》卷一九六上《吐蕃传》载："则天宴之于麟德殿，奏百戏于殿庭。论弥萨曰：'臣生于边荒，由来不识中国音乐，乞放臣亲观。'则天许之。"论弥萨之所以要求亲观之，是因为百戏在麟德殿庭院中表演，而宴会则在殿内进行，因此论弥萨才提出了这样的请求。

同年，武则天还在这里召见过日本使者，据载："长安元年，其王文武立，改元曰太宝，遣朝臣真人粟田贡方物。朝臣真人者，犹唐尚书也。冠进德冠，顶有华蔕四披，紫袍帛带。真人好学，能属文，进止有容。武后宴之麟德殿，授司膳卿，还之。"③ 这是日本第八次派出的遣唐使，使者叫粟田真人，其返国时已在长安四年（704），这时武则天已于前一年

---

① 刘昫：《旧唐书》卷一七上《敬宗纪》，第520页。

② 司马光：《资治通鉴》卷二〇七，第6560页。

③ 欧阳修：《新唐书》卷二二〇《东夷·日本传》，第6208—6209页。另据《旧唐书》卷一九九上《东夷·日本传》、《唐会要》卷一〇〇《日本国》均记为长安三年，然《通典》卷一八五《边防一·倭》记为长安二年。按：武则天于长安元年十月辛酉至长安，三年十月丙寅离开长安，因此在长安元年召见日本使者的可能性不大，故可能在长安二年或三年。另据日本学者根据日本史书的记载研究，这次遣唐使从日本出发的时间为大宝二年（702），即长安二年，故应以长安二年为准。见石井正敏《唐与日本》，吉川弘文馆1992年版，第74—76页。

返回神都洛阳，说明日本使者也一同返回洛阳，然后再从洛阳回国。[①]

为了进一步说明麟德殿的外事功能，下面以《册府元龟》为主，参照其他史籍的记载，将有唐一代在麟德殿举行的外事活动，列表统计如下。

麟德殿召见外来使者表

时间	召见对象	资料出处
长安二年（702）	日本遣唐使	《通典》卷一八五《边防一》
长安二年（702）九月	吐蕃使者	《资治通鉴》卷二〇七
开元元年（713）十二月	吐蕃使者	《册府元龟》卷一一〇《帝王部·宴享二》
乾元二年（759）十二月	蕃胡拓翔	《册府元龟》卷九七六《外臣部·褒异三》
宝应元年（762）八月	契丹使者	《册府元龟》卷九七六《外臣部·褒异三》
大历六年（771）十一月	文单国王	《册府元龟》卷九七六《外臣部·褒异三》
贞元三年（787）九月	回纥求婚使者	《唐会要》卷六《杂录》
贞元四年（788）五月	东蛮鬼王骠傍苴、梦冲苴、乌星	《册府元龟》卷九七六《外臣部·褒异三》
贞元四年（788）十月	回纥公主及使者	《旧唐书》卷一九五《回纥传》
贞元九年（793）七月	东女国王汤立悉、哥邻国王董卧庭、白狗国王罗陀、忽逋租国王弟邓吉知、南水国王侄薛尚悉曩、弱水国董辟和、悉董国王汤悉赞、清远国王苏唐磨、咄霸国王董藐蓬	《唐会要》卷九九《东女国》、《旧唐书》卷一九七《西南蛮·东女国》

[①] 据石井正敏《唐与日本》一书载：其执节使粟田真人于庆云元年（704）返国，副使巨势邑治则于公元707年，即唐中宗神龙三年返国，大使高桥笠间更是迟至公元718年，即唐玄宗开元六年才随第九次遣唐使一同返国。第74—76页。

续表

时间	召见对象	资料出处
贞元十年（794）九月	南诏使者蒙凑罗栋	《唐会要》卷九九《南诏》
贞元十一年（794）正月	吐蕃使者论乞髯	《册府元龟》卷一七〇《帝王部·来远》
元和四年（809）正月	南诏、渤海使者	《册府元龟》卷九七六《外臣部·褒异三》
元和五年（810）五月	回鹘归国使者伊难珠	同上
元和五年（810）十二月	契丹使者	同上
元和六年（811）六月	回鹘、奚使者	同上
元和七年（812）正月	南诏、渤海、牂牁使者	同上
元和七年（812）正月	南诏使者李兴礼	同上
元和八年（813）五月①	回鹘使者伊难珠	同上
元和八年（813）十二月	契丹使者达干可葛	同上
元和九年（814）二月	渤海使者高礼进	同上
元和十一年（816）正月	奚进马使	《册府元龟》卷九七二《外臣部·朝贡五》
元和十一年（816）正月	回鹘使者	《唐会要》卷九八《回纥》
元和十一年（816）十二月	东谢蛮使者	唐会要卷九九《东谢蛮》
元和十三年（818）二月	回鹘、南诏使者	《册府元龟》卷一一一《帝王部·宴享三》
元和十三年（818）九月	吐蕃使者论句藏	《册府元龟》卷九七六《外臣部·褒异三》
元和十四年（819）正月	回鹘使者	同上
元和十四年（819）正月	南诏、牂牁使者	同上
元和十五年（820）二月	新罗、渤海朝贡使	同上
元和十五年（820）二月	回鹘使者合达干	同上
元和十五年（820）五月	回鹘宰相、都督、公主	《唐会要》卷九八《回纥》
元和十五年（820）七月	吐蕃吊祭使	《册府元龟》卷九七六《外臣部·褒异三》
元和十五年（820）九月	吐蕃使者	同上

① 另据刘昫《旧唐书》卷一九五《回纥传》、《唐会要》卷九八《回纥》等书记载，唐宪宗召见回鹘使者伊难珠是在元和八年四月。

时间	召见对象	资料出处
元和十五年（820）十一月	南诏、奚、契丹等使	《册府元龟》卷九七六《外臣部·褒异三》
元和十五年（820）十二月	新罗、渤海、南诏、牂柯、昆明等使	同上
长庆二年（822）正月	渤海使者	《册府元龟》卷一一一《帝王部·宴享三》
长庆二年（822）二月	吐蕃使者	《册府元龟》卷九八〇《外臣部·通好》
长庆二年（822）六月	吐蕃使者	《册府元龟》卷九七六《外臣部·褒异三》
长庆二年（822）八月	吐蕃使者	《册府元龟》卷一一一《帝王部·宴享三》
长庆二年（822）十月	回纥使者	同上
太和元年（827）正月	吐蕃、新罗使者	《册府元龟》卷九七六《外臣部·褒异三》
太和元年（827）四月	渤海使者	同上
太和元年（827）十一月	南诏、契丹使者	同上
太和二年（828）正月	南诏、室韦使者	同上
太和二年（828）八月	回鹘使者	同上
太和二年（828）十二月	渤海、新罗、室韦、契丹、南诏使者	同上
太和六年（832）正月	南诏、牂柯使者	同上
太和六年（832）二月	吐蕃使者论董渤藏	同上
太和六年（832）二月	渤海王子大明俊	同上
太和七年（833）正月	牂柯使者宗士方	同上
太和七年（833）正月	南诏蛮王丘铨	同上
太和七年（833）二月	渤海王子大光晟、吐蕃、牂柯昆明使者等	同上
太和七年（833）三月	回鹘使者李义节	同上
太和八年（834）正月	南诏、室韦、奚、契丹、牂柯等使者	同上

续表

时间	召见对象	资料出处
开成元年（836）十二月	室韦大都督阿朱	《唐会要》卷九六《室韦》
开成二年（837）正月	南诏使者洪龙军、渤海王子大明俊	《册府元龟》卷九七六《外臣部·褒异三》
开成三年（838）二月	南诏、牂柯、契丹、奚、室韦、渤海等使者	同上
开成四年（839）正月	南诏使者赵酋莫	同上
开成四年（839）正月	室韦使者阿朱	《唐会要》卷九六《室韦》
开成五年（840）十二月	南诏使者	《册府元龟》卷九七六《外臣部·褒异三》
会昌元年（841）十一月	室韦大首领督热论	同上
会昌二年（842）十二月	室韦大首领督热论	《唐会要》卷九六《室韦》
会昌二年（842）正月	南诏使者张元佐	《唐会要》卷九九《南诏蛮》
会昌二年（842）八月	室韦大首领督热论	《旧唐书》卷一八上《武宗纪》
会昌六年（846）正月	南诏、契丹、室韦、渤海、牂柯、昆明等国使者	同上
大中五年（851）五月	吐蕃论恐热	《资治通鉴》卷二四九

需要说明的是，以上这个表格所统计的数据并不完全，首先，主要原因是：一，史籍记载的缺漏。在很多的情况下，史籍仅记载了皇帝召见外来使者，却没有明确记载在何处召见。类似这种情况是大量存在的，稍举一例，契丹与奚自唐后期以来，"是后每岁至，至今朝贡不绝，或岁中三至。……其每岁朝贺，常各遣数百人，至幽州，则选其酋长三五十人赴阙，引见于麟德殿，赐以金帛遣还。余皆驻而馆之，率以为常"①。但却没有详细记载其到长安在麟德殿接受皇帝召见的具体时间。至于那些连召见地点都不清楚的记载就更多了，难保其中没有在麟德殿召见的情况存在。二，有关唐代史事的典籍残缺严重。别的不说，就说唐朝的实录，众所周知，自唐末以来，武宗以来的诸帝实录便已经亡佚不存了，以至于形

---

① 王溥：《唐会要》卷九六《奚》，上海古籍出版社 2006 年版，第 2037 页。

成了唐代史事详见前期而略于后期的现状。表中对武宗会昌以后情况统计的缺漏之现象，便是这一情况的真实反映。

尽管如此，但通过上表的统计，仍然可以明显地看出，在麟德殿召见外来使者的频繁程度以及其在唐朝外事活动中所占的重要地位。从上表的统计看，麟德殿在安史之乱以前，虽然皇帝也不时召见外来使者，但频率却明显不及唐后期，这是因为在唐高宗与武则天统治时期，皇帝长期住在洛阳不在长安的缘故。开元、天宝时期唐玄宗主要居住在兴庆宫，外事活动主要在那里举行，在麟德殿举行的活动便显得稀疏了。麟德殿在外事方面的重要性主要体现在唐后期，尤其是唐德宗贞元以来凡重要的外事接见活动几乎都在这里举行，从笔者掌握的资料看，虽然不排除在大明宫其他建筑中亦有外事召见活动举行，但毕竟要少得多，规模也要小一些。

大唐帝国之所以选择麟德殿作为举办外事活动的场所，主要原因是大明宫中的三大殿，即含元殿、宣政殿和紫宸殿分别是举行外朝、中朝和内朝听政的场所，地位十分重要，皇帝虽然也在这里召见外国及四夷使者，然其性质更多还是体现在礼仪性方面，所谓"九天阊阖开宫殿，万国衣冠拜冕旒"[①]。描写了皇帝在含元殿接受外国与四夷使者朝拜的场面。具有实际意义的外事接见则安排在麟德殿，之所以安排在这里，是因为麟德殿建筑宏伟，面积广大，据考古实测，麟德殿由前、中、后三殿组成，三殿前后毗连，殿基南北长 130.4 米，东西宽 77.55 米，面积达 5000 平方米，约相当于明清北京故宫太和殿面积的三倍。[②] 外国和四夷使者进入如此宏伟的建筑内，加上威严壮观的朝仪，其内心的震撼是不言而喻的，可以达到显示大唐帝国国威，令外夷臣服的目的，而大明宫内除了三大殿、麟德殿外，其他殿阁则达不到这样的效果。

其次，按照唐朝接待外国和四夷君长及使者的惯例，除了皇帝召见外，通常都要设宴款待和赏赐物品。皇帝赐宴的场所自然要宽敞气派一些，而麟德殿建筑宏伟、面积广大，正好符合这样的要求，于是选择这里作为外事接见的场所也就不难理解了。从文献记载看，皇帝召见外来使者后，大都要设宴款待，如"（大历）六年十一月乙酉，宴文单国王婆你等

---

① 王维：《和贾舍人早朝大明宫之作》，彭定求《全唐诗》卷一二八，第 1296 页。

② 张永禄主编：《唐代长安词典》，陕西人民出版社 1990 年版，第 97 页。

二十五人于三殿"。"（元和）九年二月己丑，麟德殿召见渤海使高礼进等三十七人，宴赐有差"①。元和十五年"二月庚寅，对新罗渤海朝贡使于麟德殿，宴赐有差"。"（长庆）二年……八月壬午，对吐蕃使者五十人于麟德殿，宴赐有差"②。类似记载还很多，就不一一列举了。除了在麟德殿宴请外来使者外，也经常在这里设宴款待朝廷及地方大员，关于这一点史籍也是有明确记载的，所谓"凡蕃臣外夷来朝，率多设宴于此，至臣下亦多召对于此也"③。之所以如此，也是因为麟德殿面积广大的缘故。

再次，在唐代凡宴饮必有乐舞助兴，而皇家举行的乐舞表演与普通官僚家庭不一样，必须有一定规模，这也是要求举办宴会的场地必须宽敞，能够满足表演的需要。从文献记载看，麟德殿曾多次举行过《秦王破阵乐》和《九部乐》的表演，④ 其中前者有一百多人进行表演，后者人数虽少于前者，但也对场地的大小有严格的要求。此外，麟德殿还举行过百戏表演，参加表演的人数则更多，场地要求更大，所以通常在麟德殿院庭表演。麟德殿庭院有东西亭，考古实测东西宽 120 米，除去台基、墙基，有学者认为其庭院至少应有 50 米深，观看百戏或角抵表演应该在东亭之上。⑤

正因为麟德殿具备这些有利的条件，遂使其成为大唐皇帝接见外来使者的不二选择，举行外事活动也成为其重要的功能之一。

需要说明的是，麟德殿的外事功能主要体现在款待与赏赐外国及四夷使者上，其正式朝见唐朝皇帝的礼仪则必须在三大殿进行，有一条史料十分典型，可以充分证明这一点。唐武宗会昌六年（846）正月，"南诏、契丹、室韦、渤海、牂牁、昆明等使，并朝于宣政殿，对于麟德殿，赐食于内亭子，仍赍锦采器皿有差"⑥。这里所谓的内亭子，是指麟德殿庭院内的一处建筑物。可见正式朝见皇帝与皇帝接见谈话、赏赐、宴饮是分别

① 王钦若：《册府元龟》卷九七六《外臣部·褒异三》，第 11464 页。

② 王钦若：《册府元龟》卷一一一《帝王部·宴享三》，第 1317 页。

③ 程大昌：《雍录》卷四《唐翰苑位置》，中华书局 2002 年版，第 71 页。

④ 刘昫：《旧唐书》卷一三《德宗纪》，第 364、387 页。

⑤ 刘致平、傅熹年：《麟德殿复原的初步研究》，《唐大明宫遗址考古发现与研究》，文物出版社 2007 年版，第 332—333 页。

⑥ 王钦若：《册府元龟》卷九七六《外臣部·褒异三》，第 11467 页。

在不同的场合进行的。

4. 麟德殿的宗教功能

唐朝对宗教实行"兼容并蓄"的政策，允许各种宗教并存，而唐朝皇室则对儒、佛、道三教格外垂青，在宫廷内部亦举行各种宗教活动。唐朝除了在大明宫内建有佛寺、道观，进行宗教活动外，麟德殿举行的多为宗教研讨之类的活动，层次上要更高一些。

关于此类活动的记载颇多，早在开元十八年（730）十月，唐玄宗"命集贤院学士陈希烈等，于三殿讲《道德经》"①。仅据《册府元龟》卷卷二《帝王部·诞圣》的记载，唐朝皇帝就曾在这里举行多次讲经传道的活动，详情如下：

> 唐肃宗上元二年（761）七月，"御麟德殿观僧道讲论，颁赐有差"。
>
> 唐德宗贞元十二年四月庚辰，"帝降诞之日，近岁常以其日会沙门道士于麟德殿讲论。帝每谓三教与儒教所归不殊，但内外迹用有异尔。是日，兼召儒官给事中徐岱、兵部郎中赵需、礼部郎中许孟容、四门博士韦渠牟与沙门谈延、道士万参成等数十人迭升讲，坐论三教。初如矛戟，森然相向，后类江河同归于海。帝大悦，颁赐有差"。
>
> 元和九年二月降诞日，"御麟德殿，垂帘命沙门、道士三百五十人斋会于殿内。食毕，较论于高座，晡而罢，颁赐有差"。
>
> "敬宗以元和四年六月九日生，长庆四年正月即位。四月庚辰朔，中书门下奏皇帝六月九日降诞，伏准故事休假一日。从之。其日，帝御三殿，命浮图道士讲论，内官及翰林学士、诸军士（使）、驸马皆从。既罢，赏赐有差"。
>
> 宝历二年六月降诞日，"御三殿，命兵部侍郎丁公著、太常少卿陆亘、前随州刺史李繁，与浮图、道士讲论。内官、翰林学士及诸军使、公主、驸马皆从。既罢，赏赐有差"。

---

① 王钦若：《册府元龟》卷五三《帝王部·尚黄老》，第590页。

"文宗以元和四年十月十日生。太和元年十月降诞日，召秘书监白居易等，与僧惟应、道士赵常盈于麟德殿讲论，赐锦采有差。"

"（太和）四年十月辛亥降诞日，命道士、僧徒讲论于麟德殿。"

"（太和）五年十月甲戌降诞日，命沙门、道士讲论于麟德殿。"

以上仅是此书记载的几次皇帝生日的讲经活动，其实类似的活动远不止此。如大寂禅师，"元和三年，有诏征至京师，宴坐于章敬寺，每岁召入麟德殿讲论"①。惟宽法师，"元和四年，宪宗章武皇帝召见于安国寺。五年问法于麟德殿"②。太和年七年（833），十月，"上降诞日，僧徒、道士讲论于麟德殿"③。此外，《唐会要》卷二九《节日》条在记载了贞元十二年的这次讲经活动后，接着又记载说："近岁，常以此时会沙门、道士于麟德殿讲论，至是，兼召儒官，讲论三教。"可见以前只是召和尚、道士讲论，从这时起才把儒生也召来，讲论儒教。关于这一点，另据《新唐书》卷一六一《徐岱传》载："帝以诞日岁岁诏佛、老者，大论麟德殿，并召岱及赵需、许孟容、韦渠牟讲说。始三家若矛楯然，卒而同归于善。"也可以证明先是进行佛、道二教讲论，然后才有儒教的讲论，同时也说明每年皇帝生日都会举行此类活动，④ 并不仅限于以上数次。关于唐德宗在麟德殿举行的三教讲论活动，当时人非常重视，权德舆还专门起草一篇名为《中书门下贺降延日麟德殿三教论议状》的文件，⑤ 以中书门下的名义向皇帝祝贺。自此以后，由皇帝主持并在皇宫中举行的三教论衡活动便多了起来。

关于在麟德殿举行的三教讲论活动的详情，大都不得而知，唯有在唐文宗太和元年（827）十月皇帝生日这一天举行活动，由于白居易撰写了一篇名为《三教论衡》的长文，并保留在其文集中，才使得后世得以窥

---

① 权德舆：《唐故章敬寺百岩大师碑铭并序》，董诰《全唐文》卷五〇一，上海古籍出版社 1990 年版，第 2260 页。

② 白居易：《西京兴善寺传法堂碑铭并序》，董诰《全唐文》卷六七八，第 3070 页。

③ 刘昫：《旧唐书》卷一七下《文宗纪下》，第 552 页。

④ 韦处厚：《兴福寺内道场供奉大德大义禅师碑铭》载："后德宗降诞日，于麟德殿大延论议，龙梵冥护，人天倾听"云云。亦可证明此点，董诰：《全唐文》卷七一五，第 3258 页。

⑤ 董诰：《全唐文》卷四八四，第 2192 页。

见其一斑。据此文说："皇帝降诞日，奉敕召入麟德殿内道场，对御三教谈论。略录大端，不可具载。"也就是说白居易也只是记录了辩论的要点。从文中所述情况看，三教各派出一名辩手，分别是秘书监赐紫金鱼袋白居易、安国寺赐紫引驾沙门义休、太清宫赐紫道士杨宏元。其辩论程序分为问、对、难、再对，"问"不难理解，"对"即回答的意思，"难"则是进一步质询。先是由佛教辩手义休问儒教，白居易回答；然后再由白居易问，义休回答；接着白居易再问道士杨宏元，道士回答；道士又向白居易发问，白居易一一回答。然后便结束了辩论，由儒教一方进行总结。① 从前述贞元十二年的三教讲论活动看，参加的人数颇多，上引白居易的文章仅记载了第一座三人的辩论情况，应该还有第二座、第三座、第四座等的辩论，内容十分精彩。从《全唐文》收录的多篇高僧的碑铭看，都或多或少地提到其参加麟德殿讲论时的佛理论点，并对其大加赞颂。至于道士在辩论中有何高论，由于文献记载阙如，不得而知，白居易的文章对这方面的内容也略而未载。

那么，唐朝皇帝为何要选择麟德殿作为宗教场所呢？据笔者愚见，最初只是偶尔为之，后来发展成为大明宫中的重要宗教场所，是从唐肃宗时期开始的。据《册府元龟》卷二《帝王部·诞圣》载："上元二年九月天成地平节，于三殿置道场。"这一条史料没有说明所置的到底是佛教道场还是道教道场，另据《资治通鉴》卷二二二唐肃宗上元二年（761）九月条载："甲申，天成地平节，上于三殿置道场，以宫人为佛菩萨，士为金刚神王，召大臣膜拜围绕。"据此可知，此次在麟德殿设置乃是佛教道场。众所周知，道场乃是僧人礼佛供养和修行学道的场所，后来道教也将其规模较大的诵经礼拜仪式称为道场。② 从此麟德殿便成为大明宫中一处重要的宗教场所，上引白居易《三教论衡》一文中，也有"麟德殿内道场"的说法，这就证明后来又加入道教道场，否则在一个纯粹的佛教道场举办三教论衡，便不能体现三教地位的平等。

不过这种情况到唐武宗时期便发生了变化，据《旧唐书》卷一八上《武宗纪》载："帝在藩时，颇好道术修摄之事。是秋，召道士赵归真等

---

① 详情参见《全唐文》卷六七七《三教论衡》一文，第3066—3068页。

② 任继愈主编：《宗教大辞典》，上海辞书出版社1998年版，第163页。

八十一人入禁中，于三殿修金箓道场，帝幸三殿，于九天坛亲受法箓。"
时在开成五年（840）九月，武宗刚刚即位不久。然而《唐会要》卷五〇
《尊崇道教》与《资治通鉴》卷二四六均记载此事发生在会昌元年
（841）六月。唐武宗出生于元和九年（814）六月十二日，并以日为庆阳
节，[①] 按照唐后期诸帝皆在其生日于麟德殿讲论的惯例，唐武宗很可能在
这个时间设置了道场。如果这个推论不错的话，则后两书的记载更为可靠
一些。

众所周知，唐武宗崇道抑佛，后来还发生了大规模的灭佛运动，摧毁
了大批佛教寺院，强令大批僧尼还俗，在宫中麟德殿的佛教道场决不会允
许其继续存在，将其废去亦在情理之中。不过武宗死后，唐宣宗又大力恢
复佛教，推断设在麟德殿的佛教道场很可能又重新恢复了，但道教道场并
未废去，因为唐末著名道士杜光庭曾担任过麟德殿供奉之职。[②] 此外，唐
朝皇室一贯以老子后裔自居，自高祖以来便尊崇道教，宣宗虽然崇佛，但
也不会贬损道教的。正因为麟德殿自唐肃宗以来便正式设置了宗教道场，
于是后来诸帝在这里举行各种宗教活动便成为顺理成章之事。

5. 麟德殿的其他功能

在大明宫诸殿阁中，除了含元、宣政、紫宸三大殿和延英殿具有很强
的政治功能且地位特殊外，其他殿阁虽然各有其独特的功能，但是作为皇
家宫殿不可能完全与政治脱离，都或多或少具有一些政治方面的功能，麟
德殿亦不例外。麟德殿的政治功能除了外事接待、宴请群臣外，也具有召
见臣僚商议军国大事的重要功能。从现有文献记载的情况看，主要可分为
如下几个方面。

其一，召见诸学士、中书舍人等近臣。唐宪宗时，"上每有军国大
事，必与诸学士谋之；尝逾月不见学士，李绛等上言：'臣等饱食不言，
其自为计则得矣，如陛下何！陛下询访理道，开纳直言，实天下之幸，岂
臣等之幸！'上遽令'明日三殿对来'"[③]。为什么要在麟德殿召对学士们

---

① 刘昫：《旧唐书》卷一八上《武宗纪》，第 584 页。

② 文莹：《湘山野录》卷下载："光庭，越州人，博学有文章，在唐为麟德殿供奉"云云。
中华书局 1984 年版，第 55 页。

③ 司马光：《资治通鉴》卷二三八，唐宪宗元和五年六月条，第 7676 页。

呢？这是因为翰林院位于麟德殿之西，方便召见之故，《雍录》卷四在记载了此事之后，接着又指出："凡蕃臣外夷来朝率多设宴于此，至臣下亦多召对于此也。"可见在麟德殿召见臣下由来已久。另据记载："（元和）十三年二月，上御麟德殿，召对翰林学士张仲素、段文昌、沈传师、杜元颖。以仲素等自讨叛奉书诏之勤，赐仲素以紫，文昌等以绯。"[①] 其实唐朝皇帝命诸学士参与军国大事的讨论，并非始于唐宪宗，早在唐高宗、武则天统治时期，就有所谓北门学士，以分宰相之权，后来设置翰林学士不过是延续了以往的做法而已。正因为如此，唐人遂把入翰林院视为飞黄腾达之途，唐朝皇帝也不时从翰林学士中选人充任重要官职，上述唐宪宗给张仲素等赐紫、绯，只是其中一例。再如唐文宗开成三年（829）十一月，"帝于麟德殿召翰林学士柳公权、丁居晦对，因便授居晦御史中丞"[②]。翰林学士为天子亲近之臣，升迁的机遇大亦在情理之中。

其二，召见地方大员。唐朝前期的皇帝在麟德殿召见地方官员的情况还不多见，自安史之乱以来，在这里召见地方大员的情况便愈来愈多，尤其是唐宪宗时期遂发展成为一种常态。宪宗时之所以频频在这里召见地方大员，是因为这一时期唐中央正在进行削平叛乱藩镇的战争，不能不对其他节帅进行安抚，在麟德殿召见并宴请，都是为了这个目的。甚至在唐宪宗临死之前，还在麟德殿召见了昭义节度使刘悟。[③] 在召见地方大员的同时，给予赏赐自然是少不了的，如德宗在麟德殿召见义武节度使张茂昭时，"赐良马、甲第、器币优具"[④]。元和十三年（818），宪宗在这里召见义成节度使李光颜，"赐金带锦彩"[⑤]。同年，召见鄜州节度使韩公武，"赐以银器缯锦及马"[⑥]。唐代宗时，曾在这里召见过幽州大将朱滔。[⑦] 穆宗长庆二年（822）三月，东都留守裴度来朝，"对于麟德殿"[⑧]。

---

① 王溥：《唐会要》卷五七《翰林院》，第 1149 页。
② 王钦若：《册府元龟》卷一〇一《帝王部·纳谏》，第 1213 页。
③ 刘昫：《旧唐书》卷一五下《宪宗纪下》，第 471 页。
④ 欧阳修：《新唐书》卷一四八《张孝忠传附张茂昭传》，第 4770 页。
⑤ 刘昫：《旧唐书》卷一六一《李光进传附李光颜传》，第 4221 页。
⑥ 王钦若：《册府元龟》卷三八五《将帅部·襃异一一》，第 4582 页。
⑦ 刘昫：《旧唐书》卷一四三《朱滔传》，第 3896 页。
⑧ 刘昫：《旧唐书》卷一六《穆宗纪》，第 496 页。

其三，召见地方使者。一般来说，皇帝召见地方使者如无特殊情况是不会见之于记载的，所以有关这方面的记载并不多见。如长庆二年九月，"对阴山府沙陀突厥兵马使朱邪执宜等于麟德殿，仍赐官告、锦采、银器"①。这是因为朱邪执宜是后来建立后唐王朝的沙陀李氏的祖先，为了反映其祖的事迹史官有意为之。太和元年（827）五月，文宗"对诸道端午使于麟德殿，宴赐有差"②。端午使则是诸道向皇帝恭贺端阳节的使者。同年十月，幽州节度使李载义杀贼颇多，于是文宗"召其奏事官，对于麟德殿，赐锦采银器"③。太和九年（835）正月，文宗"对贺正使于麟德殿。既退，复召诸道判官孔温质、李暨、苗恽等九人，问以出身所繇，词学所工，德音诲勉至于再三，各别赐采绢十匹"④。贺正使是诸道派往京师向皇帝拜年的使者，皇帝自然要亲自召见，其中孔温质等九人因为得到了皇帝特别赏赐，自然要写入史籍。有关皇帝在麟德殿召见地方使者最典型的一条史料，就是永贞元年（805），顺宗病危，宪宗被立为皇太子后，"见四方使于麟德殿西亭"⑤。这里所谓的四方使指来自于各地的使者，之所以急于安排宪宗召见他们，有诏告于天下的意思，以稳定人心。

其四，召见其他人员。唐朝皇帝召见臣下的地点，除了宰相等重臣和举行一些重大仪式有固定的场所外，其他人员大都有很大的随意性，一切视皇帝的方便为准。当皇帝在麟德殿时，往往会安排相关官员到这里觐见。比如新任官员赴任时面谢面辞皇帝，通常都会在正殿或者延英殿召见，有时也会安排在麟德殿进行，如赵昌，元和六年（811），任华州刺史时，"辞于麟德殿"⑥。唐文宗即位之初，勤于政事，"御紫宸殿、延英视事者，凡十一刻，宰臣得以口陈大政，帝皆虚心听纳。异日对翰林学士于思政殿，对南北军使于麟德殿"⑦。在麟德殿召见南北军使，决不会是

① 王钦若：《册府元龟》卷九七六《外臣部·褒异三》，第11465页。
② 王钦若：《册府元龟》卷一一一《帝王部·宴享三》，第1318页。
③ 王钦若：《册府元龟》卷四三四《将帅部·献捷》，第5163页。
④ 王钦若：《册府元龟》卷一五八《帝王部·诫励三》，第1912页。
⑤ 王钦若：《册府元龟》卷二五九《储宫部·监国》，第3080页。
⑥ 欧阳修：《新唐书》卷一五一《赵昌传》，第4063页。
⑦ 王钦若：《册府元龟》卷五八《帝王部·勤政》，第651页。

制度性的规定，但却可以证明麟德殿确是皇帝召见臣下的场所之一。皇家招婿有时也在麟德殿进行，如杜悰，"元和九年，选尚公主，召见于麟德殿。寻尚岐阳公主，加银青光禄大夫、殿中少监、驸马都尉"①。岐阳公主是宪宗的长女，杜悰则是著名士族京兆杜氏中人，宰相杜佑的孙子。

　　对于那些附庸风雅的皇帝来说，麟德殿还是其与臣僚们赋诗唱和的一处场所。通常是在节日宴飨百官时，或者召集百官欣赏新创乐舞时，皇帝都要即兴赋诗，并命百官唱和。在《全唐诗》中就收有多篇此类诗歌作品，如卷四就收有唐德宗所作的《麟德殿宴百僚》《中春麟德殿会百僚观新乐诗》等。另据《册府元龟》卷四〇《帝王部·文学》条载："（贞元）十四年二月，帝制《中春麟德殿会百僚观新乐诗》，仍令皇太子书，以示百僚。"可知后一首诗作于这年二月中和节时。臣僚们得到皇帝的诗歌后，则由中书门下代表百官向皇帝上书以表谢意，《全唐文》卷四八五所收的权德舆撰《中书门下进奉和圣制中春麟德殿会百僚观新乐诗状》一文，就是此类应景之文，而皇帝还要有所回复，《全唐文》卷五四所收的《答中书门下进奉和春麟德殿会百僚观新乐诗状批》一文，就是对中书门下上书的一种回复。从权德舆所撰的状看，其中写道"谨各献奉和圣制诗一首，谨诣延英门随状封进以闻"云云，可知当时臣僚们都写了奉和之诗，只是这些作品大都没有流传下来，《全唐诗》卷三二〇权德舆所撰的《奉和圣制中春麟德殿会百僚观新乐》诗作，只是其中的一首。此外，卷二七六所收的卢纶所写《奉和圣制麟德殿宴百僚》诗，也是属于此类性质的作品，但是不是这一次君臣唱和时的作品，则不得而知。不过唐德宗举办的此类活动绝不仅有这一次，《全唐文》卷四三七收有王纬所撰的《代陈司徒谢敕赐麟德殿宴百僚诗序表》，王纬是贞元时人，这就证明此类活动还不少。

　　其实在德宗之前，就有皇帝在麟德殿举办过此类活动。《全唐诗》卷二五四收有常衮的《奉和圣制麟德殿燕百僚应制》诗一首，他是肃代时人，曾拜过相，德宗即位之初，就被贬到地方任职，数年后死于任所。因此这首诗当是其在京任官时的作品，至于是与肃宗或是代宗唱和，则不得而知了。

---

① 刘昫：《旧唐书》卷一四一《杜佑传附杜悰传》，第3984页。

此外，《全唐诗》卷七中还收有宫中内官所撰的数首诗作，这就是尚宫宋若昭的《奉和御制麟德殿宴百僚应制》诗、尚宫宋若宪的《奉和御制麟德殿宴百宫诗》和鲍君徽的《奉和麟德殿宴百僚应制》诗。其中宋若昭、宋若宪为亲姐妹关系，前者"自宪、穆、敬三帝，皆呼为先生，六宫嫔媛、诸王、公主、驸马皆师之，为之致敬。进封梁国夫人"。宋若昭死后，"敬宗复令若宪代司宫籍。文宗好文，以若宪善属文，能论议奏对，尤重之"①。因此宋氏姐妹的诗作所和的应是宪、穆、敬、文等皇帝在麟德殿所作的诗歌。至于鲍君徽《全唐诗》卷七说她是德宗时召入宫中的，《唐才子传》卷八也提及她的姓名，但生卒年却不详，因此尚无法判断她的这首诗作于何时。在麟德殿举行此类文学活动，虽然作品水平未必见得高，但所选择的场所倒是符合麟德殿在大明宫中的定位。

总的来看，麟德殿的功能应该是多方面的，既有政治性质的，也有宗教、娱乐、宴饮、文学等方面的功能，是一处具有综合功能的建筑物。正因为如此，有唐一代，遂将一些无法归类的活动都放到这里进行，比如元和十年（815）十月，"上阅新作指南车、记里车于麟德殿"②。其原因就在于此。

二　延英殿与延英召对

大明宫延英殿在唐前期默默无闻，但是自安史之乱以来其在国家政治生活的地位却日渐提高，就其在政治方面的作用而言，已经远远超过了含元、宣政、紫宸等三大殿。关于延英殿的研究非常之少，只有杨希义先生多年前撰写过一篇名为《唐延英殿补考》的文章，主要涉及了两个问题，一是延英殿的位置问题，认为其位于紫宸殿以西；二是延英殿的兴建时间问题，认为其建于唐高宗龙朔二年（662）。③ 这两点结论笔者是赞同的。关于延英殿的功能问题，这篇文章无一字提及，只有极少的研究唐代官职的著作中，在论到"延英召对"制度时有简略的提及。④ 至于其地位则至

① 刘昫：《旧唐书》卷五二《后妃传下》，第 2199 页。
② 王溥：《唐会要》卷三二《舆服下·辂车》，第 682 页。
③ 载《文博》1987 年第 3 期，第 49—51 页。
④ 如张国刚《唐代官制》，三秦出版社 1987 年版，第 15—16 页。

今无人论及，且其功能也不仅限于召对宰相，还有许多作用尚未为学界论及。因此，本书所论述的内容应是一个比较新的问题，可以填补学界在这个方面研究的不足。

1. 延英殿遗址及方位

关于延英殿位于大明宫内何处？文献记载颇不一致，一种记载是在紫宸殿的东面，另一记载是在紫宸殿的西边。前者如宋人宋敏求的《长安志》卷六；后者如唐人所撰的《唐六典》卷七《尚书工部》、宋人程大昌的《雍录》卷四《延英殿》、清人徐松的《唐两京城坊考》等。此外，在另一些文献中也有不少记载，都可以证明其应在紫宸殿西面。如"大和五年，忽降中人召宰相入赴延英。路随、李宗闵、牛僧孺等既至中书东门，中人云：'所召无宋申锡。'申锡始知被罪，望延英以笏叩头而退"①。关于中书省的位置并无歧义，其位于宣政殿的西面，出中书省东门，折向北即可入延英门。唐人李德裕的《次柳氏旧闻》亦云："玄宗西幸，车驾自延英门出。"安禄山军攻破潼关，唐玄宗西幸蜀地，从延英门出说明是向西而去，如延英殿位于紫宸殿东，玄宗出延英门，则是迎叛军而去了。因此，傅熹年所绘的大明宫平面图，将延英殿绘在紫宸殿的西面，② 史念海主编的《西安历史地图集》绘有两幅《唐大明宫图》（考古、文献各一幅），均将延英殿绘在宣政殿之西、紫宸殿西偏南的位置。③ 傅、史两位当代学者所绘虽稍有不同，但基本方位都是不错的。

中国科学院考古研究所在 20 世纪 50 年代末和 60 年代初，曾两次对大明宫进行过规模较大的考古发掘，由于延英殿的地面遗址破坏严重，这两次均未探明延英殿的具体位置，有学者根据文献记载结合这两次发掘的结果，判断延英殿的具体位置应在紫宸殿西南约 50 米处。④ 可供一说。

---

① 刘昫：《旧唐书》卷一六七《宋申锡传》，第 4370 页。

② 傅熹年：《中国古代建筑史》，中国建筑工业出版社 2001 年版，第 379 页。

③ 史念海：《西安历史地图集》，西安地图出版社 1996 年版，第 89 页。

④ 杨希义：《唐延英殿补考》，《文博》1987 年第 3 期，第 49—51 页。

2. 延英召对制度的确立

关于早期延英殿的情况，史书中极少记载，最早提及延英殿是在唐肃宗时期，即"上元二年七月甲辰，延英殿御座生白芝，一茎三花。肃宗制玉灵芝诗三篇，群臣皆贺"①。延英殿既设有御座，可见也是专供皇帝使用的一处殿宇，至于其具体功能则不得而知。延英殿最早与朝廷政治联系在一起，是在唐代宗时期，有两种不同的说法：

> 政事堂有后门，盖宰相时过舍人院，咨访政事，以自广也。常衮塞之，以示尊大。凡有公事商量，即降宣付阁门，开延英。阁门翻宣申中书，并榜正衙门。如中书有公事敷奏，即宰臣入榜子，奏请开延英。又一说：延英殿即灵芝殿也，谓之小延英。苗晋卿居相，以足疾，上每于此待之。宰相对小延英，自此始也。②

关于前一说，查《新唐书·宰相表中》，常衮拜相是在唐代宗大历十二年（777），而苗晋卿早在肃宗时期已拜相，且上述记载并没有明确说皇帝在延英殿召对宰相自常衮始却明确说此制自苗晋卿始。至于延英殿改名灵芝殿，是唐僖宗乾符中的事，其从成都避难返回长安后，又恢复了延英的旧名，③由于《南部新书》是宋人所撰之书，故提及了此事。另据记载："大历十二年三月庚辰，仗下后，上御延英殿，命左金吾大将军吴凑收（元）载、缙于政事堂，各留系本所。"④ 元载被铲除后，于次月壬午才拜常衮为相，可见在此之前皇帝已经开始在延英殿坐朝了，因此前一种说法极不可靠。关于这个问题还有史料可以证明，如郭子仪，"（大历）九年，入朝，代宗召对延英"⑤。关于后一说亦有史料可为佐证，据《新唐书·苗晋卿传》载："代宗立……时年老塞甚，乞间日入政事堂，帝优之，听入阁不趋，为御小延英对。宰相对小延英，自晋卿始。"另据宋人王谠的《唐语林》载：

---

① 刘昫：《旧唐书》卷三七《五行志》，第1372页。

② 钱易：《南部新书·乙》，中华书局2002年版，第23页。

③ 宋敏求：《长安志》卷六《东内大明宫》，三秦出版社2013年版，第240页。

④ 刘昫：《旧唐书》卷一一八《元载传》，第3412页。

⑤ 刘昫：《旧唐书》卷一二〇《郭子仪传》，第3464页。

韩太保皋为御史中丞、京兆尹，常有所陈，必于紫宸殿对百僚而请，未尝诣便殿。上谓之曰："我与卿言于此不尽，可来延英。访及大政，多所匡益。"或谓皋曰："自乾元已来，群臣启事，皆诣延英得尽，公何独于外庭，对众官以陈之，无乃失于慎密乎？"公曰："御史，天下之平也。摧刚植柔，惟在于公，何故不当人知之？奈何求请便殿，避人窃语，以私国家之法？且肃宗以苗晋卿年老艰步，故设延英。后来得对者多私自希宠，干求相位，奈何以此为望哉？"①

这里所说的乾元以来皇帝在延英殿召见群臣之事，比以往所说的上元年间还要早了几年，② 如果此说不误的话，则唐朝早在唐肃宗时，就已经开始在延英殿召见群臣了，而且不限于宰相，其他大臣亦得召见。但是上面的引文中说唐肃宗时就因苗晋卿年老行走不便，而开创了延英殿召对宰相之制，则与史实不符。据《新唐书·肃宗纪》载，苗晋卿在乾元二年（758）三月罢相，上元元年（760）五月，复拜侍中，苗晋卿既然能再次拜相，说明此时其身体还不错，否则肃宗决不会将一个行动不便的老人再次拜为宰相。只有到了代宗即位后，苗晋卿才"年老蹇甚"③，于是才有了延英殿召见宰相的制度。

之所以在延英殿创立召对宰相的制度，是因为按照唐朝制度，"天子日御殿见群臣，曰常参。朔望荐食诸陵寝，有思慕之心，不能临前殿，则御便殿见群臣，曰入阁。宣政，前殿也，谓之衙，衙有仗。紫宸，便殿也，谓之阁。其不御前殿而御紫宸也，乃自正衙唤仗由阁门而入，百官俟朝于衙者因随而入见，故谓之入阁"④。在这里需要稍作解释，不仅常朝，

---

① 王谠：《唐语林》卷三，上海古籍出版社 1978 年版，第 72—73 页。

② 如《南部新书·甲》载（第 2 页）："上元中，长安东内始置延英殿，每侍臣赐对，侧左右悉去。故直言谠议，尽得上达。"另据《资治通鉴》卷二七九唐代宗大历九年六月胡三省注："卢文纪曰：上元以来，置延英殿，或宰相欲有奏对，或天子欲有咨度，皆非时召见。"（第 7227 页）关于以上引文中说上元年始建延英殿，前引杨希义文已多有驳正，就不多说了。

③ 欧阳修：《新唐书》卷一四〇《苗晋卿传》，第 4639 页。

④ 司马光：《资治通鉴》卷二四一，唐宪宗元和十五年十月条，胡三省注引欧阳修语，第 7783 页。

朔望朝也在宣政殿举行，后来唐玄宗因为朔望日荐食诸陵寝，在正衙（宣政殿）御朝有失恭敬之意，于是便改在紫宸殿坐朝，由于进入紫宸殿要从阁门而入，故曰入阁。据《石林燕语》卷二载："其后不御正衙，紫宸所见惟大臣及内诸司。"于是包括宰相在内的高级官员入阁面见皇帝商议国事，便成为自玄宗以来的重要形式。由于宰相议事的政事堂设在中书省，出中书省，北入延英门，就可到达延英殿，这条路线要比从中书省到紫宸殿更近一些，所以皇帝在这里召对宰相才能体现优待老臣的体恤之意。

综上所述，可知皇帝在延英殿召见群臣应始于肃宗时期，将其发展成为皇帝召对宰相，共议国事的一种制度，应始于代宗即位之初优待苗晋卿时。正因为如此，所以才有了上引韩皋所说的有人希望在延英殿被皇帝召见，以"干求相位"的现象。

关于延英召对制度的具体做法，据宋白《续通典》载："唐制：内中有公事商量，即降宣头付阁门开延英，阁门翻宣申中书，并榜正衙门。如中书有公事敷奏，即宰臣入榜子，奏请开延英，只是宰臣赴对。"① 可见延英召对只是皇帝与宰相商议军事大事的一种方式，或者叫宰相面见皇帝取旨的方式之一。之所以规定仅以宰相赴对，是因为皇帝与宰相所议之事，均为军国大事，是出于保密需要的缘故。唐宣宗时，"每宰臣延英奏事，唤上阶后，左右前后无一人立，才处分，宸威不可仰视。……赵国公令狐绹每谓人曰：'十年持政柄，每延英奏对，虽严冬甚寒，亦汗流浃背。'"② 可见保密之严格。

但是这种情况到了唐末却发生了变化，即高级宦官参与了进来。据唐昭宗天复元年（901）正月丙午敕："近年宰臣延英奏事，枢密使侍侧，争论纷然；既出，又称上旨未允，复有改易，桡权乱政。自今并依大中旧制，俟宰臣奏事毕，方得升殿承受公事。"所谓大中旧制，胡三省指出："大中故事，凡宰相对延英，两中尉先降，枢密使候旨殿西，宰相奏事已毕，枢密使案前受事。"③ 唐朝后期宦官专擅大权，皇帝在延英殿与宰相

---

① 司马光：《资治通鉴》卷二三三，唐德宗贞元三年八月条胡三省注引，第7500页。
② 裴庭裕：《东观奏记》卷上，中华书局1994年版，第91页。
③ 司马光：《资治通鉴》卷二六二，唐昭宗天复元年正月条及胡三省注，第8545页。

议决大事，高级宦官不可能视而不见，其千方百计参与进来，乃是必然的趋势。至于何时发生的这种变化，史籍中未有明确记载，很可能是宪宗时才出现的状况，因为宪宗优宠宦官是众所周知的史实。甘露之变后，"方是时，宦寺气盛，陵暴朝廷，每对延英，而仇士良等往往斥训以折大臣"①。可见这种情况并非是文宗时才有的，在此之前就已经存在了。唐宣宗时对宦官的势力有所抑制，才将其从延英召对中排挤了出去。至于何时又恢复了旧态，清代史学家赵翼说："至懿、僖又如故矣。"② 唐昭宗抑制宦官势力的这种努力，仅仅维持了十个月，同年十月，大宦官韩全诲便强令唐昭宗收回了恢复大中旧制的敕书，"悉如咸通以来近例"，咸通是唐懿宗的年号。"开延英，全诲等即侍侧，同议政事"③。直到数年后，宰相崔胤与朱全忠联合尽诛宦官，延英召对才再也没有宦官参与了。

延英召对宰相时，他官不能参与，但不等于皇帝在延英殿只召见宰相，实际上召见其他官员的现象还比较普遍，如唐德宗"贞元七年诏，每御延英，引见常参官二人，访以政道，谓之次对官，所以广视听也"④。基本做法是，宰相对罢退出，常参官再入内面见皇帝，称之为次对官。其实这种所谓次对也叫巡对，另据《旧唐书·德宗纪》载：贞元七年（791）十月，"每御延英令诸司官长二人奏本司事。寻又敕常参官每一日二人引对，访以政事，谓之巡对"。关于巡对官，胡三省解释说：

> 程大昌曰："德宗贞元七年，诏每御延英，令诸司长官二人奏本司事；俄又令常参官必日引见二人，访以政事，谓之巡对。则是待制之外，又别有巡对也。盖正谓待制者，诸司长官也。名为巡对者，未为长官而在常参之数，亦得更迭引对者也。其曰次对官者，即巡对官，许亚次待制而俟对者也。则次对不得正为待制矣。今人作文，凡言待制，皆以次对名之，则恐未审也。然称谓既熟，虽唐人亦自不辩。开成中，敕今后遇入阁日，次对官未要随班出，并于东阶松木下

---

① 欧阳修：《新唐书》卷一三一《李石传》，第 4513 页。
② 赵翼撰，王树民校证：《廿二史札记校证》卷二〇《唐代宦官之祸》，中华书局 1984 年版，第 426 页。
③ 司马光：《资治通鉴》卷二六二，唐昭宗天复元年十月条，第 8559 页。
④ 王钦若：《册府元龟》卷一〇七《帝王部·朝会一》，第 1280 页。

立，待宰臣奏事退，令齐至香案前各奏本司公事。左、右史待次对官
奏事讫同出。案此所言，尝以诸司之长官待制者，名为次对官矣。若
究其制，实误以待制为次对官也。余考唐中世以后，宰相对延英，既
退，则待制官、巡对官皆得引对，总可谓之次对官。所谓次对官者，
谓次宰相之后而得对也，非次待制官而入对也。唐人本不误，程泰之
自误耳。"据宋白所纪，贞元七年十一月敕，则次对官者以常参官依
次对为称。①

　　程大昌的这一说法是有道理的，待制官与巡对官的确都可以称为次对官，
这种事例在史料中可以找出许多来，比如元和元年（806）四月，御史中
丞武元衡奏曰："伏请自今已后，兼以中书门下省、御史台、拾遗、监察
御史及尚书省六品、诸司四品已上职事官，东宫师、傅、宾客、詹事及王
府诸傅等，每坐日，两人待制。正衙退后，令于延英候对，以为常式。"②
这里所谓的待制官大都不是本司长官，而且引用的是武元衡奏章的原文，
可见待制官必须是指诸司长官，早在唐后期就已经有所变化了，应该是指
包括常参官和诸司长官在内的所有允许面见皇帝的官员。其实巡对官也未
必就不是诸司长官，如《新唐书·薛珏传》就载："帝疑下情不达，因诏
延英坐日许百司长官二员言阙失，谓之巡对。"《册府元龟》卷五八《帝
王部·勤政》亦载："繇是，每御延英殿令诸司长官二人引见访问，谓之
巡对。"均明确说巡对官是指诸司长官，可是上引《旧唐书·德宗纪》所
谓巡对却是指常参官，这就说明所谓巡对是指待制官之外的其他诸司官
员，并无长官非长官之区别；所谓待制官也是如此，没有这种区别，只是
召对有先后的区别罢了。元和元年九月又诏曰："自今两省官。每日令一
人对。"③ 所有这类官员又可称为候对官。其实这种做法由来已久，唐德
宗大历十四年（779）六月，"举先天故事，非供奉侍卫之官，自文武六
品已上清望官，每日二人更直待制，以备顾问，仍以延英南药院故地为
廨"④。先天是唐玄宗的年号，只是那时尚未在延英召见待制官而已。既

① 司马光：《资治通鉴》卷二四三，唐穆宗长庆三年九月条胡注引，第7829页。
② 王溥：《唐会要》卷二六《待制官》，第593页。
③ 同上书，第594页。
④ 刘昫：《旧唐书》卷一二《德宗纪上》，第321页。

然在延英殿南药院故地为待制官兴建廨署，显然是为了应付在延英殿召对时使用。元和二年（807）二月己巳，"宰臣延英对罢，起居舍人郑随次对，诏入面受进止，令宣付两省供奉官，自今已后有事即进状来，其次对宜停"。具体原因是宰相奏请罢之，"时议非之"①。即不在中书、门下两省中置次对官，有事可进状请求召见。这次把所谓次对官罢去，并不等于皇帝开延英时仅仅召对宰相，只是不再在两省中设次对官而已。

唐朝同时还规定，其他官员如有事需要上奏，可于前一日进状请对，然后再在延英殿外等待皇帝召见。"若以寻常公事。不假面论"②。即一般公事则不必面见皇帝。为了提高工作效率，避免各种公事一窝蜂地涌来，在唐宣宗大中三年（849）十月，"宣待制官与谏官、法官循环对"③。因为早在唐德宗贞元元年（784）时，"诏延英视事日，令常参官七人引对，陈时政得失。自是群官互进，有不达理道者，因多诋讦，不适事宜"④。大中时的这一变化，显然是针对这种情况而有意加以改进。

除了以上这些官员可以在延英奏事外，后来参与进来的官员便越来越多，如"故事，两省转对延英，独常侍不与"。这里所谓的常侍，就是指散骑常侍一职。唐僖宗时，郑畋任右散骑常侍，"畋建言宜备顾问，诏可，遂著于令"⑤。于是散骑常侍也参与了进来。同时也说明元和二年罢两省次对官后，为时不久，便又恢复了旧制。

延英召对制度建立之初，并未明确开延英的日期，凡皇帝有事要与宰相商量，"即降宣付阁门，开延英。阁门翻宣申中书，并榜正衙门"；如宰相有事需要面见皇帝，"即宰臣入榜子，奏请开延英"⑥。随着时间的推移，便逐渐正规起来了。由于唐朝后期皇帝是单日坐朝，双日休朝，于是便规定皇帝正衙退朝后，在延英殿召对宰相或群臣，这样就形成了单日开

---

① 王钦若：《册府元龟》卷一○七《帝王部·朝会一》："宰臣延英罢对"，疑"罢对"二字颠倒，故正之。第1280页。

② 王溥：《唐会要》卷二六《待制官》，第594页。

③ 同上。

④ 刘昫：《旧唐书》卷一二《德宗纪上》，第352页。

⑤ 欧阳修：《新唐书》卷一八五《郑畋传》，第5402页。

⑥ 钱易：《南部新书·乙》，中华书局2002年版，第23页。

延英，双日不开的制度，即所谓"每宰相间日于延英召对"①。如徐泗节度使张建封贞元十三年（797）入京，"德宗礼遇加等，特以双日开延英召对"②。就是一种特殊的礼遇了。

此外，如有紧急事务，"乃非时请开延英面奏"③。唐穆宗即位后，"而听政六十日，八对延英"④。因为没有按照规定的时间开延英，就受到一些朝臣的指责。不过唐朝有遇雨不朝和逢假休朝的规定，对延英召对之制而言，亦是如此，如元和八年（813）六月，"时以积雨，延英不开者十五日。至是，上使谓宰臣等曰：'每至三日雨一对来。'"⑤元和十四年（819）八月，"上谓宰臣曰：'今天下虽渐平，尤须勤于政治，若遇休假，频不坐朝，有事即诣延英请对，勿拘常制。'"⑥这些都是表现皇帝勤政的相关记载。

直到唐朝末年开延英的时间才发生了巨大的变化，据《册府元龟》卷一〇八《帝王部·朝会二》载："昭宗天复二年十一月诏曰：……宜每月只计一、五、九日开延英，计九度，其入阁日，仍于延英一度内指挥。如或有大段公事，中书门下具榜子奏请开延英，不系数日事。"最后一句错讹颇多，其中"事"字当为衍文，"数日"应为"日数"的颠倒。此外，这一变化并非在唐昭宗天复二年（902），而应在唐哀帝天祐二年（905）十二月。⑦

还有一点需要说明，即在唐后期如遇到大的灾荒，皇帝会避居正殿，在这种情况下，往往会令百官奏事于延英殿。遇到大的战事爆发，皇帝也会不居正殿若干日，只于延英听政。如遇天象异常，也会下令"自此未御正殿，宰臣与群官有司，且于延英听命"⑧。还有一情况皇帝也会下令

---

① 刘昫：《旧唐书》卷一三六《窦参传》，第3747页。

② 刘昫：《旧唐书》卷一四〇《张建封传》，第3830页。

③ 王钦若：《册府元龟》卷五一五《宪官部·刚正二》，第6164页。

④ 欧阳修：《新唐书》卷一七五《杨虞卿传》，第5248页。

⑤ 王溥：《唐会要》卷五三《杂录》，第1083页。

⑥ 同上书，第553页。

⑦ 刘昫：《旧唐书》卷二〇下《哀帝纪》，第803—804页；王溥：《唐会要》卷二四《朔望朝参》所载亦同，第547页。

⑧ 李昉：《文苑英华》卷四四一《会昌元年彗星见避正殿德音》，中华书局1966年版，第2229页。

开延英，即遇到严寒或者酷暑时，由于在正殿坐朝有仗卫等仪式，颇费时间，皇帝为了表示对臣下的体恤之情，也会下令"自今勿正衙奏事，如陈奏者，宜诣延英门请对"①。因为在延英殿召对，没有那些烦琐的仪式，并且还有时间的限制，可以早一点退朝。一般而言，"时延英对秉政赋之臣，昼漏率下二三刻为常"②。这是指唐德宗时的情况。有的勤政皇帝则时间要长一些，如唐宪宗即位以来，"自是延英议政，昼漏率下五六刻方退"③。其中以唐文宗为最，"洎即位之后，每延英对宰臣，率漏下十一刻"④。虽然不同时期延英召对的时间长短不同，但从以上引文看，每个时期都各有限制，并非没有一定之规。

3. 延英殿的其他功能

除了在延英殿召对宰相、商议军国大事外，其还具有其他一些功能，从而使延英殿在大明宫诸殿中显得更加特殊，其重要性也逐渐提升。总括起来看，主要表现在如下方面。

（一）问起居。臣下向皇帝，内外命妇向太后、皇后问起居，是唐代的宫廷制度之一，笔者对这一制度有专门研究，这里就不多说了。⑤臣下向皇帝问起居的场所与地点因事而各不相同，延英殿也是其中的一个场所，如宝应二年（763）三月，唐代宗因玄宗、肃宗归祔山陵，"自三月一日废朝，至于晦日，百僚素服诣延英门通名起居"⑥。所谓通名起居，并不面见皇帝只是送上问起居官员的名册而已，又称为进名起居。如唐文宗太和八年（834）正月，"百僚延英进名起居"⑦，以代替朝贺之礼。因为唐后期朔望大朝会不经常举行，所以才采取这种方式。文宗开成四年（839）十二月"辛酉，上不康，百僚赴延英起居"⑧。需要说明的是，唐

① 董诰：《全唐文》卷五三，德宗《停正衙奏事诏》，上海古籍出版社 1990 年版，第 249 页。

② 刘昫：《旧唐书》卷一三五《韦渠牟传》，第 3729 页。

③ 刘昫：《旧唐书》卷一五《宪宗纪下》，第 472 页。

④ 刘昫：《旧唐书》卷一七下《文宗纪下》，第 580 页。

⑤ 杜文玉：《唐代起居制度初探》，《江汉论坛》2010 年第 6 期。

⑥ 刘昫：《旧唐书》卷一一《代宗纪》，第 70—78、272 页。

⑦ 王钦若：《册府元龟》卷一〇八《帝王部·朝会二》，第 1283 页。

⑧ 刘昫：《旧唐书》卷一七下《文宗纪下》，第 579 页。

前期极少在延英殿或延英门问起居，唐后期因为皇帝多在延英殿召见群臣，甚至就住在这里，故在延英问起居才逐渐多了起来。

（二）延英奉觞。所谓奉觞，即奉酒恭贺的意思，延英奉觞指在这里为举行皇帝的贺寿之礼。延英殿作为举办宴乐的场所，在唐前期极少见到，自代宗以来，由于其在政治生活中占有越来越重要的地位，所以皇帝有时也在殿内举办宴会，款待群臣，如"永泰元年正月辛亥，宴宰臣及两省五品已上、御史台五品以上、尚书省四品以上等官及诸司长官于延英殿"①。延英奉觞之礼出现在唐文宗时期，唐朝自玄宗把皇帝的诞辰日作为节日以来，多为此后的皇帝仿效。太和七年（833）十月，经中书门下奏请，将文宗的诞日十月十日设为庆成节，并"著于甲令"。于是在这一天，"上于宫中奉迎皇太后，与昆弟诸王宴乐，群臣诣延英门奉觞，上千万寿。天下州府，并置宴一日"②。次年，"敕庆成节宜令百僚诣延英上寿，仍令太常寺具仪注闻奏，仍准上巳、重阳例于曲江锡宴"③。即在延英门举办奉觞之礼，而宴会却在曲江亭举行。有时奉觞之礼也在延英殿庭举行，即在殿前庭院举行。如开成元年（836），"庆成节宴于延英殿，太常进云韶乐，宰臣及翰林学士赴宴。又锡百僚宴于曲江"④。开成二年，庆成节仍赐宴于曲江，但延英奉觞之礼却明令停止了。⑤ 因此，延英奉觞之礼的举办时间比较短暂，除了文宗外，还未见到其他皇帝在延英殿举办过类似礼仪。

（三）延英奉慰。奉慰之礼是指皇家有人死亡的举哀之类的礼仪，在唐代五礼中的凶礼中便有专门的相关礼仪。凡出现此类情况，皇帝均要避正殿。举行奉慰之礼的场所不定，唐后期时有在延英殿举行的，故称延英奉慰。如文宗开成三年十月，皇太子薨，中书门下奏请说："'臣等商量，望令百僚二十九日概行参假，便赴延英奉慰。'敕旨：'宜依。'"⑥ 在延英殿举行的奉慰之礼，并不限于皇家中人，凡朝廷重臣、勋臣薨，皇帝除

---

① 王钦若：《册府元龟》卷一一〇《帝王部·宴享二》，第1312页。
② 王溥：《唐会要》卷二九《节日》，第636页。
③ 王钦若：《册府元龟》卷二《帝王部·诞圣》，第25页。
④ 同上。
⑤ 王溥：《唐会要》卷二九《节日》，第637页。
⑥ 王溥：《唐会要》卷三八《服纪下》，第804页。

了辍朝外，也要举行奉慰之礼，以表示哀悼之意。如浑瑊，贞元"十五年十二月二日，薨于镇。废朝五日，群臣于延英奉慰"①。贞元十七年三月，"成德军节度使、检校太尉兼中书令王武俊薨，废朝五日，群臣诣延英奉慰，如浑瑊故事"②。

（四）延英中谢。唐制，新任官员要面见皇帝谢恩，在唐后期这种面谢越来越多地在延英殿进行，除了地方长吏外，即使朝官也要向皇帝当面谢恩。如杨炎被德宗罢相，任左仆射，实际上被降了官职，即使这样他也要赴延英面谢皇帝。③ 包括新拜宰相在内，也要向皇帝当面谢恩，昭宗时，孔纬在两天之内便从太子宾客先是升任吏部尚书，接着又拜为宰相，于是从外地"扶疾至京师，延英中谢"④。由于在唐后期经常在延英殿举行此类活动，"延英中谢"遂成为新任官员面谢皇帝的一个专门用语。新任地方官员上至节度使，下止京畿县令，均要面谢皇帝。崔琪，太和"七年正月，拜广州刺史、岭南节度使。延英中谢，帝问以抚理南海之宜，琪奏对明辩，帝深嘉之"⑤。有的官员在延英中谢时，如果对答使皇帝满意，还能得到意外的升赏，如牛蔚新任给事中，延英中谢，"面赐金紫"；王徽新授中书舍人，"延英中谢，面赐金紫，迁户部侍郎"⑥。

由于刺史为治民之官，任命以后应当尽快赴任，所以规定"刺史谢官后，不计近远，皆限十日内发"。但是由于每人的情况不一，路途远近不同，致使不少人往往超过了规定的限期。于是在太和五年（831）五月，御史台奏："今请量其远近，次第限日，应去京一千里内者，限十日；二千里内者，限十五日；三千里内，限二十日；三千里以外者，限二十五日。如限内遇延英不开，亦请准常例进状候进止，便发。更有妄托事故逗留，伏请当时奏闻，量加惩责。其贬授刺史，即请准旧例发遣，不依

① 刘昫：《旧唐书》卷一三四《浑瑊传》，第3709页。
② 王溥：《唐会要》卷四五《功臣》，第948页。
③ 刘昫：《旧唐书》卷一一八《杨炎传》，第3424页。
④ 刘昫：《旧唐书》卷一七九《孔纬传》，第4651页。
⑤ 刘昫：《旧唐书》卷一七七《崔琪传》，第4588页。
⑥ 刘昫：《旧唐书》卷一七二《牛僧孺传附蔚传》，第4473页；卷一七八《王徽传》，第4640页。

此限。"① 得到了文宗的批准。其中提到如果在此规定的期限内，遇到延英殿不开，则要按照常例进状，然后才可出发。可见延英殿已经成为唐后期新任官员面谢皇帝的主要场所。

因为面见皇帝时，难免言语有失，于是一些新任刺史便乘不开延英之时，进状辞谢，然后便急急出京而去。开成元年（840）五月，中书门下奏曰："'自今以后，除刺史并望延英对了，奏发日，地近限促，不遇坐日，亦望许于台司通状，待延英开日，辞了进发。'敕旨依奏。"② 其目的就在于杜绝新任刺史借故不辞而去。至开成三年二月时，又进一步地规范了新任官员延英中谢的规定，"御史台奏宣：'自今以后，遇延英开，拟中谢官，委司台立一日，依官班具名列奏。如先奏，即不在中谢限。'又敕：'新授方镇，延英开日，便令中谢。其两省官中谢，即不在，令本司前一日奏闻。余依。'其年二月堂帖，'奉宣：新授刺史，于阁内及延英中谢，不必须候延英开'"③。这些规定就进一步规范了延英中谢的活动，其中新任节度使必须要面谢皇帝，新任刺史由于是治民之官，所以在开成元年五月的规定基础上又做了一点改变，即可以在延英殿，也可以在阁门内面谢，不一定非要等延英殿开。

新任地方长官当面向皇帝谢恩，然后再赴任，实际上就是向皇帝辞行，所以史书记载此类情况时，往往也使用"延英候辞""延英奉辞"等语。④ 也有地方官员因事入京，返回时当面向皇帝辞行，或者使者奉命外出时，向皇帝辞行，凡此类情况便不能算延英中谢。这种情况在当时也非常普遍，就不一一列举史料说明了。

（五）召见官员。这里所谓的召见官员，并不是指宰相及常参官，包括待制、巡对之类的官员，而是指此类官员之外的其他官员。如"武宁军节度使康季荣不恤军士，部下噪而逐之，投于岭外。上以左金吾大将军田牟曾任徐州，有政声，特开延英殿召对，再命建节，往镇一方，于是安

---

① 王溥：《唐会要》卷六八《刺史上》，上海古籍出版社 2006 年版，第 1425—1426 页。

② 王溥：《唐会要》卷六八《刺史上》，第 1427 页。

③ 王溥：《唐会要》卷二五《杂录》，第 554—555 页。

④ 王钦若：《册府元龟》卷七六《帝王部·褒贤》，第 879 页；欧阳修：《新唐书》卷八一《三宗诸子·李景俭传》，第 3600 页。

帖"①。"贺若察,代宗大历四年为给事中。察自颍州使还,见于延英殿,赐帛五十匹"②。李景略,"征为左羽林将军,对于延英殿"③。宪宗元和"五年十二月,义武军节度使张茂昭举族归朝。至京师。故事,双日不坐,是日特开延英"④。再如"温造,穆宗长庆元年授京兆府司录,穆宗开延英召对"⑤。"崔瑝为监察御史,敬宗宝历元年,自镇武使回鹘,延英对"⑥。类似史料还很多,就不一一列举了。此外,为了加强地方吏治,皇帝还有意识地在延英殿召见地方长吏,仅《册府元龟》卷五八《帝王部·勤政》就记载了代宗多次在延英殿召见京畿地区诸县令的情况,如"大历三年十月庚辰,代宗御延英殿,引万年、长安两县令及诸畿县令见";"四年六月,召京兆府诸县令对于延英殿,访人疾苦,诲之,各赐衣一袭";"六年七月,召京兆府诸县令,对延英殿,问人疾苦,各赐衣一袭"。至于京兆地区的最高长官京兆尹更是在皇帝召见之列,这种事例颇多,仅举一例。元和十一年(816)十一月,给事中柳绰被任命为京兆尹,因"有神策小将跃马横冲前导,公绰驻马,杖杀之。明日,入对延英,上色甚怒,诘其专杀之状"⑦。从这些事例可知,延英殿不仅是皇帝召见宰相,议决军国大事的场所,也是其召见百官,处理日常事务的重要场所。

(六)面授官职。唐制,文武六品以下官的铨选由吏部与兵部负责,五品以上官由皇帝或宰相选任,由于唐后期皇帝多在延英殿召见群臣,遂使皇帝面授官职的情况逐渐多了起来,尤其是唐德宗不信任宰相,往往亲自选任官职。如蒋乂,"贞元九年,擢右拾遗、史馆修撰。德宗重其职,先召见延英,乃命之"⑧。右拾遗虽然是从八品上的官职,由于其属于谏官系列,在唐代凡郎官、御史、谏官等均属于清官之列,品阶虽然不高,

①　裴庭裕:《东观奏记》卷下,中华书局1994年版,第131页。
②　王钦若:《册府元龟》卷六五三《奉使部·称旨》,第7825页。
③　刘昫:《旧唐书》卷一五二《李景略传》,第4073页。
④　王溥:《唐会要》卷二五《杂录》,第553页。
⑤　王钦若:《册府元龟》卷六五二《奉使部·宣国威》,第7816页。
⑥　王钦若:《册府元龟》卷六五四《奉使部·奖恩》,第7835页。
⑦　司马光:《资治通鉴》卷二三九,第7725—7726页。
⑧　欧阳修:《新唐书》卷一三二《蒋乂传》,第4531页。

但职事重要，所以仍然由皇帝或宰相任命。贞元十四年（798）秋七月，"贬京兆尹韩皋为抚州司马。召右金吾将军吴凑于延英，面授京兆尹，即令人府视事"①。另据《南部新书·乙》载："韩皋自京尹贬抚州司马，召左执金吾奏于延英，面受京尹，便令视事，时尚未有制。"从"时尚未有制"一句看，显然是事先没有征求宰相的意见。另据《旧唐书·苏弁传》载："德宗闻其才，特开延英，面赐金紫，授度支郎中，副知度支事，仍命立于正郎之首。副知之号，自弁始也。"因为在唐代往往以他官以判度支的名义主管度支工作，所以苏弁虽被任为度支郎中，却不能主管度支之事，加以副知之号，以辅佐判度支主管度支之事。又由于在户部四司中户部郎中居正郎之首，德宗信任苏弁故特命其居于正郎之首，也就是居于户部郎中之前，这种情况的出现实际上度支司在户部中地位变化的一种反映。贞元十四年（798）五月，以户部侍郎、判度支苏弁为太子詹事。"上特召度支郎中于頔于延英，兼御史中丞，赐金紫，令判度支"②。这里说苏弁为判度支，说明其地位还有过提升，当其另任太子詹事后，德宗于是便以于頔取代了他原来的地位。甚至有在延英召见时，由于对答得体，深得皇帝欢心而当面提升官职的情况发生，如穆赞被外放为郴州刺史，"召为刑部郎中，对延英，擢御史中丞"③。这种事例并非仅此一例，正因为如此，虽然有些地方官畏惧皇帝的召见，但更多的官员却希望能在延英召见时展示自己的才华，以获得重用，如韦渠牟，在贞元十二年德宗召见时，对答如流，升任秘书郎，"进诗七百言，未浃旬，擢右补阙内供奉"，不久又升为谏议大夫。"大抵延英对，虽大臣率漏下二三刻止，渠牟每奏事，辄五六刻乃罢，天子欢甚"④。唐人诗曰："延英晓拜汉恩新，五马腾骧九陌尘。今日谢庭飞白雪，巴歌不复旧阳春。"⑤ 写的就是文使君在延英殿获得任职后的欢快心情。

其他皇帝也在延英殿面授过官职，甚至有直接拜为宰相者。如元和中，宰相武元衡被刺客杀死，御史中丞裴度同日也受了伤，"疾愈，诏毋

① 刘昫：《旧唐书》卷一三《德宗纪下》，第388页。
② 刘昫：《旧唐书》卷一三《德宗纪下》，第387—388页。
③ 欧阳修：《新唐书》卷一六三《穆宁传附赞传》，第5016页。
④ 欧阳修：《新唐书》卷一六七《韦渠牟传》，第5110页。
⑤ 薛涛：《酬文使君》，彭定求：《全唐诗》卷八〇三，中华书局1960年版，第9039页。

须宣政衙，即对延英，拜中书侍郎、同中书门下平章事"①。总的来看，其他皇帝在延英殿直接面授官职的情况皆不如唐德宗多，但也时有出现。

（七）召见外国、外族使者。随着延英殿在国家政治中重要性的提高，皇帝在这里召见外国、外族使者的情况也逐渐频繁起来。从现有记载看，在延英殿召见外来使者是从唐肃宗时才开始多了起来，如上元元年（760）九月，"乙卯，回纥使二十人于延英殿通谒，赐物有差。十一月戊辰，回纥使延支伽罗等十人于延英殿谒见，赐物有差"②。由于回纥在帮助唐朝平定安史之乱中有功，不仅唐肃宗多次在延英殿召见其使者，唐代宗也多次在这里召见并赐物，如"代宗宝应元年五月丁未，回纥演者裴罗等十人来朝，引见于延英殿，赐物有差"③。大历九年（774）三月，回纥裴罗达干来朝，"四月，回纥使裴罗达干还蕃，引辞于延英殿"④。按照唐制，各国各族使者返国时，都要向皇帝面辞，非独回纥如此。

除了在延英殿召见回纥使者外，其他各国各族使者也都在这里召见过，如唐肃宗乾元三年（760）四月，"陇右投降突厥奴剌偲等五人，于延英殿见，赐物有差"⑤。"宝应元年六月，吐蕃使烛蕃莽耳等二人贡方物入朝，乃于延英殿引见，劳赐各有差"⑥。"代宗大历九年二月辛卯，渤海质子大英俊还蕃，引辞于延英殿"⑦。这是召见渤海返国质子的事例，其使者入朝受到皇帝在延英殿的召见，也不乏事例，如大历八年六月，"渤海遣使贺正，新罗遣使谢恩，并引见于延英殿"⑧。其实在延英殿召见新罗使者的事例还很多，仅据《册府元龟》卷九七二《外臣部·朝贡五》的记载，大历八年四月，"新罗遣使贺正见于延英殿，并献金银、牛黄、鱼牙绸、朝霞绸等方物"。次年十月，"新罗遣使贺正见于延英殿"。除了突厥、吐蕃、渤海、新罗等使者外，在延英殿还召见其他一些国家的使

① 欧阳修：《新唐书》卷一七三《裴度传》，第 5210 页。

② 刘昫：《旧唐书》卷一九五《回纥传》，第 5202 页。

③ 王钦若：《册府元龟》卷九七六《外臣部·褒异三》，第 11461 页。

④ 王钦若：《册府元龟》卷九七二《外臣部·朝贡五》，第 11416 页。

⑤ 王钦若：《册府元龟》卷九七六《外臣部·褒异三》，第 11461 页。

⑥ 刘昫：《旧唐书》卷一九六上《吐蕃传上》，第 5237 页。

⑦ 王钦若：《册府元龟》卷九九六《外臣部·纳贡》，第 11694 页。

⑧ 王钦若：《册府元龟》卷九七二《外臣部·朝贡五》，第 11415 页。

者，如上元元年（760）十二月，"白衣使婆谒使等十八人于延英殿会"①。这里的所谓"白衣"，指白衣大食。需要指出的是，与唐朝往来的国家、民族并不仅限于以上这些，在延英殿得到召见的也不仅限于以上数例，限于篇幅，就不一一列举了。此外，在唐后期也不仅限于在延英殿召见外来使者，含元殿、宣政殿、右银台门，甚至丹凤门，都举行过召见活动，只是均不如延英殿这么频繁，可见延英殿在唐后期已经发展成为重要的外事活动场所。

（八）举办宴乐。在前面已经提到皇帝在延英殿赐宴群臣的事情，其实这种事例还不少，如大历九年（774）九月，卢龙节度使朱泚来朝，代宗"宴泚及将士于延英殿，犒赏之盛，近时未有"②。之所以如此隆重地接待朱泚，是因为自安史之乱以来，河北藩镇均不入京朝见皇帝，朱泚率先入京，自然会引起朝廷的重视。此外，还在延英殿设宴款待过外族使者，如宝应元年（762）九月丙申，"以回纥可汗举国兵马至太原，遣使奉表，请助王师讨平残寇。是日，引其使宴于延英殿，赐物有差"③。永泰元年（765），"（郭）子仪又使回纥宰相护地毗伽将军、宰相梅录大将军、开府仪同三司、试太常卿罗达干等一百九十六人来见，上赐宴于延英殿，锡赉甚厚"④。总的来看，唐朝在延英殿举行宴乐的情况并不多见，以上情况只能说明在比较重要的情况下，才会在这里举办宴乐活动。宝应元年在这里宴请回纥使者，是因为这是对安史叛军的最后一战，对回纥有所依重。永泰元年的宴请，是因为此前仆固怀恩反叛，勾引回纥侵扰唐朝，幸被郭子仪劝退，所以不得不盛情款待其使，以巩固双方的关系。

4. 延英殿的地位及影响

随着延英殿被频繁地使用，其所具有的政治功能也愈来愈多，在唐后期几乎成了群臣面见皇帝商议国事的最主要的场所，其他诸殿虽不排除皇帝也会召见群臣，但其地位已经退居到比较次要的地位上去了。

在唐后期除了宰相经常于延英殿召对外，其他官员如诸司长官以及谏

---

① 王钦若：《册府元龟》卷九七一《外臣部·朝贡四》，第 11414 页。
② 司马光：《资治通鉴》卷二二五，第 7227 页。
③ 王钦若：《册府元龟》卷九七六《外臣部·褒异三》，第 11461 页。
④ 刘昫：《旧唐书》卷一九五《回纥传》，第 5206 页。

官、法官等也是定期在延英殿召见的，关于这些情况前面已有不少论述，就不再多说了。其实凡在京百官如有事需要面见皇帝，都可以在延英门封状以进，请求皇帝召见。元代著名史学家胡三省指出："唐自德宗以后，群臣乞对延英，率于延英门请对。"① 那么胡三省此话的史料依据何在呢？另据《唐会要》卷二五《百官奏事》载：贞元"十八年七月，嘉王府咨议高宏本，正衙奏事，自理逋债。因下敕曰：'比来百官，每于正衙奏事，至于移时，为弊亦甚。自今以后，不须于正衙奏事，如要陈奏者，并于延英进状请对。'"胡三省说："唐东内以含元殿为正牙，西内以太极殿为正牙。唐制：天子居曰衙，行曰驾。牙，与衙同。"② 其实胡三省说的不对，这时的正衙恰恰是指宣政殿，这一点前面已有论述，就不多说了。正因为唐后期多在延英殿召见群臣，所以群臣在向皇帝上奏章时，也多写有"谨诣延英门随状封进以闻"的字样，在《全唐文》中便可以找出不少类似的例证。说明自贞元以来，延英殿在唐代政治中的重要性就已经逐渐超过了宣政殿、紫宸殿。

从此后的情况看，也的确是如此，凡百官奏事必赴延英门请对。如元和十五年（820）十一月，穆宗将赴华清宫，群臣认为不妥，"宰相率两省供奉官诣延英门，三上表切谏，且言：'如此，臣辈当扈从。'求面对，皆不听"。胡三省注曰："两省，以中书、门下言也。两省官自左、右常侍以下至遗、补、起居郎、舍人，皆供奉官也。"③ 河北王承宗叛，宪宗任命宦官吐突承璀为行营招讨处置使，"于是谏官李廓、许孟容、李元素、李夷简、吕元膺、穆质、孟简、独孤郁、段平仲、白居易等众对延英，谓古无中人位大帅，恐为四方笑"④。唐穆宗将宰相裴度贬为东都留守，朝野震动，"谏官相率伏阁诣延英门者日二三"⑤，请求召见以便进谏。唐文宗时宰相宋申锡被人诬陷，"狱自内起，京师震惧。（崔）玄亮首率谏官十四人，诣延英请对，与文宗往复数百言"⑥。开成三年（838），

---

① 司马光：《资治通鉴》卷二四六，唐武宗会昌元年闰八月条胡注，第7954页。

② 司马光：《资治通鉴》卷二三六，唐德宗贞元十八年七月条胡注，第7599页。

③ 司马光：《资治通鉴》卷二四一，第7786页。

④ 欧阳修：《新唐书》卷二〇七《宦者传上》，第5869页。

⑤ 刘昫：《旧唐书》卷一七〇《裴度传》，第4423页。

⑥ 刘昫：《旧唐书》卷一六五《崔玄亮传》，第4313页。

文宗因太子好游宴，"上开延英，召宰相及两省、御史、郎官，疏太子过恶，议废之"①。可见大小政事皆在延英殿商议。唐宪宗曾对大臣们说："天下事重，一日不可旷废。若遇连假不坐，有事即诣延英请对。"② 就连唐穆宗也说过类似的话："阁中奏事，殊不从容。今日已后，有事须面论者，可于延英请对，当与卿等从容讲论。"③

还有一条史料非常重要，可以更进一步证明延英殿的确是大明宫中最主要的办公理政之处。据《新唐书·李栖筠传附李吉甫传》载："中书史滑涣素厚中人刘光琦，凡宰相议为光琦持异者，使涣请，常得如素。宦人传诏，或不至中书，召涣于延英承旨，迎附群意，即为文书，宰相至有不及知者。"中书史，是指中书门下（政事堂）的吏职，宦官传皇帝诏之所以不至中书门下，是因为可以把中书史滑涣召到延英殿接受旨意，然后由滑涣写成政事堂的公文，即堂帖或堂案，以至于宰相都不知道。为什么要唤其到延英殿承旨，而不到其他诸殿呢？原因就在于这里是皇帝最主要的办公理政场所。

在唐人的许多诗歌作品中，亦可反映出延英殿的这种重要地位。如"延英开对久，门与日西斜"④。反映了作者白居易在延英殿与皇帝议政日久，以至于太阳西下。再如他的"昨日延英对，今日崖州去。由来君臣间，宠辱在朝暮"诗句⑤。反映了政治环境险恶，变化无常，之所以选择延英殿来表示大臣的荣宠，因为这里是皇帝的日常理政之处，选择崖州来表示政治失意，是因为在唐代这里经常安置流放或者被贬黜的官员。再比如"延英面奉入春闱，亦选功夫亦选奇"⑥。说明选任知贡举一职，也是在延英殿由皇帝当面选定的。唐末僧人贯休的《送张拾遗赴施州司户》诗中有一句"君不见顷者百官排闼赴延英"⑦。"排闼赴延英"数字，意为进入宫中小门直奔延英殿，这个门即指延英门，说明即使方外之人也都

① 司马光：《资治通鉴》卷二四六，唐文宗开成三年九月条，第7935页。
② 刘昫：《旧唐书》卷一五《宪宗纪下》，第469页。
③ 王钦若：《册府元龟》卷五四六《谏诤部·直谏一三》，第6560页。
④ 白居易：《和春深第三首》，彭定求《全唐诗》卷四四九，第5063页。
⑤ 白居易：《寄隐者》，彭定求《全唐诗》卷四二四，第4669页。
⑥ 王涯：《广宣上人以诗贺放榜和谢》，彭定求《全唐诗》卷三四六，第3874页。
⑦ 彭定求：《全唐诗》卷八二七，第9322页。

对延英殿在政治方面的重要作用有所了解。

还有几个问题需要说明：其一，宰相独对于延英殿时，自穆宗以来则不走延英门，《册府元龟》卷七六《帝王部·礼大臣》载：元和十五年（820）"二月诏：'于西上阁门西廊开便门，以通宰臣自阁中赴延英路。'示优礼也"。这样宰相就可以从中书门下很方便地直达延英殿。

其二，唐前期朔望朝在宣政殿举行，自玄宗以来改在紫宸殿举行，[1]唐后期朔望朝不常举行，但不等于朔望日皇帝就不坐朝理政。据《册府元龟》卷五八《帝王部·勤政》载：文宗开成二年（837）八月丙午，"望日帝御延英，对刑法官刑部员外郎纥干泉、王含，大理少卿李武、韦纾及大理正丞等，自此朔望即对刑法官，以详重轻"。证明自此以来，皇帝便把朔望日作为在延英殿召对刑法官的固定时间。

其三，唐制，常参官退朝后赐食，谓之廊下食（餐），后来规定武臣朝参，亦给廊下餐。那么开延英时是否也给廊下餐呢？据《唐会要》卷二五《杂录》载：开成四年（839）二月，"御史中丞高元裕奏：'伏以近日丞郎以上官，未就食之前，时有称疾，便请先出。请自今，阁候对官，遇延英开日，有事要与宰臣商量者，即请拜食后先出，仍事须前牒台司。或年齿衰迟，不任每度就食者，量许三度仗下后先出。其余官不在此限。如违，请每月终，一度具名闻奏。'依奏"。说明延英召对结束后，也是供给廊下餐的。只是官员们大都设法躲避廊下餐，于是才有了高元裕以上的奏请，至于官员们为何躲避此餐，史书没有明确记载，有学者认为是礼仪森严之故。[2] 到底是何缘故？或许因饮食不精也未可知，因为引文提到"或年齿衰迟，不任每度就食者"云云，至少证明年纪稍老的官员是不宜于长期食用此餐的。唐朝在代宗大历八年（773）时规定，廊下食由光禄寺供给食料费用，由御史台派人负责监制并供给，一旦出了问题，双方便互相推诿。于是便在开成四年正月，改为由光禄寺负责供给廊下食，"仍依前差御史一人充使勾当"[3]。也就是恢复了唐初的制度，由御史台的御史一人充任廊下食使，负责监督廊下食的礼仪之事。由于官员们纷

---

① 张国刚：《唐代官制》，三秦出版社1987年版，第14页。

② 拜根兴：《唐代的廊下食与公厨》，《浙江学刊》1996年第2期，第98—102页。

③ 王溥：《唐会要》卷六五《光禄寺》，第1345页。

纷规避廊下食，显然违背了相关礼仪，于是御史中丞高元裕上奏皇帝，以规范官员们的行为。

其四，关于延英召对的礼仪，有关唐代史籍缺载，唯《五代会要》有详细的记载，现录之如下：

内中有公事商量，即降宣头付阁门开延英，阁门翻宣申中书，并榜正衙门。如中书有公事敷奏，即宰臣入榜子，奏请开延英。祗是宰臣赴对，阁门使："奏宰臣某已下延英候对"。宣徽使殿上宣"通"，次阁门使奏："中书门下到"。次宣徽使唤，次阁门使传声唤，次通事舍人引宰臣当殿立班，赞两拜，摺笏舞蹈，又三拜，奏"圣躬万福"，又两拜。金口宣"上来"。又两拜，通事舍人引上殿，至御座前，又两拜，问圣体。皇帝宣"安"。又两拜，三呼"万岁"，各分班案前立定。两枢密使在御榻两面祗候，其余臣僚并约近外次。奏事讫，宣"赐茶"。又两拜，三呼"万岁"，赐座吃茶。对讫，下殿两拜，宣"赐酒食"。舞蹈谢恩讫。宣徽使喝"好去"，就中书吃食。

延英毕，次两省官转对。阁门使当殿奏"某已下转对"。宣徽使殿上宣"通"，次阁门使奏"某已下到"。次宣徽使唤，次阁门使传声唤，次通事舍人引当殿立定，赞两拜，摺笏舞蹈，又三拜，奏"圣躬万福"。又两拜，殿下奏事讫，宣"赐酒食"。又两拜，舞蹈谢恩。阁门使喝"好去"，南班揖殿出，于客省就食。

次对官御史中丞、三司使、京兆尹并各奏所司公事。次阁门使奏"某祗候次对"。宣徽使殿上宣"通"，次阁门使奏"某到"。次宣徽使唤，次阁门使传声唤，次通事舍人引当殿立定，赞两拜，摺笏舞蹈，三呼"万岁"，又三拜讫，奏"圣躬万福"。又两拜，奏所司公事讫，宣"赐酒食"。又两拜，舞蹈谢讫，阁门使喝"好去"，南班揖殿出，于客省就食。

合赴延英中谢官，文武两班三品，及御史中丞、左右丞、诸行侍郎、谏议、给事、中书舍人并诸道节度、观察、防御、团练使、刺史、两县令皆入谢，并通唤。文武四品以下，及诸道行军司马、节度副使、两使判官、书记、支使、推巡令录等，旧例并不对扬申谢，只于正衙朝谢。①

以上关于延英召对礼仪的记载，反映的应是唐朝末年的情况，同时又结合了五代后唐的具体情况，进行了一定的修订，但基本内容应是唐朝的。主要理由如下：从延英召对的程序看，与唐制完全一致，召见的官员除了宰相外，还有两省官、诸司长官、次对官以及中谢官等。其中有枢密使、宣徽使、阁门使等内诸司使系统的官员，反映的应该是唐懿宗咸通以来的情况，然唐昭宗时左右神策中尉也参与了延英召对，引文中却没有出现，这是因为五代没有此官设置的缘故。次对官中有三司使一职，这是后唐时才设置的主管全国财政的使职，职事重要，故亦参与延英召对。引文中"文武四品以下，及诸道行军司马、节度副使、两使判官、书记、支使、推巡令录等"一句，是指常参官、诸司长官以及节度、观察、防御、团练等使、刺史、两县令之外的官员，这些官员即使在唐代如新任也不赴延英面谢，五代规定在正衙举办朝会时辞谢，与唐制基本是一致的。至于所谓"两县令"，在后唐时期则指河南与洛阳两县令，在其他王朝则指开封、浚仪两县令，这两县均属于京县，这一点也与唐制没有本质上区别，只是县名有所变化而已。其制度还有一点变化的，即延英召对结束后，在唐代是皇帝赐食后，应在朝堂廊庑下食之，此时改为宰相在中书食之，其他官员皆在客省食之。也许唐后期宰相已经改在中书食之，只是史书残缺，难以确切了解而已。

延英召对制度对后世也有一定的影响。唐朝灭亡后，进入五代时期，五代的第一个王朝后梁就继续沿袭了这一制度。据载：开平元年（907）十月，"宰臣请每月初入阁，望日延英听政，永为常式"②。这里所谓入阁是指在正衙坐朝，后梁的正衙指汴梁的崇元殿。可见后梁是朔日坐朝于崇元殿，望日才开延英听政，这与唐后期朔望日皆开延英略有不同。后唐以洛阳为都，其正衙曰文明殿，每日常朝在正衙举行，仍在延英殿召对宰相，史载：唐庄宗与"宰相论于延英，后于屏间耳属之"云云。③ 唐明宗

①　王溥：《五代会要》卷六《开延英仪》，上海古籍出版社 1978 年版，第 91—92 页。

②　薛居正：《旧五代史》卷三《梁太祖纪三》，中华书局 1976 年版，第 55 页。

③　欧阳修：《新五代史》卷一四《唐家人传·皇后刘氏》，中华书局 1974 年版，第 145 页。

增加了每五日一赴内殿的制度，内殿即中兴殿，朔望日皆坐正衙，"其中书非时有急切公事，请开延英不在此限"①。可见直到明宗时仍在延英殿召见宰相，商议政事。后来不知何时又罢去了此制，唐末帝清泰二年（935）七月，宰相卢文纪请求恢复延英召对的旧制，却没有得到批准。②此后诸朝未见再恢复过此制，两宋时期仍然未见恢复。

三　金銮殿及其功能

关于唐长安城中的东内大明宫的研究以及考古成果都比较丰富，但是对大明宫内重要建筑物的个案研究则成果不多，除了含元殿等少数建筑物外，其他建筑均极少涉及，金銮殿更是一篇专论都未见出现。其实金銮殿在大明宫中具有举足轻重的重要地位，尤其是在唐后期的政治生活中更是占有其他殿廷难以替代的重要作用，故有必要进行深入的研究。

1. 金銮殿的方位及遗址

《长安志》记有金銮殿在大明宫中的地理位置，所谓"宣政殿北曰紫宸门，内有紫宸殿。后有蓬莱殿。次东有含象殿。后有延英门，内有延英殿。……（延英）殿相对思政殿、待制院。蓬莱后有含凉殿，殿后有太液池，池内有太液亭子……清晖阁、绫绮殿（原注：在蓬莱殿之西），殿北珠镜殿。环周殿，在蓬莱西。承欢殿，在环周南。金銮殿，在环周西北。长安殿（原注：一名长乐），在金銮西南"③。环周殿应为还周殿之误。据此则金銮殿应在还周殿之西北、长安殿之东北。

20世纪50年代末曾对大明宫进行过考古发掘，其中也对金銮殿遗址进行过发掘，根据考古发掘报告，其位置基本情况如下：

> 在紫宸殿以北（偏东）60米，于龙首原北沿处，有面积较大呈正方形的殿址一处……据其位置推测，可是能蓬莱殿的殿址。……在

① 王钦若：《册府元龟》卷一〇八《帝王部·朝会二》，第1285页。
② 司马光：《资治通鉴》卷二七九，后唐潞王清泰二年七月条，第9132页。
③ 宋敏求撰，辛德勇点校：《长安志》卷六《东内大明宫》，第240页。

所谓的蓬莱殿以西，有南北向和东西向的墙基二段，二墙成矩尺形，惟折角处因破坏已不衔接。墙之西有南北长的殿址一座。再西向于龙首原北坡的边沿处有殿址两座，其最西的一处，可能是金銮坡上的金銮殿遗址。①

考古发掘报告对金銮殿位置的认定，也是根据文献记载来判定的，如果不错的话，则金銮殿的地理位置就算基本确定了。宋人程大昌记载说：

> 金銮坡者，龙首山之支陇，隐起平地而坡陀靡迤者也。其上有殿，既名之为金銮殿矣，故殿旁之坡亦遂名曰金銮坡也。……金銮殿者，在蓬莱山正西微南也。龙首山坡陇之北，至此余势犹高，故殿西有坡，德宗即之以造东学士院而明命，其实为金銮坡也。韦执谊《故事》曰："置学士院后，又置东学士院于金銮殿之西。"李肇《志》亦曰："德宗移院于金銮坡西"也。石林叶氏曰："俗称翰林学士为坡，盖德宗时尝移学士院于金銮坡，故亦称坡。"此其说是也。②

将程大昌的叙述与考古发掘情况相对照，金銮殿的位置也是非常清楚的。史念海主编的《西安历史地图集》收有两幅《唐大明宫图》，是根据文献记载和考古发掘分别绘制的，③ 其中文献图标绘有金銮殿的位置，考古图没有标注殿名的建筑遗址不少，其中也没有金銮殿的殿名，可能出于谨慎的缘故。傅熹年的《中国古代建筑史》第二卷中附有《唐长安城大明宫平面示意图》一幅，④ 标绘有金銮殿的位置，其详细程度远超于《西安历史地图集》，可以参阅。

---

① 《唐长安大明宫》一文，收入《唐大明宫遗址考古发现与研究》一书，文物出版社 2007 年版，第 39 页。

② 程大昌：《雍录》卷四《金銮坡》，中华书局 2002 年版，第 77—78 页。

③ 史念海：《西安历史地图集》，西安地图出版社 1996 年版，第 89 页。

④ 傅熹年主编：《中国古代建筑史》第二卷，中国建筑工业出版社 2001 年版，第 379 页。

2. 金銮殿的功能及性质

关于金銮殿在大明宫中的功能，宋人沈括有所论述，他说："唐翰林院在禁中，乃人主燕居之所。玉堂、承明、金銮殿皆在其间。应供奉之人，自学士已下，工伎群官司隶籍其间者，皆称翰林，如今之翰林医官、翰林待诏之类是也。"① 对于沈括的这种说法，程大昌批评说："沈氏又曰：'唐翰林院在禁中，乃人主燕居之所，玉堂、承明、金銮殿皆在其间。'此又失也，承明、玉堂皆汉殿耳，唐无此名也。"② 程大昌的批评无疑是正确的，唐大明宫中的确无此二殿。沈括说唐翰林院乃皇帝燕居之所，实际上是说翰林院是供皇帝消遣娱乐的场所，这种说法指唐前期的情况则是不错的，如果指唐后期的情况则失之偏颇了。众所周知，翰林院在设置之初，三教九流、和尚道士以及各种艺能之士，莫不充斥其间，故《唐会要》说："翰林院者，本在银台门内，麟德殿西厢重廊之后。盖天下以艺能技术见召者之所处也。"③ 沈括之所以说金銮殿等皆在其间，并不是说金銮殿建在翰林院内，而是指其位置与翰林院距离较近，都在大明宫内，这样就便于皇帝随时召见这些人等。从这种情况分析，可以得出这样的结论，即唐前期的金銮殿就是皇帝的燕居之所。

翰林院并非仅仅收纳了供皇帝消遣娱乐、谈佛论道之人，其中也有不少词章文学之士，或与皇帝讲论诗词文章，或研讨朝政治道，而皇帝召见这些人的场所应该就在金銮殿。关于翰林院前身的由来，史籍是有明确记载的，录之如下：

> 贞观中，秘书监虞世南等十八人，或秦府故僚，或当时才彦，皆以宏文馆学士会于禁中，内参谋猷，延引讲习，出侍舆辇，入陪宴私，十数年间，多至公辅，当时号为十八学士。其后永徽中，故黄门侍郎顾悰复有丽正之称。开元初，故中书令张说等又有集仙之比。日用讨论亲侍，未有典司。元宗以四隩大同，万枢委积，诏敕文诰，悉

---

① 沈括撰，胡道静校注：《新校正笔溪笔谈》卷一《故事一》，中华书局 1957 年版，第 22 页。

② 程大昌：《雍录》卷四《学士宣召》，中华书局 2002 年版，第 75 页。

③ 王溥：《唐会要》卷五七《翰林院》，第 1145 页。

由中书。或虑当剧而不周，务速而时滞，宜有编掌，列于官中，承遵迩言，以通密命。由是始选朝官有词艺学识者，入居翰林，供奉敕旨，于是中书舍人吕向、谏议大夫尹愔元充焉。虽有密近之殊，亦未定名，制诏书敕犹或分在集贤。时中书舍人张九龄、中书侍郎徐安贞等迭居其职，皆被恩遇。①

这些所谓文学之士，自唐高宗以来皆称北门学士，实际上是皇权与相权斗争的产物，是皇帝为削弱相权而采取的措施。在唐玄宗开元时期，凡人翰林院者，皆称翰林供奉，或翰林待诏，虽供奉禁中，却未有学士之名。故唐人所撰的《翰林故事》一书说："玄宗初，置翰林待诏，掌四方表疏批答，应和文章。又以诏敕文告悉由中书，多壅滞，始选朝官有才艺学识者入居翰林，供奉别旨，然亦未定名。制诏书敕，犹或分在集贤。"② 最后一句是说，由翰林待诏起草诏敕在当时并未形成定制，有时也由集贤殿学士为之。不过即使在这一时期金銮殿作为皇帝燕居之所的性质并未改变，皇帝也时常在这里召见文学之士，如李白的被召见就是如此，关于此事《唐才子传》有详细记载，录之如下：

> 天宝初，自蜀至长安，道未振，以所业投贺知章，读至《蜀道难》，叹曰："子谪仙人也。"乃解金龟换酒，终日相乐，遂荐于玄宗。召见金銮殿，论时事，因奏颂一篇，帝喜，赐食，亲为调羹，诏供奉翰林。尝大醉上前，草诏，使高力士脱靴，力士耻之。③

关于高力士为李白脱靴之事，现已考证清楚，纯属后世虚构之事，但是玄宗在金銮殿召见李白之事却是确凿无误的。还有史料可以进一步证明这个问题，《唐才子传》记载大诗人孟浩然的事迹时写道：

---

① 王溥：《唐会要》卷五七《翰林院》，上海古籍出版社 2006 年版，第 1145—1146 页。

② 司马光：《资治通鉴》卷二二五，唐代宗大历十四年七月条《考异》引，第 7265—7266 页。

③ 辛文房撰，傅璇琮主编：《唐才子传校笺》卷二《李白》，中华书局 1987 年版，第 385—387 页。

四十游京师，诸名士间尝集秘省联句，浩然曰："微云淡河汉，疏雨滴梧桐。"众钦服。张九龄、王维极称道之。（王）维待诏金銮，一旦，私邀入商较风雅，俄报玄宗临幸，浩然错谔伏匿床下，维不敢隐，因奏闻。①

王维能否将孟浩然擅自带入金銮殿暂且不论，然这条史料可以证实王维这类文学之士确是时常当值于金銮殿的。文学之士当值于金銮殿，除了奉皇帝之命随时草诏外，当然也是为了满足皇帝与之讲论文学的需要。在开元、天宝时期类似于李白这样的文学之士而供奉于金銮殿者，还不在少数，所谓"其后有韩雄、阎伯玙、孟匡朝、陈兼、蒋镇、李白等，旧在翰林中，但假其名，而无所职"②。意思是说他们虽有翰林供奉之名，却没有授予实际官职。

金銮殿的这一性质直到唐后期仍然相沿未变，据载："（陆）扆文思敏速，初无思虑，挥翰如飞，文理俱惬，同舍服其能。天子顾待特异。尝金銮作赋，命学士和，扆先成。帝览而嗟挹之，曰：'朕闻贞元时有陆贽、吴通玄兄弟，能作内庭文书，后来绝不相继。今吾得卿，斯文不坠矣。'"③ 引文所提到天子即指唐昭宗。这条史料反映了皇帝在金銮殿与诸文学之臣撰文赋诗、互相唱和的基本情况，说明尽管金銮殿的政治功能在唐后期越来越强烈，但是其作为皇帝燕居之所的功能始终存在。

正因为皇帝经常在金銮殿与文学之士讲论文字，赋诗唱和，甚至组织人力编撰典籍，所以旧史臣在评价唐德宗时写道："加以天才秀茂，文思雕华。洒翰金銮，无愧淮南之作。……文雅中兴，复高前代"云云。④ 因为唐德宗在金銮殿西兴建了东翰林学士院，搜罗了一批人才，编撰典籍，因此才有这样的评价。引文所说的"淮南之作"，是指西汉淮南王组织人力编撰了《淮南子》一书。"无愧"二字，是对德宗此举的虚美与颂扬。"洒翰金銮"，说明此类编撰活动是在金銮殿内进行的。

---

① 辛文房撰，傅璇琮主编：《唐才子传校笺》卷二《孟浩然》，第363—366页。参见王定保《唐摭言》卷一一《无官受黜》条，三秦出版社2011年版，第164页。

② 王溥：《唐会要》卷五七《翰林院》，第1146页。

③ 刘昫：《旧唐书》卷一七九《陆扆传》，第4668页。

④ 刘昫：《旧唐书》卷一三《德宗纪下》史臣曰，第401页。

关于文学之士在金銮殿以其所长供奉御前的资料还有不少，如李白的《赠从弟南平太守之遥二首》诗云："承恩初入银台门，著书独在金銮殿。龙钩雕镫白玉鞍，象床绮席黄金盘。"① 证明李白确实曾在金銮殿当值并且著书。唐末还有人作诗云："借将前辈真仪比，未愧金銮李谪仙"；"吟开锁闼窥天近，醉卧金銮待诏间。"② 将李白与金銮殿紧密地联系在一起，可见此事影响之大。除李白外，再如"近日金銮直，亲于汉珥貂"；"梦中如往日，同直金銮宫"；"紫殿承恩岁，金銮入直年"③。都是唐人撰写的有关文士们在金銮殿内当值的诗句。大诗人元稹在《书乐天纸》一诗中写道："金銮殿里书残纸，乞与荆州元判司。不忍拈将等闲用，半封京信半题诗。"④ 这是诗人在金銮殿中当值时，给朋友白居易写书信，以表示思念之情。其实翰林学士在金銮殿当值，有时要一直到夜间，并非仅仅是枯坐而已，还要做大量的工作，李绅的《忆夜直金銮殿承旨》一诗，就描写他在金銮殿夜间当值时的情况，录之如下：

> 月当银汉玉绳低，深听箫韶碧落齐。
> 门压紫垣高绮树，阁连青琐近丹梯。
> 墨宣外渥催飞诏，草定新恩促换题。
> 惟我独归花路近，可怜人世隔云霓。⑤

可见其在金銮殿当值时不仅要起草诏敕，还要撰写其他文章或者诗词，而且还不止一首（篇），这一点从"促换题"一句可知。

3. 金銮殿与东学士院

金銮殿在政治上的重要性是与翰林院制度的完善紧密联系在一起的。

---

① 彭定求：《全唐诗》卷一七〇，第 1755 页。

② 徐夤：《咏写真》，彭定求《全唐诗》卷七〇九，第 8162 页；卷七一〇《李翰林》，第 8171 页。

③ 元稹：《酬李浙西先因从事见寄之作》，彭定求《全唐诗》卷四一〇，第 4558 页；白居易：《梦裴相公》，《全唐诗》卷四三三，第 4783 页；韩偓：《感事三十四韵》，《全唐诗》卷六八一，第 7799 页。

④ 彭定求：《全唐诗》卷四一三，第 4575 页。

⑤ 彭定求：《全唐诗》卷四八〇，第 4561 页。

据载："至（开元）二十六年，始以翰林供奉，改称学士。由是别建学士院，俾掌内制。于是太常少卿张垍、起居舍人刘光谦等首居之。而集贤所掌，于是罢息。自后给事中张淑、中书舍人张渐、窦华等，相继而入焉。……至德已后，军国务殷，其入直者，并以文词共掌诏敕，自此翰林院始有学士之名。"① 这里所谓的"别建学士院"，是指在原右银台门内的翰林院之外另建了一座学士院，"自此北翰林院始无学士之名"。② 所谓北翰林院即指原翰林院。这座新建的学士院也称西翰林学士院，其位置应在原翰林院之南，韦执谊《翰林志》曰："别建学士院于翰林院之南，俾专内命。"③ 唐德宗时在金銮殿之西又新建了一座学士院，称之为东翰林学士院，因其位置在西翰林学士院之东也，故称。因此，唐大明宫内实际上有三处翰林院，④ 其中最早的一处没有学士之名，只称翰林院，其余两处均有学士之名，但最重要的却是东学士院。

大明宫中已经设置了西学士院，为什么还要在金銮殿旁边再新建一座东学士院呢？关于这一点，《唐会要》一书中有明确的记载："其后又置东翰林院于金銮殿之西，随上所在，而取其便稳。大抵召入者一二人，或三四人，或五六人，出于所命，盖不定数。亦有以鸿生硕学，经术优长，访问质疑，为人主之所礼者，颇列其中。"⑤ 也就是说，因为学士"俾专内命"，为了皇帝方便召见学士，随时咨访政事、起草诏书的缘故，于是便在皇帝经常活动的金銮殿附近另外再建一处学士院。关于这一点，《文献通考》亦有进一步地论述，所谓"学士掌内庭书诏，指挥边事，晓达机谋。天子机事密命在焉，不当豫外司公事，盖防纤微闲，或漏省中语，故学士院常在金銮殿侧，号为深严"⑥。这是从保密的角度出发的。还有一点需要说明，大明宫中皇帝的寝殿，通常认为在浴堂殿，其实金銮殿也是皇帝的另一处寝殿，而且在唐后期被越来越多地作为寝殿使用。既然是

① 王溥：《唐会要》卷五七《翰林院》，第1146页。括号内字，系笔者所补。

② 马端临：《文献通考》卷五四《职官考八》，中华书局1986年版，第490页。

③ 司马光：《资治通鉴》卷二二八，唐德宗建中四年八月《考异》引，第7347页。

④ 程大昌在《雍录》卷四《唐翰苑位置》条考证几处翰林院的位置后，总结说："凡此所考，皆大明宫银台门翰林院及两学士院位置也。"第72页。

⑤ 王溥：《唐会要》卷五七《翰林院》，第1146页。

⑥ 马端临：《文献通考》卷五四《职官考八》，第489页。

皇帝的寝殿，皇帝为了方便召见学士，学士院当然离寝殿越近越好。

由于翰林学士多为他官兼任，举行朝会时其并未有明确的班序，所谓"初，自德宗建置已来，秩序未立，延觐之际，各趋本列。暨贞元元年九月，始别敕令，明预班列，与诸司官知制诰例同"①。引文中所谓"各趋本列"，是指在朝会时，学士们要回到其本官所在的班位上去。从贞元元年（785）始，才给学士们明确了自己的班位，不用再回到本官的班位上去了。具体情况如何，史书没有明确记载，不得而知，所谓"与诸司官知制诰例同"，是说按照其他诸司官员兼任知制诰之职的例子对待，确定其班位。

翰林学士所起草的诏敕，即所谓"内制"，而知制诰所起草的诏敕，则是所谓"外制"，一般来说"内制"的重要性要高于"外制"。关于两者的分工情况，据《唐会要》载："故事，中书以黄白二麻为纶命重轻之辨。近者所由，犹得用黄麻，其白麻皆在此院。自非国之重事拜授，于德音赦宥者，则不得由于斯矣。"②"此院"即指学士院。"白麻"当然要比"黄麻"重要得多，"凡拜免将相，号令征伐，皆用白麻"。由于翰林学士的特殊地位，故史载："其后，选用益重，而礼遇益亲，至号为'内相'，又以为天子私人。"③ 元和以后规定翰林学士一般不能超过六员，从中选出资望最高者一人为承旨学士，位在众学士之上，号为"学士院长"④。其实诏敕起草者即承旨学士，并非其他学士皆可染指。这是元和以来的情况，在此之前应该没有这样的限制。

本来制敕的起草权在中书舍人或者兼知制诰，翰林学士出现后，中书舍人之权大受削弱，其实是削弱了宰相之权。凡外制要经过门下审议，加盖天子印玺，方得称之为制敕。内制不经过中书、门下两省，不盖天子印玺，有些不成体统，所以到了元和初年，特置"书诏印"，由学士院掌之，并对翰林学士与中书舍人的分工做了明确的规定：

　　　学士院别置书诏印，凡敕书、德音、立后、建储、大诛讨、拜免

---

① 王溥：《唐会要》卷五七《翰林院》，第 1146 页。
② 同上。
③ 欧阳修：《新唐书》卷四六《百官志一》，第 1184 页。
④ 欧阳修：《新唐书》卷一三二《沈既济传附沈传师传》，第 4541 页。

三公将相，日制，百官班于宣政殿而听之。赐与、征召、宣索处分之诏，慰抚军旅之书，祠飨道释之文，陵寝荐献之表，答奏疏赐军号，皆学士院主之，余则中书舍人主之。①

不过这种分工并不十分严格，大约在唐末，才确定了黄麻外制的范围。②翰林学士所掌管的不仅仅是起草诏敕，更多还是参与军国大事的谋划，充当皇帝的顾问，所谓"大凡大诏令、大废置，丞相之密画，内外之密奏，上之所甚注意，莫不专受专对，他人无得而参"③。正因为如此，所以才有人认为唐后期相权转移到了翰林学士手中。④

翰林学士与皇帝商议军国大事及起草诏敕，大都是在金銮殿进行的，所谓"自有金銮殿后，宣对多在金銮"⑤。这里所说的"宣对"都是专指翰林学士而言。关于这个问题，在唐代诗歌作品中亦有不少描述，如"奏书金銮殿，步屧青龙阁"⑥；"曾对金銮直，同依玉树阴"⑦；"闻在金銮赏，群仙对九重"⑧。这些都是在金銮殿宣对或者在金銮殿当值时与皇帝对话的相关记载。韩偓在唐昭宗时曾任翰林学士，后调任外官，回忆起在宫中任职的情况时写道："金銮岁岁长宣赐，忍泪看天忆帝都。"⑨从第一句看，皇帝召见翰林学士是多么的频繁。

至于学士们在金銮殿起草诏敕的描写也是有的，如"内官传诏问戎

---

①　王钦若：《册府元龟》卷五五〇《词臣部·总序》，第6600页。

②　张连成：《唐后期中书舍人草诏权考述》，《文献》1992年第2期，第85—99页。

③　元稹：《翰林承旨学士厅壁记》，李昉《文苑英华》卷七九七，中华书局1966年版，第4219页。

④　王鸣盛：《十七史商榷》卷九五《郭崇韬安重诲皆枢密兼节度》，凤凰出版社2008年版，第690页。

⑤　程大昌：《雍录》卷四《唐翰苑位置》，中华书局2002年版，第71页。

⑥　元稹：《三月二十四日宿曾峰馆，夜对桐花，寄乐天》，彭定求《全唐诗》卷四〇一，第4486页。

⑦　沈传师：《和李德裕观玉蕊花见怀之作》，彭定求《全唐诗》卷四六六，第5304页。

⑧　许浑：《玩残雪寄河南尹刘大夫》，彭定求《全唐诗》卷五三〇，第6058页。

⑨　韩偓：《湖南绝少含桃，偶有人以新摘者见惠，感事伤怀，因成四韵》，彭定求《全唐诗》卷六八一，第7813页。

机，载笔金銮夜始归"①；"使君即入金銮殿，夜直无非草白麻"②；"君王晓坐金銮殿，只待相如草诏来"③；"多惭不是相如笔，虚直金銮接侍臣"；"学士金銮殿后居，天中行坐侍龙舆。承恩不许离床谢，密诏常教倚案书"④。这些都是描写翰林学士在金銮殿起草诏敕的诗句，反映了翰林学士的这一最重要的职能。从"密诏常教倚案书"一句看，凡密诏可能是当着皇帝的面而起草的。

除了以上这些诗歌外，史书中对此也有明确的记载。比如"（贞元）二十一年正月，德宗升遐。时顺宗居东宫，疾恙方甚，仓卒召学士郑絪等于金銮殿。时中人或云：'内中商量，所立未定。'众人未对，（卫）次公遽言曰：'皇太子虽有疾，然地居冢嫡，内外系心。必不得已，当立广陵王。若有异图，祸难立成。絪等随而唱之，众议方定。"⑤ 召翰林学士到金銮殿何干？上面的引文没有明说，另据记载："苍猝召翰林学士郑絪、卫次公等至金銮殿，草遗诏。"⑥ 说明皇帝的遗诏是在金銮殿内起草的。数月后，顺宗因病重不能视事，"中外危惧；思早立太子，而王叔文之党欲专大权，恶闻之。宦官俱文珍、刘光琦、薛盈珍皆先朝任使旧人，疾叔文、忠言等朋党专恣，乃启上召翰林学士郑絪、卫次公、李程、王涯入金銮殿，草立太子制"⑦。可见册立太子的诏书也是在金銮殿起草的。

前面已经论到，翰林学士为天子近臣，与皇帝保持着十分亲密的关系，因此才有翰林学士为天子私人的说法。这一点在唐诗中亦有所反映，比如元稹的《酬乐天待漏入阁见赠》诗云："丹陛曾同立，金銮恨独攀。"此诗原注曰："时乐天为中书舍人，予任翰林学士。"众所周知，元稹与白居易是亲密的朋友，做此诗时，元稹任翰林承旨学士，而白居易为中书舍人，元稹为天子近臣而白居易虽然才高却没有如此幸运，于是元稹为他

---

① 李德裕：《长安秋夜》，彭定求《全唐诗》卷四七五，第5389页。
② 徐夤：《尚书新造花笺》，彭定求《全唐诗》卷七一〇，第8176页。
③ 李商隐：《赠庾十二朱版》，彭定求《全唐诗》卷五三九，第6167页。
④ 刘郇：《翰林作》，彭定求《全唐诗》卷六〇七，第7006页；王建：《上杜元颖相公》，《全唐诗》卷三〇〇，第3408页。
⑤ 王溥：《唐会要》卷五七《翰林院》，第1148页。
⑥ 司马光：《资治通鉴》卷第二三六，唐顺宗永贞元年正月，第7607页。
⑦ 同上书，第7613页。

深感不平。在此诗中还写到翰林承旨学士的职能以及与皇帝的亲密接触，所谓"沃心因特召，承旨绝常班。……密视枢机草，偷瞻咫尺颜。恩垂天语近，对久漏声闲"①。"咫尺颜""天语近"等句，描写了其与皇帝的亲近关系，"对久漏声闲"一句，则描写了翰林学士经常与皇帝讨论国事，甚至到深更半夜。唐末著名词人韦庄在《含香》一诗中写道："却去金銮为近侍，便辞鸥鸟不归来。"诗中所"近侍"，即皇帝近臣之意。再如陈陶在《赠江南李偁副使》诗中写道："从军莫厌千场醉，即是金銮宠命时。"② 可见能充任翰林学士之职，便是得宠于皇帝的表现。

正因为翰林学士与皇帝有着如此亲密的关系，所以文士们便把能够充任此职视为飞黄腾达之途，以便进入金銮殿近距离地接近皇帝，这一点在唐诗中也有反映。如徐夤的诗："须知红杏园中客，终作金銮殿里臣。……他时黄阁朝元处，莫忘同年射策人。"③ 这是诗人写给同年的诗歌，诗中提到的"杏园"，位于长安城南曲江之畔，每年进士及第后都要在这里举行宴会以示庆祝，即所谓杏园之宴，所以"红杏园中客"即指进士及第者。这是诗人的同年充任了翰林学士，得以进入金銮殿侍奉天子后，作者写给他以示庆贺的诗作，所以最后两句提醒他将来升任宰相后，一定不要忘记提携这些同榜进士。其实这一切也都是当时文人学士期望的前途，事实上在唐代自翰林承旨学士最后拜相的也不乏其人，正因为如此，诗人才会提出这样的期望。

因为唐后期重要的诏敕大都是在金銮殿内提草并颁发的，所以当时的人们往往把重要诏敕都与金銮殿联系在一起，如元晦的诗云："紫泥远自金銮降，朱旆翻驰镜水头。"④ 李群玉亦有诗曰："紫泥飞诏下金銮，列象分明世仰观。"⑤ 诗中所谓"紫泥"，即指皇帝的诏敕。秦汉时期天子诏书用紫泥密封并加盖印玺，后世遂用紫泥称皇帝诏敕。不过翰林学士所起草诏敕时不一定全都在金銮殿内撰写，大约是学士在殿内当值时，则在殿中起草，平时则在学士院中起草。韩偓的《雨后月中玉堂闲坐》诗云："夜

①　以上均见彭定求《全唐诗》卷四〇八，第4535—4536页。

②　分见彭定求《全唐诗》卷六九八，第8031页；卷七四六，第8480页。

③　彭定求：《全唐诗》卷七〇九《赠垂光同年》，第8163—8164页。

④　彭定求：《全唐诗》卷五四七《除浙东留题桂郡林亭》，第6316页。

⑤　彭定求：《全唐诗》卷五六九《送秦炼师归岑公山》，第6603页。

久忽闻铃索动，玉堂西畔响丁东。"韩偓自注曰："禁署严密，非本院人，虽有公事，不敢遽入，至于内夫人宣事，亦先引铃。每有文书，即内臣立于门外，铃声动，本院小判官出受。受讫，授院使，院使授学士。"① "响丁东"一语，即指引铃之声。所谓"院使"，即指学士院使，为宦官担任的内诸司使之一。据此可知翰林学士亦在院中接受文书，并起草诏敕。所谓"玉堂"，即指翰林学士院。通常认为宋太宗曾书"玉堂之署"四字赐给翰林学士苏易简，后遂称翰林院为"玉堂署"。宋哲宗时避宋英宗讳，只称"玉堂"。② 其实是不对的，因为汉代待诏于玉堂殿，唐代待诏于翰林学士院，③ 所以韩偓在这里借用"玉堂"指代翰林学士院，且宋太宗之所以给苏易简赐此四字，其出典亦在于此，岂可前后倒置。总的来看，翰林学士更多的还是在金銮殿当值，以至于他们提到自己的供职之处时，往往多提到金銮殿，而非学士院。④

　　由于翰林学士与皇帝之间关系十分密切，所以皇帝对学士们也是关怀备至的，据载："德宗幸金銮院（殿），问学士郑徐庆曰：'近日有衣作否？'徐庆对曰：'无之。'乃赐百缣，令作寒服。"⑤ 韩偓曾撰有《金銮密记》一书，共计 5 卷，⑥ 主要记录了宫廷秘事以及翰林学士与皇帝的互动关系。此书现已亡佚，司马光在修撰时《资治通鉴》时多所采用，此

----

① 彭定求：《全唐诗》卷六八〇，第 7787 页。

② 贺旭志等编著：《中国历代职官辞典》，中国社会科学出版社 2003 年版，第 508 页。

③ 班固《汉书》卷七五《李寻传》载："臣寻位卑术浅，过随众贤待诏，食太官，衣御府，久汙玉堂之署。"中华书局 1962 年版，第 3183 页。王先谦：《汉书补注》云："汉时待诏于玉堂殿，唐时待诏于翰林院，至宋以后翰林遂并蒙玉堂之号。"中华书局 1983 年影印虚受堂本，第 1383 页上栏。王先谦说汉唐分别待诏于玉堂与翰林院是不错的，但说自宋以后翰林院才有玉堂之号则是不对的，除了韩偓诗将翰林学士院号为玉堂外，在唐代这样的叫法已成为普遍现象，如李嘉祐诗曰："裁诏催添烛，将朝欲更衣。玉堂宜岁久，且莫厌彤闱。"（《全唐诗》卷二〇六）韩潇诗云："更调金鼎膳，还暖玉堂人。"（《全唐诗》卷二八一）钱起诗云："玉堂金马隔青云，墨客儒生皆白首。"（《全唐诗》卷二三六）郑谷诗："从此追飞何处去，金鸾殿与玉堂连。"（《全唐诗》卷六七六）类似这样的资料还有不少，且五代王仁裕所撰《玉堂闲话》一书，其书名"玉堂"也是指翰林院，安能说宋代以后才有此号。

④ 如白居易任翰林学士时，曾在元和三年向皇帝上了一道《贺雨》诗，其中写道："冠珮何锵锵，将相及王公。蹈舞呼万岁，列贺明庭中。小臣诚愚陋，职忝金銮宫。稽首再三拜，一言献天聪。"文中所说的"金銮宫"，即金銮殿。见《全唐诗》卷四二四，第 4654 页。

⑤ 李肇：《唐国史补》卷中，上海古籍出版社 1957 年版，第 33 页。括号内字系笔者所补。

⑥ 欧阳修：《新唐书》卷五八《艺文志》，第 1469 页。又，《郡斋读书志》卷六记为 1 卷。

外一些笔记小说亦有采录，从而保留了此书的一些片断。有些片断的内容也记录了皇帝对学士们关怀情况，如"白居易在翰林，赐防风粥一瓯。剔取防风得五合余，食之口香七日"①。《金銮密记》还载："金銮故例，翰林当直学士，春晚困，则日赐成象殿茶果。"② 这些都是皇帝对翰林学士宠信关怀的表现，反映了双方之间亲密的关系。也正因为如此，所以学士们才愿意真心为皇帝服务，出谋划策。

唐后期皇帝在金銮殿与翰林学士共议国事，形成决策后再以内制的形式颁布出去，这就严重地侵削了宰相的决策权，而宰相所能参与决策的仅为一般国事，重要权力完全转移到了内廷，实际上完全控制在皇帝的手中。在大明宫中皇帝与宰相议决军国大事的场所是延英殿，形成了所谓"延英召对"制度；却在金銮殿宣召翰林学士，并授予其起草内制的大权，从而极大地提高了金銮殿的地位，形成了以金銮殿为中心包括翰林学士院在内又一个政治决策中心，并且这一制度为宋代所继承，可见其影响之大。

金銮殿除了以上功能外，由于其毕竟是皇帝的燕居之所，因此还在这里举办一些娱乐活动。唐代诗人李绅有一首《悲善才》的诗作，其中写道：

穆王夜幸蓬池曲，金銮殿开高秉烛。东头弟子曹善才，琵琶请奏新翻曲。

翠蛾列坐层城女，笙笛参差齐笑语。天颜静听朱丝弹，众乐寂然无敢举。

衔花金凤当承拨，转腕拢弦促挥抹。花翻凤啸天上来，裴回满殿飞春雪。

抽弦度曲新声发，金铃玉佩相瑳切。流莺子母飞上林，仙鹤雌雄唳明月。

此时奉诏侍金銮，别殿承恩许召弹。……

---

① 冯贽：《云仙杂记》卷五《防风粥》条引，文渊阁《四库全书》，上海古籍出版社 1987 年版，第 1035 册，第 665 页。

② 冯贽：《云仙杂记》卷六《赐成象殿茶果》引，第 1035 册，第 671 页。

曹善才是唐代著名琵琶演奏家。作者在唐穆宗时任翰林学士，曾经参加过内廷举办的宴乐活动。作者在自序说中写道："余守郡日，有客游者，善弹琵琶。问其所传，乃善才所授。顷在内庭日，别承恩顾，赐宴曲江，敕善才等二十人备乐。自余经播迁，善才已没，因追感前事，为悲善才。"①这首长诗共分两部分，分别描写了皇帝在金銮殿与曲江池举办宴乐活动时的情况，以上所引的乃是在金銮殿时的情况。

4. 金銮殿制度的影响

唐朝在大明官金銮殿所建立的这一套制度，对后世也产生了一定的影响，有的慕其名而无其实，有的则基本模仿唐制，大都建立了与之相关的翰林学士院制度。

后梁取代唐朝后，以汴梁为都，其宫中本来并无金銮殿的建筑物，为了效仿唐朝，遂于开平三年（909）二月，"改思政殿为金銮殿"②。由于后梁草创不懂唐制，遂在金銮殿举行常朝，大概有人指出了这一点，于是便在当年八月，下诏说："起八月一日，常朝不御金銮、崇勋两殿，只于便殿听政。"③ 那么，在这种情况下金銮殿又作何用途呢？这一点史无记载，但从后梁曾在此殿举行宴会的情况看，④ 似乎又回到了皇帝燕居之处的地位。后梁虽然仍有翰林学士之置，却于乾化元年（911）五月增设了金銮殿大学士一职。史载："置大学士一员，始命崇政院使敬翔为之。前朝因金銮坡以为门名，与翰林院相接，故为学士者称'金銮'焉。梁氏因之，以为殿名，仍改銮为銮，从美名也。大学士与三馆大学士同。"⑤引文所谓"梁氏因之以为殿名，仍改銮为銮"等语，明显是撰者不懂唐制所致，因为前面已经论到，大明官中金銮坡的得名，缘于金銮殿，而不是相反，以至于改"銮"为"銮"，岂不知早在唐代就已如此了。但是有一点应该肯定，即后梁之所以以"金銮"命名于大学士，确实是"从美

---

① 以上见彭定求《全唐诗》卷四八〇，第5465—5466页。

② 王钦若：《册府元龟》卷一九六《闰位部·建都》，第2358页。

③ 王钦若：《册府元龟》卷一九七《闰位部·朝会》，第2370页。

④ 王钦若：《册府元龟》卷一九七《闰位部·宴会》载：开平四年二月，"宴于金銮殿"。第2373页。

⑤ 薛居正：《旧五代史》卷一四九《职官志》，中华书局1976年版，第1996—1997页。

名也"。唐制，三馆大学士均由宰相分别兼任，后梁亦是如此，其规定新
增置的金銮殿大学士地位与三馆大学士同，主要是因为敬翔乃是功臣，又
任崇政院（枢密院）使，故有意为之耳。

后唐初期增置了护銮书制学士之职，相当于翰林承旨学士，"时庄宗
初建号，故特立此名，非故事也"①。不久，就又恢复了唐制，设置了翰
林院与承旨学士，而护銮书制学士不再见于记载。从这一官职的名称看，
显然与金銮殿及起草诏敕有关。后唐明宗时增设了端明殿学士一职，并且
规定只能从翰林学士中选任，位在翰林学士之上。自发生了这一变化后，
直到宋代仍沿袭不变。关于这一问题，笔者已有研究，就不再重复了。②
后唐既然以大唐帝国继承者自居，在恢复翰林院的同时，在宫中亦建有金
銮殿，③ 只是不再如后梁那样置金銮殿大学士而已。后晋天福五年（940）
一度废去翰林院，开运元年（944）又再度恢复。后周显德五年（958）
诏："今后当直、下直学士，并宜令逐日起居，其当直学士仍赴晚朝。"
原注曰："旧制，翰林学士与常参官五日一度起居。世宗欲朝夕赐见，访
以时事，故有是诏。"④ 可见直到五代末年，翰林学士仍与皇帝保持着十
分亲密的关系，只是皇帝宣召学士时是否仍在金銮殿中，史无明载，不
得而知。后周都汴梁，仍以后梁宫室为宫室，后梁禁中有金銮殿，且其
殿名沿袭唐朝之旧，以其影响之大，想来以后诸朝是不会随意变更的，
如果以上推测不错的话，则其皇帝宣召诸学士应该仍在金銮殿。

---

① 薛居正：《旧五代史》卷一四九《职官志》，第 1997 页。

② 参见拙作《五代十国制度研究》，人民出版社 2006 年版，第 246—248 页。

③ 蔡絛：《铁围山丛谈》卷四载："洛阳大内兴立自隋唐五代，至圣朝艺祖尝欲都之，开
宝末幸焉。而宫中多见怪，且适霖雨，徒雩祀谢，见上帝而归矣。是后宣和，又为百五十，久虚
旷。盖自金銮殿后，虽白昼，人罕敢入，入亦多有异。"中华书局 1983 年版，第 66 页。另据
《玉海》卷一六〇载："（大中）祥符四年三月丁亥，召辅臣于讲武殿后阁名花，至金銮殿召坐。"
这是指宋真宗驾幸西京洛阳时的情况。江苏古籍出版社 1988 年版，第 2939 页上栏。此外，《宋
会要辑稿》方域一之一〇记载西京洛阳宫室时写道："明福门之西曰金銮殿，唐曰太极，又名思
政，梁改今名。其次寿昌殿，梁曰雍和，太平兴国三年改金銮。"从"梁改今名"一句看，说明
直到北宋编修《会要》时，此殿仍称金銮。问题是太平兴国三年又将寿昌殿改名金銮，却没有
说明原金銮殿又改作何名，难道北宋时的西京大内中有两座金銮殿？这显然是不可能的。这个问
题目前尚未有别的史料可以用来释疑。尽管如此，直到北宋时期洛阳宫中仍然有名为金銮殿的建
筑却是不争之事实。见中华书局 1957 年版，第 7323 页。

④ 马端临：《文献通考》卷五四《职官考八》，第 490 页。

　　辽国的宫中也有金銮殿，在《辽史》有明确的记载，其皇帝甚至亲自在金銮殿中举行进士殿试。① 受唐朝的这一制度影响最大的还是宋朝，北宋都城仍在汴梁，其宫室只不过在五代的基础上规模有所扩大而已，北宋是不是仍然沿用了五代时期的金銮殿殿名呢？由于史料残缺的缘故，还无法肯定地回答。宋太宗淳化二年（991），"命翰林学士贾黄中、苏易简同句当差遣院，李沆同判吏部流内铨。学士领外司自此始也"。对此梁周翰议论说："故事，学士掌内庭书诏，在金銮殿侧，深严莫二，不当预外司事。虽朝廷藉其公才，实非选任之意。"② 这里提到的金銮殿是指北宋时期的呢，还是指唐代的呢？文义不明。不过在宋人的诗文倒是无数次地提到过金銮殿，如董体仁的诗："御笔题封墨未干，君恩重许拜金銮。"③ 欧阳修写给其同年的《临江仙》词中有"记得金銮同唱第，春风上国繁华"的句子④。宋徽宗的《聒龙谣》写道："从宸游，前后争趋，向金銮殿。"⑤ 陈著的《瑞鹤仙》词曰："平生抱负，金銮殿，有新奏。便相扶君相，从头做去。"⑥ 类似的诗词还有很多，就不一一列举了。这些诗词中所提到的金銮殿是否是实有呢？不好简单地肯定或否定。有的可能是用典，如董体仁、陈著等的诗句。欧阳修的词如是用典，则唐朝从来不在皇帝的寝殿金銮殿举行殿试，更何况这里是商议国事与起草诏敕的重地。如果是用典，则明显不当，应是实指了。此外，宋徽宗的词应是写实，全词主要描写了宫中的种种景象，当然也有可能是借用前代的殿名来写宋代宫中的景象。总之，不管宋人的这些诗词是用典还是实指，都是金銮殿制度影响的反映。有一点需要指出，宋代的翰林学士院并不建在宫中，而是建在宫外。史载："如今学士院在外，与诸司无异，亦设铃索，悉皆文具故事而已。"⑦ 文中所提到的"铃索"，即前面提到的"引铃"，算是保留了

---

　　① 脱脱：《辽史》卷二〇《兴宗纪三》，中华书局1974年版，第241页。

　　② 徐松辑：《宋会要辑稿》职官六之四七，中华书局1957年版，第2520页。

　　③ 曾敏行：《独醒杂志》卷六《董德元以老榜廷对第一》，《宋元笔记小说大观》，上海古籍出版社2007年版，第3251页。

　　④ 文莹：《湘山野录》卷上，中华书局1984年版，第15页。

　　⑤ 吴曾：《能改斋漫录》卷一六《御词》，中华书局1960年版，第485页。

　　⑥ 陈著：《本堂集》卷三九，文渊阁《四库全书》，上海古籍出版社1987年版，第1185册，第188页。

　　⑦ 江少虞：《宋朝事实类苑》卷二九，上海古籍出版社1981年版，第369页。

一点唐制的遗存吧。

四　其他殿阁的方位与功能

1. 清思殿

清思殿是大明宫中的便殿之一，考古探查其位于左银台门内西北 280 米处，殿址现仅存台基部分，平面呈长方形，东西 33 米，南北 28.8 米。在台基南端东西各出一斜廊。殿堂广约 7 间，进深约 5 间。殿前有一宽阔的场地，无任何建筑遗址，很可能是殿前的庭院。史载"敬宗荒恣，宫中造清思院新殿，用铜镜三千片、黄白金薄十万番"[①]。考古出土了铜镜残片 17 片，鎏金铜饰品残片多片，证明史籍记载不误。又，在台基下面发现了早期建筑遗址，说明清思殿是在拆除旧殿后新建的，故上引史料才说敬宗造清思院新殿。[②]

清思殿实际上早在敬宗之前就已有之，据《新唐书》卷八《敬宗纪》载：穆宗于长庆四年（824）正月崩，当月敬宗即位，二月，始听政。"四月丙申，击鞠于清思殿。染坊匠张韶反。幸左神策军，韶伏诛"。诸书记载大体相同。即使敬宗即位之始就开始建造清思新殿，三个月内无论如何是建不成如此奢华的殿堂，因此敬宗击鞠的这座清思殿只能是旧殿。敬宗击鞠的场所当在清思殿前的庭院。

此外，唐穆宗崩于清思殿，[③] 说明此殿为皇帝寝殿之一。上述的染匠张韶进入清思殿后，"升御坐，盗乘舆余膳，揖玄明偶食"[④]也说明这里是皇帝饮膳之处。从考古发掘出土的唐代遗物看，有开元通宝钱和石质的黑、白围棋子多枚，另有刻有"同均府左领军卫"七字的铜鱼符一件

---

① 刘昫：《旧唐书》卷一五三《薛存诚传附子廷老传》，第 4090 页。另据《册府元龟》卷一四《帝王部·都邑二》、《旧唐书》卷一七上《敬宗纪》等书载，用铜三千斤，而不是三千片。

② 马得志：《唐长安城发掘新收获》，载《唐大明宫遗址考古发现与研究》，文物出版社，第 70 页。

③ 欧阳修：《新唐书》卷八《穆宗纪》，第 226 页。

④ 欧阳修：《新唐书》卷二〇七《宦者·马存亮传》，第 5871 页。

等。① 进一步证明清思殿为皇帝娱乐、休闲、饮膳的寝殿。至于所发现的军府名的铜鱼符，乃是陪同敬宗击鞠、角力的军中壮士之物。

2. 太和殿

太和殿亦是大明宫内的便殿之一，位于清思殿东北，胡三省说："自左银台门西入，经太和殿至清思殿。"② 又说："按阁本大明宫图，入左银台门稍北即太和殿，又西即清思殿。"③ 考古证实其在左银台门北边宫墙的高地上，遗址 60 多米见方，缺东北和西南角呈不规则平面。

太和殿是唐文宗经常入住的寝殿，他不仅经常住在此殿，亦在此殿召见群臣。郑注为文宗所宠信，曾在太和殿召见之，交谈甚久。太和八年（834），文宗大病初愈，即在太和殿召见近臣。开成四年（839）十二月，文宗病重，不能御延英殿召对宰相，"宰臣入谒，见上于太和殿"④。这一切都说明太和殿为文宗居住的主要寝殿。开成五年正月四日，文宗"崩于大明宫之太和殿，年三十二"⑤。可见文宗养病期间一直住在此殿。自文宗崩于太和殿以后，此后的唐朝诸帝便不再以太和殿为寝殿了。

3. 蓬莱殿

蓬莱殿处在大明宫的中轴线上，位于含元、宣政、紫宸等三大殿之后。宋敏求《长安志》卷六《大明宫》亦载：紫宸殿"后有蓬莱殿"。《雍录》卷三《唐东内大明宫》载："至紫宸又北则为蓬莱殿，殿北有池，亦名蓬莱池。"可见蓬莱殿位紫宸殿之北，蓬莱池（太液池）之南。关于其具体位置，考古工作者在紫宸殿以北（偏东）60 米，龙首原北沿处，发现面积较大正方形殿址一处，其南侧中间有突出的台基，类似门阶之类，据其位置推测，可能是蓬莱殿的殿址。在此殿址西北有与之相毗连的夯土基，沿着龙首原北坡矩折向北，直至太液池南岸，可能是此殿通往太

---

① 马得志：《唐长安城发掘新收获》，载《唐大明宫遗址考古发现与研究》，文物出版社，第 70 页。
② 司马光：《资治通鉴》卷二四三，唐穆宗长庆四年四月条胡注，第 7958 页。
③ 司马光：《资治通鉴》卷二四五，唐文宗太和八年正月条胡注，第 8017 页。
④ 刘昫：《旧唐书》卷一七上《文宗纪》，第 579 页。
⑤ 王溥：《唐会要》卷二《帝号下》，第 13 页。

液池的回廊基址。在此殿址以西，有南北向和东西向的墙基二段，二墙成矩尺形，唯折角处因破坏已不衔接。墙基之西有南北长的殿址一座。① 但是考古工作者没有指出这座南北长的殿址到底是哪座唐代建筑物。据《邺侯外传》载："（李）泌到（去）三四载。二圣登遐，代宗践祚，乃诏追至阙，舍于蓬莱延喜阁。"② 因此颇疑此处殿址为延喜阁之遗址。另据《新唐书·李泌传》载："代宗立，召至，舍蓬莱殿书阁。"《资治通鉴》卷二二四代宗大历三年四月条则载："初，上遣中使征李泌于衡山，既至，复赐金紫，为之作书院于蓬莱殿侧。"据此来看，延喜阁乃是宫中藏书之处，为皇帝读书之处。关于这一点还有史料可以证明，《新唐书·许康佐传》载：文宗"后观书蓬莱殿，召李训问之"云云。可见其确为皇帝读书之处。从上引《资治通鉴》的记载看，延喜阁是唐代宗专门为李泌所兴建的，如其记载不误，则此阁应建于大历初年。

关于蓬莱殿的建造时间，《长安志》卷六载："龙朔二年，造蓬莱宫含元殿，又造宣政、紫宸、蓬莱三殿"。说明此殿乃是唐高宗重修大明宫时所建，时在龙朔二年（662）。然而《册府元龟》卷五二《帝王部·崇释氏二》载：文宗开成二年二月"乙巳，以太宗皇帝先置毗沙门神及功德在蓬莱殿，是日，移出配诸寺安置"。蓬莱殿中此像既然为太宗所安置，说明此殿早在太宗始建大明宫时就已兴建了，而不是高宗重建时兴建的。

蓬莱殿位于紫宸殿之北，在建置上却属于内宫，由于其侧有延喜阁，故皇帝在观书之时，也在这里召见群臣。如大历十三年（778），段秀实来朝，代宗召"对蓬莱殿"③。文宗太和九年（835）四月，"帝于蓬莱殿召王涯、李固言、路随、王璠、李汉、郑注等，面证其事"④。即对李德裕结托漳王，谋图不轨之事进行质证。此外，皇帝还在这里召见释道之

---

① 中国科学院考古研究所：《唐长安大明宫》，载《唐大明宫遗址考古发现与研究》，文物出版社，第 39 页。

② 陶宗仪：《说郛》卷一一三上引《邺侯外传》，文渊阁《四库全书》，上海古籍出版社1987 年版，第 882 册，第 501 页。又据《太平广记》卷三八《李泌》条载：此处的"到"字，应为"去"字之误。

③ 欧阳修：《新唐书》卷一五三《段秀实传》，第 4851 页。

④ 刘昫：《旧唐书》卷一七四《李德裕传》，第 4520 页。

士，如宝历元年（825）八月己丑，敬宗在"蓬莱殿会沙门道士共四百人，赐食兼给茶绢有差"①。之所以选在此殿召见和尚道士，是因为太宗曾在这里供奉过毗沙门神之故。正因为皇帝常在这里召见群臣、将士，故唐人诗曰："帝坐蓬莱殿，恩追社稷臣。"② 又曰："蓬莱殿前诸主将，才如伏波不得骄。"③

4. 浴堂殿

浴堂殿是唐朝后期重要殿廷之一，皇帝经常在这里召见群臣及文人学士。关于其具体位置，由于《唐六典》未加记载，故对其位置历来争议较大。宋人程大昌说：

> 唐学士多对浴堂殿，李绛之极论中官，柳公权之濡纸继烛，皆其地也。然自《六典》以及吕图，皆无此之一殿。石林叶氏曰："学士院北扉者，浴堂之南，便于应召。"此恐未审也。学士院之北为翰林院，翰林院之北为少阳院，设或浴堂在此，亦为寝殿、三殿之所间隔，不容有北门可以与之相属矣。馆本唐图则有浴殿，而殿之位置乃在绫绮殿南也。绫绮者，《长安志》曰在蓬莱殿东也。而夫学士院者，自在蓬莱正西也。东西既已相绝，中间多有别殿，无由有门可以相为南北也矣。《长安志》尝记浴堂门、浴堂殿、浴堂院矣，且曰文宗尝于此门召对郑注，而于浴堂殿对学士焉。又别有浴堂院亦同一处，可以知其必在大明矣。而不著其正在何地，故予意馆图所记在绫绮殿南者，是矣。而元稹《承旨厅记》又有可证者，其说曰："乘舆奉郊庙，则承旨得乘厩马，自浴殿由内朝以从。若外宾客进见于麟德，则止直禁中以俟。"夫内朝也者，紫宸殿也。唐之郊庙，皆在都城之南，人主有事郊庙，若非自丹凤门出，必由承天门出，决不向后迂出西银台门也，则浴堂之可趋内朝也，内朝之必趋丹凤门也，其理固已可必矣。又谓殿在蓬莱殿东，即与紫宸殿相属又可必矣。然则馆

---

① 王钦若：《册府元龟》卷五二《帝王部·崇释氏二》，第 580 页。

② 杜审言：《泛舟送郑卿入京》，彭定求《全唐诗》卷六二，第 738 页。

③ 杜甫：《自平》，彭定求《全唐诗》卷二二〇，第 2325—2326 页。

图位置，其与元稹所记，殆相发挥，大可信也。至于外宾客见于麟德，则麟德谨并学士院东，故不待班从而可居院以待也。合二语以想事宜，则浴堂也者，必在紫宸殿东，而不在其西也。①

程大昌此论得到了著名史家胡三省的支持。② 考古工作者在清思殿以南、紫宸殿以东，探查到东西排列的三个夯土基址，认为由西向东依次是绫绮殿、浴堂殿和宣徽殿，其中以浴堂殿遗址最大，东西长 85 米，南北宽 70 米。③ 据此来看，浴堂殿应是大明宫规模最大的殿廷之一。④

浴堂殿既不为《唐六典》所记载，说明在开元时期尚未建造此殿。《旧唐书》卷一三五《裴延龄传》载："上谓延龄曰：'朕所居浴堂院殿一栿，以年多之故，似有损蠹，欲换之未能。'"这是唐德宗与裴延龄之间的一段对话，其中所说的"栿"，即指殿梁。既然浴堂殿之梁有损蠹者，说明此殿已修建了多年了，故其很可能是肃代时期所建。

浴堂殿处在浴堂院内，周围有院墙，院有院门，故史书中常有浴堂门的字样出现。如敬宗将"编虻徐忠信阑入浴堂门，杖四十，配流天德"⑤。文宗"令（王）守澄召（郑）注对浴堂门，赐锦彩"⑥。浴堂门内有壁，李吉甫将河北险要绘成图，献给宪宗，"帝张于浴堂门壁"⑦。浴堂院有回廊，有时皇帝也在这里召见大臣，如李"绛后因浴堂北廊奏对，极论中官纵恣、方镇进献之事"⑧。浴堂院实际上是一处独立的建筑群，因此安全系数较高。敬宗初，染匠张韶等谋逆，攻入宫中，"出兵大呼成列，浴

---

① 程大昌撰，黄永年点校：《雍录》卷四《浴堂殿》，第 76—77 页。

② 司马光：《资治通鉴》卷二三七，唐宪宗元和二年十一月条胡注，第 77667—7768 页。

③ 中国科学院考古研究所：《唐长安大明宫》，载《唐大明宫遗址考古发现与研究》，文物出版社，第 39 页。浴堂殿考古实测数据录之于杨鸿勋《大明宫》，科学出版社 2013 年版，第 123 页。不过杨鸿勋认为浴堂殿位于紫宸殿之西北，则误矣。

④ 李向菲：《唐大明宫浴堂殿方位考》，《中国历史地理论丛》2008 年第 4 辑，第 52 页。此文认为浴堂殿在金銮殿西，东翰林院北。可备一说。

⑤ 刘昫：《旧唐书》卷一七上《敬宗纪》，第 509 页。

⑥ 刘昫：《旧唐书》卷一六九《郑注传》，第 4400 页。

⑦ 欧阳修：《新唐书》卷一四六《李栖筠传附吉甫传》，第 4742 页。

⑧ 刘昫：《旧唐书》卷一六四《李绛传》，第 4287 页。

堂门闭"①。宋敏求《长安志》卷六《大明宫》曰："浴堂门内有浴堂殿，又有浴堂院"。宋敏求所述有些含混，似乎浴堂院与浴堂殿不在一处，故上引程大昌《雍录》特意指出："又别有浴堂院亦同一处。"

浴堂殿在唐后期是皇帝经常召见诸文人学士的场所，唐德宗喜欢赋诗，经常在浴堂殿召翰林学士议论新诗，有时甚至讨论到深夜。② 李绛任翰林学士时，经常被宪宗召对于浴堂殿，关于这一点在史书及其行状中多有记载。长庆四年七月，"翰林学士韦处厚，于浴堂中，因谏游畋及晏起"云云③。指唐敬宗。柳公权任翰林书诏学士，"每浴堂召对，继烛见跋，语犹未尽，不欲取烛，宫人以蜡泪揉纸继之"④。传为千古美谈。当然，在浴堂殿召对的不仅仅限于诸学士，其他官员亦有召见的，如"严厚本为国子监周易博士，太和八年七月，召本对于浴堂门，赐其锦器"⑤。"王直方为右补阙，太和八年三月，为镇州册赠副使，因令中使宣诏，对于浴堂门"⑥。正因为皇帝不时在浴堂门召见群臣，所以唐诗中才有"浴堂门外抄名入"的句子。⑦ 此外，皇帝也常在这里召见高级宦官。

5. 思政殿与乞巧楼

关于思政殿在大明宫中的方位，宋敏求说："（延英）殿相对思政殿、待制院。"⑧ 这里所谓的"相对"，是指东西相对。那么思政殿位于延英殿的西面还是东面？徐松说："由紫宸而西，历延英殿、思政殿、待制院、内侍别省，以达右银台门。"⑨ 据此可知思政殿在延英殿的西面。

思政殿前可能有一门，即宣化门。《旧唐书》卷二〇上《昭宗纪》载：光化三年（900）十一月，宦官刘季述等发动政变，"左右军将士齐唱万岁声，遂突入宣化门，行至思政殿，便行杀戮，径至乞巧楼下"。从

---

① 欧阳修：《新唐书》卷二〇七《宦者·马存亮传》，第5871页。

② 纪有功，王仲镛校笺：《唐诗纪事》卷二《德宗》，巴蜀书社1989年版，第31页。

③ 王溥：《唐会要》卷五七《翰林院》，第1150页。

④ 刘昫：《旧唐书》卷一六五《柳公绰传附公权传》，第4310页。

⑤ 王钦若：《册府元龟》卷六〇一《学校部·恩奖》，第7223页。

⑥ 王钦若：《册府元龟》卷四六四《台省部·谦退二》，第5525页。

⑦ 王建：《宫词》，彭定求《全唐诗》卷三〇二，第3443页。

⑧ 宋敏求：《长安志》卷六《东内大明宫》，三秦出版社2013年版，第240页。

⑨ 徐松：《唐两京城坊考》卷一《大明宫》，第23页。

这条记载看，进入宣化门后，便可到达思政殿。但这里又提到了乞巧楼，而且是经过思政殿才到达此楼的。《新唐书》卷二〇八《宦者·刘季述传》载："左右军及十道邸官俞潭、程岩等诣思玄门请对，士皆呼万岁。入思政殿，遇者辄杀。帝方坐乞巧楼，见兵入，惊堕于床，将走，季述、仲先持帝坐。"这里又提到了思玄门，却没有提宣化门。那么，这几处建筑物之间有什么关系呢？关于这一事件，《资治通鉴》有详细的记载："上在乞巧楼，季述、仲先伏甲士千人于门外，与宣武进奏官程岩等十余人入请对。季述、仲先甫登殿，将士大呼，突入宣化门，至思政殿前，逢宫人，辄杀之。上见兵入，惊堕床下，起，将走，季述、仲先掖之令坐。"这里所说的伏兵于"门外"，胡三省注指出在宣化门外。仔细梳理这几段史料，可知刘季述等率兵突入宣化门，来到思政殿前杀人，由于唐昭宗当时在乞巧楼，所以这些政变者又进入了此楼，并抓获了皇帝。关于思玄门，胡三省注曰："乞巧楼在思玄门内，近思政殿。"[1] 证明乞巧楼在思玄门内，此楼与思政殿相邻。既然此楼在思玄门内，为什么乱兵却要突入宣化门呢？说明其误以为昭宗在思政殿内，当发现皇帝不在此处后，遂再进入思玄门，直入乞巧楼。史籍记事力求简练，没有详尽地将这一过程描述出来。

关于宣化门，《长安志》卷六《大明宫》也有记载，所谓"又有金銮御院、宣化门、武德西门"。宋敏求没有搞清楚其方位，只是在其书中记载了其门名而已。

乞巧楼兴建于唐末，所谓"乞巧楼，光化三年造二楼，构飞桥以通来往"[2]。说明此楼共有两座，其间以飞桥相通。由于此楼兴建较晚，因此有关此楼的用途史书极少提及。不过取名乞巧楼的建筑在唐代较多，如王建诗："每年宫里穿针夜，敕赐诸亲乞巧楼。"薛能诗："望月还登乞巧楼。"[3] 从王建的诗来看，宫中早就有此类建筑，由于其早在太和四年（830）已死，所以其诗所说的乞巧楼肯定不是指这处建筑，不知是在长安三大内中的哪一座宫殿内。这些诗歌的内容均把乞巧楼与七夕习俗联系

---

① 以上见《资治通鉴》卷二六二，唐昭宗光化三年十一月条及胡三省注，第 8538 页。

② 宋敏求：《长安志》卷六《东内大明宫》，第 243 页。

③ 彭定求：《全唐诗》卷三〇二《宫词》，第 3445 页；卷八七〇《嘲赵璘》，第 9864 页。

在一起，虽不敢说此楼专为七夕穿针乞巧而建，但显然是一处娱乐性质的建筑物。

关于思政殿的功能，史书中有大量的记载，是一处皇帝召见群臣、处理政事的殿廷。如杜元颖，"穆宗即位，召对思政殿，赐金紫，超拜中书舍人"①。李德裕，穆宗时任翰林学士，"召对思政殿，赐金紫之服"②。韦处厚，敬宗时拜兵部侍郎，"谢恩于思政殿"③。韦处厚到思政殿向皇帝当面谢官，说明这里是皇帝召见群臣的地方。类似的记载还很多，史载："翰林院侍讲学士、谏议大夫高重、侍讲学士中书舍人崔郾、中书舍人高钰，于思政殿中谢。"④ 时在长庆四年（824）。另据《唐阙史》卷上载：唐文宗，"及仗下后，又坐思政殿"。说明皇帝在宣政殿退朝后，就来到了思政殿处理政事。《新唐书》卷二〇七《宦者传上》记载说："开成四年，苦风痹，少间，召宰相见延英，退坐思政殿，顾左右曰：'所直学士谓谁？'"这里所谓"学士"指翰林学士，因为皇帝常在这里召见翰林学士之故，故问之。不过皇帝在延英殿召见宰相时并无仗卫，因此不知上述记载哪一处更为准确，也许是各有其史料依据。之所以说思政殿是皇帝召见翰林学士的地方，还有大量的史料可以证明，如元和十五年（820）正月庚子，"宪宗崩。丙午，即皇帝位于太极殿东序。是日，召翰林学士段文昌、杜元颖、沈传师、李肇、侍读薛放、丁公著于思政殿，并赐金紫"⑤。文宗太和元年（827）三月，"对翰林学士于思政殿"⑥。高钰，穆宗"面赐绯于思政殿，仍命以本官充翰林学士"⑦。当然皇帝也在这里召见其他官员，不过更多的还是翰林学士和侍讲学士、中书舍人、集贤殿学士等近臣。

正因为皇帝把思政殿作为召见翰林学士的主要场所，所以李肇在《翰林志》中写道："署有高品使二人，知院事。每日晚执事于思政殿，

① 刘昫：《旧唐书》卷一六三《杜元颖传》，第4264页。
② 刘昫：《旧唐书》卷一七四《李德裕传》，第4509页。
③ 刘昫：《旧唐书》卷一五九《韦处厚传》，第4184页。
④ 王溥：《唐会要》卷五七《翰林院》，第1151页。
⑤ 刘昫：《旧唐书》卷一六《穆宗纪》，第475页。
⑥ 王钦若：《册府元龟》卷五八《帝王部·勤政》，第651页。
⑦ 刘昫：《旧唐书》卷一六八《高钰传》，第4386页。

退而传旨。小使衣绿黄青者，逮至十人，更番守曹。"① 这里所谓的高品使，指学士院使，其之所以每晚在思政殿执事，完全是为了及时与学士们沟通，传达皇帝旨意。需要说明的是，思政殿作为皇帝处理政事、召见群臣之处，主要是在唐后期，目前还没有发现安史之乱前的史料。

　　由于唐后期皇帝多在思政殿处理政事，所以许多臣僚都在这里面见皇帝或接受成命，其中也包括宦官在内。如宣宗病危时，"顾命内枢密使王归长、马公儒、宣徽南院使王居方，以夔王当璧为托。三内臣皆上素所厚者，泣而受命。时右军中尉王茂玄心亦感上，左军中尉王宗实素不同。归长、公儒、居方患之，乃矫诏出宗实为淮南监军使，宣化门受命，将由右银台门出焉"。为什么在宣化门受命呢？原因就在于武宗常居于思政殿。由于皇帝经常在这里住，故思政殿也是寝殿之一。上引史料接着记载说："左军副使丌元实谓宗实曰：'圣人不豫踰月，中尉止隔门起居，今日除改，未可辨也，请一面圣人而出。'宗实始悟，却入。即诸门，已踵故事，添人守捉矣。丌元实翼导宗实直至寝殿，上已晏驾，东首环泣。"② 可见思政殿亦是大明宫的寝殿之一。

6. 文思殿与文思院

　　文思殿之名不见于《唐六典》，这是由于此书未将大明宫诸殿全部记载之故，并不能说明大明宫内没有此殿。关于文思殿的兴建时间，早在唐太宗始建大明宫时就已有兴建了。据《唐会要》卷二《杂录》载："龙朔元年，孝敬命太子宾客许敬宗等，于文思殿博采古今集，摘其英词丽句，以类相从，勒成五百卷，名曰《瑶山玉彩》。表上之，制赐物三万段。"《旧唐书》卷八六《孝敬皇帝李弘传》、《册府元龟》卷二五八《储宫部·才智》等记载同。众所周知，唐高宗于龙朔二年（662）始重修大明宫，故此殿应是太宗时所建。不过，《唐会要》卷三六《修撰》载，龙朔三年（663）十月，太子李弘命人献《瑶山玉彩》给高宗。又据《旧唐书》卷四《高宗纪》载，此年二月，《瑶山玉彩》书成。这些记载都是有

---

　　① 洪遵：《翰苑群书》卷一，李肇《翰林志》，文渊阁《四库全书》，上海古籍出版社1987年版，第585册，第347—348页。

　　② 裴庭裕：《东观奏记》卷下，中华书局1994年版，第134—135页。

关此书的成书时间，并不是开始修撰的时间。从上述情况看，文思殿当为宫中藏书之所，故李弘才命令在此处编修《瑶山玉彩》。关于此殿的这种性质，还有一条史料可以证明，据《画断》载：冀州人程修己善绘画，曾拜唐朝著名画家周昉为师，其才艺深为唐文宗所赏识。"又尝画竹障于文思殿，帝赐歌云：'良工运精思，巧极似有神。临窗乍睹繁阴合，再盼真假殊未分。'当时学士，皆奉诏继和。自贞元后，以艺进身，承恩称旨，一人而已"①。宋人高承《事物纪原》卷七《文思院》条："唐有文思院，盖天子内殿之比也。"高承说唐宫中内殿有取名文思者，是正确的，但将文思院视为文思殿，则大谬矣。这一点下面还要详论。

自唐朝迁都洛阳后，遂于唐哀帝天祐二年（905）四月，改"以保宁殿为文思殿"②。此后五代的后唐、后晋诸朝宫中皆有名为文思殿的内殿。前后蜀的宫中不仅有文思殿，而且还置有文思殿大学士、学士等官职。这些都是仿效唐文思殿之置的行为，可见其影响之大。

至于文思院则出现较晚，关于其始置时间，《东观奏记》记载得非常清楚，所谓"（唐）武宗好长生久视之术，于大明宫筑望仙台，势侵天汉。上始即位，斥道士赵归真，杖杀之，罢望仙台。大中八年，复命葺之。右补阙陈嘏已下抗疏论其事，立罢修造，以其院为文思院"③。《唐会要》《长安志》等书也有与此相同的记载，可见唐宣宗大中八年（854）为文思院的始建时间，当不存在疑义。问题在于初建的文思院到底是什么性质的机构？其因何而得名？关于这些问题，宋人曾经做过许多讨论，现将其结论罗列如下：

> 高承《事物纪原》卷七《文思院》："唐有文思院，盖天子内殿之比也。其事见《画断》，然非工作之所。而宋朝太平兴国三年，始置文思院，掌工巧之事，非唐制矣。"
>
> 吴处厚《青箱杂记》卷八载："《考工记》㮚氏掌攻金，其量铭曰：'时文思索'。故今世攻作之所，号文思院。"

---

① 朱景玄：《唐朝名画录》，四川美术出版社 1985 年版，第 23 页。
② 王溥：《唐会要》卷三〇《杂记》，第 657 页。
③ 裴庭裕：《东观奏记》卷上，中华书局 1994 年版，第 93 页。

江休复《嘉祐杂志》曰："文思院使，不知从何得此名，或云量名：'待（时）文思索'；或说殿名，聚工巧于其侧，因名曰文思院。"

按照《事物纪原》的说法，唐代的文思院只是宫中的一个内殿，并非制作机构，直到北宋太宗太平兴国三年（978）才设置了制作性质的文思院。这一说法明显是错误的，已为出土的大量金银器铭文所证实，具体资料将在后面详述。宋朝在太平兴国三年确实设置过文思院，[①] 之所以称为"始置"，那是因为五代后期一度废去了文思院，宋朝建国之初没有这一机构，故曰"始置"。高承所说的见于《画断》的文思殿，此书又名《唐朝名画录》，唐人朱景玄撰写。前面已论到，此殿早在大明宫兴建之初就已有之，这就说明文思殿与文思院并非同一场所，《事物纪原》将两者误以为一。同时也证明了并非如有人所说的，唐代不一定有文思殿[②]的说法，与《事物纪原》一样，都是一种错误的观点。

至于文思院的得名，上引《青箱杂记》认为来自于《考工记》的"时文思索"一句，而《嘉祐杂志》兼采了当时流行的两种说法，而不加以取舍，这是一种谨慎的态度。已有的几篇关于文思院的研究成果，多采用了前一种说法，笔者认为并不妥当。关于"时文思索"一句，宋人林希逸在《考工记解》一书中解释说："时文者，古之贤王也，犹《诗》曰：'思文后稷'也。'时''思'皆起语也。古有文德之君，思索之深，信至其极，能为此嘉量也。"[③]"时文思索"是刻在量具上的话，因此林希逸的解释也不能说不当。问题是唐代的文思院并不制造量具，其不过是设在皇宫内廷的一个制造金银器的机构，[④] 所造金银器也全部归内廷使用，采用这种意思来命名这一机构，未免有些驴唇不对马嘴。笔者认为文思院的命名，很可能因为其位于文思殿之侧的缘故，也就是上面所列的第二种

---

① 佚名：《宋史全文》卷三，黑龙江人民出版社 2004 年版，第 97 页。《续资治通鉴长编》卷一九记载与此同。

② 王仓西：《从法门寺出土金银器谈文思院》，《文博》1989 年第 6 期，第 54 页。

③ 林希逸：《考工记解》卷上，文渊阁《四库全书》，上海古籍出版社 1987 年版，第 95 册，第 37 页。

④ 齐东方：《唐代金银器研究》，中国社会科学出版社 1999 年版，第 278—282 页。

说法。前面已经提到，文思院是在唐武宗所建的望仙台的基础上改置而成的，望仙台位于大明宫内，而文思殿正好也在大明宫内，虽然我们现在已无法考证清楚其具体位置，估计两者相距不会太远。至于文思殿之得名，笔者认为取自于"钦明文思"一句，这是古人盛赞唐尧的一句话。高宗时曾在这里命人编修成《瑶山玉彩》一书，共计 500 卷，此书为类书，需要查阅抄录大量图书，因此此殿很可能藏有大量的图籍，是宫中又一处藏书之所，故取名"文思"，也未始不当。更何况以"文思"为殿名，并非始于唐代，早在隋代就已有之。因此，"文思"二字，并非仅有"时文思索"一种解释。据宋敏求的《长安志》卷六《宫室四》的记载：武宗所修的望仙台，有"望仙楼及廊舍五百余间"。宣宗命令重加修葺，因为有人反对，遂匆忙以其院为文思院。大概由于事出仓促，没有详加论证，又因其位于文思殿附近，遂以"文思"命之。这种命名方式在唐代并非仅此一例。

有人说望仙台位于唐长安城南郊。① 上引《东观奏记》已经明确记其在大明宫内。《唐会要》卷五〇亦载："始会昌中，武宗好神仙之事，于大明宫筑台，号曰望仙。"论者也引用这段文字，但是却截去了这半段话。《新唐书·武宗本纪》载：会昌"五年正月己酉，作仙台于南郊。……六月甲申，作望仙楼于神策军"。《旧唐书·武宗本纪》亦载："五年春正月己酉朔，敕造望仙台于南郊坛。……（六月丙子），神策奏修望仙楼及廊舍五百三十九间功毕。"从"作望仙楼于神策军"一句看，望仙楼及廊舍显然修建在神策军驻地附近。凡研究唐史者皆知，神策军并不驻扎在长安城南郊，而是驻在城北内苑之中，其中右神策军驻在西内苑，左神策驻在东内苑。史念海先生主编的《西安历史地图集》第 89 页《唐大明宫图》将望仙台绘在绫绮殿以南的位置上。这里距左神策军驻地最近，唐敬宗时，曾发生过张韶为首的叛乱，叛贼杀入宫中，敬宗急忙避入左神策军。可见其距宫中是最近的。大概望仙楼等建筑是由神策军承建的，位置又距左神策军甚近，《新唐书》编撰者追求文省事增，反倒容易使读者产生歧义。上引两《唐书》只是记载了要在南郊建台，但却未记载是否建成，估计可能因其位置选在"南郊坛"，即祭天的圜丘之傍，违

---

①　王仓西：《从法门寺出土金银器谈文思院》，《文博》1989 年第 6 期，第 53 页。

反国家礼制，遭到群臣反对，所以才改在大明宫内。

唐代文思院是主管制造金银器的机构，其所制造的刻有"文思院造"铭文的金银器，在法门寺出土的有：鎏金卧龟莲花纹五足朵带银香炉 1 件、鎏金仙人驾鹤纹壶门座茶罗子 1 件、鎏金鸿雁流云纹银茶碾子 1 件、摩羯纹蕾纽三足银盐台 1 件、素面云头银如意 1 件、如意柄银手炉 1 件、迎真身银金花双轮十二环锡杖 1 件、迎真身纯金钵盂 1 件，① 共计 8 件。此外，1990 年，在山西繁峙县出土了一件银盘，刻有"咸通十三季文思院造一尺二寸银白成圆合盘一具，重壹拾斤，展计壹佰陆拾两贯，打造小都知臣陈景夫、判官高品臣刘虔诣、副使高品臣高师厚、使臣弘（悫）"等字样。② 1977 年，在西安还出土了 1 件唐代银铤，刻有"乾符六年内库别铸，重卅两。文思副使臣刘可濡、文思使臣王彦珪、内库使臣王翱"等字样。③ 所有这一切都证明了文思院乃是一个主管金银器制造的机构，包括对银铤的铸造在内。这是就文思院职能性质而言，从政治性质的角度看，唐代的文思院则属于内廷机构，这不仅体现其机构就设置在宫廷内，而且从主管官员皆是宦官的身份看，也可以充分说明这一点。

众所周知，唐朝后期朝廷行政机构分为南衙与北司两个系统，北司系统指以神策中尉、枢密使为首的内诸司使系统，这个系统各机构的主要官员都由宦官充任，其职权除了部分本来就属于内廷事务外，主要来自于对南衙系统的侵削。在文思院设置之前，宫廷所需金银器均由掌冶署或中尚署所辖的金银作坊院负责制造，它们均隶属于少府监。其中后者的设置始于何时？史书缺载，成书于开元时期的《唐六典》一书，也没有记载，估计其设置应该在开元之后，大大晚于掌冶署。金银器的制造最初应该由掌冶署负责，金银作坊院设置以后，则转由其负责。从《唐六典》记载的中尚署的职能看，其并没有金银器制造的职责，当是金银作坊院设置后，才把这项职能转移过去的。金银器制造不论是由掌冶署还是由金银作坊院负责，都是在南衙系统内部转移，文思院设置后，南衙系统便彻底失

① 陕西省考古研究院等：《法门寺考古发掘报告》上册，文物出版社 2007 年版，第 117—195 页。后面引用法门寺出土金银器上的铭文，均见于此，不再一一注明出处。

② 李有成：《繁峙县发现唐代窖藏银器》，《文物季刊》1996 年第 1 期，第 58—62 页。

③ 张达宏等：《西安市文管会收藏的几件珍贵文物》，《考古与文物》1984 年第 4 期，第 22—26 页。

去了这一职能，而转到了内诸司使系统。这种转移倒是完全符合唐后期行政权力转移的趋势。

那么，文思院到底是否是内诸司使系统的一个机构，前面已经论证了其就设在大明宫中，除此之外，其长官文思使也是由宦官担任的，这是其属于内诸司使系统的最关键的要素。从法门寺出土的金银器上的铭文看，完全可以证明这一点。

摩羯纹蕾纽三足银盐台刻有："咸通九年文思院造涂金盐台一只并盖，共重一十二两四钱。判官臣吴弘悫、使臣能顺。"

鎏金卧龟莲花纹五足杂带银香炉底："咸通十年文思院造八寸银金花香炉一具，并盘及朵带环子，全共重三百八十两。匠臣陈景夫、判官高品臣吴弘悫、使臣能顺。"

鎏金鸿雁流云纹银茶碾子："咸通十年文思院造银金花茶碾子一枚，共重廿九两。匠臣邵元审，作官李师存、判官高品吴弘悫、使臣能顺。"

鎏金仙人驾鹤纹壶门座茶罗子："咸通十年文思院造银金花茶罗子一副，全共重卅七两。匠臣邵元审，作官臣李师存、判官高品臣吴弘悫、使臣能顺。"

素面云头银如意："咸通十三年文思院造银白成如意一枚，重九两四钱。打造作官臣赵智宗、判官高品臣刘虔诣、副使高品高师厚、使臣弘悫。"

如意柄银手炉："咸通十三年文思院造银白成手炉一枚并香宝子，共重十二两五钱。打造都知臣武敬容、判官高品刘虔诣、副使高品高师厚、使臣弘悫。"

迎真身纯金钵盂："文思院准咸通十四年三月廿三日敕令，造迎真身金钵盂一枚，重十四两三钱。打造小都知臣刘维钊、判官赐紫金鱼袋臣王全护、副使小供奉臣虔诣、使左监门卫将军臣弘悫。"

迎真身银金花双轮十二环锡杖："文思院准咸通十四年三月三月二十三日敕令，造迎真身银金花十二环锡杖一枚，并金共重六十两，内金重二两，五十八两银。打造匠臣安淑郧、判官赐紫金鱼袋臣王全护、副使小供奉臣虔诣、使左监门卫将军臣弘悫。"

从以上铭文看，文思院设有使、副使、判官等官职，这些官员是否都是宦官呢？任文思院使的有能顺、吴弘悫与西安出土的唐代银铤上所刻的王彦珪，共计 3 人，能顺与王彦珪因为铭文中没有更多表明其身份信息，还不好论定，但是吴弘悫无疑是一个宦官，其在咸通十年前担任文思院判官时，铭文中明确记其为"高品"，这是唐代宦官阶层中的一种等级身份，日本学者对此曾有过深入地研究。① 至于其后来担任的左监门卫将军一职，虽为南衙十六卫中的军职，但在唐后期通常均由宦官兼任，几乎成为一种通例。既然吴弘悫是宦官身份，与其同一时期担任同一职务的能顺与王彦珪两人应该也是宦官身份。任副使者有高师厚、刘虔诣，加上刘可濡，也是 3 人，其中高师厚与刘虔诣两人无疑是宦官身份，因为他们都有过"高品"的身份。担任判官的先后有吴弘悫、王全护两人，前者为宦官身份，至于后者也可能是一个宦官，因为唐朝规定三品以上官可以给紫金鱼袋，如果达不到三品，可以赐给紫金鱼袋，但却有所限制。唐朝前期的情况不再复述，唐宣宗大中三年（849）规定："三十考职事官四品，散官三品，然后许衣紫。……如已检校四品官兼中丞，先赐绯，经三周年已上者，兼许奏紫。……公事寻常者，不在奏限。"② 从这一规定看，直到唐后期对赐紫金鱼袋仍然控制很严，而且还规定"公事寻常者"，不在赐给范围之内。王全护的职事官不过是一个小小的判官，而文思院也不过是一个制造类事务性机构，其判官肯定属于公事寻常者，而其却能服紫佩金鱼袋，因此肯定是一个宦官。因为在唐后期宦官阶层势力膨胀，皇帝也多有偏袒，赐金紫者比比皆是。至于文思院中的其他人员是否是宦官，还不好论定，从已知的其他内诸司使机构的情况看，有宦官身份的，也有不是宦官的，尤其文思院所辖之工匠，绝大多数应该不是宦官。综上所述，基本可以认定文思院应是唐后期新出现的一个属于内诸司使系统的机构，其长官及主要职官均为宦官身份。

顺便提一下，在西安出土的唐代银酒器中，有的刻有"宣徽酒坊"的字样，有人认为是金银作坊院的制品，③ 笔者认为应是文思院的制品。

---

① ［日］室永芳三：《唐代内侍省的宦官组织》，《日野开三郎颂寿纪念论集》，日本中国书店 1987 年版，第 339—352 页。

② 王溥：《唐会要》卷三一《内外官章服》，第 667—668 页。

③ 齐东方：《唐代金银器研究》，第 279 页。

以西安西郊出土的银酒注为例，其铭文中有"匠臣杨存实等造，监造番头品官臣冯金泰、都知高品臣张景谦、使高品臣宋师贞"等字样。① 品官也是唐代宦官中的一种等级身份，故以上诸人，除杨存实外，其余均为宦官。宣徽酒坊即内酒坊，为专门掌管宫廷酒醴酿造和供给的机构，其长官称酒坊使，也是属于内诸司使系统的机构之一。因为职能的限制，其所用酒具只能由专门机构制造，故引文中提到的宋师贞的官职决不是酒坊使。是否是金银作坊院使呢？应该也不是，因为金银作坊院属于南衙系统的少府监管辖，故不可能置使并由宦官来担任。唐朝自开元以来，"别置中尚使，以检校进奉杂作，多以少府监及诸司高品为之"②。唐长孺先生认为中尚使为内诸司使之一，并且一直相沿未废。③ 那么，这里所提到的是否是中尚使呢？我们认为也不是，因为前面已经论到自文思院设置以来，金银作坊院的职能便被其取代，唐朝决不可能同时设置两个职能相同的机构，而且还都在内诸司使系统内。这件银酒注的铭文中明确记其为咸通十三年六月制造，此时文思院早已设置，因此这件银器肯定是文思院制造的。而中尚使只能负责原中尚署的事务，即"掌供郊祀之圭璧，及岁时乘舆器玩，中宫服饰，雕文错彩，珍丽之制"了④。至于其刻有"宣徽酒坊"中的"宣徽"二字，指宣徽院，其统管内诸司使之事，包括酒坊在内，故在其器皿上刻有这样的字样，类似的例子在出土的唐代器物还有不少。

自唐朝置文思院以为制造机构后，亦为两宋、辽、西夏、明等朝所沿袭，可见影响之大。⑤

关于文思院的具体位置，只要搞清望仙台的位置就清楚了。徐松《唐两京城坊考》卷一载："望仙台，在清思殿西。"赵彦卫《云麓漫抄》卷八载："武宗于宣政殿东北筑台曰望仙。"《新唐书》卷八《武宗纪》载：会昌五年（845）六月甲申，"作望仙楼于神策军"。这里所说的只能

---

① 朱捷元等：《西安西郊出土唐"宣徽酒坊"银酒注》，《考古与文物》1982 年第 1 期。

② 王溥：《唐会要》卷六六《少府监》，第 1366 页。

③ 唐长孺：《山居存稿》，中华书局 1989 年版，第 257 页。

④ 李林甫：《唐六典》卷二二《少府监》，第 573 页。

⑤ 参见拙作《论唐宋时期的文思院与文思院使》，《江汉论坛》2009 年第 4 期，第 89—96 页。

是左神策军，左神策军驻于东内苑，望仙楼是望仙台的主体建筑之一，故应靠近东内苑。田野考古在紫宸殿东南发现一处夯土高台，距东内苑不远，基本可以确定其为望仙台遗址。搞清了望仙台的位置，文思院的位置便可确定了。只是文思殿的位置目前尚未确定，前面已论到文思院当距文思殿不远，故其位置应在望仙台周围不远的地方，具体位置尚待考定。

7. 宣和殿

宣和殿也是大明宫的便殿之一，具体方位不详，《长安志》卷六虽有记载，但却没有说明其在大明宫内的方位。从其他史籍记载来看，宣和殿应是大明宫宴饮和娱乐的场所。唐穆宗于元和十五年（820）九月，"以重阳节曲宴郭钊兄弟、贵戚、主婿等于宣和殿"[①]。唐敬宗宝历二年五月，"上御宣和殿，对内人亲属一千二百人，并于教坊赐食，各颁锦彩"[②]。同年"九月甲戌，观百戏于宣和殿，三日而罢"[③]。《册府元龟》卷一一一《帝王部·宴享三》也记有此事，所谓"九月自甲戌至丙子，帝连宴宣和殿，百戏皆从"。可见不仅观赏百戏，亦有宴会的设置。另有记载说，敬宗曾"御宣和殿封还等诸亲"[④]。凡与宣和殿有关的记载，大都与宴享和娱乐有关，而且多与皇戚、宗室相关，未见宴见外臣、使者的记载，可见其是一处皇帝举行内宴娱乐的场所。不过也有皇帝在宣和殿处理政务的记载，如开成四年（839），"文宗虑冤滥，召于宣和殿亲自鞫问"[⑤]。只是这种记载实在是太少了。

由于唐后期皇帝经常在宣和殿举行宴饮娱乐活动，所以必须有专人掌管此事，于是遂专门设置一个使职，称宣和殿使，由宦官充任。宦官王文幹就充任过此职，其《墓志铭》曰："迁鸡坊使……转宣和殿使，载离寒暑，日往月来，每候銮舆，晷刻无失"云云[⑥]。从志文所述内容看，这一

① 刘昫：《旧唐书》卷十六《穆宗纪》，第481页。

② 刘昫：《旧唐书》卷一七上《敬宗纪》，第519页。

③ 欧阳修：《新唐书》卷八《敬宗纪》，第229页。

④ 王钦若：《册府元龟》卷三〇三《外戚部·宠异》，第3575页。

⑤ 王钦若：《册府元龟》卷五四七《谏诤部·直谏一四》，第6565页。

⑥ 周绍良：《唐代墓志汇编》会昌37《王文幹墓志铭》，上海古籍出版社1992年版，第2237—2238页。

使职为皇帝生活服务的性质是很明显的。

8. 含凉殿

含凉殿,应是大明宫中妃嫔所居的寝殿之一。关于其位置,宋敏求《长安志》卷六《大明宫》载"蓬莱(殿)后有含凉殿,殿后有太液池"。可见含凉殿在蓬莱殿与太液池之间,应紧靠太液池的南岸。考古人员在大明宫沿中轴线钻探到太液池,未发现较大规模的夯土基址,在中轴线以东发现了较大的殿堂遗址,认为应是蓬莱殿遗址。紧靠中轴线的西面发现一处 L 型夯土遗址,推测应是含凉殿遗址。含凉殿兴建较早,据载唐睿宗李旦于龙朔二年(662)六月一日生于含凉殿。殿内还置有佛堂,史载:"睿宗初生于含凉殿,则天乃于殿内造佛事,有玉象焉。"[1]

9. 珠镜殿

珠镜殿,大明宫便殿之一。关于其具体位置,胡三省说:"清思殿之南则宣徽殿,北则珠镜殿。"[2] 即其方位在清思殿以北。另据《阁本大明宫图》:"少阳院在浴堂殿东,其北又有温室、宣徽、清思、太和、珠镜等殿。"[3] 即珠镜殿位于少阳院之北。《长安志》卷六又曰:蓬莱殿西有绫绮殿,绫绮殿北有珠镜殿。《大典大明宫图》将珠镜殿绘在清思殿西北的位置上。[4] 日本学者足立喜六说:"其(指太液池)南高地上有珠镜、郁仪、拾翠等宫殿遗址,随地形相互并立,周围散布唐代砖瓦甚多。"[5] 结合以上诸书诸图所说,则珠镜殿应位于太液池东南,清思殿以北的方位上。然而杨鸿勋的《大明宫》一书则将珠镜殿绘在清思殿以南的位置上,[6] 恐有误。因为《阁本大明宫图》载少阳院以北,依次是温室、宣徽、清思、太和、珠镜诸殿,说明珠镜殿还在清思殿以北的位置上。胡三省也说珠镜殿位于清思殿之北。宋敏求的《长安志》所记虽然比较粗略,

① 王钦若:《册府元龟》卷二一《帝王部·徵应》,第 227 页。

② 司马光:《资治通鉴》卷二四三,唐穆宗长庆四年四月条胡注,第 7958 页。

③ 司马光:《资治通鉴》卷二四三,唐敬宗宝历二年十二月胡注引,第 7974—7975 页。

④ [日]平岗武夫:《长安与洛阳》(地图篇),陕西人民出版社 1957 年版,第 28 图。

⑤ [日]足立喜六:《长安史迹研究》,三秦出版社 2003 年版,第 172 页。

⑥ 见其书图 2—2《唐长安大明宫复原平面图》,科学出版社 2013 年版,第 25 页。

但其说珠镜殿在蓬莱殿北，大体方位还是不算错的。此外，清代著名学者徐松的《唐两京城坊考》所附的《西京大明宫图》也将珠镜殿绘在了清思殿以北。杨鸿勋的说法与以上诸书记载不符，故不可信。

10. 长安殿

长安殿，又称长乐殿，大明宫便殿之一。《长安志》卷六《东内大明宫》载：长安殿"在金銮（殿）西南。"长安殿在大明宫中地位比较特殊，其见于记载，主要是因为一度在这里安置过太庙神主。唐军击败安史叛军，于至德二载（757）收复长安，史载："时太庙为贼所焚，权移神主于大内长安殿。"① 时在此年十二月。次年四月，"九庙成，备法驾自长安殿迎九庙神主入新庙"②。其实际情况是，安史叛军焚毁太庙时，连同神主一并毁之，肃宗下令重新制作历代神主，所谓"初，帝在彭原，使人于凤翔郡采栗木以作神主备之，及是奉迎告享用之"③。所以至德二载权移神主于长安殿的行动，所移的只是新制作的神主而已。关于这件事《唐会要》记载的时间与上引诸书不同，所谓"至德二载十一月十五日，新作九庙神主，于长安殿安置，上亲享之"④。未知孰是。

长安殿在此前作何用途，史无记载，此次作为暂时安放神主的场所后，遂不便作为其他用途了。

11. 仙居殿

仙居殿，大明宫便殿之一，《唐六典》中有所记载，说明其为大明宫内兴建较早的建筑之一。关于其具体位置，胡三省说："《南部新书》：'大明宫中有麟德殿，在仙居殿之西北。'"⑤ 今本《南部新书》无这一条记载。《长安志》卷六《东内大明宫》载："长安殿北有仙居殿，殿西北有麟德殿。"《唐六典》卷七《尚书工部》："又有麟德、凝霜、承欢、长安、仙居……"《雍录》卷三《六典大明宫图》所载亦同。徐松说："大

---

① 刘昫：《旧唐书》卷九《玄宗纪下》，第 235 页。
② 刘昫：《旧唐书》卷一〇《肃宗纪》，第 252 页。
③ 王钦若：《册府元龟》卷三〇《帝王部·奉先》，第 328 页。
④ 王溥：《唐会要》卷一七《庙灾变》，第 411 页。
⑤ 司马光：《资治通鉴》卷二二二，唐肃宗上元二年九月胡注，第 7234 页。

典阁本图，仙居殿在金銮西。"①《唐六典》记载大明宫诸殿时，是从西向东排列的，再结合《长安志》的记载，可知仙居殿是在长安殿东偏北，金銮殿西偏南的方位上。

仙居殿是一处规模较大的建筑，关于其形制的直接记载史籍缺漏，唐朝在长安大宁坊兴建太清宫时，曾参考过仙居殿的建筑格局，从中可以推知一二。据《长安志》卷八引《礼阁新仪》曰："开元二十九年，始诏两京及诸州各置玄元皇帝庙一所。……宫垣之内，连接松竹，以像仙居殿，十二间、四柱，前后各两阶，东西各侧阶一。"这里所说的仙居殿，即大明宫仙居殿，说明仙居殿院内松竹苍翠，前后及东西各有廊阶环绕，环境十分幽静。

12. 宣徽殿

宣徽殿，为大明宫内便殿之一。关于其方位，胡三省说："清思殿之南则宣徽殿。"② 徐松说："宣徽殿，在浴堂殿东，见大典阁本图。"③ 考古工作者在紫宸殿以东发现三处殿址，认为可能是绫绮殿、浴堂殿、宣徽殿等的殿址。并在蓬莱殿遗址的东北方，发现有较大的殿址三座，认为这或许就是珠镜殿、清思殿、太和殿的遗址。④ 如是这样则宣徽殿正好位于清思殿之南，浴堂殿之东，与上引典籍的记载正好吻合。

13. 太液亭

太液亭，位于大明宫太液池中的蓬莱山上。太液亭并非是一个单纯的亭子，应该是一组颇具规模的建筑群，从其使用情况可知。元和十五年（820），韦处厚、路随等任翰林侍讲学士，唐穆宗"召入太液亭，命分讲《毛诗·关雎》《尚书·洪范》等篇，访以礼体，处厚等演经义，以广规讽之道，从容开纳，赐酒果而罢"⑤。唐文宗太和二年（828）五月，"帝

---

① 徐松：《唐两京城坊考》卷一《大明宫》，中华书局 1985 年版，第 22—23 页。
② 司马光：《资治通鉴》卷二四三，唐穆宗长庆四年四月条胡注，第 7958 页。
③ 徐松：《唐两京城坊考》卷一《大明宫》，第 22 页。
④ 中国科学院考古研究所：《唐长安大明宫》，载《唐大明宫遗址考古发现与研究》，文物出版社 2007 年版，第 39 页。
⑤ 王钦若：《册府元龟》卷五九九《学校部·侍讲》，第 7196 页。

自撰集《尚书》中君臣事迹，命画工图于太液亭，朝夕观览焉"①。皇帝还在太液亭召见过臣下，如太和四年（830）七月，文宗在太液亭召见翰林学士郑覃等，"赐之锦采"②。崔铉，宣宗时任淮南节度使，"帝饯太液亭，赐诗宠之"③。不过这条记载未载宣宗所赠诗句，另据《旧唐书》卷一六三《崔元略附崔铉传》载："有'七载秉钧调四序'之句，儒者荣之。"既能张挂书画，又能摆设宴席，可见其面积不小。

从以上这些情况看，太液亭绝非是一座小小的亭子。关于太液亭的规模情况，还有一条史料可为佐证。"韦澳、孙宏，大中时同在翰林。盛暑，上在太液池中宣二学士。既赴召，中贵人颇以絺绤为讶，初殊未悟，及就坐但觉寒气逼人，熟视有龙皮在侧"。并赐以美食。④ 在太液池中召见翰林学士，只能在蓬莱山上，而此岛上的唯一建筑就是太液亭。这里所谓龙皮当是蛇皮之谓，悬挂此物是否能遮挡暑热之气，不得而知，但皇帝频频在这里召见群臣并赐宴，可知其设施一定比较健全，建筑规模一定不小。

14. 野狐落

野狐落为大明宫中的一处地名，是宫女们聚居的地方。关于其具体方位，综合诸书记载，应在昭德寺之南，门下省之北，其南面与门下省相隔一道宫墙而邻。具体考述过程，参见第四章昭德寺一节。

大明宫中到底有多少宫女，史无明确记载。然史书中说唐朝有宫人数万，有时皇帝一次就释放数千宫人出宫，由于大明宫在长安三大内中规模最大，作为政治中心持续时间最长，据此估计大明宫的宫女之数不下一二万。野狐落虽为宫女聚居之处，但是由于大明宫占地颇广，宫中建筑颇多，东西内苑以及诸殿阁皆需要宫女服务，因此不可能全都聚居一处，必然分散而居，只不过这里最为集中而已。野狐落有多少房屋，其建筑格局如何？这一切史书皆没有记载，不过作为宫中最下层的一个群体，估计这里的建筑一定不会高大宏伟，很可能是低矮简单的房屋。史书中有关野狐

---

① 刘昫：《旧唐书》卷一七上《文宗纪上》，第 529 页。
② 王钦若：《册府元龟》卷五五〇《词臣部·选任》，第 6608 页。
③ 欧阳修：《新唐书》卷一六〇《崔元略附崔铉传》，第 4975 页。
④ 王定保：《唐摭言》卷一五《杂记》，第 222 页。

落的记载，大都由唐文宗太和二年（828）的火灾所引起。由于昭德寺失火，正好又刮北风，致使野狐落首当其冲，很快被大火吞没，其南面又是高高的宫墙，宫女攀援不及，被烧死者达数百名之多。

由于宫女人数众多，真正能被皇帝发现并得宠者极为有限，绝大多宫女均白首终老，虚度青春，境况十分悲惨。这一点在唐人所写的诗歌作品以及近年来大量出土的宫人墓志中，都可以得到证实。能被皇帝释放出宫与家人圆聚，或嫁人成家者，是十分有限的，因此见于记载的释放宫人的次数并不很多。不过笔记小说中还是记载了几则与宫女有关的爱情故事，大都是年青的宫女热爱生活，将自己的感情用诗句的形式写在红叶上，然后通过御沟之水漂流出宫外，结果被一位多情公子获得，然后感动了皇帝，将题诗宫女赐予其为婚。或者正逢皇帝释放宫人出宫，又恰与那公子相逢，有情人终成眷属。还有一种情况，皇帝命宫人为将士缝制征衣，于是有宫女将诗句夹在衣服中，被战士所获，然后逐级呈报，最后到了皇帝手上，于是皇恩浩荡，遂成就了好姻缘。类似这些故事，大都为虚构，反映了人们对宫女这一群体所寄予的深切同情，以及她们对美好生活的向往。

第 四 章
宗教类建筑的方位与功能

作为唐朝的皇宫大明宫有宗教性质的建筑并不稀奇，这类情况在其他王朝的宫廷中也都存在，但是像大明宫的宗教建筑之多，却是不常见的。还有一点需要指出，大明宫中的宗教建筑除了佛教、道教之外，还有家庙性质的建筑以及求取长生之术的建筑，这一特点却是其他历史时期所不多见的。

一 三清殿及其功能

三清殿无疑属于道教性质的建筑，问题是大明宫中已经有了玄元皇帝庙，为何还另建三清殿呢？这个问题是需要论述清楚的。还有就是除了大明宫建有三清殿外，长安城还有太极宫和兴庆宫，在其中是否也有此类建筑呢？这也是需要说清楚的一个问题。还有就是三清殿此类建筑自唐朝在宫廷内修建后，对后世有何影响？所有这些方面都是需要论述清楚的。

1. 三清殿方位及其遗址

在大明宫内无疑有一座名为三清殿的建筑物，宋敏求的《长安志》一书中有明确的记载。关于其位置，该书卷六说：大明宫"翰林门北曰九仙门，大福殿、拾翠殿、三清殿、含冰殿。承香殿在含冰殿东南"。唐代官修的政书《唐六典》对大明宫三清殿亦有记载："（紫宸）殿之北面曰玄武门，左曰银汉门，右曰青霄门。（原注：其内又有麟德、凝霜、承欢、长安、仙居，拾翠、碧羽、金鸾、蓬莱，含凉、珠镜、三清、含冰、水香、紫兰等殿，玄武、明义、大角等观，郁仪、结邻、承云、修文等阁也）"① 宋人程大昌所撰的《雍录》一书保存有《阁本大明宫图》一幅，明确标绘了三清殿的具体位置。② 史念海先生主编的《西安历史地图集》所绘的《唐大明宫图》亦标绘有三清殿，其具体位置即在九仙门与青（凌）霄门内，西北与大福殿相邻，北靠宫墙。③ 从九仙门入宫，经大福殿向东可至三清殿，从青（凌）霄门入宫，向东南可直达三清殿。

除了大明宫中建有三清殿外，从史籍记载看，西内太极宫中亦建有一座三清殿。关于这个问题，史书中是有明确记载的，现摘录如下：

《五代会要》卷一八《集贤院》载："唐应顺元年闰正月，集贤院奏：'准敕书创修凌烟阁。又奉正月一十二日诏，问阁高下等级。凌烟阁都长安时，元在西内三清殿侧，画像皆北向，阁有隔，隔内西北写功高宰辅，南面写功高诸侯王，隔外面次第图画功臣题赞。……'"

《旧五代史》卷四五《后唐闵帝纪》载：应顺元年闰正月甲寅，"集贤院上言：'准敕书修创凌烟阁，寻奉诏问阁高下等级。谨按凌烟阁，都长安时在西内三清殿侧，画像皆北面，阁有中隔，隔内面北写功高宰辅，隔内面，南面写功高诸侯王，隔外面次第图画功臣题赞。'"

《册府元龟》卷一四《帝王部·都邑二》载："愍帝应顺元年闰正月甲寅，集贤院上言：'以赦（敕）书修创凌烟阁，诏问阁高下等级。其凌烟阁，都长安时在西内三清殿侧，画像皆北向，阁有中隔，隔内北面写功高宰辅，南面写功高诸侯王，隔外面次第图画功臣题赞。……'"

《雍录》卷四载："《南部新书》曰：'凌烟阁在西内三清殿侧，画功臣皆北面，阁中有中隔，内面北写功高侯王，隔外面次第功臣。'案：西内者，太极宫也，太宗时建阁画功臣在宫内也。画皆北

① 李林甫：《唐六典》卷七《尚书工部》，中华书局1992年版，第218—219页。其中青霄门，据诸书记载应为凌霄门。
② 见程大昌《雍录》图七，中华书局2002年版。
③ 史念海：《西安历史地图集》，西安地图出版社1996年版，第89页。

向者，阁中凡设三隔，以为分际，三隔内一层画功高宰辅，外一层写
功高侯王，又外一层次第功臣，此三隔者虽分内外，其所画功臣象貌
皆面北者，恐是在三清殿侧，故以北面为恭耶？"

以上四条史料按照成书先后依次排列，可以看得出虽然在文字方面稍有差
异，然大同小异，且内容完全一致，因此其史料应源于同一典籍。其中最
早的典籍应是王溥的《五代会要》，成书于宋太祖建隆二年（961），薛居
正的《旧五代史》成书于宋开宝七年（974），这两部书的史料均来自五
代诸朝的国史实录，因此其记载应是可靠的。

关于上引史籍中所说的西内，众所周知，是指太极宫。其宫内建有三
清殿一事，记载唐代长安宫室、城坊最详的《长安志》一书没有提及，
《雍录》虽然引用了《南部新书》关于此事的记载，但在其附的《太极宫
图》中却没有标绘出三清殿的位置。此外，史念海先生主编的《西安历
史地图集》中的《唐太极宫图》也没有标绘出此殿。关于此殿在太极宫
中的位置，上引史籍记载得很清楚，应在凌烟阁之侧，具体在什么位置，
却语焉不详。上引史料均记载说凌烟阁中的"画像皆北向"，这是什么原
因呢？程大昌推测说："其所画功臣象貌皆面北者，恐是在三清殿侧，故
以北面为恭耶？"[①] 如果程大昌的推测不错的话，则三清殿应该位于凌烟
阁的北面，紧邻着凌烟阁。关于凌烟阁的位置诸书记载都非常清楚，史先
生之图也有清晰的标绘，就不再赘述了。

自 20 世纪 80 年代以来，中国社会科学院考古研究所对大明宫内的部
分宫殿遗址进行了发掘，其中有关三清殿的遗址情况是：其台基规模宏
大，平面形状呈长方形，高出当时地面 14 米。台基南北长 73 米，东西宽
47 米，台基上部面积近 3000 平方米。其上有大量的白灰墙皮堆积，可以
推知其上原有庑殿楼阁等建筑，但形制已不可考知了。

台基全部由黄土夯筑而成，周围包砌砖壁，厚度达 1.25 米。砖壁皆
磨砖对缝，表面光洁整齐，砖壁底部铺有二层基石，表面磨制光平、整
齐。台基的基础深入唐代地面下 1.5 米。

上殿的阶道有两条，一条在台基南端正中，长 14.7 米，为踏步式阶

---

① 程大昌：《雍录》卷四《凌烟阁》，中华书局 2002 年版，第 69 页。

道，故短而陡。另一条在台基北端西侧，长 44.3 米，坡度缓慢，故阶道较长，可称为龙尾道。龙尾道上铺有海兽葡萄纹方砖，两侧发现有石栏构件，说明两侧原有石栏设施。

在台基的东侧有一组庭院式的建筑遗址，面积较大，发掘了近 5000 平方米，尚不见边际，没有再继续发掘，这些都是三清殿的附属建筑。

出土的遗物中除了大量的砖瓦等建筑用材外，还出土了不少琉璃瓦，颜色有黄、绿、蓝等单色琉璃瓦，也有不少黄绿蓝三色的三彩瓦。这些琉璃瓦虽然均为残片，亦能看出多为板瓦和筒瓦，琉璃瓦当却很少。在大明宫中出土如此之多的琉璃瓦，还是绝无仅有的一处。此外，还出土了鎏金铜泡钉、鎏金龙首环形器、鎏金花瓣形铜饰片等多件。从出土的这些数量众多的琉璃瓦与鎏金铜饰品看，可以想见三清殿建筑的金碧辉煌和豪华壮丽。还有一点需要说明，即在三清殿遗址上出土的方砖中，莲花纹的很罕见，而海兽葡萄纹和葡萄鹿纹花砖却很多，尤其是鹿纹花砖在大明宫内还是首次发现，[1] 推测这大概与三清殿的道教性质有一定的关系，而莲花纹却与佛教的关系比较密切。

2. 建三清殿的缘由

三清殿无疑是道教性质的建筑，即"太清、上清、玉清之宫室也"[2]。那么何谓"三清"呢？史书亦有明确的记载："道家者流以谓天地未判，有元始天尊为祖，次有道君以阐其端，老子以明其道。……号曰三清。"[3] 三清中的玉清即指老子。可见三清殿是用来供老子等三位道教人物的。问题是在大明宫中已有大角观，太极宫中有归真观等道教建筑，为什么还另建三清殿呢？唐朝在宫中兴建道观无疑是对道教尊崇的体现，这一点毋庸置疑。宫中所建的其他道观主要是供皇帝之外的其他人员从事宗教活动时用的，比如嫔妃、女官和宦官等，三清殿则是专供皇帝活动的，关于这个问题后面还要详论，这里就不再多说了。至于有了三清殿后，为什么还

---

①　以上均见马得志《唐长安城发掘的新收获》，收入《唐大明宫遗址考古发现与研究》，文物出版社 2007 年版，第 70—71 页。

②　张君房：《云笈七签》卷七二《内丹》，文渊阁《四库全书》，上海古籍出版社 1987 年版，第 1060 册，第 778 页。

③　赵彦卫：《云麓漫钞》卷八，中华书局 1996 年版，第 136—137 页。

要再建玄元皇帝庙，两者各有何用途？这个问题是必须说清楚的。

虽然两者均供奉有老子之像，但在性质上却有所不同。先说玄元皇帝庙，众所周知，李唐皇室自认是老子的后裔，并且追尊老子为太上玄元皇帝，为其建庙亦在情理之中，这些方面毋庸多说。问题是唐朝本有供奉和祭祀祖先的宗庙系统，为何还要再为老子专门建庙？是否可以将其放在宗庙内供奉呢？我国自西周以来，就逐渐形成了一整套庙制礼仪系统，设庙的规格与多少都是有严格的规定的，《礼记·王制》曰："天子七庙，三昭三穆，与太祖之庙而七。……诸侯五庙，二昭二穆，与太祖之庙而五。……大夫三庙，一昭一穆，与太祖之庙而三。……士一庙。……庶人祭于寝。"这里所谓的"太祖"是指始封之君，对于诸侯、卿大夫而言，太祖则指始爵之人。这一套制度到汉代便形成为定制，并为历代王朝所遵循。

为什么这种庙制所规定的祭祀对象最早仅限于太祖呢？这是出于"亲亲"原则的缘故。因为如果历代祖先都要进行祭祀，则庙数将会无限延伸下去，所以只对与本朝皇帝最亲近的几代祖先进行祭祀。这种制度对统治时间较长的王朝来说，就存在一个毁庙的问题，除了始封之君和"二祧"之外，其余皇帝的庙随着时间的延伸都要毁去（也可能仅撤去神主），而代之以与现任皇帝最亲近的祖先之庙，这样就可以始终保持着七庙之制。[①] 如果是兄终弟继，因为是同一代人，只好用室来代替，而无法做到一人一庙。关于唐代的宗庙之制的研究成果很多，不仅有为数不少的论文，专著亦不鲜见，就不多说了。[②]

老子虽然被李唐冒认为祖先，但却不算是始封之君，充其量也就是一个始祖，更何况其已被道教尊为创教之主，因此无论怎么说，老子都不可能进入皇家的宗庙。可是李唐皇室又需要把老子推出来以抬高皇家的神圣地位，在高祖、太宗时期由于老子尚未被尊为皇帝，自然无须为其专门建庙，有三清殿进行供奉祭祀就可以了。唐高宗麟德三年（666）二月，追

---

① 事实是在唐前期，如贞观时期实际只有五庙，到了高宗时期才有六庙，名义上还要叫七庙制度，直到中宗时期才形成真正的七庙之制。自此以后，再有皇帝去世，就要从前面七庙中迁毁一庙，再补充进去一庙。也有人说自唐玄宗以来唐朝实际上实行是九庙制度。

② 如日本学者金子修一的《中国古代皇帝祭祀の研究》一书，日本岩波书店 2006 年版。

尊老子为太上玄元皇帝，并兴建庙宇，"其庙置令、丞各一员"①。这一庙宇只设在老子的家乡真源县，还没有在全国普遍设置。直到开元二十九年（741），"制两京、诸州各置玄元皇帝庙并崇玄学"②。估计大明宫中的玄元皇帝庙很可能兴建于此时。天宝元年（742），又在长安城的大宁坊西南角另外兴建了玄元皇帝庙。次年，把两京的玄元皇帝庙分别改称为太清宫与太微宫，天下诸郡的玄元皇帝庙改称为紫极宫。③此后，皇帝祭天必先享太清宫，然后再享太庙，最后才进行郊祀之礼。④据此可知，设在大宁坊的太清宫乃是进行国家祭祀的场所之一，而设在大明宫中的玄元皇帝庙则属于皇室家庙的性质。之所以下这样的判断，还有史料可以作为佐证。据宋敏求《长安志》卷八《唐京城二》载：

　　初建庙，取太白山白石为真像，衮冕之服，当扆南向。玄宗、肃宗、德宗侍立于左右，皆朱衣朝服。宫垣之内，连接松竹，以像仙居殿，十二间四柱，前后各两阶，东西各侧阶一。其宫正门曰琼华，东门曰九灵，西门曰三清。御斋院在宫之东，公卿斋院在宫之西，道士杂居其间。天宝五载，诏刻石为李林甫、陈希烈像，列侍于圣容之侧。林甫犯事，又刻杨国忠之形，而磨尘林甫之石。及希烈、国忠败，又尽毁之。八载，立文宣王像与四真人列左右。⑤

---

　　①　刘昫：《旧唐书》卷五《高宗纪下》，中华书局1975年版，第90页。需要说明的是，早在唐以前各地就有老君庙的存在，只是不叫玄元皇帝庙而已。

　　②　刘昫：《旧唐书》卷九《玄宗纪下》，第213页。欧阳修：《新唐书》卷五《玄宗纪》、《雍录》卷四、《玉海》卷一〇二等书所记，与此相同，唯《册府元龟》卷五四《帝王部·尚黄老第二》记为开元十年。此外，据诸书记载开元二十九年下令兴建玄元皇帝庙的同时，又兴置了崇玄学，《唐会要》卷六四《崇玄馆》条虽未载玄元皇帝庙的设置时间，却明确记载了崇玄学设置于开元二十九年。据此看来，开元二十九年这个时间比较可靠。

　　③　刘昫：《旧唐书》卷九《玄宗纪下》，第214、216页。

　　④　秦蕙田：《五礼通考》卷一〇《吉礼十·銮驾还宫》，文渊阁《四库全书》，上海古籍出版社1987年版，第135册，第329页。

　　⑤　另据《册府元龟》卷五四《帝王部·尚黄老第二》载：天宝四载（745）二月甲午，崇玄馆学士、门下侍郎陈希烈奏称，太清宫道士萧从一说他曾于当天清晨五更，见到老子从天而降，曰："我是玄元皇帝，可报吾孙，汝是上界真人，令侍吾左右。吾傸使天匠就助成就讫，长卫护汝，受命无疆；灾害自除，天下安乐"云云。雕刻皇帝之像侍列于老子像侧，就是在这种情况下出现的，并且越搞越多。

太清宫内分别有皇帝专用的御斋院和朝臣使用的公卿斋院，又把玄宗等几位皇帝、宠臣以及文宣王（孔子）和四真人的石像分列于老子像两侧，从这些情况看，都与家庙的性质格格不入。另据记载：唐德宗"兴元元年十二月，诏：'太清宫改太常卿亚上香，光禄卿终上香；改三礼拜为再拜。'贞元元年正月，敕：'荐飨太清宫，亚献太常卿充，终献光禄卿充。仍永为常式。'"①这些礼仪方面的规定，都充分证明其只能是国家祭祀的场所。关于太清宫的这种性质，宋人早已指出，所谓"取郊祀配天之义以尊之"②。大明宫中的玄元皇帝庙规模没有如此之大，实际上是皇家另一处祭祖的场所，也仅见唐代，在其他王朝是不存在。

　　至于宫中三清殿的兴建时间虽无法确知，但肯定要早于大明宫玄元皇帝庙的兴建，由于其早已建成，自然不能拆去，于是就形成了殿、庙、观在宫中并存的局面。更何况三清殿供奉的是三个人物，与玄元皇帝庙仅供奉老子一人不同，前者表现的是皇帝个人对道教的尊崇，后者则表现为皇帝对其始祖的尊崇。

　　凡道观内多有三清殿，在唐代大体亦是如此。在宫中专门兴建三清殿，前面已经论到是为专供皇帝礼三清，尊道教之用，下面再稍加论证。

　　唐朝自高祖以来便开始尊崇道教，他曾规定三教次序，以道教居先，次儒教，最后才是佛教。唐太宗继续坚持了这一规定，故太极宫中的三清殿必不为隋朝修建，当是唐朝建立后所建。虽然还没有史料可以证明大明宫中何时兴建了三清殿，可以肯定的应是在唐玄宗之前，很可能唐高宗在兴建大明宫时就已同时修建了。当然这仅是一种判断，还有待于更多的史料证实。

3. 三清殿之功能

　　有关唐朝皇帝在三清殿的活动文献记载极少，不过唐朝皇室既然以老子后裔自居，诸帝在三清殿必然有所活动，如唐玄宗曾在天宝七载（748）三月诏曰："朕刻意真经，虔诚至道，既凭玄祐，永锡黔黎。每朝

---

①　杜佑：《通典》卷五三《礼典一三·老君祠》，中华书局1988年版，第1479页。
②　赵彦卫：《云麓漫钞》卷八，第137页。

礼三清，则宵衣忘寝，或斋戒一室，则蔬食精专"云云。① 从"每朝礼三清"一句看，三清殿应是其经常光顾的场所。此外，三清殿也是宫中举行大规模宗教活动的场所，如唐敬宗宝历二年（826）九月庚午，"命两街供奉道士赵尝盈等四十人，于三清殿修罗天大醮道场"②。那么，为什么要专门给这三人修造供奉之殿呢？史载："奉三清于殿，以为教门之祖。"也就是说因其是道教的创始之祖，所以为其专门建殿。实际上三清具有双重性格，既被视为创教者，又同时被视为神人，然而昊天上帝才是"百神之宗"③。这就是唐人既祭祀三清，又祭祀昊天上帝的根本原因。

自唐代在宫中专门兴建三清殿后，此后的一些王朝虽然没有把老子视为其祖先，但也同样在宫中建有三清殿，尽管是出于尊崇道教之需，不能不说也是受到唐朝这一举动的影响。在五代十国时期，现可查知各国在宫中兴建三清殿的主要有南汉、闽、前蜀等国。

据《五国故事》卷下载："（乾亨）九年八月，白虹入其伪三清殿中，颇忧畏，中外震惧。会有词臣王宏欲说（刘）岩，乃以白虹为白龙见上，赋以贺之。岩大悦，乃改元白龙，更名龚。"《新五代史》卷六五《南汉世家》亦载：乾亨"九年，白龙见南宫三清殿，改元曰白龙，又更名龚，以应龙见之祥"。据此可知南汉的这座三清殿是建在宫中的。

又据《新五代史》卷六八《闽世家》载："（王）昶亦好巫，拜道士谭紫霄为正一先生，又拜陈守元为天师。而妖人林兴以巫见幸，事无大小，兴辄以宝皇语命之而后行。守元教昶起三清台三层，以黄金数千斤铸宝皇及元始天尊、太上老君像。日焚龙脑、薰陆诸香数斤，作乐于台下，昼夜声不辍云，如此可求大还丹。"这条记载没有说清楚闽国所建的这座三清台位于何处。另据记载："闽主用陈守元言，作三清殿于禁中，以黄金数千斤铸宝皇大帝、天尊、老君像，昼夜作乐，焚香祷祀，求神丹。政无大小，皆林兴传宝皇命决之。"④ 可知闽国所建的乃是三清殿，并且位于宫中。

---

① 王钦若：《册府元龟》卷五四《帝王部·尚黄老第二》，中华书局1960年版，第601页。
② 同上书，第607页。
③ 以上引文均见赵彦卫《云麓漫钞》卷八，第137页。
④ 司马光：《资治通鉴》卷二八二，晋高祖天福四年四月条，中华书局1956年版，第9202页。

从唐代相关文献的记载看，无论是太清宫内或是三清殿傍均有三清台（坛）的建筑，五代时亦是如此。杜光庭的《广成集》收有一篇他上给皇帝的《谢宣赐道场钱表》，其中有："今日伏奉圣旨，以臣自前月二十一日就当院集在观道众老宿等，于三清坛上为皇帝陛下开置灵宝消灾转经，礼念道场"云云。①作者杜光庭乃前蜀道士，赐号广成先生。其所说的这座三清坛位于何处呢？另据花蕊夫人《宫词》云："三清台近苑墙东，楼槛层层映水红。尽日绮罗人度曲，管弦声在半天中。"②花蕊夫人姓徐，乃前蜀嫔妃，诗中所写的三清台即上述的三清坛。杜光庭还提到"在观道众老宿等"，说明其台就建在观内，而这个观的位置应该就在宫内，因为花蕊夫人的诗句"三清台近苑墙东"，这里所说的"苑墙"，当指宫中内苑之墙。即使杜光庭所云之三清坛未建在宫内，亦不能否定其宫中建有三清台之类的建筑。另据宋人张唐英的《蜀梼杌》卷上载："（王）衍受道箓于苑中，以杜光庭为传真天师、崇真馆大学士。"王衍乃前蜀后主，其受道箓于苑中，这里所谓的"苑"，亦是指内苑。接受道箓必须在宗教场所进行，这些都是前蜀宫中建有三清殿（台）的证据。

在唐朝以前极少有三清殿单独建造，自唐以来不仅道观内多建有三清殿，亦多有单建者，检索历代地方志，各地的这种情况多不胜举，且自五代以来有愈来愈多的趋势，其中亦不乏皇帝出资建造的。这类事例甚多，就不一一列举了。宋人赵彦卫说："老子乃李氏之祖，取郊祀配天之义以尊之，号曰三清；然未尝殿而祀之。本朝更定醮仪，设上九位，失于详究，以昊天上帝列于周柱史之下，故景祐有此施行，谓宜仿景祐之制少变之，奉三清于殿，以为教门之祖；若醮，则祭昊天上帝于坛，以为百神之宗，庶不失崇敬之义，亦唐崇玄学之旧。"③言下之意是唐朝尚未为三清专门建殿，此举乃是宋朝所为，这种说法当然是错误的。不过他提到宋仁宗景祐时，变更醮仪，将昊天上帝之位排在老子之下，认为不当，希望将祭祀三清与昊天上帝分别进行，并指出这是早在唐代就已存在的醮仪，就此点而言，倒是符合实际情况的。

① 杜光庭：《广成集》卷三《谢宣赐道场钱表》，文渊阁《四库全书》，上海古籍出版社1987年版，第1084册，第606页。

② 彭定求：《全唐诗》卷七九八，中华书局1960年版，第8975页。

③ 赵彦卫：《云麓漫钞》卷八，第147页。

二　其他道教建筑

1. 玉晨观

玉晨观，不见于《唐六典》《长安志》以及其他史籍的记载，出土的唐代墓志却对其有明确的记载。如《唐大明宫玉晨观故上清太洞三景弟子东岳青帝真人田法师玄室铭并序》、[①]《唐故内玉晨观上清大洞三景法师赐紫大德仙官铭并序》，其中后一墓志说："德既升闻，帝思乞言大□，敕召入宫玉晨观。师每进见，上未尝不居正端拱，整容寂听。"[②] 又西安出土的《回元观钟楼铭》，立于开成元年（836）四月二十日，其碑曰：太和"四年夏，有诏女道士侯琼珍等同于大明宫之玉晨观设坛进箓"云云[③]。根据这些记载可以确知玉晨观就在大明宫中，属于皇家的内道场之一。

关于玉晨观在大明宫的方位，由于史书缺载，元稹的《寄浙西李大夫四首》诗云："最忆西楼人静夜，玉晨钟磬两三声。"作者自注曰："玉晨观，在紫宸殿后面也。"[④] 元稹曾担任过翰林学士，这首诗当是写其在翰林学士院夜间当值时的情景。翰林学士院位于右银台门内，[⑤] 故在这里可以听到玉晨观的钟声。郑畋《金銮坡上南望》一诗云："玉晨钟韵上清虚，画戟祥烟拱帝居。极眼向南无限地，绿烟深处认中书。"[⑥] 有人根据以上记载，推测玉晨观的大概位置可能在金銮殿东、紫宸殿北这一范围内。[⑦]

玉晨观是一座女道观，《册府元龟》卷五四《帝王部·崇黄老二》

---

① 周绍良等：《唐代墓志汇编续集》太和 019，上海古籍出版社 2001 年版。

② 赵力光：《西安碑林博物馆新藏墓志汇编》，线装书局 2007 年版，第 688 页。首行题中"仙官铭"原为"仙宫铭"，根据原志拓片仔细辨认，其中"宫"字应为"官"字之误，故改之。

③ 马骥：《西安新出土柳书〈唐回元观钟楼铭碑〉》，《文博》1987 年第 5 期。

④ 彭定求：《全唐诗》卷四一七，第 4603 页。

⑤ 辛德勇：《隋唐两京丛考》，三秦出版社 2006 年版，第 127—139 页。

⑥ 彭定求：《全唐诗》卷五五七，第 6464 页。

⑦ 樊波：《唐大明宫玉晨观考》，载《唐代国家与地域社会研究》，上海古籍出版社 2008 年版，第 422 页。

载："开成二年正月，召麻姑山女道士庞德祖自录台门留止玉晨观。"录台门之"录"字，应是"银"字之误。庞德祖显然是一位女道士。上面提到的《田法师玄室铭》载："每一讲说，妃嫔已下相率而听者仅数千人，或舍名衣，或舍□宝，愿为师弟，升堂入室者不可数焉。"其患病时，"天医御药，道路相望。太后亲问，给侍医药等物焉"。从这些情况看，这位田法师也应是一位女道士。上引的《三景法师赐紫大德仙官铭》说其："托孤于父母家，栖心于神仙学。销忘彼我，齐致贵贱。乃于严君理所得同志女谢自然于民间而友之。""同志女谢自然"一语揭示出其应为女性。其在大明宫玉晨观居住了一段时间后，"复居京城亲仁里咸宜观旧院"。《唐会要》卷五《杂录》载："至开成四年六月。其裔孙女道士元贞。……元贞如愿往京城。便配咸宜观安置"云云。可知咸宜观本为女道观。综合以上情况，可以肯定玉晨观就是一座设置于大明宫内的女道观。

《全唐文》卷六七六、卷七二八与卷八〇二共收入了8篇《叹道文》，即《上元日叹道文》《庆阳节玉晨观叹道文》《宪宗忌日玉晨观叹道文》《立春日玉晨观叹道文》《七月十一日玉晨观别修功德叹道文》《九月一日玉晨观别修功德叹道文》《玉晨观祈雨叹道文》《玉晨观祈雨叹道文》等。就其内容来看，应属于青词之类的道教斋醮时的一种祝文。[①] 从中可以看出，玉晨观的道士们除了给宫中嫔妃、宫人讲道说法外，其活动范围还包括上元节为皇帝焚香行道，敬修功德，永葆大唐江山稳固，四海升平；庆阳节为唐文宗的生日，可见为皇帝祈福也是玉晨观活动的内容之一；《宪宗忌日玉晨观叹道文》曰："伏以今月二十七日宪宗皇帝忌，女道士等斋戒精修，焚香虔恳，伏愿追纵玄运，息驾黄庭。保圣祚于无疆，降神功于有感。日月所照，福祐同沾"云云。即为死去的皇帝超度追福。重要的节气和别修功德，玉晨观也要举行斋醮活动，这一点从上面的叹道文中表现得很明显；此外，便是祈雨活动，这是佛、道二教时常举行的活动，玉晨观自然也不例外。

① 樊波：《唐大明宫玉晨观考》，第 419 页。

2. 望仙观

望仙观，或称望仙台，其实望仙台仅仅是观内一高台而已，而望仙观应该是一处颇具规模的建筑群。关于望仙观的始建时间，《旧唐书》卷一八上《武宗纪》载：会昌三年（843）五月，"筑望仙观于禁中"。《新唐书》卷八《武宗纪》曰：会昌三年，"是夏，作望仙观于禁中"。《资治通鉴》卷二四七会昌三年五月条："筑望仙观于禁中。"

望仙台的兴建却在这年以后，《旧唐书》卷一六五《柳公绰传附柳仲郢传》载：会昌五年（845），"武宗筑望仙台，仲郢累疏切谏，帝召谕之曰：'聊因旧趾增葺，愧卿忠言。'"《新唐书》本传亦载："武宗延方士筑望仙台，累谏谆切，帝遣中人愧谕。"旧书所记是武宗召柳仲郢当面谕之，新书却记为命中使代为谕之。值得注意的是，旧书所记的"聊因旧趾增葺"一句，似乎武宗只是在旧址上增葺而已。那么，大明宫在此之前是否已有类似建筑呢？具体情况已不可考了。

关于望仙台的具体修筑时间，诸书记载颇不相同，引录如下：

> 《唐会要》卷三〇《杂记》："（会昌）五年正月，造仙台。其年六月，修望仙楼及廊舍，共五百三十九间。"
>
> 《册府元龟》卷一四《帝王部·都邑二》："（会昌五年）六月，修望仙楼及廊舍共五百三十九间。"
>
> 《旧唐书》卷一八上《武宗纪》："（会昌五年）六月丙子……神策奏修望仙楼及廊舍五百三十九间，功毕。"
>
> 新唐书卷八《武宗纪》："五年……六月甲申，作望仙楼于神策军。"

综合上引诸书记载看，望仙台及望仙楼建于会昌五年是不成问题的，从《唐会要》所载看，这年正月先建的望仙台，后来才建的望仙楼，这两处建筑并非同时开工，这一点倒是有可能的。只是《新唐书》说"作望仙楼于神策军"，则大误矣，因为右神策军驻于西内苑，左神策军驻于东内苑，这里显然是指左神策军驻地。若如此，则望仙楼建在东内苑之中，这不仅诸书所记不同，而且与考古探测的结果也不同，这一点后面还要详述。此外，如果望仙台与望仙楼在当年开建，六月就建成，如此之大的规模显然是不可能的。

日本僧人圆仁所撰的《入唐求法巡礼行记》一书对此也有记载，引录如下：

> 敕令两军于内里筑仙台，高百五十尺。十月起首，每日使左、右神策军健三千人，搬土筑造。皇帝意切，欲得早成，每日有敕催筑。

这里所说的十月，是指会昌四年（844）十月。圆仁当时就在长安，当时人记当时事，故可信度较大。既然如此，为什么上引诸书均把此事记在会昌五年呢？这一点其实上引《旧唐书》已经说得很清楚了，这年六月是工程"功毕"，即完工的时间，故神策军向武宗奏建成了望仙楼及廊舍539 间。这一条记载应该出自于《唐武宗实录》，是可信的。

还有一点需要说明，望仙台与望仙楼既非同时兴建，其建成也并非同一时间。据圆仁记载：会昌五年"三月三日，筑台成就。进仙台，人君上台。两军中尉、诸高班、道士等，随皇帝上。两军中尉语赵归真曰：'今日进仙台了，不知公等求得仙否？'归真低头不语。"① 说明望仙台建成于这年三月，而望仙楼及廊舍建成于同年六月。从这段记载看，左右神策军护军中尉对道士赵归真十分不满，原因不仅在于筑台是出自于他的建议，更在于修筑过程中武宗催促甚急，致使神策军吃了很大的苦头。所谓"每日有敕催筑。两军都虞侯把棒检校，皇帝因行见，问内长官曰：'把棒者何人？'长官奏曰：'护军都虞侯勾当筑台。'皇帝宣曰：'不要你把棒勾当，须自担土。'便交搬土。后时又驾筑台所，皇帝自索弓，无故射敕虞侯一人，无道之极也"②。都虞侯是负责军纪的军官，其把棒检校，就是持杖督促监工。武宗竟然命其亲自运土，其急切心情可见一斑，又射死了一名虞侯，故神策军上下有怨气也是难免的。两军中尉不敢对皇帝发泄，只好找赵归真的麻烦了。

由此可见，望仙台、降真台（后述）、望仙楼及其廊舍，均为望仙观

---

① ［日］圆仁：《入唐求法巡礼行记》卷四，上海古籍出版社 1986 年版，第 181 页。
② 同上书，第 180 页。

的组成部分，它们共同构成了一处规模宏大的建筑群。既然如此，为什么后世学者对望仙台十分关注，却对望仙观的兴建不甚重视，原因就出在宋代学者身上。如王溥的《唐会要》根本就未提望仙观，仅记载了望仙台。宋敏求的《长安志》卷六在记载大明宫内的建筑物时，也记载了望仙台，而忽视了望仙观，所谓"望仙台，武宗时命神策军士修望仙楼及廊舍五百余间。大中八年，复命葺之，补阙陈嘏上疏谏而止，改为文思院"。元人骆天骧的《类编长安志》亦是如此，仅记载了望仙台。元人胡三省为《资治通鉴》作注时，在卷二四七会昌三年五月条的"筑望仙观于禁中"一句下，注云："《会要》，是年修望仙楼及廊舍，共五百三十九间。"显然胡三省把这时所建的望仙观与后来所建的望仙楼视为同一回事，而今本《会要》明确记载望仙楼及廊舍建成于会昌五年。受宋元学者的这种影响，加之后世学者对这个问题没有详加考辨，误以为望仙台就是望仙观。

望仙观是一组规模宏大的建筑群，关于其规模及其豪奢情况，有两则记载，录之如下：

> 仙台高百五十尺，上头周圆，与七间殿基齐；上起五峰楼，中外之人尽得遥见；孤山高耸，般终南山盘石作四山崖，龛窟盘道，克饰精妙；便栽松柏奇异之树，可笑称意。[1]

这是现存描写望仙台最为详细的记载，其余记载比较简略，只是说"武宗好长生久视之术，于大明宫筑望仙台，势侵天汉"[2]。另一段史料则记载了降真台的情况，其文曰：

> 上好神仙术，遂起望仙台以崇朝礼。复修降真台，春百宝屑以涂其地，瑶楹金栱，银槛玉砌，晶荧炫耀，看之不定。内设玳瑁帐、火齐床，焚龙火香，荐无忧酒。此皆他国所献也。上每斋戒沐浴，召道士赵归真已下共探希夷之理。由是室内生灵芝二株，皆如红玉。又渤海贡玛瑙柜、紫瓷盆。马瑙柜方三尺，深色如茜所制，工巧无比，用

---

①　[日]圆仁：《入唐求法巡礼行记》卷四，第181—182页。

②　裴庭裕：《东观奏记》卷上，第93页。

贮神仙之书，置之帐侧。紫瓷盆量容半斛，内外通莹，其色纯紫，厚可寸余，举之则若鸿毛。上嘉其光洁，遂处于仙台秘府，以和药饵。后王才人掷玉环，误缺其半菽，上犹叹息久之。①

降真台与望仙台均处于望仙观内。

唐武宗兴建望仙观及望仙、降真二台的目的，自然是出于尊崇道教，求取神仙之术，所谓"武宗好长生久视之术"。关于这一点，道士赵归真说得更为详尽，其曰：

> 佛生西戎，教说不生。夫不生者，只是死也。化人令归涅槃。涅槃者，死也。盛谈无常苦空，殊是妖怪，未涉无为长生之理。太上老君闻生中国，宗乎大罗之天。逍遥无为，自然为化。飞练仙丹，服乃长生。广列神府，利益无疆。请于内禁筑起仙台，练身登霞，逍遥九天。康福圣寿，永保长生之乐。②

如果说唐武宗兴建望仙观是出于尊崇道教的目的，其建筑望仙台则是相信了赵归真的这一说辞，练身登霞，获取仙丹，求取长生之道。武宗服食丹药死后，宣宗遂于大中八年（854）将其改为文思院，成为制造金银器的机构。

关于望仙观在大明宫中的方位，一说"望仙台，在清思殿西"③。另一说"武宗于宣政殿东北筑台曰望仙"④。关于清思殿的方位，考古实测说它在大明宫左银台门内西北 280 余米处。⑤ 关于宣政殿的遗址考古人员已经发现，位于含元殿以北 300 米处，而紫宸殿在宣政殿以北 95 米处，

---

① 苏鹗：《杜阳杂编》卷下，《唐五代笔记小说大观》下册，上海古籍出版社 2000 年版，第 1390 页。

② ［日］圆仁：《入唐求法巡礼行记》卷四，第 180 页。

③ 徐松：《唐两京城坊考》卷一，第 23 页。

④ 赵彦卫：《云麓漫钞》卷八，第 142 页。

⑤ 马得志：《唐长安城发掘新获》，《唐大明宫遗址考古发现与研究》，文物出版社 2007 年版，第 70 页。

在紫宸门以北 60 米处。① 考古人员在紫宸殿与紫宸门之间的东面发现一高高的夯土台，认为其应是望仙台遗址。这个位置正好处在宣政殿东北，但是却在清思殿遗址的西南，并非清思殿西，证明这一说法并不准确。史念海主编的《西安历史地图集》第 89 页《大明宫图（考古）》，将望仙台遗址标绘在紫宸门正东，而杨鸿勋《大明宫》一书第 25 页《唐长安大明宫复原平面图》，把望仙台标绘于紫宸殿与紫宸门之间的正东方位上，应该说后一书的标绘更为精确一些。由于望仙台只是望仙观内的一处建筑，搞清了其具体方位虽然可以确定望仙观在大明宫中的方位，但对其全部建筑群的范围到底有多大，尚无法论定，只好有待于考古工作的新发现了。

3. 大角等观

大角观是大明宫中的又一座道观，其详情史籍缺载，考古人员还未及发掘其遗址。宋敏求《长安志》卷六《大明宫》载："大角观在珠镜殿东北。"其他诸书均沿袭了这一说法，如《陕西通志》卷七二《古迹一·宫阙》、毕沅《关中胜迹图志》卷五《古迹·宫阙》等。徐松《唐两京城坊考》卷一《大明宫》，在抄录了《长安志》的这一记载后，接着又说"大典阁本图不载，而珠镜西北有玄元皇帝庙，疑即此观也"。徐松的这种说法将大角观与玄元皇帝庙混为一谈，故不可取，其书所附的《大明宫图》中，将大角观标绘在大明宫东北角，正处于珠镜殿东北的位置上。元人李好文的《长安志图》所附的《唐大明宫图》，在珠镜殿以北标绘了玄元皇帝庙，在此庙东北标绘了大角观。《雍录》所附的《阁本大明宫图》将玄元皇帝庙标绘在银汉门以东的位置上。杨鸿勋《大明宫》第 25 页《唐长安大明宫复原平面图》在珠镜殿东北，从西向东依次标绘了玄元皇帝庙、大角观。这一方位的标绘比之前人更加详尽，故比较可信。

另据《唐六典》卷七《尚书工部》载：大明宫中有"玄武、明义、大角等观"。其中所说的玄武观与明义观，未见于其他史籍记载，故无法推测其具体方位。

---

① 《唐长安大明宫》，《唐大明宫遗址考古发现与研究》，文物出版社 2007 年版，第 38—39 页。

4. 灵符应圣院

在唐朝诸帝中，唐武宗是最尊崇道教的一位皇帝，他最早在大明宫中建造的道教建筑物就是灵符应圣院。史载武宗会昌元年三月"造灵符应圣院于龙首池"①。关于灵符应圣院的具体方位，《长安志》卷六《禁苑·内苑》条载："灵符应圣院，在龙首池东，会昌元年造。"关于龙首池的具体位置，史书中有明确记载，所谓"东苑中有龙首池，言其资龙首渠水以实池也"②。东内苑的龙首池岸边除了灵符应圣院外，还有龙首殿，太和九年（835）八月，文宗"幸左军龙首殿"③。之所以如此表述，是因为东内苑内驻有左神策军。因此灵符应圣院也应在左军的防区范围之内。据载：唐僖宗崩于灵符殿。④ 徐松说："僖宗崩于灵符殿，疑即此院之殿。"⑤ 此说甚是。另据记载："武宗以刘玄静为崇玄馆学士，号广成先生，入居灵符殿，帝就传法箓。"⑥ 可见灵符应圣院确是一处道教建筑。宋敏求《长安志》卷六《别见》亦载："天宝中，明皇命周尹憕为崇玄馆学士。值禄山兵乱，馆宇浸废。至武宗特诏营创，置吏铸印，以刘元静为崇玄馆学士，号广成先生，入居灵符殿。"据此来看，武宗时期的崇玄馆就设在灵符应圣院内。吕大防的《长安城图》绘有灵符观，应是指灵符应圣院，虽然将其绘在龙首池以东，但却绘在东内苑之外，显然是不对的。⑦

除了以上固定的道教内道场外，在大明宫中还有不少临时性的道教道场，如长生殿内道场、三殿（即麟德殿）内道场、仪鸾殿内道场等。⑧ 这一切都充分反映了李唐皇室尊崇道教的情况，道教已经深深地影响了有唐一代的宫廷生活，并与政治发生了密切的关系。

---

① 刘昫：《旧唐书》卷一八上《武宗纪》，第 586 页。

② 程大昌：《雍录》卷六《唐都城导水》，中华书局 2002 年版，第 118 页。

③ 王溥：《唐会要》卷二七《行幸》，第 610 页。

④ 司马光：《资治通鉴》卷二五七，唐僖宗文德元年三月条，第 8497 页。

⑤ 徐松：《唐两京城坊考》卷一《西京·三苑》，第 29 页。

⑥ 骆天骧：《类编长安志》卷三《馆》，中华书局 1990 年版，第 95 页。

⑦ 收入［日］平岗武夫编《长安与洛阳》（地图篇），陕西人民出版社 1957 年版，图版二。

⑧ 王永平：《论唐代道教内道场的设置》，《首都师范大学学报》1999 年第 2 期。

三　佛教建筑

1. 昭德寺

昭德寺为大明宫中的佛教寺院之一，其始建时间已不可考。史籍中关于昭德寺的记载几乎全与文宗太和二年（828）十一月的一次火灾有关，通过诸书对这次火灾的记述，可以推测出昭德寺在大明宫中的方位。关于此次火灾的最早记载出自《旧唐书》，太和二年十一月"甲辰，禁中巳时昭德寺火，直宣政殿之东，至午未间，北风起，火势益甚，至暮稍息"[①]。说明此次火灾是从昭德寺烧起的，而昭德寺在宣政殿以东。另据《旧唐书》卷一六五《温造传》载："大和二年十一月，宫中昭德寺火。寺在宣政殿东隔垣，火势将及，宰臣、两省、京兆尹、中尉、枢密，皆环立于日华门外，令神策兵士救之，晡后稍息。"这条记载所记的昭德寺方位比上一条记载更加详尽，在宣政殿东西两侧有一道宫墙，这道宫墙以内便是内宫。既然昭德寺位于宣政殿的"东隔垣"，就说明其在这道宫墙以北、宣政殿以东的位置上。由于当时刮的是北风，故大火是从北向南延烧。隔着这道宫墙，南面最大的建筑群便是门下省，所以包括宰相在内的广大官员只能站在门下省更南面的日华门，督促禁军兵士救火了。因为这里远离门下省，是比较安全的。

这次火灾造成的损失很大，记载最详的当是《长安志》卷六《别见》："太和二年十一月甲辰，禁中火灾从昭德寺起，延烧宣政殿东，午门益炽，宫垣半为灰烬。寺之南，禁中呼为野狐落。宫人居此者，为火所逐，攀援墙垣以出，出不及者，焚死数百人。又延烧门下省，至暮稍息，凡数日方灭。"可见大火已烧到了门下省，从昭德寺至门下省之间的建筑物全部被烧毁了。至于为什么死者中以宫人最多，这是因为其所居之野狐落正好位于昭德寺与上述的那道宫墙之间，昭德寺失火，北风向南吹，自然首先烧及的就是野狐落，而其南面又为高高的宫墙阻隔，宫人又是女性，攀援不及者只能葬身于火海了。

通过以上论述，就可以清楚地确定昭德寺的方位了，即在宣政殿以

---

① 刘昫：《旧唐书》卷一七上《文宗纪上》，第 530 页。

东、宫墙以北的野狐落北面的位置上。昭德寺是僧寺还是尼寺，笔者认为很可能是尼寺，一是因为其紧邻宫人居住的野狐落，自然没有防嫌之必要；二是唐朝在宫廷中所兴建的佛寺，几乎均为尼寺。

2. 福寿寺

福寿寺为大明宫中佛寺之一，其始建时间不详。估计很可能在唐高宗时期就已兴建了，因为《大正大藏经》第 20 册收有福寿寺沙门波仑所撰的《不空罥索陀罗尼经序》，其中说到其于圣历三年（700）三月获得此经，同年八月翻译并勘会完毕。据此推测，此寺很可能建于高宗时，至迟在武则天时期就已经有了。

之所以确定此寺建在大明宫内，是根据《唐京兆大安国寺僧彻传》的相关记载论定的，所谓"别宣僧尼大德二十人，入咸泰殿置坛度内。福寿寺尼缮写大藏经，每藏计五千四百六十一卷。雕造真檀像一千躯，皆委彻检校焉"。咸泰殿即大明宫诸殿之一。这条记载文义不明，没有说清楚在咸泰殿设坛到底度了哪些人？另据《大宋僧史略》卷下《临坛法》记载："及懿宗，于咸泰殿筑坛，度内福寿寺尼受大戒。"既称福寿寺为内寺，又在大明宫咸泰殿设坛，证明福寿寺就设在大明宫内。关于此事史籍中也有记载："上奉佛太过，怠于政事，尝于咸泰殿筑坛为内寺尼受戒。"胡三省注云："内寺尼，盖宫人舍俗者；就禁中为寺以处之，非教也。"① 可见福寿寺也是尼寺，属于所谓内寺。这位僧彻和尚还经常入宫讲经，所谓"每属诞辰，升麟德殿法座讲谈，敕赐紫袈裟。懿宗皇帝留心释氏，颇异前朝，遇八斋日，必内中饭僧，数盈万计"。后来黄巢攻下长安，僖宗皇帝入蜀，僧彻也曾追随，故"弟子秦蜀之间愈多传法者"②。

据《唐京兆福寿寺玄畅传》载："（玄）畅于大中中，凡遇诞辰，入内谈论，即赐紫袈裟，充内外临坛大德。"又曰："畅时充追福院首领，又充总持寺都维那，寻署上座。"至唐懿宗时，"特赐师号曰法宝"③。另据《唐京兆圣寿寺慧灵传》载：总持寺由"福寿寺临坛大德赐紫玄畅充

①　司马光：《资治通鉴》卷二五〇，唐懿宗咸通三年四月条及胡注，第 8220 页。
②　以上未注出处者均见赞宁《宋高僧传》卷六《唐京兆大安国寺僧彻传》，中华书局 1987 年版，第 133—134 页。
③　赞宁：《宋高僧传》卷一七，第 430 页。

都维那"①。可知玄畅是以福寿寺临坛大德赐紫的名义，充任总持寺都维那的。寺院首脑有所谓三纲，即上座、寺主、都维那，都是领导僧众、维持纲纪的僧职，都维那具体掌管僧众威仪进退和僧籍等事。说明内寺之尼只要是大德高僧，也与外寺保持着密切的联系，甚至还兼任外寺之僧职，玄畅就是一例。又据《大宋僧史略》卷下《德号附》载，大中十年（856），"玄畅迁上座大德玄，则为寺主大德"。这是指其本传所说的"寻署上座"这件事。

关于福寿寺尼见于佛教典籍的还有不少，除前述的福寿寺沙门波仑外，据《大正大藏经》第24册与第31册的记载，还有"翻经沙门福寿寺主大德利明"，第55册与第68册记有"福寿寺如理"。此外，陕西出土的《大唐崇福寺故僧录灵晏墓志》，为"右街福寿寺内道场讲论大德绍兰书"②。这位绍兰也是一位福寿寺尼，题名中"内道场"三字将福寿寺的内寺性质表露无遗，之所以加"右街"二字，是因为福寿寺归右街功德使管辖的缘故，这种表述方式在唐代僧尼传记及墓志中比较常见。

福寿寺在大明宫中的具体方位，由于典籍缺载，故不可考。

3. 德业寺

德业寺为设在唐朝宫廷里的内道场之一。有关德业寺亡尼的墓志近年来在陕西出土不少，从而使德业寺进入了学术界研究的视野之内。仅《新中国出土墓志》陕西卷收入的德业寺尼墓志就有：《德业寺故尼明远铭》《大唐德业寺故尼法矩墓志铭》《德业寺亡尼七品墓志铭》《唐德业寺亡尼七品墓志铭》《大唐故德业寺亡尼□墓志铭》《德业寺亡尼墓志铭》《德业寺亡尼七品（法通）墓志铭》《大唐德业寺亡尼墓志》《大唐故德业寺亡尼七品墓志》《唐德业寺亡尼七品墓志》等。这些亡尼无一不是宫人出身，后入德业寺为尼，死后被官府葬入咸阳原。其实德业寺尼的数量是很大的，据载："其鹤林侧先有德业寺，尼众数百人，又奏请法师受菩萨戒，于是复往德业。事讫辞还。"③引文中所说法师，即高僧玄奘。在

① 赞宁：《宋高僧传》卷一六，第392页。

② 周绍良等：《唐代墓志汇编续集》大中059，上海古籍出版社2001年版，第1011页。

③ 慧立、彦悰：《大慈恩寺三藏法师传》卷八，中华书局1983年版，第180页。

他前往德业寺前，已有尼数百人，此次主持受戒又增加了多少人，史无记载，不得而知。另据《华严经传记》卷三载："释灵辨……每于崇圣宫、鹤林寺、德业寺、百福殿等，而行受戒法。京城及诸州僧尼，从受归戒者，一千余人。"在这一千人的受戒者中，也包括不少德业寺尼。由于德业寺属于内道场，故受戒者多为宫人或嫔妃，不排除有公主在这里出家为尼。史载：高宗麟德元年（664）三月，"丁卯，长女追封安定公主，谥曰思，其卤簿鼓吹及供葬所须，并如亲王之制，于德业寺迁于崇敬寺。"[①]安定公主死后为什么是从德业寺迁出呢？很可能其生前已出家于德业寺，故死后移出安厝于崇敬寺。崇敬寺也是一处尼寺，宣宗大中初改名为唐昌寺。

德业寺始建于何时？据《释氏稽古略》卷三载："辛卯五年，帝为穆太后于庆善宫造慈德寺，及于昭陵立瑶台寺。敕法师玄琬，于苑内德业寺为皇后写佛藏经。"辛卯五年，即贞观五年（631），说明至迟此时就已经有德业寺了。也有学者将武则天出家的感业寺与德业寺联系起来，认为两者存在着密切的关系。不过这种说法都缺乏充足的证据，但是作为一种研究思路还是值得重视的。

关于德业寺的具体方位，已无法考证清楚了，从现有资料看，其应该位于西内苑之内。上引《释氏稽古略》已点明德业寺位于苑内，甚至有学者认为应在西内苑偏西部，这里环境较为幽静，"比较适合设置寺院"[②]。

4. 鹤林寺

鹤林寺亦为设在宫廷里的佛教内道场之一。关于鹤林寺的兴建经过，《大慈恩寺三藏法师传》有详细的记载，录之如下：

> 有尼宝乘者，高祖神尧皇帝之婕妤，隋襄州总管临河公薛道衡之女也。德芬彤管，美擅椒闱。父既学业见称，女亦不亏家训。妙通经

---

① 刘昫：《旧唐书》卷四《高宗纪上》，第85页。

② 尚民杰：《唐代宫人、宫尼墓相关问题探讨》，载《唐史论丛》第十六辑，陕西师范大学出版社2013年版，第217页。

史，兼善文才。大帝幼时，从其受学，嗣位之后，以师傅旧恩，封河东郡夫人，礼敬甚重。夫人情慕出家，帝从其志，为禁中别造鹤林寺而处之，并建碑述德。又度侍者数十人，并四事公给，将进具戒。至二月十日，敕迎法师将大德九人，各一侍者，赴鹤林寺，为河东郡夫人薛尼受戒。又敕庄校宝车十乘、音声车十乘，待于景曜门内。先将马就寺迎接，入城门已，方乃登车发引，大德居前，音声从后。①

引文中所谓"大帝"，指唐高宗李治。请玄奘为薛氏受戒之事，发生在显庆元年（656）二月十日，唐高宗为薛氏所建的鹤林寺不可能当年内完成，故其始建时间应在上一年，即永徽六年（655），此时方才建成。关于此寺的情况，唐高宗所撰的碑文中有详细描写：

却背邠郊，点千庄之树锦；前临终岳，吐百仞之峰莲。左面八川，水皎地而分镜；右邻九达，羽飞盖而连云。抑天府之奥区，信上京之胜地。②

可见鹤林寺的环境还是十分优美的。

关于鹤林寺的方位，上引《大慈恩寺三藏法师传》卷八已有明确记载，所谓"鹤林寺侧先有德业寺尼众数百"。可见鹤林寺邻近德业寺，也位于西内苑内。此书还记载说"鹤林后改为隆国寺焉"。众所周知，此书共分十卷，玄奘门徒慧立撰成前五卷，后五卷由玄奘另一门徒彦悰于武则天垂拱四年（688）撰成，并对全书进行了整理。也就是说，鹤林寺改为隆国寺最迟在垂拱四年前已经改名。又据《法苑珠林》卷一〇〇《圣记》载高宗"亲纡圣思，躬操神笔，制大慈恩寺、隆国寺碑文及书"。此时已经称鹤林寺为隆国寺了。这两种碑文并非同时撰成。另据记载，高宗御制大慈恩寺碑成于显庆元年三月，"时礼部尚书许敬宗遣使送碑文于法师"③。隆国寺碑当在此后。上引《法苑珠林·圣记》文末有"总章元年

---

① 慧立、彦悰：《大慈恩寺三藏法师传》卷八，第179—180页。

② 同上书，第181页。

③ 慧立、彦悰：《大慈恩寺三藏法师传》卷九，第185页。

下诏西京，更置明堂、乾封二县，用旌厥德，传诸后昆"等文字，据此可以断定鹤林寺改为隆国寺应在总章元年（668）或之前。

《全唐文》卷九六二收有一篇名为《谢奉圣制隆国寺碑表》的文章，时间确定在显庆元年三月。此时距鹤林寺落成尚不足一月时间，便会如此仓促地改名吗？此文抄之于《大慈恩寺三藏法师传》卷八，原无表章之名，文章之名乃是《全唐文》编者所加，由于其未加仔细考证，遂产生这样的错误。

5. 护国天王寺

关于此寺的方位应在大明宫东北角，其具体位置日本僧人圆仁所撰的《入唐求法巡礼行记》卷三有详细记载，叙述如下：唐文宗开成五年（840）八月廿三日，圆仁被安置于资圣寺。次日，令其参见左街功德使仇士良，由于仇士良当时任左神策军护军中尉，其使衙设在大明宫东内苑中，所以圆仁必须经过大明宫才能见到仇士良。关于其从资圣寺的行进路线，其书记载颇详，录之如下：

> 僧等随巡官人使御，从寺北行，过四坊，入望仙门，次入玄化门，更过内舍使门及总监院，更入一重门，到使衙南门。门内有左神策步马门。总过六重门，到使衙案头通状请处分。①

圆仁既然是经望仙门进入大明宫的，由于左神策军护军中尉衙位于大明宫宫墙外的东内苑之中，故其应是出玄化门，而不是入玄化门。玄化门应在大明宫东南角，而不是《阁本大明宫图》所绘的在大明宫东北角。② 圆仁出了玄化门后，一路向北，再经过数重门，才到达左神策中尉使衙。由于

---

① ［日］圆仁：《入唐求法巡礼行记》卷三，上海古籍出版社1986年版，第141页。

② 辛德勇：《隋唐两京丛考》，三秦出版社2006年版，第124页。但是辛德勇没有明确指出玄化门的方位，只是根据史籍记载，说兴建东夹城时开玄化门，并建晨晖楼。这就说明玄化门开在大明宫东墙之上，出此门即为东内苑，其应该距晨晖楼不远。吕大防《长安城图》绘晨晖楼于东内苑内，与崇明门在东西一条直线上，故玄化门应在开在昭训门东南的大明宫宫墙上。因为只有这样才符合圆仁入望仙门后，再出玄化门的记载，如果此门再向北开，则圆仁必然先入昭训门，然后才能出玄化门，可是其并未记载入昭训门之事。

这一天仇士良没有办公，所谓"缘开府不出，不得进状"。这里所谓"开府"，就是指仇士良。于是只好将圆仁就近安置，改日再另行进状。关于此事圆仁写道："案头何判官送到内护国天王寺安置。寺在左神策军球场北。寺与大内隔墙，即皇城内城东北隅也。"可见护国天王寺位于大明宫宫墙之外，左神策军球场之北，与大明宫仅隔一道宫墙，即在大明宫的东北角的位置上。护国天王寺应是僧刹，不然不会安置圆仁到此暂住，正因为其为僧刹，所以建在大明宫东墙外的东内苑中，靠近左神策军驻地。

四　玄元皇帝庙

玄元皇帝在这里是指先秦诸子百家之一的道家创始者老子。早在唐高祖时就自认为是老子李耳的后裔，但却没有尊其为帝。唐高宗麟德三年（666）二月，追尊老子为太上玄元皇帝，并为其兴建庙宇，"其庙置令、丞各一员"。[1] 只不过此庙建在老子的家乡真源县，还没有在全国各地建庙。唐睿宗景云二年（711）四月，"甲辰，作玄元皇帝庙"[2]。这座玄元皇帝庙在何处？史无记载，笔者认为很可能建在大明宫中，因为真源县早已建庙了，在两京地区和全国各州为其建庙是玄宗时的事。唐玄宗开元二十五年（737），"置崇玄学于玄元皇帝庙"[3]。至开元二十九年（741），"制两京、诸州各置玄元皇帝庙并崇玄学，置生徒，令习《老子》《庄子》《列子》《文子》，每年准明经例考试"[4]。这里所谓崇玄学，是指要求两京及各地也建此学。其中西京长安的崇玄学已在开元二十五年建立了，此时又提此事，当是将其从宫中的玄元皇帝庙移到了宫外。其实长安的玄元皇帝庙直到次年才建成，"天宝元年正月，陈王府参军田同秀上言玄元皇帝降见于丹凤门之通衢，以天下太平圣寿无疆之言传于玄宗，仍告赐灵符尹喜之故宅。上遣使就桃林县函谷关令尹台西得之。于是置庙于大宁坊，

---

① 刘昫：《旧唐书》卷五《高宗纪下》，第90页。
② 欧阳修：《新唐书》卷五《睿宗纪》，中华书局1975年版，第118页。
③ 王应麟：《玉海》卷一一二《唐崇玄学》，第2067页。
④ 刘昫：《旧唐书》卷九《玄宗纪下》，第213页。

东都于积善坊"①。故《新唐书》卷五《玄宗纪》记为开元二十九年正月丁酉，"立玄元皇帝庙"。《新唐书》在这里用了一个"立"字，而没有如通常那样用"作"字，原因就在于这一年只是颁布了建庙的制书。只是前一条记载在记述了田同秀的上言后，接着又写"于是置庙于大宁坊"云云，似乎此次建庙与田同秀的上言有因果关系，这种写法是不对的。

至于唐朝在宫中已经建了三清殿后，为什么还要再建玄元皇帝庙，两者各有何用途？这个问题是必须说清楚的。

虽然两者均供奉有老子之像，但在性质上却有所不同。先说玄元皇帝庙，李唐皇室自认是老子的后裔并且追尊其为玄元皇帝，为其建庙亦在情理之中，这些方面毋庸多说。问题是唐朝本有供奉和祭祀祖先的太庙系统，为何还要再为老子专门建庙？是否可以将其放在太庙内供奉呢？我国自西周以来，就逐渐形成了一整套庙制礼仪系统，设庙的规格与多少都是有严格的规定的，《礼记·王制》曰："天子七庙，三昭三穆，与太祖之庙而七。……诸侯五庙，二昭二穆，与太祖之庙而五。……大夫三庙，一昭一穆，与太祖之庙而三。……士一庙。……庶人祭于寝。"这里所谓的"太祖"是指始封之君，对于诸侯、卿大夫而言，太祖则指始爵之人。这一套制度到汉代便形成为定制，并为历代王朝所遵循。

为什么这种庙制所规定的祭祀对象最早仅限于太祖呢？这是出于"亲亲"原则的缘故。因为如果历代祖先都要进行祭祀，则庙数将会无限延伸下去，所以只对与本朝皇帝最亲近的几代祖先进行祭祀。这种制度对统治时间较长的王朝来说，还存在一个毁庙的问题，除了始封之君和"二祧"之外，其余皇帝的庙随着时间的延伸都要毁去（也可能仅撤去神主），而代之以与现任皇帝最亲近的祖先之庙，这样就可以始终保持着七庙之制。② 如果是兄终弟继，因为是同一代人，只好用室来代替，而无法做到一人一庙。关于唐代的宗庙之制的研究成果很多，不仅有为数不少的

---

①　骆天骧：《类编长安志》卷五。《旧唐书》卷二四《礼仪志四》、《新唐书》卷一三《礼乐志三》、《册府元龟》卷五十四《帝王部·尚黄老二》等书，所载亦同。

②　事实是在唐前期，如贞观时期实际只有五庙，到了高宗时期才有六庙，名义上还要叫七庙制度，直到中宗时期才形成真正的七庙之制。自此以后，再有皇帝去世，就要从前面七庙中迁毁一庙，再补充进去一庙。也有人说自唐玄宗以来唐朝实际上实行是九庙制度。

论文，专著亦不鲜见，就不多说了。①

　　老子虽然被李唐冒认为祖先，但却不是始封之君，充其量也就是一个始祖，更何况其已被道教尊为创教之主，因此无论怎么说，老子都不可能进入皇家的太庙。可是李唐皇室又需要把老子推出来以抬高皇家的神圣地位，在高祖、太宗时期由于老子尚未被尊为皇帝，自然无须为其专门建庙，有三清殿进行供奉祭祀就可以了。自从为老子在全国建玄元皇帝庙，又于天宝二年（743），把两京的玄元皇帝庙分别改称为太清宫与太微宫，天下诸郡的玄元皇帝庙改称为紫极宫。② 此后，皇帝祭天必先享太清宫，然后再享太庙，最后才进行郊祀之礼。③ 接着又为此庙编定了祭祀之乐，"天宝元年四月，命有司定玄元皇帝庙告享所奏乐，降神用《混成》之乐，送神用《太一》之乐"④。据此可知，设在大宁坊的太清宫乃是进行国家祭祀的场所之一，而设在大明宫中的玄元皇帝庙则属于皇室家庙的性质。之所以下这样的判断，还有史料可以作为佐证。据宋敏求《长安志》卷八《唐京城二》载：太清宫内分别有皇帝专用的御斋院和朝臣使用的公卿斋院，又把玄宗等几位皇帝、宠臣以及文宣王（孔子）和四真人的石像分列于老子像两侧，从这些情况看，都与家庙的性质格格不入。另据记载：唐德宗"兴元元年十二月，诏：'太清宫改太常卿亚上香，光禄卿终上香；改三礼拜为再拜。'贞元元年正月，敕：'荐飨太清宫，亚献太常卿充，终献光禄卿充。仍永为常式。'"⑤ 这些礼仪方面的规定，都充分证明其只能是国家祭祀的场所。关于太清宫的这种性质，宋人早已指出，所谓"取郊祀配天之义以尊之"⑥。大明宫中的玄元皇帝庙规模没有如此之大，实际上只是皇家另一处祭祖的场所，也仅见唐代，在其他王朝是不存在的。

---

　　① 如日本学者金子修一的《中国古代皇帝祭祀の研究》一书，日本岩波书店2006年版。

　　② 刘昫：《旧唐书》卷九《玄宗纪下》，第214、216页。

　　③ 秦蕙田：《五礼通考》卷一〇《吉礼十·銮驾还宫》，文渊阁《四库全书》，上海古籍出版社1987年版，第135册，第329页。《新唐书》卷一三《礼乐志三》亦载："玄宗既已定《开元礼》，天宝元年，遂合祭天地于南郊。……二月辛卯，亲享玄元皇帝庙；甲午，亲享太庙；丙申，有事于南郊。其后遂以为故事，终唐之世，莫能改也。"

　　④ 刘昫：《旧唐书》卷二八《音乐志一》，第1045页。

　　⑤ 杜佑：《通典》卷五三《礼典一三·老君祠》，中华书局1988年版，第1479页。

　　⑥ 赵彦卫：《云麓漫钞》卷八，第137页。

　　至于宫中的三清殿，由于其早已建成，自然不能拆去，于是就形成了殿、庙、观在宫中并存的局面。更何况三清殿供奉的是三个人物，与玄元皇帝庙仅供奉老子一人不同，前者表现的是皇帝对道教的尊崇，后者则表现为皇帝对其始祖的尊崇。

　　至于玄元皇帝庙在大明宫中的方位，已见前述，此外，考古工作者在太液池东池之南岸，近城处还发现有两处建筑遗址，颇疑它们是玄元皇帝庙与大角观遗址。① 这一说法恐不可靠。

---

　　① 《唐长安大明宫》，载《唐大明宫遗址考古发现与研究》，文物出版社 2007 年版，第 39 页。

第 五 章
娱乐性建筑的方位与功能

　　大明宫中的娱乐场所甚多，其中表演乐舞与百戏的场所，在几章中已经有所论述，本章就不再涉及了。本章所述的娱乐场所主要指设在大明宫的球场、斗鸡楼、跑马楼、内教坊以及梨园等。

一　诸球场

　　球场，也称鞠场、毬场，击鞠，也称打球，是唐代风行于宫廷内外的一种体育活动，不仅宫中设置有球场，许多城市甚至军中都有设置。设在大明宫的球场有多处，其中在麟德殿附近的球场规模比较大，皇帝经常在这里举行打球活动。如长庆元年（821）正月辛卯，唐穆宗就曾“击鞠于麟德殿”①。次年十一月，“上与内官击鞠禁中，有内官欻然坠马，如物所击。上恐，罢鞠升殿，遽足不能履地，风眩就床。自是外不闻上起居者三日”②。这条记载没有说明皇帝在何处击鞠，但由于穆宗时经常在麟德殿球场击球，故很可能仍是指麟德殿球场。此外，这里也是唐德宗击球的场所，史载：贞元元年（785）二月，“寒食节，上与诸将击鞠于内殿”③。也是指麟德殿。

　　穆宗死后，其子敬宗即皇帝位，由于年幼无知，喜好打球、游猎，各

---

① 欧阳修：《新唐书》卷八《穆宗纪》，中华书局 1975 年版，第 223 页。
② 刘昫：《旧唐书》卷一六《穆宗纪》，中华书局 1975 年版，第 501 页。
③ 刘昫：《旧唐书》卷一二《德宗纪上》，第 348 页。

地藩镇知皇帝喜好此类活动，争相进献打球军将。自敬宗以来，有关大明宫中的球场的记载便多了起来，虽然不敢肯定全为敬宗所建造，但其建造的一定不少。史载："帝性好土木，自春至冬，兴作相继。"① 仅据《新唐书》卷八《敬宗纪》载：敬宗先后曾在中和殿、清思殿、飞龙院等处击鞠。《旧唐书》卷一七上《敬宗纪》亦载：长庆四年（824）二月"丁未，御中和殿击球，赐教坊乐官绫绢三千五百匹。戊申，击球于飞龙院"。说明这几处地方都置有球场。其中飞龙院球场设在大明宫玄武门与重玄门之间，详情参见第一章。另据《大典阁本图》玄武门外有毬场门。说明这一处球场是有门的，其周边一定呈封闭状态。清代学者徐松则认为"按玄武门外即禁苑，不得有门，疑误"②。其明显不知玄武门外还有一重玄门，重玄门之外才是禁苑。

东内苑有这一处球场，原属左龙武军所有，可能被敬宗收归宫中所有，故文宗即位之始，遂颁诏曰："东头御马坊、毬场，宜却还左龙武军，其殿及亭子令所司折收，余舍并赐龙武军收管。"③ 另据徐松《唐两京城坊考》卷一《三苑》条载：东内苑有"看乐殿、小儿坊、内教坊、御马坊、毬场、亭子殿"。所谓"东头御马坊""殿及亭子"即指此。正因为其原归左龙武军所有，所以上引史书中才用了"却还"二字。

此外，在东内苑还置有其他球场。日本僧人圆仁记载说："案头何判官送到内护国天王寺安置，寺在左神策军球场北。寺与大内隔墙，即皇城内城东北隅也。"这里所谓"皇城"，即指大明宫宫城，说明这一处球场位于大明宫墙外的东北角。④ 另据记载，文宗太和九年（835）秋七月，"填龙首池为鞠场"⑤。龙首池就在东内苑内。宋人吕大防的《唐长安城图》在延政门内，龙首池以南，标绘有一处鞠场。元好问的《长安

① 刘昫：《旧唐书》卷一七上《敬宗纪》，第 520 页。

② 徐松：《唐两京城坊考》卷一《大明宫》，中华书局 1985 年版，第 25 页

③ 王钦若：《册府元龟》卷一六〇《帝王部·革弊二》，中华书局 1960 年版，第 1931 页。

④ ［日］圆仁：《入唐求法巡礼行记》卷三，上海古籍出版社 1986 年版，第 142 页。圆仁当时要赴左神策军使衙投状，在其所撰这段文字前，提到其先入望仙门，再入玄化门，经过内舍使门、总监院门、使衙南门、左神策马步门，共六重门，才到达使衙案头判官处。说明球场与此寺相邻，亦在宫城外东北隅。

⑤ 刘昫：《旧唐书》卷一七下《文宗纪下》，第 559 页。

志图》一书也沿袭了吕大防的这一画法。之所以仍然绘有龙首池，是因为一处球场面积有限，不可能将整个龙首池填实。这处球场距延政门不远，故龙首池南的这处球场应是东内苑中的另一处球场，这样东内苑中至少有三处球场，即左龙武军球场、左神策军球场与龙首池南球场。

西内苑内亦有数处球场，中宗景龙四年（710）正月乙丑，"宴吐蕃使于苑内毬场，命驸马都尉杨慎交与吐蕃使打毬，帝率侍臣观之"①。另据《新唐书》卷二〇六《外戚·武三思传》载："是时，起球场苑中，诏文武三品分朋为都，帝与皇后临观。崇训与驸马都尉杨慎交注膏筑场，以利其泽，用功不訾，人苦之。"说明这处球场乃是唐中宗时兴建的。关于方位，史载景龙四年（710）二月"庚戌，令中书门下供奉官五品已上、文武三品已上并诸学士等，自芳林门入集于黎园毬场，分朋拔河，帝与皇后、公主亲往观之"②。又据《唐语林》卷五载："中宗曾以清明日御梨园球场，命侍臣为拔河之戏。"黎园即梨园，说明这处球场建在梨园附近，因此只要说清楚梨园的位置，其球场方位也就清楚了。《长安志》卷六说："梨园在通化门外正北禁苑。"《类编长安志》卷四《园》："梨园，旧园在通化门外正北，禁苑之南。"《雍录》卷九《梨园》却载："梨园在光化门北。"通化门显然是光化门之误，因为通化门为长安城东面偏北之门，与开远门东、西相对。但是上引《旧唐书》卷七《中宗纪》却说"自芳林门入集于黎园毬场"。这是因为唐中宗当时居住在太极宫中，出玄武门即可到西内苑，而百官入芳林门比较近便，如从光化门而出，则位置偏西，于大家均不方便。有人据此认为梨园应在今西安市西北大白杨村西。③若如此，则上引诸书全然记载错了，而应该记为梨园在芳林门之北。关于这一问题笔者已有论述，认为梨园应在今西安城北的小白杨村附近。④

在西内苑右神策军驻地也置有球场，元和十五年（820）十二月，穆宗"幸右军击鞠，遂畋于城西"①。此外，在西内苑含光殿南亦有一处球场。②

综上所述，大明宫内共有四处球场，即麟德殿、中和殿、清思殿、飞龙院球场；东内苑有三处球场，即左神策军、右龙武军与龙首池南球场；在大明宫以西的西内苑至少有三处球场，一处位于禁苑的梨园附近，另外两处均在西内苑之中，即右神策军球场与含光殿球场。总计共有十处球场。

所谓击鞠就是通常所说的马球运动，自传入唐朝以来，风靡一时，皇帝中喜欢者大有人在，太宗、玄宗、德宗、穆宗、敬宗、宣宗、僖宗、昭宗等无不喜爱此种运动。史载："敬宗善击球，于是陶元皓、靳遂良、赵士则、李公定、石定宽以球工得见便殿，内籍宣徽院或教坊，然皆出神策隶卒或里闾恶少年，帝与狎息殿中为戏乐。四方闻之，争以趫勇进于帝。"③除了进献打球军将外，西川节度使还向敬宗进献过罨画打球衣500套，④以讨好皇帝。唐宣宗亦是打球高手，所谓"宣宗弧矢击鞠，皆尽其妙。所御马，衔勒之外，不加雕饰。而马尤矫健，每持鞠杖，乘势奔跃，运鞠于空中，连击至数百，而马驰不止，迅若流电。二军老手，咸服其能"⑤。唐昭宗被迫迁都洛阳时，还带有"打毬供奉内园小儿共二百余人"⑥，在洛阳宫内文思殿还置有球场。⑦可见直至唐朝灭亡为止，这项运动仍然方兴未艾。

但是这项运动十分危险，有唐一代因此而死伤者，不计其数。大文豪韩愈就坚决反对此项运动，认为其"小者伤面目，大者残形躯"⑧。就连妇女也喜欢这一运动，由于马匹速度太快，于是便骑驴击球，谓之驴鞠。在唐代男性也有喜欢驴鞠的，郓州就曾一次进献给敬宗四名驴打球人。即

① 王溥：《唐会要》卷二七《行幸》，上海古籍出版社2006年版，第609页；《旧唐书》卷一六《穆宗纪》所载亦同，第484页。
② 杨鸿勋：《大明宫》，科学出版社2013年版，第25页附《唐长安大明宫复原平面图》。
③ 欧阳修：《新唐书》卷二○八《宦者传》，第5883页。
④ 王钦若：《册府元龟》卷一六九《帝王部·纳贡献》，第2034页。
⑤ 王谠：《唐语林》卷七《补遗》，上海古籍出版社1978年版，第240页。
⑥ 刘昫：《旧唐书》卷二○上《昭宗纪》，第779页。
⑦ 欧阳修：《新唐书》卷一八三《韩偓传附仪传》，第5390页。
⑧ 董诰：《全唐文》卷五五三《上张仆射第二书》，上海古籍出版社1990年版，第2478页。

使驴鞠也仍有很大的危险，如敬宗宝历二年（826）六月，"上御三殿，观两军、教坊、内园分朋驴鞠、角抵。戏酣，有碎首折臂者，至一更二更方罢"[1]。

二　斗鸡楼

在我国斗鸡风气出现得很早，早在先秦时期就已比较风靡了，在唐代这一风气更加兴盛，无论民间还是宫廷，均出现普遍的斗鸡风气。[2] 杜淹的《咏寒食斗鸡应秦王教》一诗，[3] 就描写了时为秦王的李世民在寒食节斗鸡的场面。此后的唐朝历代皇帝大都喜欢斗鸡活动，其中尤以唐玄宗为最。据《东城老父传》记载：

> 玄宗在藩邸时，乐民间清明节斗鸡戏。及即位，治鸡坊于两宫间。索长安雄鸡，金毫铁距，高冠昂尾千数，养于鸡坊。选六军小儿五百人，使驯扰教饲。上之好之，民风尤甚，诸王世家，外戚家，贵主家，侯家，倾帑破产市鸡，以偿鸡直。……召入（贾昌）为鸡坊小儿，衣食右龙武军。……护鸡坊中谒者王承恩言于玄宗，召试殿庭，皆中玄宗意，即日为五百小儿长。

文中说玄宗"治鸡坊于两宫间"，是指大明宫与兴庆宫。苏颋的《敬和崔尚书大明朝堂雨后望终南山见示之作》诗曰："东连归马地，南指斗鸡场"[4]。说明大明宫的确有斗鸡的场所。唐朝在宫中置有雕、鹘、鹰、鹞、狗五坊，以供皇帝狩猎之用。鸡坊以前未见设置，应始于玄宗时。从贾昌"衣食右龙武军"的记载看，说明其隶名于禁军，而右龙武军驻在九仙门外的西内苑中，据此推断，很可能鸡坊就设置在西内苑内的右龙武军驻地内。因为负责驯养斗鸡的鸡坊小儿均来自于六军，故贾昌也只能隶名于禁军，从五百人的规模看，唐朝宫廷中的鸡坊规模一定是很大的。

---

①　刘昫：《旧唐书》卷一七上《敬宗纪》，第520页。
②　参见［美］高耀德《斗鸡与中国文化》，中华书局2005年版，第55—107页。
③　彭定求：《全唐诗》卷三〇，中华书局1960年版，第435页。
④　彭定求：《全唐诗》卷七四，第813页。

除了这些所谓鸡坊小儿外，贵族官僚子弟中擅长此道者，往往也能得到皇帝的宠爱，如京兆尹王鉷之子卫尉少卿王准，"亦斗鸡供奉"[①]。因为深得玄宗宠信，人畏其权势，不敢称其名，而呼为七郎。[②] 李白诗云："斗鸡事万乘。"[③] 可见因擅长此技而供奉皇帝者人数不少。唐朝所置五坊，由宦官充任五坊使而掌之，鸡坊亦是如此，上引"护鸡坊中谒者王承恩"，可证其是。只是此时尚未为鸡坊置使，但是最迟在唐宪宗时已经正式设置鸡坊使了，王文幹就充任过此职，他也是一个宦官。[④] 此外，宦官郭某在昭宗时也担任过宣徽鸡坊使。[⑤] 可见直到唐末鸡坊一直长置不废。

由于唐代斗鸡之风长盛不衰，故斗鸡的价格十分昂贵，《酉阳杂俎》续集卷八《支动》记载了一件事，录之如下：

> 威远军子将臧平者，好斗鸡。（所购一鸡）高于常鸡数寸，无敢敌者。威远监军与物十匹强买之，因寒食乃进。十宅诸王皆好斗鸡，此鸡凡敌十数，犹擅场怙气。穆宗大悦，因赐威远监军帛百匹。主鸡者想其蹦距，奏曰："此鸡实有弟，长趾善鸣，前岁卖之河北军将，获钱二百万。"[⑥]

文中所记的威远监军，也是一位宦官，因其掌握了威远军的兵权，所以才凭借其权威强买了小军官臧平的斗鸡。唐穆宗不惜花费百匹之帛买一鸡，说明他也是一位斗鸡迷。

关于大明宫中的斗鸡楼的方位，《全唐词》收有林楚翘的《水古子》三十八首，其中写道："移却御楼东畔屋，少阳宫里斗鸡场。"此处所说

①　刘昫：《旧唐书》卷一〇五《王鉷传》，第3230页。

②　郑处海：《明皇杂录》卷上，上海古籍出版社1985年版，第21页。

③　彭定求：《全唐诗》卷二四《杂曲歌辞·白马篇》，第317页。

④　《唐代墓志汇编》下册会昌037《王文幹墓志铭》，上海古籍出版社1992年版，第1237—1238页。

⑤　《唐代墓志汇编续集》天复001《唐故彭城县太君刘氏墓志铭》，上海古籍出版社2001年版，第1167页。

⑥　括号内系笔者所补，以使文义通畅。

的少阳宫实指少阳院，在长安大三内中，只有大明宫内有少阳院。这就说明少阳院中是有斗鸡场的，但是皇帝斗鸡不可能总是到少阳院去，因此大明宫中应该还有斗鸡的场所。李白诗云："天马白银鞍，亲承明主欢。斗鸡金宫里，射雁碧云端。堂上罗中贵，歌钟清夜阑。"① 显然描写的是宫廷中的生活情况，只是这里所谓"金宫"，不知具体指哪座殿阁。另据徐松记载："九仙门之外有斗鸡楼、走马楼。"原注曰："见《大典阁本图》，斗鸡楼在北，走马楼在南。"② 前面已经提到，贾昌隶名于右龙武军，徐松说，九仙门外驻扎有右三军，"门之北从东第一右羽林军，第二右龙武军，第三右神策军"③。斗鸡楼恰好也在九仙门北，据此判断其应设在右龙武军内或者附近的地方。鸡坊就设在九仙门外右龙武军内，大概是为了就近举行斗鸡活动的便利，于是便这里兴建了斗鸡楼，以便皇帝观赏斗鸡比赛。

三　走马楼

走马楼在大明宫中的方位，前引徐松之书说九仙门外有走马楼、斗鸡楼，前者在南，后者在北。徐松的说法来自《阁本大明宫图》。宋人王应麟的《玉海》对此也有记载，其书云：

> 《西京记》：大福殿重楼连阁，绵亘西殿，有走马楼，南北长百余步，楼下即九仙门，西入苑。④

这里所说的《西京记》，即指韦述《两京新记》。关于这一段记载，在《两京新记辑校》一书中正好也存在，原文如下：

> 大福殿在三殿北，重楼连阁绵亘，西殿有走马楼，南北长百余

① 彭定求：《全唐诗》卷一七六《送窦司马贬宜春》，第1796页。
② 徐松：《唐两京城坊考》卷一《大明宫》，第24页。
③ 同上书，第19页。
④ 王应麟：《玉海》卷一六四《宫室·唐拾翠楼》，第3023页。

步，楼下即九仙门，西入苑。①

这两段文字大同小异，大意是说大福殿为楼阁式建筑，有廊阁与西殿相连，殿旁有走马楼，其楼下即为九仙门。关于大福殿的方位，诸书记载大体一致，即在凌霄门内，九仙门以北，其西即大明宫西宫墙。《两京新记》的这一记载不甚明确，仅从上引文字来看，可以理解为走马楼位于大明宫西墙内，由于其南北长百余步，其楼下即为九仙门；也可以理解为走马楼在大明宫西墙外，有廊阁越过宫墙与其相连，由于其位于斗鸡楼的南面，又南北长百余步，能够延伸到九仙门附近，故曰楼下有九仙门。

笔者认为后一种理解应该是正确的，一是《阁本大明宫图》将走马楼标绘在宫墙之外，二是其与斗鸡楼南北相邻。前面已经论到，斗鸡楼建在鸡坊附近，是为方便举行斗鸡活动而建的，而鸡坊就设在右龙武军驻地，右龙武军又驻在西内苑内，所以它只能建在宫墙之外。"青霄门内的东侧及西边城角处，各有高达 5 米以上的夯土台基一"，考古工作者认为"此二台基或即三清殿与斗鸡楼、走台楼的遗址"②。关于三清殿的方位已无疑义，认为西边城角处的这一台基遗址是斗鸡台、走马楼则明显是错误的，从文献与诸古图所载来看，这处台基应是大福殿的遗址。

说清楚了走马楼的方位，下面再谈谈其用途。类似大福殿与走马楼这样的建筑在唐代并不仅见于此，史载："（许）敬宗营第舍华僭，至造连楼，使诸妓走马其上，纵酒奏乐自娱。"③ 所谓"连楼"，就是将几座建筑物用廊阁连接起来。如果这一记载还有不明确的话，另据《独异志》载："唐许敬宗奢豪，尝造飞楼七十间，令妓女走马于其上，以为戏乐。"长达 70 间的飞楼与百余步走马楼相比，在建筑格局上完全相同，都是廊阁式的建筑，而且是为了追求娱乐的目的而兴建的。无独有偶，宋人所撰的《南部新书·己》在记述唐华清宫时写道："骊山华清宫毁废已久，今所存者唯缭垣耳。……明皇吹笛楼、宫人走马楼，故基犹存。"④ 将宫人与

---

①　韦述撰，辛德勇辑校：《两京新记辑校》，三秦出版社 2006 年版，第 7 页。

②　中国科学院考古研究所：《唐长安大明宫》，载《唐大明宫遗址考古发现与研究》，第 39 页。

③　欧阳修：《新唐书》卷二二三上《许敬宗传》，第 6338 页。

④　钱易：《南部新书·己》，中华书局 2002 年版，第 89 页。

走马楼联系起来，可见此类建筑的确是供女性骑马之用的，很可能是一种女性在马上的表演活动。唐人温庭筠有一首《走马楼三更曲》的诗，其中有"马过平桥通画堂"的诗句。① 说明所谓走马楼就是一种供骑马行走的廊桥式建筑，可以直通殿堂。

在中国古代喜欢跨马狂奔、追求刺激者甚多，类似于今日之飙车，如唐僖宗"喜斗鹅走马"②；杨国忠与虢国夫人"挥鞭走马，以为谐谑"③；"（孟）昶好打球走马"④。大明宫的走马楼是否与这种活动有关，也未可知。但有一点可以肯定，即其是供女性骑马，进行某种表演的场所。

四　内教坊

内教坊，宫廷乐舞机构。《旧唐书》卷四三《职官志二》载："内教坊。武德已来，置于禁中，以按习雅乐，以中官人充使。则天改为云韶府，神龙复为教坊。"这段记载没有说明武则天何时改其为云韶府，另据《唐会要》卷三四《杂录》载："如意元年五月二十八日，内教坊改为云韶府。"这一时期的内教坊无疑是设置在太极宫内。那么，何时在大明宫置内教坊的呢？这一点史书也有记载，所谓"开元二年，又置内教坊于蓬莱宫侧，有音声博士、第一曹博士、第二曹博士。京都置左右教坊，掌俳优杂技。自是不隶太常，以中官为教坊使"⑤。蓬莱宫就是大明宫，所谓蓬莱宫侧，就是置于东内苑内。陈寅恪先生指出："唐长安有二梨园，一在光化门北，一在蓬莱宫侧。其光化门北者，远在宫城以外。其蓬莱宫侧者，乃教坊之所在。"⑥ 陈先生所谓在蓬莱宫侧的一处梨园，即指东内苑，因为其书专门指出详见徐松《唐两京城坊考》。此书原文如下：东苑内有"看乐殿、小儿坊、内教坊、御马坊、毬场、亭子殿"⑦。不过陈先

---

① 彭定求：《全唐诗》卷五七六，第6703页。
② 欧阳修：《新唐书》卷二〇八《宦者传》，第5884页。
③ 刘昫：《旧唐书》卷一〇六《杨国忠传》，第3245页。
④ 欧阳修：《新五代史》卷六四《后蜀世家》，中华书局1974年版，第803页。
⑤ 欧阳修：《新唐书》卷四八《百官志三》，第1243页。
⑥ 陈寅恪：《元白诗笺证稿》，上海古籍出版社1982年版，第170页。
⑦ 徐松：《唐两京城坊考》卷一《三苑》，第29页。

生认为此处内教坊就是梨园，并不妥切。梨园弟子置于开元二年（714），① 惟《近事会元》卷四《梨园弟子》记载为开元二十年（732），恐有误。虽然两者均置于开元二年，但并非同一机构。天宝十载（751），安禄山入京，玄宗为其兴建新第，其入住之日，玄宗"日遣诸杨与之选胜游宴，侑以梨园、教坊乐"。胡三省注曰："梨园，皇帝梨园弟子也。教坊，内教坊也。"② 可见梨园弟子与内教坊不是一回事，虽置有梨园弟子并不能取代内教坊。这个问题后面还要详述。据吕大防《唐长安图》，内教坊位于延政门内东侧。

上述的左、右教坊，据载："右教坊在光宅坊，左教坊在延政坊。右多善歌，左多工舞，盖相因成习。"③ 至于其设置的原因，史载："旧制，雅俗之乐，皆隶太常。上精晓音律，以太常礼乐之司，不应典倡优杂伎；乃更置左右教坊以教俗乐，命右骁卫将军范及为之使。"④ 这里所谓的"倡优杂伎"，实际上是指雅乐之外的燕乐，并非纯为散乐百戏。左右教坊虽然仍服务于宫廷，但由于其没有置在大明宫中，故不再详论。

这有一事需要说明，即唐宪宗在元和十四年（819）又在延政坊置仗内教坊。那么，这个仗内教坊是从大明宫东内苑移去的呢，还是新置的呢？关于这个问题诸书记载颇为混乱，《旧唐书》卷一五下《宪宗纪下》载："复置仗内教坊于延政里。"《唐会要》卷三四《杂录》载："诏徙仗内教坊于布政里。"《册府元龟》卷一四《帝王部·都邑二》载："徙置仗内教坊于延政里。"上引《唐会要》所说的"布政里"，显然是"延政里"之误，因为布政里在皇城之西，远离大明宫，不便于为宫廷生活服务，且与诸书记载相异。宋敏求的《长安志》记载更是自相矛盾，其书卷六说"元和十四年，复置仗内教坊"；而卷八却又说："元和十四年，徙置仗内教坊于延政里。"光宅坊位于大明宫之南，正对着建福门，延政坊后改为长乐坊，位于东内苑之南，正对着延政门，它们均与大明宫隔着一条街道，往来十分方便。正因为如此，唐宪宗就没有必要再在延政坊设

---

① 司马光：《资治通鉴》卷二一一，唐玄宗开元二年正月，中华书局1956年版，第6812页。诸书所记略同。

② 司马光：《资治通鉴》卷二一六，唐玄宗天宝十载正月条及胡注，第7022页。

③ 崔令钦：《教坊记》，中华书局2012年版，第11页。

④ 司马光：《资治通鉴》卷二一一，唐玄宗开元二年正月，第6812页。

置一个仗内教坊，因此将内教坊从东内苑移置于这里最有可能，这样既便于集中管理，又不会影响宫中的不时之需。

本来在唐朝无论是雅乐还是燕乐、散乐，均由太常寺管理，玄宗认为太常寺应该专门掌管国家礼乐之制，所以将燕乐与散乐从中分离出来，由教坊负责掌管，故唐初的内教坊亦归太常寺所掌管。宋人赵升评论说："自汉有胡乐琵琶、筚篥之后，中国杂用戎夷之声，六朝则又甚焉。唐时并属太常掌之，明皇遂别置为教坊，其女乐则为梨园弟子也。"① 赵升在这里强调了教坊专管域外之声，其实这只是教坊的职能之一，并不能概括其全部，且他认为梨园弟子全为女性，也是不对的。但是这样整顿的结果，就使国家的乐制更加完善，更有条理化，同时也有提高雅乐地位的意蕴在其中。

之所以将其机构名称定为教坊，显然是指教习之所，且不限于伎乐一端，后始专教伎乐，此制实起于隋代。② 开元二十三年（735）敕曰："内教坊博士及弟子，须留长教者，听用资钱，陪其所留人数，本司量定申者为簿。音声内教坊博士及曹第一、第二博士房，悉免杂徭，本司不得驱使。又音声人得五品已上勋，依令应除簿者，非因征讨得勋，不在除簿之列。"③ 博士通常多作为教官名，这里又提到了其弟子，遂将教坊的教习性质表露无遗。唐太宗时规定，凡对死囚行刑之日，"内教坊及太常，并宜停教"④。我国古代执行死刑时，往往要停止举乐，因为教坊的这种性质，其教授学生时皆要奏乐歌舞，所以也要停止教学活动。

此外，从音声博士、第一曹博士、第二曹博士等官名看，其内部分工还是比较细密的。白居易《琵琶行》说："自言本是京城女，家在虾蟆陵下住。十三学得琵琶成，名属教坊第一部。"其《序》又曰："元和十年，予左迁九江郡司马。明年秋，送客湓浦口，闻舟中夜弹琵琶者。听其音，铮铮然有京都声。问其人，本长安倡女，尝学琵琶于穆、曹二善才，年长色衰，委身为商人妇。"据此可知此女乃京师内教坊学生出身，并曾在教坊内任职。内教坊及左右教坊所辖人数众多，规定"凡乐人及音声人应

① 赵升：《朝野类要》卷一《教坊》，中华书局 2007 年版，第 30 页。

② 崔令钦撰，任半塘笺订：《教坊记笺订》，中华书局 1964 年版，第 16 页。

③ 王溥：《唐会要》卷三四《杂录》，第 734—735 页。

④ 刘昫：《旧唐书》卷五〇《刑法志》，第 2140 页。

教习，皆著簿籍，核其名数，分番上下"①。此外，还要对他们进行考核，所谓"凡习乐，立师以教，而岁考其师之课业为三等，以上礼部"。其考核标准是："教长上弟子四考，难色二人、次难色二人业成者，进考，得难曲五十以上任供奉者为业成。习难色大部伎三年而成，次部二年而成，易色小部伎一年而成，皆入等第三为业成。业成行修谨者，为助教；博士缺，以次补之。"② 从这一记载也可以看出，教坊不仅有博士，也有助教这样的教官。

其所管人数，史籍中也有记载，所谓"文武二舞郎一百四十人，散乐三百八十二人，仗内散乐一千人，音声人一万二十七人，有别教院。开成三年，改法曲所处院曰仙韶院"③。由于人数众多，所以又有别教院，至于仙韶院则是专门学习和表演法曲的。以上数据是整个唐朝乐工之数，"陈氏《乐书》曰：……唐全盛时，内外教坊近及二千员，梨园三百员，宜春、云韶诸院，及掖庭之伎，不关其数。太常乐工动万余户"④。那么何谓"音声人"？据《唐会要》卷三二《清乐》载："汉魏后皆以贱隶为之，惟雅乐尚选良家子。国家每岁，阅司农户容仪端正者，归之太乐，与前代乐户，总名音声人。历代滋多，至于万数。"这里所谓"司农户"，是指隶属于司农寺的官奴婢。

如此之多的人数，地位稍高者又可以免除杂徭，政府花这么大的气力，并不仅仅是为了培养艺术人才，其目的还是为朝廷及宫廷服务，所以在唐朝命教坊进行乐舞表演的情况层出不穷。如开元十三年（725）二月，"上自选诸司长官有声望者大理卿源光裕、尚书左丞杨承令、兵部侍郎寇泚等十一人为刺史，命宰相、诸王及诸司长官、台郎、御史，饯于洛滨，供张甚盛。赐以御膳，太常具乐，内坊歌妓；上自书十韵诗赐之"。胡三省注云："内坊，内教坊也。"⑤ 时玄宗在东都。又载："初，上皇每酺宴，先设太常雅乐坐部、立部，继以鼓吹、胡乐、教坊、府县散乐、杂

① 刘昫：《旧唐书》卷四四《职官志三》，第 1875 页。
② 欧阳修：《新唐书》卷四八《百官志三》，第 1243 页。
③ 同上书，第 1244 页。
④ 马端临：《文献通考》卷一四六《乐考十九》引，中华书局 2011 年版，第 4409 页。
⑤ 司马光：《资治通鉴》卷二一二，玄宗开元十三年二月，第 6882 页。

戏。"胡三省注："教坊者，内教坊及梨园法曲也。"① 唐敬宗于长庆四年
（824）三月庚午，"赐内教坊钱一万贯，以备游幸"②。可见内教坊还承
担着为宫廷生活服务之责，并不仅仅为教习之所。

除了内教坊外，宫中还有教习之所，史载："初，内文学馆隶中书
省，以儒学者一人为学士，掌教宫人。武后如意元年，改曰习艺馆，又改
曰万林内教坊，寻复旧。有内教博士十八人，经学五人，史、子集缀文三
人，楷书二人，《庄》《老》、太一、篆书、律令、吟咏、飞白书、算、棋
各一人。开元末，馆废，以内教博士以下隶内侍省，中官为之。"《旧唐
书》卷四三《职官志二》记武则天时改为"翰林内教坊"，而不是"万
林内教坊"。内教博士改隶内侍省后遂改称为宫教博士，"掌教习宫人书、
算、众艺"③。这里所谓"众艺"，有学者认为应包括伎乐在内。④

不论是内教坊还是习艺馆，其长官与教官，多以士人充任，前述开元
二年设置内教坊于蓬莱宫侧时，就以右骁卫将军范及为使。可是到了唐后
期均为宦官所充任，遂使内教坊使也成为内诸司使之一。⑤ 原由士人担任
的习艺馆内教博士，⑥ 也为宦官充任的宫教博士所取代。

五　梨园

关于梨园的具体方位，已见前述。不过上面所述的梨园仅指西内苑中
的梨园，其实唐代长安及其周围的梨园还很多，除此之外，还有蓬莱宫侧
内教坊的梨园法部、东宫宜春北院的梨花园、长安太常寺西北的梨园别教
院、华清宫瑶光楼南的梨园等。⑦

---

① 司马光：《资治通鉴》卷二一八，唐肃宗至德元载八月及胡注，第 7112 页。
② 刘昫：《旧唐书》卷一七上《敬宗纪》，第 509 页。
③ 以上见《新唐书》卷四七《百官志二》，第 1222 页。
④ 崔令钦撰，任半塘笺订：《教坊记笺订》，第 16 页。
⑤ 王钦若：《册府元龟》卷六六五《内臣部·总序》，第 7956 页。
⑥ 刘昫：《旧唐书》卷一八七上《苏安恒传》（第 4883 页），不过此书记其为集艺馆内教，
而《新唐书》《资治通鉴》均记其为习艺馆内教，《旧唐书》在一点上有误。
⑦ 周伟洲：《唐梨园考》，《汉唐气象——长安遗珍与汉唐文明》，中国社会科学出版社
2013 年版，第 245 页。不过其将位于东内苑（即蓬莱宫侧）的内教坊视为梨园法部之所在地，
并无充分的史料依据。

唐朝已有太常寺与内教坊之置，为什么还要再置梨园这样的乐舞机构呢？关于这一点史籍中有明确的记载：

《旧唐书》卷二八《音乐志一》载："玄宗又于听政之暇，教太常乐工子弟三百人为丝竹之戏，音响齐发，有一声误，玄宗必觉而正之，号为'皇帝弟子'，又云梨园弟子，以置院近于禁苑之梨园。太常又有别教院，教供奉新曲。太常每凌晨，鼓笛乱发于太乐别署。教院廪食常千人，宫中居宜春院。"

《新唐书》卷二二《礼乐志十二》载："玄宗既知音律，又酷爱法曲，选坐部伎子弟三百教于梨园，声有误者，帝必觉而正之，号'皇帝梨园弟子'。宫女数百，亦为梨园弟子，居宜春北院。梨园法部，更置小部音声三十余人。"

《资治通鉴》卷二一一开元二年正月条载："又选乐工数百人，自教法曲于梨园，谓之'皇帝梨园弟子'。又教宫中使习之。又选伎女，置宜春院，给赐其家。"

《唐会要》卷三四《论乐·杂录》载："开元二年，上以天下无事，听政之暇，于梨园自教法曲，必尽其妙，谓之'皇帝梨园弟子'。"

根据以上记载，可知唐玄宗是从太常坐部伎乐工的弟子中挑选了300人亲自调教的，由于置院于禁苑梨园，即光化门北之梨园，故号皇帝梨园弟子。至于其数百名女弟子（宫女），则居于宜春北院，"亦为梨园弟子"。胡三省说："宜春院当在西内宜春门内，近射殿。"① 其实胡三省的说法并不十分准确。西内东宫有宜春宫，位于东宫中轴线上最北的大殿承恩殿之东，"前有宜春宫门"。即宜春宫的南面有宜春宫门。据上引《新唐书》的记载，这些女性梨园弟子住在宜春北院，这一点在其他典籍也有记载。"宜春之北为北苑"，徐松认为"既曰北苑，当在宜春宫之北"②。所谓宜春北院，即这里所说的宜春北苑。这里位于东宫的最北部，出玄德门便可

① 司马光：《资治通鉴》卷二一一，唐玄宗开元二年正月条胡注，第6812页。
② 徐松：《唐两京城坊考》卷一《宫城》，第8页。

进入西内苑，与大明宫往来十分便捷。综上可知，所谓梨园弟子中的男性，即太常坐部伎中的乐工子弟，因为均为男性，于是遂居住于禁苑之梨园。之所以认定其为男性，因为在他们中多有得官者，包括勋官和散官，这一点在史籍中有不少记载。皇帝的女性弟子则居住在宜春北院，紧邻大明宫处，因为已经将挑选出来的太常乐工子弟先称为梨园弟子，即使这些女性不住在梨园，索性也称为梨园弟子。其他诸处的情况也都是出自于这一缘故。

至于华清宫的梨园弟子，又称小部音声人。那么何为小部呢？《明皇杂录》说："小部者，梨园法部所置，凡三十人，皆十五岁以下。"因为人数不多，故曰小部。那么何为法部呢？实际就是法曲部的简称。所谓法曲，《旧唐书》卷三〇《音乐志三》说："时太常旧相传有宫、商、角、徵、羽《燕乐》五调歌词各一卷，或云贞观中侍中杨仁恭妾赵方等所铨集，词多郑、卫，皆近代词人杂诗，至绍又令太乐令孙玄成更加整比为七卷。又自开元已来，歌者杂用胡夷里巷之曲，其孙玄成所集者，工人多不能通，相传谓为法曲。"文中所谓"绍"，指开元二十五年（737）时的太常卿韦绍。所谓"法曲"，实即唐代大曲之一部分，因其融合佛门、道门曲，用于宗教法会，所以称为法曲或法乐。演奏乐器有钹、磬、铙、钟、笛、羯鼓、拍板、觱篥、洞箫、琵琶等，其中含有外来音乐成分之西域各族音乐，传至中原后，与汉族的清商乐结合，其音乐特点接近于清乐系统。至隋代发展成为法曲，唐代发展到极盛。故《新唐书》卷二二《礼乐志十二》说："初，隋有法曲，其音清而近雅。"因为唐玄宗酷爱法曲，且又精通音律，遂于听政之暇，向梨园弟子"自教法曲，必尽其妙"[1]。也就是说梨园弟子学习和练习的都是法曲，其中拥有一批当时最杰出的人才，如马仙期、李龟年、贺怀智、萧炼师、黄幡绰、谢阿蛮、张野狐、雷海清等，都在各自的领域有很高的造诣。

需要说明的是，法曲虽有外来音乐的成分，但在开元、天宝时期把胡乐与法曲还是区分得很清楚，决不混为一谈。史载：玄宗每设宴，"先设太常雅乐坐部、立部，继以鼓吹、胡乐、教坊、府县散乐、杂戏"。胡三省注："胡乐者，龟兹、疏勒、高昌、天竺诸部乐也；教坊者，内教坊及

---

① 王溥：《唐会要》卷三四《杂录》，第 734 页。

梨园法曲也。"① 可见梨园法曲与胡乐是分开的。崔令钦《教坊记》共罗列了46种唐代大曲，其中并非如后世之人所说的全为胡乐，任半塘先生已经对此进行了一一区分。②《唐会要》卷三三《诸乐》记载有梨园别教院所教法曲乐章，录之如下：

> 王昭君乐一章、思归乐一章、倾杯乐一章、破陈乐一章、圣明乐一章、五更转乐一章、玉树后庭花乐一章、泛龙舟乐一章、万岁长生乐一章、饮酒乐一章、斗百草乐一章、云韶乐一章，十二章。

此外，《霓裳羽衣》《荔枝香》《献仙音》《赤白桃李花》等乐，都属于法曲，其中前两种为玄宗时期新创作的，开天以后仍继有新作，如代宗时，"梨园供奉官刘日进制《宝应长宁乐》十八曲以献"③。唐后期法曲逐渐衰落。唐文宗开成三年（838），改法曲为仙韶曲，别教院遂改为仙韶院。④"别教院廪食尝千人。"⑤

自唐玄宗亲自掌教梨园弟子以来，使得梨园弟子名声大噪，其名遂成为高水平艺术表演的代名词，这一点在唐诗有许多反映。如"霓裳禁曲无人解，暗问梨园弟子家"⑥；"乐府正声三百首，梨园新入教青娥"⑦；"旋翻新谱声初足，除却梨园未教人"⑧；"梨园弟子传法曲，张果先生进仙药"⑨。《广异记》还记载了一则故事，"唐天宝末，禄山作乱，潼关失守，京师之人于是鸟散。梨园弟子有笛师者，亦窜于终南山谷，中有兰若，因而寓居"。因夜晚吹笛，引来虎王，因其声美妙，竟陶陶然睡去，笛师乘机逃逸，免于一死。这则故事主要表现了梨园弟子高超的技艺。可见早在唐代就已形成了这种看法，影响后世至为深远。

---

① 司马光：《资治通鉴》卷二一八，唐肃宗至德元载八月及胡注，第7112页。

② 崔令钦撰，任半塘笺订：《教坊记笺订》，第153—166页，并又补充了13种大曲。

③ 欧阳修：《新唐书》卷二二《礼乐志十二》，第477页。

④ 王溥：《唐会要》卷三四《杂录》，第737页。

⑤ 王钦若：《册府元龟》卷五六九《掌礼部·作乐五》，第6844页。

⑥ 彭定求：《全唐诗》卷三一〇，于鹄《赠碧玉》，第3505页。

⑦ 彭定求：《全唐诗》卷四七三，孟简《酬施先辈》，第5371页。

⑧ 彭定求：《全唐诗》卷二二，王建《霓裳辞十首》，第289页。

⑨ 彭定求：《全唐诗》卷二六五，顾况《八月五日歌》，第2944页。

宋人记载说："唐梨园弟子，以置院近于禁院之梨园也。女妓入宜春院，谓之内人，亦曰前头人，谓在上前也。骨肉居教坊，谓之内人家。有请俸，其得幸者，谓之十家。故郑嵎《津阳门》诗云：'十家三国争光辉'是也。家虽多，亦以十家呼之。三国，谓秦、韩、虢国三夫人也。"①又曰：玄宗"选乐工数百人，自教法曲于梨园，谓之皇帝梨园弟子。至今谓优女为弟子，命伶魁为乐营将者，此其始也"②。后世将戏曲界称为梨园行，更多的是因梨园影响所致，并非是因为唐梨园为表演戏剧的场所，有人专门对此进行论述，证明唐梨园与戏曲无关，实在是没有必要。

玄宗的宠妃杨玉环也时常到梨园来，或与其切磋技艺，或与之同乐。其实在天宝时期，不仅玄宗有弟子可教，杨贵妃亦有弟子。《明皇杂录》载："有中官白秀贞，自蜀使回，得琵琶以献。其槽以逻逤檀为之，温润如玉，光辉可鉴，有金缕红文蹙成双凤。贵妃每抱是琵琶奏于梨园，音韵凄清，飘出云外。而诸王贵主泊虢国以下，竞为贵妃琵琶弟子，每授曲毕，广有进献。"其实杨贵妃不仅善弹琵琶，也善吹奏笛子、击磬，胡旋舞与霓裳羽衣舞亦为一时之最。只是杨贵妃的弟子与众不同，均为亲王、公主、嫔妃及其他贵族妇女，包括杨氏姐妹在内。

自玄宗置梨园弟子以来，一直到唐末始终保留着。唐德宗在大历十四年（779）即位后，遂于当年五月，"停梨园使及伶官之冗食者三百人，留者皆隶太常"③。说明玄宗以来梨园作为乐舞机构不仅保留着，而且还置有梨园使之职，只是不知其始置于何时？除此之外，还有梨园判官之置，通常由宦官充任。④ 德宗之后不久，至迟在宪宗时又恢复了梨园，唐文宗也曾多次在梨园会昌殿或梨园亭子举行过宴乐活动，并奏新乐。另据记载：唐懿宗"咸通中，徘优恃恩，咸为都知。一日乐喧哗，上召都知止之，三十人并进。上曰：'止召都知，何为毕至？'梨园使奏曰：'三十

---

① 赵令畤：《侯鲭录》卷一，宋元笔记小说大观，上海古籍出版社2007年版，第2032—2033页。

② 陶宗仪：《说郛》卷一三上《乐营将弟子》，文渊阁《四库全书》，上海古籍出版社1987年版，第876册，第631页。

③ 刘昫：《旧唐书》卷一二《德宗纪上》，第320页。

④ 周绍良等：《唐代墓志汇编》下册会昌037《王文幹墓志铭》，第127—1238页。

人皆都知。'乃命李可及为都都知"①。可见梨园不仅依然保留，而且其乐工还得到皇帝的宠信，从而获得官职。唐末黄巢军队攻入长安，乐工流散，"钟悬之器，一无存者"。后来铸成编钟240口，"张浚求知声者处士萧承训、梨园乐工陈敬言与太乐令李从周，令先校定石磬，合而击拊之，八音克谐，观者耸听"②。此事发生在唐昭宗时，距天宝时已经一百几十年时间了，故这位名叫陈敬言的梨园乐工应是当时之人，可见梨园作为宫廷音乐机构断续存在了近二百年时间。

在唐代梨园还是皇帝举行各种活动的场所。首先，在这里举行宴会，如中宗景龙三年正月，"宴侍臣及近亲于梨园亭"③。沈佺期有《三月三日梨园亭侍宴诗》。④ 其他皇帝在这里举行宴会的记载也不绝于史籍。其次，这里还是举行拔河、击鞠的场所，崔湜有《幸梨园亭观打球应制》诗。这一点在前面已有论述，就不多说了。再次，梨园还设置有手工业作坊。上元三年（676）八月，因青州大风，齐淄等七州大水，于是唐高宗颁诏："停此中尚、梨园等作坊，减少府监杂匠，放还本邑，两京及九成宫土木工作亦罢之。"⑤ 可知梨园是设置有手工业作坊的。

---

① 钱易：《南部新书·丙》，中华书局2002年版，第34—35页。
② 刘昫：《旧唐书》卷二九《音乐志二》，第1081—1082页。
③ 王钦若：《册府元龟》卷一一三《帝王部·巡幸二》，第1351页。
④ 徐坚等：《初学记》卷四《岁时部下》，中华书局1962年版，第72页。
⑤ 王钦若：《册府元龟》卷一四四《帝王部·弭灾二》，第1749页。

第六章
宫内机构的方位与职能

　　唐朝的中央诸司主要分布在长安的皇城与宫城之中，其中分布于皇城的机构属于外朝机构，分布于宫城的机构则属于内朝机构。唐朝皇帝自移居大明宫后，遂将内朝机构移于大明宫。需要指出的是，一些本属于外朝的机构，因为工作的需要，也会在宫中设立分支机构，因此设在宫中的机构并非全为内朝机构性质。这些设置于大明宫的机构，又可以分为三类情况：一是中枢与政务机构，如中书省、门下省、御史台、学士院等；二是为宫廷生活服务的机构和一些事务性机构，如殿中省、内侍省、宣徽院、史馆、客省、诸库等；三是为方便百官、命妇朝见皇帝与皇后以及太子居住的场所，如待制院、命妇院、舍人院、东西朝堂、少阳院等，至于左右金吾仗院亦是为朝会服务的机构，故也可以归于这一类机构中。此外，在大明宫中还置有馆阁机构，如弘文馆、集贤院之类，由于其均非独立的机构，故不单独列出，附于相应的机构下进行介绍。

一　中书省与集贤院

　　唐朝的职官制度以三省六部制为核心，其中尚书省置于皇城之内，中书、门下两省置于宫城，为什么会出现这种布局呢？这就要从历代中枢机构的演变说起。早在汉代为了分三公之权，皇帝在宫中设立了尚书台，把持了决策大权，三公府反倒成了执行成命的机构。尚书台原来隶属于少府，随着地位的提高，遂发展成为独立的机构，并改台为省。为了抑制尚书台的权力，东汉末年曹操设秘书令掌尚书奏事。曹魏建立后，又废秘书令设中书省，掌握中枢机要，并独立成署。至于门下官员早在汉代就已有之，他们都是直接归皇帝指使的官员，如侍中、散骑、中常侍、给事中等，其大都为加官。其他大臣加这些头衔，亦可入禁中供职。随着门下官权力与地位的提高，至东汉时设置了侍中寺，西晋时发展成为门下省。门下官出纳帝言，供奉左右，拾遗补阙，凡中书制定的诏令，皇帝都要征询其意见。因此直到隋代门下省都还掌管着宫廷的衣食住行等许多生活事务，至隋炀帝大业年间才有所改变。正因为中书省与门下省所具有的这种内朝性质，所以历代都设置在宫内，至唐朝虽然已发展成为机要之司，然其机构仍然置于宫中，而尚书省却早已脱离了内朝，成为外朝机构，故其机构只能置于宫廷之外，至于置于皇城之内则是隋文帝兴建大兴城时才确定的。

1. 方位与机构

关于中书省在大明宫中的方位，史书中有明确的记载。宋敏求《长安志》卷六《东内大明宫》载："宣政门内有宣政殿，殿东有东上阁门，殿西有西上阁门，殿前东廊曰日华门，东有门下省。……殿前西廊曰月华门，西有中书省。"程大昌《雍录》卷三《东内入阁图》载："宣政殿东廊有日华门，门下省在门外；……宣政殿西廊有月华门，中书省在门外。"宣政门至宣政殿之间，实际上是一个大院，其正门为宣政门，这个大院的西门为月华门，东门为日华门，所谓在门外，即在宣政殿大院东西两边的门之外，换句话说就是这个大院西面为中书省，东面为门下省。

中书省及其机构主要有政事堂、集贤殿书院、史馆、甄使院等。至于政事堂与集贤院因为比较重要，将在下面单独论述。关于史馆由于其隶属关系前后变化颇大，且性质比较特殊，故将后面专门论述，这里就不再说了。

中书省与尚书有着很深的历史渊源，早在秦代就置有尚书之职，有尚书令、尚书丞、尚书仆射之别。西汉时凡宦官任尚书令者，称中书令，武帝时司马迁受腐刑后，曾任中书令，元帝时弘恭、石显也相继为中书令，权势颇大。东汉末年，曹操置秘书令，掌尚书奏事，即中书令之职也。魏文帝时改秘书令为中书令，并置省，以令、监为长官，掌典机要，尚书接受成命而已。隋朝废中书监，仅保留了中书令，并改中书省为内史省，炀帝时改名为内书省。唐朝建立后，又恢复了中书省的名称。唐高宗龙朔二年（662），改名西台，武则天光宅二年（685）改名凤阁，开元元年（713）改名紫微省，皆不久便恢复了旧称。

瓯使院，武则天垂拱二年（686）六月，制造了四个铜瓯，放入一室，列于朝堂。命名为延恩瓯、招谏瓯、申冤瓯和通玄瓯，分别接受养民与劝农，谏论时政之得失，申诉冤屈，献赋作颂等方面上书或投状。由于形制过大，开有四门，颇不方便，后来改为一瓯，四面开门，功能却保留不变。瓯使院置知瓯使一人，以谏议大夫或者拾遗、补阙兼任，专门负责投状的受理。又置理瓯使一人，以御史中丞或侍御史兼任。史载：“知瓯使掌申天下之冤滞，以达万人之情状。”① 规定，重大事务知瓯使要及时处理或上奏，一般事务则交与理瓯使处理或申奏。

2. 职官与职能

中书省最初定员为42人，主要职官有：中书令2人、中书侍郎2人、中书舍人6人、右散骑常侍2人、右谏议大夫4人、右补阙6人、右拾遗6人、起居舍人2人、通事舍人16人、主书4人、主事4人。以上这些数据加起来超过了定员，这是以后还有所增加的缘故。

中书令为其长官，通判省事，由于其为宰相，唐后期不再单置。中书侍郎为副长官，在不置中书令的情况下，则由其掌判中书省事，成为中书省的实际长官。

散骑常侍、谏议大夫、补阙、拾遗等，都是谏官，其中前两者还负有侍从皇帝、顾问应对之责。

起居舍人属于史官系列，为所谓记言之官，主要记录天子制诰德音以及时政之得失等，每季终送于史馆。

通事舍人掌地方大员及各国使节、诸族首领朝见与辞谢引纳之事，京官五品以上出使、请假，“去皆奏辞，来皆奏见”② ，都由通舍人引见天子。六品以下官奉命出使，也由其引见皇帝。

主书与主事皆为七八品的小官，主要负责中书省各种公文的处理和具

---

① 王溥：《唐六典》卷九《瓯使院》，中华书局1992年版，第282页。
② 王溥：《唐六典》卷九《中书省》，第278页。

体事务的办理，正因如此，也有人乘机弄权，如代宗的"中书主书卓英倩、李待荣辈用事，势倾朝列，天下官爵，大者出元载，小者自倩、荣。四方赍货贿求官者，道路相属，靡不称遂而去，于是纲纪大坏"①。这是由于中书省地位重要的缘故。

中书舍人是中书省最重要的职官，中书省的主要职能便体现在其身上。中书舍人的职能主要为两点：一是所谓"五花判事"，中书舍人6人，每一人负责六部中的一个部的政务，其对这个方面的军国重事提出初步意见后，其他5人也可以提出各自的意见，并"杂署其名"，谓之"五花判事"②。舍人提出的这些意见，为宰相决策军事大事提供了参考意见，宰相讨论决策后连同舍人的意见一同呈奏给皇帝，由皇帝最后拍板。这种决策体制到安史之乱后便废止了，直到唐武宗会昌四年（844），宰相李德裕提出恢复"五花判事"，于是部分地恢复了这一制度。之所以说部分恢复，是因为对舍人的议事的范围有了一个限定，"除枢密及诸镇奏请，有司支遣钱谷等"，其他政务可以商量奏闻。③

中书舍人的另一重要职责就是负责起草诏敕。唐朝的制敕分为7种：一曰册书，用于皇后、太子、亲王、公主及诸国国王的册封；二曰制书，用于重要官爵的封授、重大赏罚刑政、改革旧制、赦宥降敌等。制书本称诏书，后来为避武则天的名讳，改为制书；三曰慰劳制书，用于褒奖贤能，慰劳勤勉等；四曰发敕（发日敕），又称手诏，是一种最为常见的诏书形式，用于增减官员，除免官爵，六品以下官员的授予，州县改易，判处流刑以上罪犯，征发兵马，开支钱粮等；五曰敕旨，为百司奏事的批复，通常都在百官奏章的后面写上"敕旨依奏""敕旨宜依""敕旨依"等字样；六曰论事敕书，用于慰谕公卿，诫约臣下；七曰敕牒，"随事承旨，不易旧典则用之"④。即只要不违反有关规定即可用之，很可能是尚书省根据制书精神而制定的政令。⑤唐朝的制敕用纸也是有区分的，前四种制敕通常用黄麻纸书写，后三种用黄藤纸书写，在唐朝前期一度用过白

①　刘昫：《旧唐书》卷一一九《崔佑甫传》，中华书局1975年版，第3440页。

②　钱易：《南部新书·乙》，中华书局2002年版，第17页。

③　王溥：《唐会要》卷五五《中书舍人》，上海古籍出版社2006年版，第1112页。

④　李林甫：《唐六典》卷九《中书省》，第274页。

⑤　张国刚：《唐代官制》，三秦出版社1987年版，第23页。

纸，从唐高宗起才改用黄纸，到唐玄宗时则改用黄绢。

中书舍人中负责起草制敕的仅为其中之一员，称"知制诰"。其起草的制敕大体上可分为两种情况，一是按照皇帝或者宰相的命令起草的，二是起草对百司臣僚奏章的批答。前者有皇帝派中使送来诏书要点的"宣"，或者宰相送来的制敕要点"词头"，知制诰凭此起草制敕。知制诰一职，皇帝也可派他官充任，则称其为"兼知制诰"。

在唐代有些重要的制敕，中书侍郎往往亲自起草。凡中书省起草好的制敕，要经过门下省的审议，审议通过后再加盖皇帝印玺，颁到尚书省执行。

3. 政事堂

唐朝三省制的分工情况是：中书省负责制敕的起草，门下省负责审议，尚书省受成执行，如果尚书省认为制敕不当，也可以驳正打回，拒绝执行。因此三省之间发生争论是难以避免的，于是便需要事先进行协商，政事堂就是其商议政事的地方。唐朝宰相是一个群体，由数人组成，唐朝前期中书、门下、尚书三省长官为宰相，于是便把政事堂设在门下省，宰相每日到这里来商议朝政。由于宰相都担任着本省长官，并非专职宰相，于是就出现了"午前议政于朝堂，午后理务于本司"的现象。[①] 也就是说在朝堂与政事堂议政时是宰相，回到本部门后又成为部门长官。自开元以后，宰相数少，于是便不再回归本司，也就成了专职宰相。唐朝的宰相除了三省长官外，后来以他官加上同中书门下平章事、同中书门下三品的头衔，便可成为宰相，自唐代宗时将中书省、门下省长官从正三品升为正二品后，同中书门下三品的宰相名号便不再出现，同中书门下平章事便成为了唯一的宰相名号，简称同平章事。

政事堂自设置以来，到唐高宗永淳二年（683），中书令裴炎利用其连续执政事笔的机会，遂将政事堂从门下省迁到了中书省，至此直到唐末，政事堂就一直设在中书省，再也没有发生过变化。关于执事笔的问题需要交代一下，由于有数位宰相，在议政时便有一个何人主持会议的问题，这位主持者称为"执政事笔"，也叫秉笔宰相。秉笔宰相具有首席宰

---

① 杜佑：《通典》卷二三《职官典五》，中华书局1988年版，第632页。

相的地位，权力较大，为了防止其专权，在唐初实行三省轮流执政事笔的制度。三省长官不再是宰相后，改为宰相每 10 日轮流一次秉笔。到了唐德宗贞元十年（794）又改为每日一人轮流执笔。但是从唐后期的情况看，这一制度也没有长期坚持下来，凡是皇帝宠信的宰相往往长期能够长期秉笔，如穆宗、敬宗朝的李逢吉，武宗朝的李德裕，均是如此。秉笔宰相不仅可以主持政事堂会议，承接诏旨，还值宿于政事堂，"有诏旨出入，非大事不欲历抵诸第，许令直事者假署同列之名以进"①。如果有百官请示问题，也由"秉笔宰相出应之"②。这一切都说明秉笔宰相拥有处理政事堂日常事务的权力。

政事堂制度还有一次变化，即开元十一年（723），张说任宰相时，上奏玄宗将政事堂改名为中书门下，并将"政事堂印"改为"中书门下之印"。同时，又在政事堂正厅之后设置了五房，即吏房、枢机房、兵房、户房、刑礼房，五房置有主书等官吏，"分曹以主众务焉"③。这些机构统称堂后五房，其设置标志政事堂制度的进一步完善。

政事堂处理日常公务的公文有两种形式，一种称"堂帖"，用于处理在京百司的公事；另一种称"堂案"，用于处理地方的公务。堂帖与堂案，均由堂后主书起草，秉笔宰相签署，其他宰相同署，然后再由主书行遣。

4. 集贤院

集贤殿书院，简称集贤院，为禁中图书收集与整理机构。唐玄宗开元十三年（725），"召学士张说等宴于集仙殿，于是改名集贤殿修书所为集贤殿书院，五品已上为学士，六品已下为直学士，以说为大学士，知院事。说累让'大'字，诏许之"④。此外，还置有侍讲学士、修撰官、校理官、知书官等官职，吏职有书直及写御书 100 人、拓书手 6 人、画直 8 人、装书直 14 人、造笔直 4 人等。但是在开元后期，宰相张九龄、李林甫先后兼任集贤殿大学士后，自此以后此职遂成为宰相的兼职之一。随着

①　刘昫：《旧唐书》卷一一九《崔佑甫传》，第 3439—3440 页。

②　王溥：《唐会要》卷五三《杂录》，第 1082 页。

③　欧阳修：《新唐书》卷四六《百官志一》，中华书局 1975 年版，第 1183 页。

④　李林甫：《唐六典》卷九《集贤殿书院》，第 279 页。

集贤院制度的不断健全和完善，遂逐渐形成了弘文馆、史馆、集贤院所谓"三馆"之制，影响后世至为深远。

关于集贤院的设置及其方位诸书记载颇为杂乱，现综合诸书记载，理之于下。

东都洛阳宫中有乾元殿，为高宗时所建，武则天毁之，改建为明堂。明堂被大火烧毁后，又再次重建，开元五年（717），"复以为乾元殿而不毁"①。即没有将武周明堂毁去，而是改为乾元殿，"于乾元殿东廊下写四部书，以充内库"②。《新唐书》卷四七《百官志二》载：开元"六年，乾元院更号丽正修书院，置使及检校官，改修书官为丽正殿直学士"。而《旧唐书》卷四三《职官志二》却载：开元"七年，驾在东都，于丽正殿置修书使"。开元六年，玄宗尚在长安，如何能到洛阳并设置丽正修书院呢？故应以《旧唐书》所记为准。但《旧唐书》只是说于丽正殿置修书使，却没有交代丽正殿从何而来，这一点《新唐书》说得比较清楚，是乾元院改名而来。之所以叫乾元院而不叫乾元殿，是因为早在开元五年在这里修书时，已经设置了乾元院使，故亦可称乾元院。

玄宗从洛阳回到长安后，遂下令在东宫丽正殿继续修书，所谓"及还京师，迁书东宫丽正殿，置修书院于著作院"③。另据《新唐书》卷二〇〇《褚无量传》载："帝西还，徙书丽正殿，更以修书学士为丽正殿直学士，比京官预朝会。复诏无量就丽正纂续前功。"也就是说命褚无量象在洛阳丽正院那样，继续在长安东宫丽正殿整理图籍。但是这里没有记载何时设置的丽正殿学士，《新唐书》卷四七《百官志二》载：开元"十一年，置丽正院修书学士"。另据《资治通鉴》卷二一三记载开元十一年五月条记载："上置丽正书院，聚文学之士。"而没有在学士前加那个"直"字，故上引《褚无量传》的这个字很可能是一衍文。

开元十三年（725），玄宗洛阳在宫中集仙殿大宴群臣，"于是改名集贤殿修书所为集贤殿书院"④。这一记载问题很大，似乎在集贤殿早已修书，只是将集贤殿修书所改为集贤殿书院而已，可是集贤殿修书所从何而

---

①　欧阳修：《新唐书》卷一三《礼乐志三》，第 338 页。

②　刘昫：《旧唐书》卷四三《职官志二》，第 1851 页。

③　欧阳修：《新唐书》卷五七《艺文志一》，第 1422 页。

④　李林甫：《唐六典》卷九《集贤殿书院》，第 279 页。

来，却没有交代。另据记载：开元"十三年与学士张说等宴于集仙殿，因改名集贤，改修书使为集贤书院学士"①。但是《新唐书》卷四七《百官志二》却载：开元"十二年，东都明福门外亦置丽正书院。十三年，改丽正修书院为集贤殿书院"。综合以上记载可知，由于玄宗先在长安东宫丽正殿设置了修书院，开元十二年驾幸洛阳后，遂在明福门也设置了丽正书院，这样就使东西两都在建置上保持了一致。次年，改集仙殿为集贤殿时，于是便把明福门外的丽正书院改名为集贤殿书院，而不可能再把原丽正院的图书搬到集贤殿（即原集仙殿）去。关于笔者的这一说法，亦有史料可以为证，据《新唐书》卷五七《艺文志一》载："东都明福门外，皆创集贤书院。"可见明福门外的原丽正书院确是改名为集贤院了。

与此同时，西都长安的宫中修书之所也改名为集贤院。但却不在东宫丽正殿继续修书，而是另择新的修书场所了。《新唐书》卷五七《艺文志一》载："其后大明宫光顺门外……皆创集贤书院，学士通籍出入。"却没有记载创建的具体时间。另据同书卷四七《百官志二》记载：开元"十一年，置丽正院修书学士。光顺门外，亦置书院"。说明这一年在大明宫创设了修书院，此后东宫丽正殿为修书之所不再见于记载，当集中到大明宫中来了。开元十三年，改名集贤院时，大明宫的修书之院亦改名集贤院，直到唐末未见再有改变。

关于集贤院的具体方位，上引史书只说在光顺门外。我们知道光顺门为大明宫内门之一，其位置在昭庆门以北，光顺门以南，昭庆门以北是命妇院的所在地。史载："其大明宫所置书院，本命妇院，屋宇宏敞。"②说明集贤院占了命妇院的地方，但并不说命妇院从此不再存在了，只是由于其屋宇宏敞，被集贤院割占了部分屋宇而已。③《唐会要》卷六四《集贤院》载：

　　　　西京在光顺门大衢之西，命妇院北，本命妇院之地，开元十一年分置。北院全取命妇院旧屋。东都在明福门外大街之西，本太平公主

———————
① 刘昫：《旧唐书》卷四三《职官志二》，第1851页。
② 同上。
③ 徐松：《唐两京城坊考》卷一《大明宫》载："（殿中内院）院西为命妇院，后改为集贤殿书院。"大误。第21页。

宅。十年三月，始移书院于此。……兴庆宫院，在和风门外横街之
南。二十四年，驾在东都，张九龄遣直官魏光禄，先入京造此院。华
清宫院，在宫北横街之西。

这就说明集贤书院有多处，除了大明宫和东都明福门外，兴庆宫与华清宫
亦有设置。不过《唐会要》说开元十年始在东都明福门外建院，是不对
的，应在开元十二年，因为这一年玄宗驾幸过洛阳，而开元十年时仍在
长安。

关于东宫丽正殿的方位，据宋敏求《长安志》卷六《东宫》载："嘉
德（殿）西有西奉化门，北有宜秋宫。门外有右春坊，坊内崇教殿、丽
正殿。"这段话错讹之处颇多，据徐松《唐两京城坊考》卷一《宫城》
载，"奉化门"应为"奉义门"之误，因为奉化门在该殿的东面。"嘉德
西有西"一句的最后一个"西"字应为衍文。此外，"门外有右春坊"一
句，应为"门内有右春坊"。嘉德殿是东宫正殿，其后为崇教殿，崇教殿
之后便是丽正殿了，它们都处在东宫建筑的中轴线上。上引《长安志》
说："开元改为集仙殿，十三年又改集贤殿。"大误，具体理由见上述。

唐朝整理图书的成就颇大，至开元十九年（731），"集贤院四库书，
总八万九千卷。经库一万三千七百五十二卷，史库二万六千八百二十卷，
子库二万一千五百四十八卷，集库一万七千九百六十卷。其中杂有梁陈齐
周及隋代古书。贞观、永徽、麟德、乾封、总章、咸亨年，奉诏缮写"[1]。
将上述四库书加起来，总数为80080卷，说明上引数据中存在有讹误。又
据《唐会要》卷六四《集贤院》载："时集贤院四库书，总八万一千九百
九十卷。经库一万三千七百五十三卷，史库二万六千八百二十卷，子库二
万一千五百四十八卷，集库一万九千八百六十九卷。"将四库之书相加，
总数正好是81990卷，当以此为准。"从（天宝）三载至十四载，库续写
又一万六千八百四十三卷。"在天宝末年，唐朝集贤院四库之书总计为
98833卷。安史之乱时，图书当有所损失，但未见史书记载，可能损失不
大。"开成元年七月，分察使奏'秘书省四库，见在新旧书籍，共五万六

---

[1]　王溥：《唐会要》卷三五《经籍》，第752页。

千四百七十六卷'"①。因为秘书省所管图书为国家藏书，集贤院所藏为宫廷图书，将两者相加，唐朝的图书总数为 155309 卷。这只是一个大略的数据，因为不知天宝末年至开成元年（836）期间，集贤院所藏图书的增减情况，只能进行粗略的统计，以反映有唐一代在图书建设方面的成就。

唐朝末年，战乱频发，图书损失惨重，尤其黄巢攻入长安后，图籍几乎亡佚殆尽。统观中国古代凡改朝换代之际，对图籍的毁损首当其冲，不知有多少珍贵典籍毁于一旦，给中华文化造成了不可弥补的损失。

二　门下省与弘文馆

1. 方位与机构

门下省在大明宫中的方位，史书记载得比较清楚，《长安志》卷六《大明宫》条记载说："（宣政）殿前东廊曰日华门，东有门下省，省东弘文馆。"《雍录》卷三《东内入阁图》载："宣政殿东廊有日华门，门下省在门外，东上阁即在殿左。"而宣政殿就位于含元殿之后，如此，门下省与弘文馆在大明宫中的方位就十分清楚了。

门下省最初定员为 36 人，主要有侍中 2 人、门下侍郎 2 人、给事中 4 人、左散骑常侍 2 人、谏议大夫 4 人、左补阙 6 人、左拾遗 6 人、起居郎 2 人、符宝郎 4 人、录事、主事各 4 人、城门郎 4 人、典仪 2 人。总人数依然超过了 36 人，原因仍是以后陆续有增加的缘故。除了以上这些官员外，门下省还有大量的流外吏职，总人数 100 多人。门下省的下属机构较少，只有一个弘文馆。

门下省机构与职能的完善，与隋炀帝有着直接的关系。在隋初虽然形成了三省制，然门下省为宫廷生活服务的性质仍然很浓厚，这是历史旧制继续延续的结果。炀帝大业三年（607），改革官制，把原置于吏部的给事郎调至门下省，这就是唐代门下省主要职官给事中的前身。同时又把殿内、御府、尚食、尚药等局从门下省移出，从而使门下省摆脱了为宫廷服务事务的羁绊，成为职责分明的封驳机构。换句话说，三省制至此才算真正完善起来了。

---

① 以上见《唐会要》卷三五《经籍》，第 753 页。

门下省原本设置于西内太极宫，自大明宫建成皇帝移居以来，遂将其也移入大明宫。门下省在唐代还有几次变化，主要是机构名称的改变。唐高宗龙朔二年（662），改为东台，咸亨元年（670）复旧。武则天光宅元年（684）改为鸾台，唐中宗神龙元年（705）复旧。开元元年（713）改为黄门省，开元五年（717）复旧。自此以后，再也没有发生过变化。

2. 主要职能

侍中是门下省的长官，正三品，代宗大历时升为正二品。门下侍郎，为副长官，正四品上，大历时升为正三品。侍中在唐初为宰相，门下省的事务主要由门下侍郎负责，自三省长官退出宰相行列后，侍中亦很少单授，主要用来安置元老勋臣，其仍不能掌管本省事务。

左散骑常侍、谏议大夫、左补阙、左拾遗等官员的职能与中书省所置官员相同，见前述，这里就不多说了。

起居郎为史官之一，皇帝每坐朝，起居郎与中书省之起居舍人分立左、右，进行记录，每季终则送交史馆，用以编撰起居注。"许敬宗、李义府为相，奏请多畏人之知也，命起居郎、舍人对仗承旨，仗下，与百官皆出，不复闻机务矣"。唐制，天子常朝结束后，百官鱼贯退出，宰相可再次入殿与皇帝面议重要政事。以前举行朝会时，起居郎与起居舍人，"夹香案分立殿下，直第二螭首"①。所以百官退出时，他们则不必退出。许敬宗、李义府命其与百官一样立班，百官退出时，他们也只好退出了。以后数次恢复旧制，又数次罢废，直到唐文宗太和九年（835），才比较彻底地恢复了旧制。

符宝郎，掌管天子八宝及符契。其下置有主宝 6 人、主符 30 人、主节 18 人，这些都是符宝郎手下的胥吏。唐朝皇帝有八种印玺，统称"天子八宝"，"一曰神宝，所以承百王，镇万国；二曰受命宝，所以修封禅，礼神祇；三曰皇帝行宝，答疏于王公则用之；四曰皇帝之宝，劳来勋贤则用之；五曰皇帝信宝，征召臣下则用之；六曰天子行宝，答四夷书则用之；七曰天子之宝，慰抚蛮夷则用之；八曰天子信宝，发蕃国兵则用

---

① 欧阳修：《新唐书》卷四七《百官志二》，第 1208 页。

之"①。其中第一种"神宝",相当于俗称的"传国玉玺",平时并不使用,只有新皇帝即位时才拿出来。其余印玺各有其专门的用途,上面的引文已经说得很清楚了。此外,还有各种符契,是作为执行各种任务的凭据,有左右两瓣,使用时藏其左而颁其右。第一种称铜鱼符,用于调动军队,换易将官;第二种称传符,用于通邮驿和宣达制命;第三种曰随身鱼符,颁给亲王、二品以上散官、京官五品以上以及都督、刺史、大都督府长史、司马、诸都护、副都护等官员,有证明身份和应征召的作用;第四种曰木契,用于太子监国时和王公以下及两京留守调动兵 500 人、马 500匹以上时的凭据;第五种曰旌节,拜大将及使者出使则赐之,作为代表国家或天子行使某种权力的象征。唐朝规定凡大事,除了降符契外,还要颁下敕书,如果是一般事务,则仅颁降符契。

城门郎,掌管京城、皇城、宫殿诸门开阖之节。这些城门的钥匙都由城门郎保管,其下置有门仆 800 人,主要任务就是分送管钥,开关城门。唐朝规定开门时,先开外门,后开内门;关门时,则是先关内门,后关内门。

典仪,"掌殿上赞唱之节及设殿庭版位之次"②。即举行大朝会时,典仪根据相关礼仪的规定,大声赞唱,类似今天的司仪。所谓"殿庭版位",是指朝会时王公、大臣所处班位的安排。

门下省最主要的职能,即审议与封驳之职则体现在给事中身上。所谓"封",即封还,是指封还皇帝的制敕;所谓"驳",是指驳回臣僚的奏章。关于皇帝的制敕种类,在前面已经论述过了。至于臣僚的章奏,在唐朝分为 6 种,称奏抄、奏弹、露布、议、表、状等,分别用于不同的用途和适用范围。

其中奏抄最为常见,有关部门关于祭祀、支度国用的报告,关于六品以下官员的除授,断流以上罪以及官当的报告等。奏弹是指御史台纠弹百官不法之事时的公文;露布是军队打胜仗后申报尚书省而奏闻天子的公文;议是公卿大臣讨论国事的公文,将不同意见呈报天子,请其裁决;表与状是使用最多的公文,臣僚上书给皇帝文书都可以称为表,有贺表、谢

---

① 李林甫:《唐六典》卷八《门下省》,第 251—252 页。

② 同上书,第 249 页。

表、让表、请表之分；状也有谢状、举人自代状、论事状等，状与表的不同之处在于，表是上给皇帝的，状主要用于上下级之间。

按照唐朝制度的规定，中书省起草的制敕，要经过门下省的审议才能颁下施行；百司的表章通过尚书省呈报到中书省，由中书省起草批答后，也要经过门下省的审议才能施行。唐制规定："凡百司奏抄，侍中审定，侍郎覆省，给事中读而署之，以较正违失。"① 实际上先由给事中审读，提出初步意见，然后再由门下侍郎复审，最后才由侍中审定。由于侍中毕竟是门下省的长官，唐前期又是宰相，所以又规定"其奏抄、露布侍中审，自余不审"②。这些不审的公文，只是其上画"可"，然后留在门下省存档，另外再抄一份，写上"可"字，并加盖骑缝印，然后送尚书省执行。画"可"，本来是皇帝御画的，由于颁下执行的实际上是门下省复制的一份，所以尚书省见到画"可"的公文，都是门下省复制的。

由于门下省掌管着天子八宝，所以一切制敕和奏章都必须经过其审议，否则便不能加盖印玺，也就不能成为合法的公文，这种制度设计保证了公文的正常运转。这也是唐初把政事堂设在门下省的主要原因。由于门下省对中书省的权力有着制约作用，因此使其并不能为所欲为。开元初，李乂任黄门侍郎（门下侍郎），"多所驳正"。当时"姚崇为紫微令，荐乂为紫微侍郎，外托荐贤，其实引在己下，去其纠驳之权也"③。姚崇之所以推荐李乂任紫微侍郎（中书侍郎），就是因为李乂认真地履行了封驳之职，使中书省的有些举措不能顺利通过，于是利用这种办法将其调离门下省。姚崇号称贤相，尚且如此，可见这一制度的确对权力的制约发挥了重要的作用。唐后期虽然政治上已经开始走下坡路，但门下省的封驳之权始终保持着。至宋代门下省已经有名无实，元代以来就基本销声匿迹了，使皇权与权臣得以为所欲为，基本失去了制约，这也是自宋代以来各朝专制主义越来越严重的一个重要原因。

前面已经说过门下省的职能主要体现在给事中身上，这是因为侍中作为门下省的长官，在唐前期为宰相，遂将门下省众务交给门下侍郎掌管。

① 王钦若：《册府元龟》卷四五七《台省部·总序》，中华书局 1960 年版，第 5421 页。
② 李林甫：《唐六典》卷八《门下省》，第 242 页。
③ 刘昫：《旧唐书》卷一〇一《李乂传》，第 3136 页。

后来侍中不再单授，而门下侍郎又多加同平章事而成为宰相，在设于中书省内的政事堂（即中书门下）办公，于是给事中便成为门下省的常务负责人了。

给事中的职权主要体现在如下方面：

第一，封驳之权。白居易说："给事中之职，凡制敕有不便于时者，得封奏之。"① 封还制敕时，给事中还要写清自己封还的理由，所谓"诏敕不便者，涂窜而奏还，谓之'涂归'"②。这里所说的"涂归"，不是在原制敕上面直接涂改，而是另外再附上一纸，在其上写清自己的意见。《旧唐书》卷一四八《李藩传》载，李藩在元和时任给事中，"制敕有不可，遂于黄敕后批之，吏曰：'宜别连白纸。'藩曰：'别以白纸，是文状，岂曰批敕耶！'"可见以前都是另附白纸，而李藩则直接原敕后批书，所以门下省之吏才提出异议。因为李藩的做法不合惯例，因此才被写入史书。每季末给事中要把封还制敕的事目汇总，呈报皇帝，未加封驳的也要报告。这一规定始于唐文宗开成三年（838）八月。

除了对制敕有审议之权外，对百司章奏亦有审议之权。所谓"凡百司奏抄，侍中既审，则正违失"③。其实正其违失的主要还是给事中。如"（贞观）十六年，刑部奏请：'反叛者兄弟并坐。'给事中崔仁师驳之曰：'诛其父子，足警其心，此而不恤，何忧兄弟！'议遂寝"④。再如"（元和）七年七月，琼林库使奏：巧儿旧挟名敕外，别定一千三百四十六人，请宣下州府为定额，特免差役。时给事中薛存诚，以为此皆奸人窜名，以避征徭"，驳回不许。元和十四年（819）六月，"判度支皇甫镈重奏：诸道州府监院，每年送上两税榷酒盐利米价等匹段，加估定数。又奏近年天下所纳盐酒等利抬估者，一切追征。诏既可"。然给事中崔植"以为用兵岁久，百姓凋残"⑤。从而阻止了这种行为。

给事中并不是对一切制敕和章奏都进行审议，其行使封驳权力的

---

① 白居易：《白氏长庆集》卷四八《郑覃可给事中制》，文渊阁《四库全书》，上海古籍出版社 1987 年版，第 1080 册，第 519 页。

② 欧阳修：《新唐书》卷四七《百官志二》，第 1207 页。

③ 同上。

④ 王溥：《唐会要》卷五四《给事中》，第 1098 页。

⑤ 同上书，第 1102 页。

对象是大事，小事则署名而颁下，即所谓"凡大事，覆奏；小事，署而颁之"①。这里所谓"覆奏"，就是进行审议，如有不同意见则封还、涂归。

第二，司法权。凡司法机关审判讫的案件，需要向上呈报的，则需要经过给事中的审议，所谓"三司详决失中，则裁其轻重"②。这里所说的三司，是指大理寺、刑部和御史台等三个司法部门。凡重大案件皇帝往往派这三个部门联合审理，其审判结果要呈报皇帝，并要经过门下省的审议。此外，凡流刑以上的案件，审判结束后，也要经过给事中的审议。

给事中的司法权还表现在其"与御史、中书舍人听天下冤滞而申理之"③。这三个部门的官员可以在朝堂接受诉讼，受理冤案，称之为"三司受事"。这就是时任翰林学士的白居易所说的，"天下冤滞无告者，（给事中）得与御史纠理之"④。不过给事中的这种司法权并非是完全的司法权，只是对大案有审议权，对冤案错案发生后，事主上诉时才进行审理，以纠正之。因为其毕竟不是专职的司法官员。

第三，人事审查权。唐朝有所谓"过官"制度，即吏部、兵部负责铨选文武六品以下官员，完全注拟后，要报到门下省由给事中进行审议，主要是"校其仕历深浅，功状殿最，访其德行，量其才艺，若官非其人，理失其事，则白侍中而退量焉"⑤。给事中不仅有权审议文武六品以下官吏，其实对高级官员的任命亦有权审议，如元和十四年（819），令狐通从地方官升任为右卫将军，"制下，给事中崔植封还制书，言通前刺寿州失律，不宜遽加奖任"⑥。穆宗长庆元年（821），"以前检校大理少卿、驸马都尉刘士泾为太仆卿。给事中韦弘景、薛存庆封还诏书"。后经穆宗亲自说明情况，才得以过关。⑦ 右卫将军与太仆卿，在这时都是三品的高

---

① 欧阳修：《新唐书》卷四七《百官志二》，第 1207 页。
② 同上。
③ 同上。
④ 《白氏长庆集》卷四八《郑覃可给事中制》，第 1080 册，第 519 页。
⑤ 刘昫：《旧唐书》卷四三《职官志二》，第 1844 页。
⑥ 刘昫：《旧唐书》卷一二四《令狐彰传附令狐通传》，第 3532 页。
⑦ 刘昫：《旧唐书》卷一六《穆宗纪》，第 485 页。

官。故史载："故事，注官讫，过门下侍中、给事中。"① 而未刻意强调只能审六品以下官。

第四，其他职权。唐制，每年对官员考课一次，此事由吏部考功司承担；但却另定有校考使与监考使，共同负责。史载："岁定京官望高者二人，分校京官、外官考，给事中、中书舍人各一人监之，号监中外官考使。"② 此外，对给事中而言，"发驿遣使，则与侍郎审其事宜"③。发驿遣使本为尚书都省负责的事务，事缓者给"传"，不急则罢之。给事中审定的是尚书都省所确定的这项事务是否的当。给事中还有一定的财政审议权，如"时皇甫镈以宰相判度支，请减内外官俸禄，植封还敕书，极谏而止"④。时在元和中，崔植任给事中。崔植此举实际上还是属于驳正百官章奏的范围。

总之，唐朝的一切政务凡比较重要的，都要经过门下省的审议，从而保证了各部门的权力得到了一定程度的制约，不至于过分集中，也可以及时发现并避免一些决策的失误。前面已经论到，由于唐后期侍中不单置，门下侍郎又多担任宰相，门下省的封驳审议工作更多的是由给事中承担，甚至"分判省事"⑤。即负责门下省的日常事务。

3. 弘文馆

唐朝在长安的弘文馆共有两处，一处在太极宫，另一处在大明宫，均位于门下省之东。在宫中设有馆职，是因为宫中藏有大量的图籍需要有专门的机构掌管，故东汉以来，历代多在宫内置馆。唐高祖武德初，置修文馆，武德末年改为弘文馆。中宗神龙元年（705），避孝敬皇帝李弘讳，改为昭文馆，次年改为修文馆。睿宗景云二年（711），又改为昭文馆，玄宗开元七年（719）恢复了弘文馆的旧称。

唐朝的弘文馆不仅是一处藏书之所，同时也是一处贵族学校，有学生30 名，"皇宗缌麻已上亲，皇太后、皇后大功已上亲，散官一品、中书门

---

① 刘昫：《旧唐书》卷一〇六《杨国忠传》，第3244 页。

② 欧阳修：《新唐书》卷四六《百官志一》，第1192 页。

③ 欧阳修：《新唐书》卷四七《百官志二》，第1207 页。

④ 刘昫：《旧唐书》卷一一九《崔佑甫传附崔植传》，第3441 页。

⑤ 刘昫：《旧唐书》卷四三《职官志二》，第1843 页。

下三品、同中书门下平章事、六尚书、功臣身食实封者，京官职事正三品、供奉官三品子、孙，京官职事从三品、中书、黄门侍郎子，并听预简，选性识聪敏者充"①。主要学习儒家经典、书法和史书，学习结业，如同国子监的学生一样，可以参加科举考试。此外，弘文馆设置初期还具有给皇帝讲论经史及顾问的一些性质。

正因为弘文馆藏有大量的图籍，故其所置官职大都与此有关，所谓"自武德、贞观已来，皆妙简贤良为学士。故事：五品已上，称为学士；六品已下，为直学士。又有文学直馆，并所置学士，并无员数，皆以他官兼之"②。仪凤中，又置详正学士以校理图书。至中宗景龙二年（708），经昭容上官婉儿建议，又增置大学士4员、学士8员、直学士12员，以象四时、八节、十二时。开元七年（719），从秘书省移置校书郎4人，以校理群书，刊正文字。后减少2员。其他吏职主要有：典书2人、拓书手3人、笔匠3人、熟纸装潢匠9人。

弘文馆的学士以上官员均由其他大臣兼任，其中大学士由宰相兼任，号为馆主。给事中一人判馆务。弘文馆置大学士，始于景龙二年。此后便不再设置，开元时玄宗欲授中书令张说为集贤院大学士，张说推辞不受。可见直到这时，诸馆置大学士还是比较稀见的，故张说贵为宰相，也不敢接受大学士之称。此后，至代宗广德二年（764），拜宰相王缙为太微宫使、弘文、崇贤馆大学士。③ 大历十二年（777），又拜宰相常衮为太清宫、太微宫使、弘文馆大学士。④ 直到这时弘文馆大学士虽为宰相兼职，但仍然没有一定之规，也不存在首相、次相之别。因为在这时郭子仪、朱泚均为宰相，排位还在常衮之前。德宗在大历十四年（779）五月即位后不久，就"以新除河南少尹崔佑甫为门下侍郎、平章事、崇玄馆、弘文馆大学士、太清宫、太微宫使"。同年八月，又"以通州司马同正杨炎为门下侍郎、平章事、崇玄馆、弘文馆大学士、太清宫、太微宫使。"而崔佑甫"改中书侍郎、集贤殿、崇文馆大学士、修国史、平章事如故"⑤。

①　李林甫：《唐六典》卷八《门下省》，第255页。

②　同上书，第254页。

③　刘昫：《旧唐书》卷一一八《王缙传》，第3416页。

④　王钦若：《册府元龟》卷七三《帝王部·命相三》，第832页。

⑤　同上。

据此来看，弘文馆大学士遂成为新拜宰相的兼职。

宋人孙逢吉的《职官分纪》卷一五《昭文馆》载："唐制，宰相四人，首相为太清宫使，次三相皆带馆职，弘文馆大学士、监修国史、集贤殿大学士，以此为次。"唐朝于何时形成这一制度，史无明确的记载，从裴度的任官经过也许可以窥其一斑。裴度于元和十年（815）六月为朝请大夫、守刑部侍郎、同中书门下平章事。后又升为中书侍郎、门下侍郎，均同平章事。① 裴度督师扫平淮西叛镇后，"诏加度金紫光禄大夫、弘文馆大学士，赐勋上柱国，封晋国公，食邑三千户，复知政事"②。可见裴度得以兼任弘文馆大学士，乃是其建立大功以后升迁的结果，这种情况与德宗时的情况已大不相同。如路隋在文宗即位之初，"以中书侍郎、同中书门下平章事，监修国史"，后又"进门下侍郎、弘文馆大学士"③。显然"监修国史"的兼职要低于"弘文馆大学士"。再如刘邺在懿宗时，任同平章事，判度支，"转中书侍郎，兼吏部尚书，累加太清宫使、弘文馆大学士"④。既称"累加"，显然有这些兼职的宰相地位要高一些。类似的事例还很多，就不一一列举了。此后，直到唐末首相兼太清宫使的现象便多了起来，由于这一时期宰相数少，所以也时常出现宰相同时兼任太清宫使和弘文馆大学士的现象。

到了五代时期除了后唐一度设置太清宫使外，其余诸朝均不设置，遂以弘文馆大学士为首相兼职，监修国史次之，集贤殿大学士再次之。⑤ 这一制度也深深影响了两宋之制。

三　殿中内省

1. 宫中方位

杨鸿勋的《大明宫》一书附有一幅《唐长安大明宫复原平面图》，此

---

①　刘昫：《旧唐书》卷一五下《宪宗纪下》，第 453 页。同书《裴度传》载其初拜相即为门下侍郎、同平章事。误。

②　刘昫：《旧唐书》卷一七〇《裴度传》，第 4419 页。

③　欧阳修：《新唐书》卷一四二《路隋传》，第 4677—4678 页。

④　刘昫：《旧唐书》卷一七七《刘邺传》，第 4618 页。

⑤　参见杜文玉《五代十国制度研究》，人民出版社 2006 年版，第 254—255 页。

图较之以往之图，不论是古人所绘之图，还是今人所绘之图，都要详尽得多，主要是所绘的大明宫中建筑的方位增加了很多，可以说是关于大明宫建筑研究的最新成果。[①] 然而此图却把殿中省绘在了御史台之西，而把御史台绘在中书省的西面，与史籍的记载全然不符。宋敏求《长安志》卷六《大明宫》载："（宣政）殿前西廊曰月华门，西有中书省，省北曰殿中内省"。徐松《唐两京城坊考》卷一《大明宫》载：宣政门"其内两廊为日华门、月华门……月华门外为中书省，省南为御史台，省北为殿中外院、殿中内院"。此书注云："《长安志》不载外院。'内院'作'内省'，据《大典阁本》改。《通鉴》引《阁本大明宫图》，中书省与延英殿，其间仅隔殿中外院、殿中内院，与《大典》本合。《长安志》内省之北有亲王侍制院，《阁本图》不载，故不取。"[②]

如此看来，徐松是极为看重《阁本大明宫图》的，此图相对其他有关大明宫的古图的确最为详尽，然亦不是无懈可击。如此图就没有标绘出御史台的方位，其所标绘的左、右金吾仗院、玄武门、玄元皇帝庙等的方位，就存在很大的错误。此图的错误并不仅限于此，就不一一列举了。故徐松以此为据，删去了亲王侍制院并不可取。殿中内院与殿中外院仅见于《阁本大明宫图》，可靠与否，值得怀疑，且在其图中将它们的方位东西并列，也不知其内院与外院是如何划分的。实际上唐朝在皇城内仍然设置有殿中省，其与置于大明宫内的为同一系统的机构，故应该称殿中内省，而不应以"院"相称，就如同中书省置于禁中，置于皇城内的同一机构则称中书外省，而不能称中书外院一样。徐松说《长安志》不载殿中外院，而把"内院"作"内省"，于是他便据《阁本大明宫图》改为"内院"，其实是过分迷信《阁本大明宫图》的缘故。即使大明宫中的殿中省的确分为内外院，也应该统称为殿中内省。

综上所述，殿中内省在大明宫中的方位应该在月华门外的中书省以

---

① 见其书第25页，科学出版社2013年版。古人所绘图指：宋人吕大防《唐长安城图》、程大昌《雍录》所附《六典大明宫图》和《阁本大明宫图》、元人李好文《长安志图·唐大明宫图》、清《陕西通志·唐大明宫图》、清人毕沅《关中胜迹图志·唐大明宫图》、清人徐松《唐两京城坊考·西京大明宫图》等；今人主要指史念海主编《西安历史地图集》所绘的两幅《大明宫图》。

② 以上见此书，第20—21页。

北。傅熹年主编的《中国古代建筑史》一书中所附的《唐长安城大明宫平面示意图》，也是这样标绘的。[①]

2. 机构沿革

殿中省的历史并不悠久，曹魏时有殿中监，晋与刘宋沿袭之。南朝齐分为内殿中监与外殿中监，梁陈两朝沿袭不变，品阶极低。北魏没有区分内外，沿袭曹魏之制，置殿中监，北齐置殿中局，隶属于门下省。隋朝建立后，改为殿内局，炀帝大业三年（607），"分门下省尚食、尚药、御府、殿内等局，分太仆寺车府、骅骝等署，置殿内省"[②]。唐朝建立后，改为殿中省。唐高宗龙朔二年（662）改为中御府，咸亨元年复旧。

殿中监，从三品，为本省长官；殿中少监，从四品上，为副长官。其下有殿中丞2人、主事2人。殿中省下属有：尚食局、尚药局、尚衣局、尚舍局、尚乘局、尚辇局等6个局，其长官均称奉御，各置2人，其下各有直长若干人，各局又根据职能的不同，各置有多少不同的低级官吏。当龙朔二年殿中省改为中御府时，其六局的名称也相应地改变，依次改为奉膳局、奉医局、奉冕局、奉扆局、奉驾局、奉舆局，其长官奉御则改为大夫。

唐朝既然已经在皇城设置有殿中省，为什么还要在宫中设置内省呢？这主要是由于殿中省特殊的性质决定的。隋唐时期的殿中省已经发展成为外朝机构，也在宰相的领导之下，且许多事务要与其他机构协调，故机构只能设置在皇城之内。但是殿中省毕竟是为天子生活服务的机构，有许多事务需要宫中处理，或者就近服务，所以在宫中设置殿中内省也在情理之中。这也就是南朝将其分为内外两套机构的根本原因。实际上六局机构均设在大明宫中，统归殿中内省管理，皇城所置的殿中省只具有一些协调方面的职能。

3. 主要职能

殿中监作为本省长官，主要掌天子乘舆服御之政令，统管六局之事

---

① 见该书第二卷《两晋南北朝隋唐五代建筑》，中国建筑工业出版社 2001 年版，第 379 页。

② 李林甫：《唐六典》卷一一《殿中省》，第 323 页。

务。殿中少监作为副长官，除了辅佐殿中监掌管本省之务外，在皇帝坐朝时。"则率其属执伞扇以列于左右。凡大祭祀，则进大珪、镇珪于壝门之外"。结束后则要将各种相关器物妥善收藏，以备下次之用；皇帝行幸、游宴、田猎、大阅，要侍从陪驾；如果为皇帝配制御药，还要亲临监视，药成后先尝之。殿中丞，掌管本省日常事务，"兼勾检稽失，省署抄目"。前一句是指检查工作是否拖延和存在失误，后一句是指检查收到和发出公文的目录。主事掌管本省之印，并"受事发辰"①。所谓受事，指接收相关公文之意；"发辰"，是指收到相关公文后，要登记收到的时间，何时交给何人办理，以便检查是否按时完成了工作。

殿中省的事务主要体现在六局的职能上。从总的方面来说，殿中省是为天子衣食住行服务的，这是其职能的主要方面，实际上其职责的范围还有更广泛一些。

尚食局：主要负责皇帝的日常膳食。唐朝皇帝的膳食十分丰富，所谓"尚食所料水陆等味一千余种，每色瓶盛，安于藏内，皆是非时瓜果及马牛驴犊獐鹿等肉，并诸药酒三十余色"②。可见食料是十分丰富的。每次向皇帝进膳，尚食奉御都先进行品尝，以保证绝对安全。天下各州向皇帝进贡的食物，则进行检查，并分门别类地进行保管。尚食局还置有8位食医，正九品下，专门负责食疗和食补之事。所谓"随四时之禁，适五味之宜"。前者是指春肝、夏心、秋肺、冬肾，皆不可食；后者指酸、咸、甘、苦、辛等五味。

除了以上事务外，凡举行元日、冬至大朝会，尚食局还要配合光禄寺给百官供食。皇帝向王公大臣赐食，设宴款待外来使者，都要由尚食局供食。如唐高祖宠信裴寂，"命尚食奉御日以御膳赐寂"③。此外，宗庙及诸帝陵寝祭祀所需祭品也由其负责，所谓"宗庙祭享，笾、豆宜加獐鹿鹑兔野鸡等料，夏秋供腊，春冬供鲜，仍令所司祭前十日，具数申省。准料令殿中省供送"④。"若诸陵月享，则于陵所视膳而献之。"⑤ 这种祭祀之

---

①　以上均见《唐六典》卷一一《殿中省》，第 323 页。

②　王钦若：《册府元龟》卷五八九《掌礼部·奏议一七》，第 7043—7044 页。

③　司马光：《资治通鉴》卷一八五，唐高祖武德元年六月条，第 5903 页。

④　王溥：《唐会要》卷一七《缘庙裁制上》，第 415 页。

⑤　以上未注出处者，均见《唐六典》卷一一《殿中省》，第 324 页。

品也是十分丰富的，如元和十五年（820）五月，"殿中省奏：'尚食局供景陵千味食数，内鱼肉委食，味皆肥鲜。掩埋之后，熏蒸颇极。今请移鱼肉食于下宫，以时进飨。仍令尚药局据数以香药代之。'敕：'脯醢猪犊肉等，皆宜以香药代，其酒依旧供用。'"① 不仅景陵如此，其余诸陵皆是如此。唐朝规定："殿中省主膳上食于诸陵，以番上下，四时遣食医、主食各一人莅之。"② 主膳是尚食局所属胥吏，开元时置 700 人，唐后期增为 840 人，分为四番，每月 210 人服役。

尚药局：主要负责御药的合制以及天子与皇室的疾病诊治。其专业人员的设置情况是：侍御医 4 人、司医 4 人、医佐 8 人等，这些都是有品阶的医官。此外，还设置有主药 12 人、药童 30 人、按摩师 4 人、咒禁师 4 人、合口脂匠 2 人等，这些均为流外官。凡合制御药，殿中监与尚药奉御察看其成份、剂量，同时中书省、门下省的长官和当值的诸卫大将军均要到场监视。御药合制成后，医佐以上医官要先尝，然后密封加印，并要求写清药方，方后要注明年月日，到场监视的官员要一一署名。皇帝服药的当日，尚药奉御先尝，次殿中监尝，再次皇太子尝，然后皇帝才服用。这样规定的目的，就是要保证天子用药的安全。

其中侍御医专门负责给皇帝诊病，如唐高宗患头痛，犯病时头痛不止，目不能视，召侍御医秦鸣鹤诊治，"鸣鹤请刺头出血，可愈。天后在帘中，不欲上疾愈，怒曰：'此可斩也，乃欲于天子头刺血！'鸣鹤叩头请命。上曰：'但刺之，未必不佳。'乃刺百会、脑户二穴。上曰：'吾目似明矣。'后举手加额曰：'天赐也！'自负彩百匹以赐鸣鹤"③。武则天的男宠沈南璆也是一位侍御医。司医、医佐负责给宫中其他人员诊治；主药、药童负责药物的合制，如刮、削、捣、筛等；按摩师、咒禁师各负其责，前者从事按摩，后者则利用符咒来达到治病的目的，这是古代科学技术欠发达时期所出现的一种社会现象。

尚衣局：主要负责掌管皇帝的服饰。其置有主衣 16 人，为流外之职，具体掌管天子在各种场合的服饰保管和进御。需要说明的是，尚衣局只掌

① 王溥：《唐会要》卷二一《缘陵礼物》，第 474 页。
② 欧阳修：《新唐书》卷四六《百官志一》，第 1195 页。
③ 司马光：《资治通鉴》卷二〇三，唐高宗弘道元年十一月，第 6530 页。

管皇帝的服饰，并不管制作，后一事务由少府监和宫中女官负责的。还有一点要说明，即皇后、太子的服饰也不归尚衣局管，史载："乘舆之服则有大裘冕、衮冕、鷩冕、毳冕、絺冕、玄冕、通天冠、武弁、弁服、黑介帻、白纱帽、平巾帻、翼善冠之服，并出于殿中省。皇后之服则有袆衣、鞠衣、钿钗礼衣之制，并出于内侍省。皇太子之服则有衮冕、具服远游冠、公服远游冠、乌纱帽、弁服、平巾帻、进德冠之服，并出于左春坊。皇太子妃之服则有褕翟、鞠衣、钿钗礼衣，并出于右春坊。"① 可见皇帝的服饰共有 13 种，分别适用于不同的场合，什么场合穿什么服饰，是由尚衣局负责的，所谓"详其制度，辨其名数，而供其进御"②。

尚舍局：掌殿廷供设，如帐幕、灯烛、汤沐、洒扫等事。包括皇帝行幸、祭祀、朝会时的供设，所用帐幕的量是很大的，因此尚舍局设置有幕士 8000 人，以掌管这些事务。

尚乘局：掌管天子内外闲厩之马。这是殿中省最大的机构之一，除了本局的正副长官外，还置有奉乘 18 人、司库 1 人、司廪 2 人、掌闲 5000人、习驭 500 人、兽医 70 人。前三类人为官员，后三类为流外之职。其中司库掌鞍辔乘具，司廪掌蒭秸草料出纳，兽医掌疗马病，掌闲负责饲养马匹，习驭负责调习训练马匹。此外，尚乘局还有牛车 100 辆，主要用于本部门运输物资，与其职能并无必然关系。

尚辇局：掌朝会、祭祀时的舆辇、伞扇供设。除奉御、丞、直长等官外，还置有掌辇 2 人、主辇 42 人、奉舆 15 人，前者为官，后两者均为流外之职。唐朝皇帝所用之辇共 7 种，孔雀伞 156 柄。皇帝举行朝会和祭祀时，这些辇、伞都要陈列在廷和庙，实际上是仪仗之一种。皇帝坐朝时，先取扇遮合其身，待皇帝坐定后，再打开扇；朝会结束时，也要用扇遮合，待皇帝从东序门走出后，再撤去扇。在皇帝所拥有的 7 种辇，时常乘坐的主要是腰辇，由数名宫女抬辇而行，是其在宫中行动时乘坐的一种交通工具。

---

① 王溥：《唐六典》卷四《尚书礼部》，第 117 页。
② 王溥：《唐六典》卷一一《殿中省》，第 326 页。

四　御史北台

1. 宫中方位

关于御史台在大明宫所设之机构，《长安志》《雍录》《类编长安志》等书皆无记载，宋元时期所绘的大明宫图也无一标绘。唯清人徐松的《唐两京城坊考》卷一《大明宫》载："月华门外中书省，省南为御史台。"之所以出现这种情况，原因是在大明宫中设御史台机构较晚，故诸书阙载。另据《玉海》卷一六一《唐朝堂》条载："舒元舆《御史台新造中书院记》：御史府故事，于中书之南，常有理所，太和四年于政事堂直庑之南选地以作之，号中书南院。院门北辟，向朝廷也，观者命为御史北台。"文中提到舒元舆所撰的《御史台新造中书院记》一文，现收于《文苑英华》卷八〇七，节录如下：

> 是以御史府故事，于中书之南，常有理所。先时惟中丞得专寓于南舍一院，若杂事与左右巡使，则寓于西省小胥之庑下。遇大朝会时，吾属皆来，则分憩于杂事、巡使之地。既寓于小胥，则我实客也。每亡事而去，则主人必坌而入，喧哗狼籍，其态万变，向之霜棱，尽为涕洟矣。岂吾君以天下纲纪属之于我意邪！上元二年，侍御史刘儒之作《直厅记》，初拜仪云：谢宰相讫，向南入直省院候端长。又《入中书仪》云：到直省院，入门揖端公讫，各就房。呜呼！以御史之贵重，而前时作者之记，恬然以直省院为记，君子未尝有非之者。……大和四年岁次庚戌八月十六日丁巳记。

据此来看，在中书省之南原有御史中丞院，只是其余御史入宫则无栖息之处，于是只好在中书省（西省）的胥吏庑下权坐，又受到这些胥吏的蔑视。其实这些御史不仅在中书胥吏处权坐，有时也在门下省直院后檐下权坐，情况十分狼狈。

另据《唐会要》记载：

> 太和四年三月，御史台奏：三院御史尽入，到朝堂前无止泊处，

请置祗候院屋。知杂御史元借门下直省屋后檐权坐，知巡御史元借御
书直省屋后檐权坐。每日早入，至巳时方出，入前后并本所由。自门
下直省院西、京兆尹院东，有官地，东西九十尺、南北六十尺。请准
长庆元年八月（敕），于中书南给官地，度支给钱。①

可知这年三月，经御史台奏请，文宗同意在中书省南给建造御史北台，于
这年八月中旬建成，于是才有了时任侍御史的舒元舆的这篇文章。上引
《唐会要》之文疑有脱漏，御史台的奏章中提到门下直省院西有空地，可
是在奏章之末却又请求在中书省南给官地，其中必有缘故，只是这段文字
没有说清楚而已。由于其建在中书省南，故称中书南院，实际并非中书省
的机构，因此俗称"御史北台"。所谓"缙绅观者，命为御史北台"②。
关于御史北台的建筑结构，舒元舆的这篇文章所记甚详，由于文字甚长，
而徐松根据舒元舆所述总结得甚为简练，录之如下："于中书省南廊架南
北为轩，由东入院，门首为中丞院，次西杂事院，又西左右巡使院。门皆
北向，故曰御史北台，亦曰御史台中书南院。见舒元舆《记》。"③ 即在原
中丞院之外，增建了杂事院与左右巡使院。

不过并不能就此认为御史台在大明宫中的机构，始建于文宗太和四年
（830），其中御史中丞院早已有之，此次新建的不过是杂事院和左右巡使
院而已。

2. 机构沿革

御史台的历史渊源十分悠久，可以追溯到秦汉时期的御史大夫，不过
当时的御史大夫为三公之一，并不具有监察职能。秦汉御史大夫府内置有
中丞二员，其职能是在宫内掌管兰台图籍，在外则督部刺史，领侍御史，
受公卿奏事，举劾按章，遂成为监察性质的官员，不过尚不能称为专职的
监察官员而已。此外，在汉代还有司隶校尉、丞相司直等监察官员，皆受
中丞督领，司直则督诸部刺史，刺史督诸郡太守。汉魏以来基本上是这样

---

① 王溥：《唐会要》卷六二《杂录》，第1282页。
② 李昉：《文苑英华》卷八〇七，舒元舆《御史台新造中书院记》，中华书局1966年版，
第4265—4266页。
③ 徐松：《唐两京城坊考》卷一《大明宫》，中华书局1985年版，第21页。

一种监察体制，直到南朝的梁陈、北朝的魏齐时才出现了御史台的机构，是从御史中丞及其属官的基础上逐渐形成的。

隋文帝时沿袭前朝之制，仍置御史台，至炀帝大业三年（607），在御史台之外另置谒者、司隶二台，这样就形成了三台的格局。其具体分工是：御史台监察在朝百官，司隶台监察京畿地区及郡县地方官，谒者台则奉诏出使，持节按察。不久废司隶台。

唐朝建立后，又废谒者台，仅保留了御史台，并将隋三台的职能全部集中于御史台。唐高宗龙朔二年（662）改为宪台，咸亨元年（670）复旧。武则天光宅元年（684）改御史台为左肃政台，另置右肃政台，其分工是：左台负责中央诸司官员及军队的监察，右台负责京畿内外及地方官员的监察。神龙元年（705），改为左、右御史台，太极元年（712）废右御史台，次年九月复置，十月又废。

御史大夫1人，为本台长官，御史中丞2人，为副长官。其下置三院御史，即台院，置侍御史4人，从六品下，掌纠举百僚，推鞫狱讼；殿院，置殿中侍御史6人，从七品上，掌殿廷供奉之仪式，有失仪者纠弹；察院，置监察御史10人，正八品上，掌分察百僚，巡按地方，纠视狱讼等。此外，御史台还置有主簿1人，掌印及受事发辰，勾检稽失。还置有录事2人，协助主簿工作。

3. 北台职能

大明宫之所以设置有御史北台，主要原因是御史台的许多官员都需要到宫中处理各种政务，于是便需要一处办公理政的场所。这一场所就是前面所引舒元舆之文说的："是以御史府故事，于中书之南，常有理所。"只不过这里所谓的"理所"，是指御史中丞院，其他人员皆无专门的场所。舒元舆之文还说："上元二年，侍御史刘儒之作直厅记，初拜仪云：谢宰相讫，向南入直省院候端长。"说的是新任侍御史面见宰相后，再从中书省向南进入直省院拜会端长。这里所谓的"直省院"就是指御史台中书南院，也就是御史北台，只不过这里仅有中丞院而已。所谓"端长"，是指掌管御史台日常事务的侍御史，称知公廨、知杂，亦曰台端、端公。舒元舆之文又曰："到直省院，入门，揖端公讫，各就房。"是说新任侍御史与端公见面后，各自回到自己的房间。说明在中丞院内亦给少数御史安排有房间，大概是此类房间甚少，不足以容纳全部御史，于是才有了太和四年的这次兴建行动。

御史中丞与侍御史之所以在宫中有办公理政之处，与他们本身所具有的职能有着直接关系。如武则天于垂拱二年（686）初置铜匦之时，就规定"理匦以御史中丞、侍御史一人充使"。开元时编撰《唐六典》，仍以御史中丞为理匦使。后来虽然一度也任命他官为理匦使，但御史中丞并没有因此被完全取代，如德宗"建中二年，以御史中丞为理匦使"①。直到唐后期，当时人仍然说"匦使常以御史中丞及侍御史为之，台中人吏强干，首列百司"云云②。

众所周知，唐后期御史大夫不常置，以御史中丞为御史台实际长官，所谓"缘大夫秩崇，官不常置，中丞为宪台之长"③。贞元二年（786）八月一日，"御史中丞窦参奏：准仪制令，泥雨合停朝参。伏以军国事殷，恐有废阙，请令每司长官一人入朝。有两员并副贰，亦许分日"④。既然要求诸司长官入朝，则必然给他们安排相应的办公场所，这种场所称为直院。

唐朝审理大案，有所谓三司使，分为大小，大者指御史中丞、刑部侍郎和大理卿，小者指刑部员外郎、侍御史和大理寺官员。大历十四年（779）六月三日敕："御史中丞董晋、中书舍人薛蕃、给事中刘迺，宜充三司使。仍取右金吾厅一所充使院，并于西朝堂置幕屋，收词讼。"⑤ 实际情况是以上三种官员轮流在朝堂接受词讼，平时则在直院办公。需要说明的是在更多的时候，是由侍御史与上述两类官员在朝堂受状的。由于以上原因，遂使御史中丞不得不经常在大明宫内办公理政，由于其地位尊贵，所以才为其专置一厅（院）。其实在皇城的御史台，原来是两位中丞共处一厅，开元二十一年（733）时，"二中丞遂各别厅"⑥。因此，在大明宫内为其专置一院亦不奇怪。

---

① 欧阳修：《新唐书》卷四七《百官志二》，中华书局 1975 年版，第 1207 页。
② 以上未注出处者，均见《唐会要》卷五五《匦》，第 1124 页。
③ 王溥：《唐会要》卷六〇《御史大夫》，第 1235 页。
④ 王溥：《唐会要》卷二四《朔望朝参》，第 543 页。
⑤ 王溥：《唐会要》卷七八《诸使杂录上》，第 1702—1703 页。
⑥ 王溥：《唐会要》卷六〇《御史中丞》，第 1236 页。

侍御史也经常在宫中办公理政，"其职有六：奏弹、三司、西推、东推、赃赎、理匦"①。在这六种职能中，有两种职能与宫中有关，这就是三司与理匦，关于理匦的职能已见前述，下面就谈谈三司受事的职能。侍御史4人，以入台院先后排序，第一人为端公，第二人知弹奏，第三、第四人知东西推。知东推的侍御史，兼理匦使；知西推者同时理赃赎、三司受事，号曰副端。因此，这两位侍御史在很多时间内都是大明宫中办公的。所谓三司受事，是指侍御史、中书舍人与给事中在朝堂接受讼状。除了上面所说的大小三司外，这三种官员组成的三司不仅接受讼状，亦可审案。《唐六典》卷九《中书省》在记述中书舍人的职能时写道，"凡察天下冤滞，与给事中及御史三司鞫其事"。这是指来自于这三部门的官员，同时亦指这三个部门，如《唐六典》卷一三《御史台》载："凡天下之人有称冤而无告者，与三司诘之。"原注云："三司：御史大夫、中书、门下。大事奏裁、小事专达。"此外，侍御史还有一种职能，即监事，所谓侍御史"除三司受事及推按外，每日，侍御史一人承制，诸奏事者并监而进退之。若所谕繁细，不宜奏陈，则随事奏而罢之"②。胡三省说："监奏御史，意即殿中侍御史也。"③ 明显有误。元和十五年，御史中丞崔直奏云："元和十二年，御史台奏请：知弹侍御史被弹，即请向下人承次监奏，或有不到，即殿中侍御史于侍御史下立，以备其阙。"因为知弹侍御史通常负责监奏，如果其被人弹奏，则以殿中侍御史补监奏之责，可见监奏乃是侍御史的专责。综上所述，可知侍御史也经常在宫中履行职能，故其在直院中有房亦在情理之中。

关于太和四年御史台要求在宫中增建院舍的原因，舒元舆说得十分清楚，也可以视为北台职能的一种反映，原文如下：

　　盖百司坐其署，但专局而已矣。入于朝与启事于丞相府，亦不出乎其位，是以朝罢，而各复其司，以无事于朝堂与中书也。若御史台每朝会，其长总领属官，谒于天子。道路谁何之声，达于禁扉。至舍

---

① 王溥：《唐会要》卷六〇《侍御史》，第1239页。
② 王溥：《唐六典》卷一三《御史台》，第380页。
③ 司马光：《资治通鉴》卷二一一，唐玄宗开元五年九月条胡注，第6847页。

元殿西庑，使朱衣从官传呼，促百官就班。迟晓，文武臣僚列于两观之下，使监察御史二人，立于东西朝堂砖道以监之。鸡人报点，监者押百官由通乾、观象入宣政门。及班于殿廷前，则左右巡使二人分押于钟鼓楼下。若两班就食于廊下，则又分殿中侍御史一人为之使以莅之。内谒者承旨唤仗入东西阁门，峨冠曳组者皆趋而进，分监察御史一人，立于紫宸屏下，以监其出入。炉烟起，天子负斧扆听政，自螭首龙墀南属于文武班，则侍御史一人，尽得专弹，举不如法者。由是吾府之属，得入殿内。其职益繁，其风益峻。故大臣由公相而下，皆屏气窃息，注万目于吾曹。吾曹坐南台，则综核天下之法，立内朝则纠绳千官之失。百官有滞疑之事，皆就我而质。故乘舆所在，下马成府，厘朝廷之纲目，与坐台之判决者相半。①

引文中所谓"南台"，指设在皇城内的御史台本部。这段文字主要强调了御史台在宫中事务繁忙，与其他部门不同，认为御史台之务有一半体现在宫中，皇帝所在之处，御史台就应"下马成府"，即建立相应的机构。此次增建了两院，即左右巡使院与杂事院，就顺应了这种实际情况。

左右巡使院是专为左右巡使兴建的办公之处。唐制，以殿中侍御史二人分知左、右巡，称左右巡使。各察其负责区域内的不法之事，一般是左巡使知京城内，右巡使京城外，一月调换一次。最初是以监察御史分知左右巡，其后才改为殿中侍御史知其事。左右巡使巡察的范围也包括宫廷在内，如"文宗时，宫中灾，左右巡使不到，皆被显责"②。上述舒元舆之文也提到百官班于殿廷前，"则左右巡使二人分押于钟鼓楼下"。上面所说的火灾，是指文宗太和二年（828）昭德寺发生的那次火灾，"公卿内臣集于日华门外，御史中丞温造不到，与两巡使崔蠡、姚合等。各罚一月俸"。③ 可见他们都是应该到场而未到场。至于杂事院则是在宫中办事的其他御史们（如监察御史等）的办公之处。

① 李昉：《文苑英华》卷八〇七，舒元舆《御史台新造中书院记》，第4264—4265页。

② 欧阳修：《新唐书》卷二〇八《宦者传下》，第5886页。

③ 王溥：《唐会要》卷四四《火》，第922页。

五　内侍别省与宣徽院

1. 内侍别省

内侍省是宦官机构，主要为宫廷政治及生活服务。唐朝在西内太极宫西面的掖庭宫之南置有内侍省，宋敏求《长安志》卷七《唐皇城》载："宫城之西有掖庭宫，掖庭西南安福门内、大横街北有内侍省。"此处的内侍省在皇帝移居大明宫后，并未废去，直到唐末还对其进行过重修。①于是便在大明宫另建内侍省，关于其方位，上引《长安志》卷六《东内大明宫》载："西面右银台门，内侍省、右藏库。次北翰林门，内翰林院、学士院。"这段话所记的翰林门、翰林院、学士院位置比较含混，但关于内侍省的方位还是清楚的，即位于右银台门内。《阁本大明宫图》称其为内侍别省，标绘在右银台门以东，殿中内省西北。应以《阁本大明宫图》的说法为准，因为内侍省建在西内掖庭宫内，又没有废去，再将大明宫中的机构称为内侍省就很不适当了，故称其为内侍别省是符合当时的实际情况的。徐松说："由紫宸而西，历延英殿、思政殿、待制院、内侍别省，以达右银台门。"②也说内侍别省在右银台门内，从这里可以直达右银台门。以上诸书的记载，基本上将内侍别省在大明宫中的方位说清楚了。

太极宫的内侍省以内侍为长官，在其下置有内常侍、内给事、内谒者监、内寺伯、主事等官。天宝时设内侍监2人，作为内侍省的长官。下辖掖庭局、宫闱局、奚官局、内仆局、内府局、内坊局，局一级的长官称令，副职为丞。掖庭局掌宫人名籍以桑蚕女工之事，宫闱局掌侍从宫闱，出入管钥，奚官局掌宫宫名位，宫人丧葬、疾病等事，内仆局掌宫中后妃的车乘及出入导引，内府局掌宫中宝货给纳之数以及宫中灯烛、供设、汤沐等事，内坊局掌东宫阁内及宫人粮廪等事。

自高宗移居大明宫以来，这里遂成为唐朝的政治中心，宦官与宫人人数大大多于西内太极宫与南内兴庆宫，所以内侍别省的机构应包括上述的

---

① 保全：《唐重修内侍省碑出土记》，《考古与文物》1983 年第 4 期，第 38—44 页。
② 徐松：《唐两京城坊考》卷一《大明宫》，第 23 页。

六局在内，职能也应该一致。《旧唐书·宦官传》说：玄宗时"品官黄衣已上三千人，衣朱紫者千余人"，无品小给使着黄衣。这句话的意思是说开元、天宝时期宦官总数已达 3000 人以上，着朱衣者为五品以上官，着紫衣者为三品以上官，因此在宦官群体中，衣朱紫者的比例是很高的。这实际上是唐代宦官势力膨胀，专权擅政的一种表现。

《新唐书·百官志二》载，天宝中"有高品一千六百九十六人，品官、白身二千九百三十二人"。这一数据比之上引《旧唐书》更为详尽，从中可知唐代宦官分为白身、品官、高品等不同的阶层。通常认为白身为九品以下宦官，即无品的小给使；品官为九品至六品的宦官；高品则指五品以上宦官。从上述《新唐书》的记载看，仅高品宦官就达 1696 人，如把品官算在内，有品的宦官人数可能达到两千数百人之多。如此之多有品宦官，然内侍省及六局官员皆有定员之规定，虽然唐朝给宦官授职时多加内侍省官衔，但是大多并不真正履职，而是充任内诸司使及其下属官职，或者承担诸种杂役，如出使、宣制、监役、采办等，凡后一种情况的宦官多为临时差遣，并无厅事可居。

此外，唐代还有一种称为内养的宦官，内养是一类与皇帝有着比较亲密的个人关系的宦官，关于其职能日本学者室永芳三认为有三：赐衣、赐死、领兵；韩国学者柳浚炯增加了宣召、出使边疆两种职能。[①] 这其实也是其他宦官所具有的职能，并非内养专任。总之，内养是一类比较特殊的宦官阶层，其品阶、官职虽高下不同，但即使白身内养也具有其他白身宦官所不具备的特权，所以唐人也将其视为有产阶层。如元和十五年（820）四月，内侍省奏称："应管高品、品官、白身共四千六百一十八人，数内一千六百九十六人高品、诸司使并内养、诸司判官等，余并单贫，无屋室居止。"[②] 这里所谓无屋室居止，是指这些无品的低级宦官没有属于个人所有的房屋。

那么，如此之多的高品宦官及内养，如没有任内侍省的实职和内诸司使、判官，他们在宫内值宿与办公之处何在呢？郑璘所撰的《唐重修内

---

① ［日］室永芳三：《唐代内侍省内养小论》，《长崎大学教育学部社会科学论丛》第 43 号，1991 年，第 1—7 页；［韩］柳浚炯：《试论唐代内养宦官问题》，《国学研究》第 26 卷，北京大学出版社 2006 年版，第 33 页。

② 王溥：《唐会要》卷六五《内侍省》，第 1339—1440 页。

侍省碑》提供了重要史料，其在记述唐末宦官机构时写道："内则内园、客省、尚食、飞龙、弓箭、染房、武德留后、大盈、琼林、如京、营幕等司，并命妇院、高品、内养两院。"① 关于前面 11 个部门，均属于内诸司使系统，其机构并不设在内侍省内，不仅太极宫内有设置，大明宫内亦有设置。胡三省说："宦官列局于玄武门内，两军中尉护诸营于苑中，谓之中官，亦谓之北司。"② 其实不仅玄武门内有设置，玄武门与重玄门之间亦有设置，至少飞龙使司在这里应是没有问题的。还有一点需要说明，即唐朝的内诸司使系统十分庞大，并不仅限于以上 11 个部门。至于碑文所载的命妇院、高品、内养院，前者没有置在内侍省内，详情后面专门论述，这里不再多说了。高品与内养两院，当在西内掖庭宫的内侍省与大明宫中的内侍别省内皆有设置，应是这两类宦官在宫中的办公和宿值之处。

2. 宣徽院

在第三章中已经论到宣徽殿位于清思殿之南，浴堂殿之东。在大明宫中，凡以殿阁名相称的院落均处在同一处，故宣徽院的方位与宣徽殿完全一致。在唐后期随着宣徽院所掌管事务越来越多和宣徽院使地位的不断提高，宣徽院在大明宫内也有所迁徙，宋人吴自牧称唐代枢密院位于大明宫内的中书省北面。③《石林燕语》则记载："宣徽南北院使，唐末旧官也。置院在枢密院之北……"④ 如此则宣徽院、枢密院、中书省自北至南一线排列。据《唐六典》，"宣政殿前西廊曰月华门，门西中书省"⑤，故宣徽院迁址后亦应大致位于宣政殿以西的方位上。⑥

宣徽院最初似为宫中娱乐机构，唐宪宗元和八年（813）四月诏："除借宣徽院乐人官宅制。自贞元以来，选乐工三十余人，出入禁中，宣

① 陈尚君：《全唐文补编》卷九二《唐重修内侍省碑》，中华书局 2005 年版，第 1121 页。
② 司马光：《资治通鉴》卷二四三，唐文宗太和二年三月胡注，第 7979 页。
③ 吴自牧撰，符均、张社国校注：《梦粱录》卷九《三省枢使谏官》，三秦出版社 2004 年版，第 122 页。
④ 叶梦得：《石林燕语》卷三，中华书局 1997 年版，第 37 页。
⑤ 李林甫：《唐六典》卷七《尚书工部》，第 218 页。
⑥ 以上参见王孙盈政《唐代宣徽院位置小考》，《唐史论丛》第 19 辑，三秦出版社 2014 年版，第 61—65 页。

徽院长出入供奉，皆假以官第。每奏伎乐称旨，辄厚赐之。及上即位，令分番上下，更无他锡，至是收所借。"① 再如唐文宗开成（838）三月"辛未，宣徽院《法曲》乐官放归"②。皇帝甚至在这里调试马，元稹的《望云骓马歌》一诗云："朝廷无事忘征战，校猎朝回暮球宴。御马齐登拟用槽，君王自试宣徽殿。"③《新唐书》卷二〇八《宦者传》载："敬宗善击球，于是陶元皓、靳遂良、赵士则、李公定、石定宽以球工得见便殿，内籍宣徽院或教坊，然皆出神策隶卒或里间恶少年，帝与狎息殿中为戏乐。"说明这些出自于神策军或长安闾里的恶少年，一旦成为皇帝身边的球工后，就隶属于宣徽院或教坊。此外，唐朝在宫中设有雕坊、鹘坊、鹞坊、鹰坊、狗坊，总称五坊，所养之物以供皇帝狩猎之用，也隶属于宣徽院。其供役人员，或称五坊小使，或称五坊小儿，倚仗皇帝威势，在民间作威作福。史载："宣徽院五坊小使，每岁秋按鹰犬于畿甸，所至官吏必厚邀供饷，小不如意，即恣其须索，百姓畏之如寇盗。先是，贞元末，此辈暴横尤甚。"④

在唐后期，宣徽院不断地扩大事权，所管之事越来越繁多，所辖人员也不断增多，或称宣徽供奉，或称宣徽承旨，长庆三年四月，唐穆宗"赐宣徽院供奉官钱，紫衣者百二十缗，下至承旨各有差"。胡三省指出："今观穆宗所赐，则宣徽院官员数多矣。"⑤ 唐长孺认为唐代宣徽院统管北衙诸司，其长官称宣徽使，由宦官充任，地位与枢密使并重。⑥ 随着宣徽院事权愈来愈重，宣徽使的权力遂不再局限于宫廷事务，而在一定程度上参与了中枢决策，故史称："枢密、宣徽四院使，拟于四相也。"⑦ 关于唐后期宣徽院事权的范围，《却扫编》卷下有详细的记载，录之如下：

① 王溥：《唐会要》卷三四《杂录》，第 735 页。

② 刘昫：《旧唐书》卷一七下《文宗纪下》，第 568 页。

③ 彭定求：《全唐诗》卷四一九，第 4664 页。

④ 刘昫：《旧唐书》卷一七〇《裴度传》，第 4414 页。

⑤ 司马光：《资治通鉴》卷二四三，唐穆宗长庆三年四月条及胡注，第 7947 页。

⑥ 唐长孺：《唐代的内诸司使及其演变》，《山居存稿》，中华书局 1989 年版，第 246—248 页。

⑦ 孙光宪：《北梦琐言》卷六《内官改创职事》，中华书局 2002 年版，第 141 页。

　　宣徽使本唐宦者之官，故其所掌皆琐细之事，本朝更用士人，品秩亚二府，有南北院，南院资望比北院尤优，然其职犹多因唐之旧。赐群臣新火，及诸司使至崇班内侍供奉诸司工匠兵卒名籍，及三班以下迁补假故鞠劾春秋，及圣节大宴节度、迎授恩命、上元张灯、四时祠祭、契丹朝贡内庭、学士赴上督其供帐、内外进奉名物、教坊伶人岁给衣带、郊御殿朝谒圣容、赐酺国忌、诸司使下别籍分产、诸司工匠休假之类，武臣多以节度使或两使留后为之，又或兼枢密。

　　《却扫编》所载宣徽使的这些职权均为沿袭唐制而来，可以反映唐代宣徽院事权的基本范围。唐哀帝天祐二年（705）敕曰："枢密使及宣徽南院北院并停。其枢密公事，令王殷权知。其两院人吏，并勒归中书。其诸司诸道人，并不得到宣徽院，凡有公事，并于中书论请。"[1] 从这一段记载看，似乎宣徽使被废除了。另据《唐会要》卷七九《诸使杂录下》载："只置宣徽院使，以权知枢密事王殷充，副使以赵殷衡充。其枢密使并宣徽南院使并停，所司勒归中书宣徽院。"可知唐末宣徽院仅保留了宣徽北院，宣徽使仍然存在。从"其诸司诸道人，并不得到宣徽院，凡有公事，并于中书论请"一句看，此前宣徽院的事权已经扩大到在京诸司及地方诸道。不仅如此，宣徽院还掌管土地房产等不动产事务，史载："（广顺）二年二月宣徽院言：'洛京留司奏：庄宅等六司夏秋税额、顷亩地土、园林亭殿、房室、水硙、什物系籍者'"云云[2]。这里说的虽然是五代时的情况，其也可反映唐代的情况，除了五代宣徽院制度沿袭唐制的原因外，这些事务本来归内庄宅使管理，而内庄宅使在唐代便隶属于宣徽院，当然这里所谓的庄田、园林等均属于皇家产业。

　　后周世宗显德六年（959）正月敕曰："起今后每年新及第进士及诸科举人闻喜宴，宜令宣徽院指挥排比。先是礼部每年及第人闻喜宴，皆自相醵敛以备焉，帝以优待贤隽，故有是命。"[3] 这是五代时期宣徽院事权扩大的表现，故附述于此。总之，宣徽院与宣徽使的权力极大，这一点已

---

① 刘昫：《旧唐书》卷二〇下《哀帝纪》，第803页。
② 王钦若：《册府元龟》卷四八八《邦计部·赋税二》，第5842页。
③ 王钦若：《册府元龟》卷六四二《贡举部·条制四》，第7704页。

有不少研究成果问世，① 就不多说了。

六　翰林院与两学士院

1. 宫中方位

关于翰林院在大明宫中的方位，诸书记载不一。《长安志》卷六《东内大明宫》载：

> 西面右银台门，内侍省、右藏库。次北翰林门，内翰林院、学士院。又东翰林院。

程大昌《雍录》卷四《东内西内学士及翰林院图》载：

> 翰林院、学士院皆在三殿西廊之外，其廊既为重廊，其门必为重门也。自翰苑穿廊而趋宣召，必由重门而入，故谓复门之召也。……而金銮殿又在学士院之左。……翰林院又北则近内苑，其宫城垂转北处，城之西北角有九仙门，文宗引入郑注，即自此门也。

其书卷四《大明宫右银台门翰林院学士院图》又曰：

> 翰林院在大明宫右银台门内，稍退北有门，牓曰翰林之门，其制高大重复，号为胡门。（原注：或疑此是复门。）门盖东向，（原注：韦执谊曰："开元学士院在翰林之南，别户东向。"）入门直西为学士院。

徐松《唐两京城坊考》卷一《大明宫》载：

> 翰林院，在麟德殿西重廊之后，以其在银台门之北，故草制其间

① 参见王永平《论唐代宣徽使》，《中国史研究》1995 年第 1 期，第 73—79 页；仝建平《唐代宣徽使再认识》，《兰州学刊》2009 年第 9 期，第 195—198 页。

者，因名"北门学士"。开元二十六年，于院南别置学士院，户皆东向。学士院南厅五间，翰林院北厅五间，中隔花砖道。承旨居北厅第一间。

《类编长安志》《关中胜迹图志》《咸宁县志》《陕西通史》等书所载的内容大同小异。中国科学院考古所所撰的《唐长安大明宫》一文说：

> 　　在右银台门内的北边 10 余米，于上述沿城大路的东边，有房屋和夯土墙等建筑遗址。我们在此发掘了一部分，由房址破坏得严重，已看不出它的形制，仅存部分有白灰墙皮的墙基和西南角的少许散水砖基等。……我们在右银台门以北 50 米处，并发掘出 25 米长的一段散水，散水的西边与沿城大路的东边相接，散水宽 0.9 米，散水上面的铺砖已无，现仅存底部的填砖一层。

考古人员根据以上发掘结果和文献记载，认为文献记载在右银台门以北、麟德殿西边的翰林院，"从位置来看，这与发掘的散水等遗址及在散水以东所钻探的情况完全相符。……上述散水等遗址，可能就是当时翰林院的遗址，发掘出来的散水或即是翰林院西侧散水的一部分"。又曰："在所谓翰林院遗址的北边 200 余米，与上述散水南北对照处，有南北向的夯土墙一段，长达 40 余米，墙宽 1.3 米多，残存高 0.6 米。墙向南向北均遭破坏。墙的西边与上述西城内的南北路相接，在墙的东边探得有砖瓦和居住面的遗址，惟扰乱太甚，其范围不详。据《雍录》等记载和前述各图来看，在翰林院以北（麟德殿之西北），有'少阳院'，发掘出的夯土墙，或即少阳院之西墙，也未可知。"[①]

马得志所撰的《1959—1960 年唐大明宫发掘简报》载：

> 　　位于右银台门北侧 60 余米处，与右银台门同时进行了发掘。这一门址也是一个门道，但保存得较好，门道宽 5.36 米，进深 8 米多

---

　　① 以上见《唐大明宫遗址考古发现与研究》一书，文物出版社 2007 年版，第 21 页。此文原载《唐长安大明宫》，科学出版社 1959 年版。

（加门基两侧砖壁之厚度在内），较右银台门为窄，是就原来的宫墙所开，没有加宽基座。……这一门是由宫内通向西夹城的（即所谓"右藏库"之南部），夹墙的南壁距该门的南侧仅 1.9 米。在 1959 年未发现九仙门之前，曾疑此门或即是九仙门，现在九仙门遗址既已确定，则此门当是另外的门了。但据文献记载大明宫西城只有右银台门与九仙门，并无别的门，而此门距右银台门很近，却仅是从宫内通往夹城，其东面紧邻所谓翰林院遗址，据此来看，或即为《雍录》等书所谓的翰林院之胡门（或复门）也未可知。此门是开在城墙处，如是胡门（或复门），则学士院似在西夹城之内。[①]

如果说此文对学士院遗址在西夹城内的观点，仅是一种推测的话，1985 年马得志发表的《西安市唐大明宫翰林院》一文，[②] 则进一步肯定了这一观点。1987 年，马得志又发表了《唐长安城发掘新收获》一文，仍然坚持了以上观点。[③] 这种观点不仅与上引文献的记载矛盾，也与诸古大明宫图的标绘矛盾，因此并不能令人信服。

有人针对这一观点撰文提出商榷，认为西夹城发现的建筑遗址可能是内侍省或内侍别省、右藏库、掖庭宫。关于内侍别省的方位，文献记载与《阁本大明宫图》均载其在大明宫内，而不在西夹城内，故可能性不大。至于掖庭宫，文献中从未记载大明宫还置有此宫，其宫人多居住在野狐落，至于女性官奴婢仍可聚于西内之掖庭宫，不一定非要在大明宫中也另搞一处掖庭宫，故可能性不大。笔者认为唯一的可能，西夹城内这处遗址应是右藏库之所在，一是这里曾发现过大量的封泥；二是这里封闭性甚佳，适合建库；三是此门门道较宽，且"在两道门槛的中部都凿有车轨的沟辙，宽度为 1.35 米，这与玄武门门槛的车轨宽度基本相同"。那么，翰林院与学士院的方位到底在什么地方？此文作者认为中国科学院考古所所撰的《唐长安大明宫》一文所提出的"以右银台门内北边 10 余米处的房屋遗址作为翰林院和学士院还是差相仿佛的，但仍略嫌偏南，距麟德殿

---

① 见《唐大明宫遗址考古发现与研究》一书，文物出版社 2007 年版，第 64 页。此文原载《考古》1961 年第 7 期。

② 刊登于《中国考古学年鉴》，文物出版社 1985 年版。

③ 《考古》1987 年第 4 期，后亦收入《唐大明宫遗址考古发现与研究》一书，第 73 页。

稍远，而在此'所谓翰林院遗址的北边 200 余米'残存的南北向夯土墙则更接近于文献记载中翰林院和学士院的位置"①。此说甚是。

需要说明的是，翰林院与学士院为两处建筑群，后者建于开元二十六年（738），从上引诸书看，其位于翰林院之南。②又据韦执谊的《翰林院故事》载："其后，又置东翰林院于金銮殿之西，随上所在而迁，取其便稳。"③这样的话在大明宫中至少有一处翰林院和两处学士院，翰林院与学士院位于麟德殿重廊之西，右银台门偏北，另一处位于金銮殿之西。位于金銮殿之西的叫东学士院，位于麟德殿以西的应该称西学士院。

宋人程大昌曰："若驾在大内，则于明福门置院，驾在兴庆宫，则于金明门内置院（原注：在勤政楼东北。），亦名翰林院，与此大明宫制不同。"④这里所谓"大内"，指西内太极宫，这样在唐长安三大内中皆置有翰林院，其中以大明宫所置最为重要，因为有唐一代，毕竟大部分时间内都以大明宫作为统治中心。

2. 两院职能

关于西学士院的内部结构，程大昌据李肇的《翰林志》和韦执谊的《翰林院故事》的记载，记述如下：

> 翰林院在大明宫右银台门内，稍退北有门，榜曰翰林之门，其制高大重复，号为胡门。（原注：或疑此是复门。）门盖东向，（原注：韦执谊曰："开元学士院在翰林之南，别户东向。"）入门直西为学士院。院有两厅，南北相沓，而各自为门，旁有板廊，自南厅可通北厅，（原注：李肇曰："南北两厅皆设铃，待诏者撼铃为信"。若是同为一门，不必各设铃索。）又皆南向，院各五间。北厅从东来第一间常为承旨阁，余皆学士居之，厅前阶砌花砖为道。（原注：花砖别有

①　辛德勇：《大明宫西夹城与翰林院学士院诸问题》，《陕西师大学报》1987 年第 4 期，第119—125 页。

②　洪遵：《翰苑群书》卷四，韦执谊《翰林院故事》载："学士院者，开元二十六年之所置，在翰林院之南。"文渊阁《四库全书》，上海古籍出版社 1987 年版，第 595 册，第 353 页。

③　同上。

④　程大昌：《雍录》卷四《东内西内学士及翰林院图》，第 72 页。

说。）南厅本驸马张垍为学士时以居公主，此其画堂也，后皆以居学士，其东西四间皆为学士阁，中一阁不居。（原注：并李肇记。）北厅又北则为翰林院。初，未有学士时，凡为翰林待诏供奉者，皆处其中。后虽有学士，而技能杂术与夫有学可备询访之人，仍亦居之。故王叔文、王伾辈以书棋得入也。①

这一段引文的大部分文字实际上论述了西学士院的结构情况，最后一小部分文字记述了翰林院的情况。

然据洪遵编《翰苑群书》卷一所收的李肇《翰林志》记载，程大昌之书对学士院的描述并不齐全，主要是缺漏了以下几点内容：（1）"出北门横屋六间"。（2）"前庭之南横屋七间"。（3）"又西南为高品使之马厩"。（4）"北厅之西南小楼"。再把这些与程大昌的记述综合起来，可知学士院内由南向北，依次是前庭之南有横屋 7 间，南厅 5 间，由南厅出北门，有横屋 6 间，北厅 5 间，北厅之西有南小楼。此外，在前庭 7 间横屋的西南还有高品之马厩。北厅皆以花砖砌成小道，两厅之间有铃索，用之以呼召。

据李肇《翰林志》载：学士院还藏有各类书籍 8000 余卷，其中两间屋专门用来"贮远岁诏草及制举词策"。前庭南面横屋 7 间，"小使居之，分主案牍诏草纸笔之类"。整个学士院内种满了花草、树木、水果等，环境十分幽静。

《翰林志》还说，学士院的"北门为翰林院"。意即学士院的北面为翰林院。翰林院本来是一个供奉内廷的待诏场所，这种场所唐初就已有之，《旧唐书·职官志二》说，唐朝在三大内"皆有待诏之所。其待诏者，有词学、经术、合练、僧道、卜祝、术艺、书弈，各别院以廪之，日晚而退。其所重者词学"。只不过此时尚无翰林院之名而已。关于翰林院之名的出现，《唐会要》卷五七《翰林院》说开元初置，诸书所记基本相同。当时尚无学士之名，而是称翰林待诏、翰林供奉，翰林学士之名始于开元二十六年。

由于供奉在翰林院的人，三教九流，颇为复杂，各以其技求得皇帝一

---

① 程大昌：《雍录》卷四《大明宫右银台门翰林院学士院图》，第 73 页。

欢，所以长期以来并不为人们所重视。在学士院未设置前，凡任翰林待诏或供奉者，皆居于其内。自开元二十六年设置学士院以后，翰林院仍然保留，原因就是"技能杂术与夫有学可备询访之人，仍亦居之。故王叔文、王伾辈以书棋得入也"①。但是在政治上的地位却大大地下降了。

至于翰林学士的由来，可以追溯到唐初，如太宗"精选天下贤良文学之士"，"听朝之隙，引入内殿，讲论文义，商量政事，或至夜分方罢"②。所谓"武德、贞观时，有温大雅、魏徵、李百药、岑文本、许敬宗、褚遂良"。"乾封中，刘懿之、刘祎之兄弟、周思茂、元万顷、范履冰，皆以文词召入待诏，常于北门候进止，时号北门学士。天后时，苏味道、韦承庆，皆待诏禁中。中宗时，上官昭容独当书诏之任。睿宗时，薛稷、贾膺福、崔湜，又代其任。玄宗即位，张说、陆坚、张九龄、徐安贞、张垍等，召入禁中，谓之翰林待诏。王者尊极，一日万机，四方进奏、中外表疏批答，或诏从中出"③。他们虽然没有翰林学士之名，却已有了翰林学士之实。至开元二十六年时，遂正式为这些待诏禁中的文学之士定名为翰林学士，并另置学士院以安置之。

如果说翰林学士在玄宗时期的职能是草拟表疏批答，以备顾问的话，那么安史之乱后，由于战争频繁，军情紧急，深谋密诏，皆从中出，遂使翰林学士的职任更加重要。唐德宗贞元时期，藩镇叛乱，天子迁播，军国机密多由翰林学士掌之，史载："贞元末，其任益重，时人谓之'内相'。"④而宰相备相而已。自翰林学士有了诏敕的起草权后，中书省制作诏敕的权力便大大地削弱了。翰林学士所撰制敕，直接从禁中发出，故称内制，而中书舍人所撰制敕，则称为外制。内制不经过中书门下，更不经门下省审议，自然不能加盖天子印玺，实际上只能算是"墨敕"。可是这种墨敕却更加重要，于是便在元和初置"书诏印"，由学士院掌之。关于学士院的职能以及东学士院的详细情况，已在第三章中有所论述，这里就不多说了。

① 程大昌：《雍录》卷四《大明宫右银台门翰林院学士院图》，第73页。

② 王溥：《唐会要》卷六四《弘文馆》，第1316页。

③ 刘昫：《旧唐书》卷四三《职官志二》，第1853—1854页。

④ 洪遵：《翰苑群书》卷一，李肇《翰林志》，文渊阁《四库全书》，上海古籍出版社1987年版，第595册，第345页。

需要补充的是，任翰林学士者并无一定之规，只要有才干并得到皇帝的赏识，就可充任之，故唐人曰："凡学士无定员，皆以他官充，下自校书郎，上及诸曹尚书，皆为之。所入与班行绝迹，不拘本司，不系朝谒。"① 元和时期设置了承旨学士，由学士中资望最高者一人任之，位在诸学士之上，号称学士院长。至于东学士院，"大抵召人者一二人，或三四人，或五六人，出于所命，盖无定数。亦有鸿生硕学，经术优长，访对质疑，主之所礼者，颇列其中。崇儒也。"② 东学士院人数虽少，但由于接近皇帝，故职任最为重要。

3. 学士院与学士院使

学士院不仅有翰林学士，亦不少宦官供职于其中，据李肇《翰林志》载："署有高品使二人，知院事。每日晚执事于思政殿，退而传旨。小使衣绿黄青者，逮至十人，更番守曹"。以高品使二人"知院事"，即负责学士院日常事务。学士院内部之杂事，则由这些着绿、黄、青的小宦官们承担，如掌管本院藏书，"前庭之南横屋七间，小使居之，分主案牍、诏草、纸笔之类"，再如学士院使之马厩等，均需要他们负责。③

唐后期在翰林学士院置翰林使与学士院使，均由宦官充任。从目前看到的史料看，前者最早出现在宪宗元和年间，如"吕如金，宪宗时为翰林使。元和四年杖四十，配恭陵"④。杜元颖《翰林院使壁记》载："圣明以文明敷于四海，详择文学之士，置于禁署，实掌诏命，且备顾问。又于内朝选端肃敏裕、迈乎等伦者为之使，有二员，进则承睿旨而宣于下，退则受嘉谟而达于上。军国之重事，古今之大体，庶政之损益，众情之异同，悉以关揽，因而启发。"⑤ 在文后署"时庚子岁夏五月一日记"，庚子岁指元和十五年（820）。据此可知翰林院使的职责是沟通皇帝与学士之间的联系，皇帝有旨宣于学士，学士的意见需要送达于皇帝，皆通过翰林使进行，于是军国大事，政治机密，翰林院使不仅知悉，而且还可以参与

① 洪遵：《翰苑群书》卷一，李肇《翰林志》，第595册，第346页。
② 洪遵：《翰苑群书》卷四，韦执谊《翰林院故事》，第595册，第353页。
③ 洪遵：《翰苑群书》卷一，李肇《翰林志》，第585册，第347—348页。
④ 王钦若：《册府元龟》卷六六九《内臣部·谴责》，第7998页。
⑤ 李昉：《文苑英华》卷七九七，第4220页。

讨论，从"因而启发"一句可知。

但是唐后期又设置了学士院使，而且时间还要早于翰林院使，据《梁守谦墓志铭》载："贞元末，解褐授征事郎、内府局令、充学士院使。公艺业精通，器宇沉邃，性不苟合，发言成规。"① 又，薛廷珪《授学士使郗文晏将军金紫光禄大夫制》云："国家设翰墨之林，延髦硕之士，以润色鸿笔，发挥王猷。妙选内官，修辞立诚者，以与我言语，侍从之臣，朝夕游处。……自擢居密署，言奉词臣"云云。说明学士使与学士们关系很近，"朝夕游处"，但是从"言奉词臣"之语，学士使为学士们服务的色彩还是很浓的。又据宦官《吴承泌墓志铭》载："加内侍充学士使。严徐论思之地，枚马视草之司。公之精识通才，光膺是选。丝纶夜出，得以讲陈；鸳鹭会同，靡不宴洽。"② "丝纶夜出，得以讲陈"，说的是学士使也参与了政事的讨论。正因为学士使也参与了政事的讨论，所以有人认为其为翰林使的改称，或为异称，而"实是一使"③。

其实这是两种使职，并非同一种使职，这一点从《闾知诚墓志铭》所载可知："（大中）三年秋，拜染坊使，俄迁监学士院使。……至十年六月入觐，充内坊使，累迁翰林院使。"④ 很明显学士使与翰林使为两种不同的使职。从监学士院使的使名看，学士使的责任在于监院，需要长驻院中，且地位也较翰林使略低。上引李肇《翰林志》所说的"知院事"的高品使，就是指学士使。由于其长驻院中，自然不免要与学士们议论政事。而翰林使的主要职能是沟通学士与皇帝之间的联系，由于工作关系也时常与学士商讨诏敕当否，他们都实际参与了军国大政的议定，因而职事便显得非常重要。从上引的有关学士使的史料看，只提到其参与政事的讨论，从未有其沟通皇帝与学士之间联系的字词，这就说明两者的职能是不同的。学士使实即监学士院使的简称，这种现象在当时比较普遍。如内诸司使中有翰林医官吏，实则为监翰林医官使的

---

① 周绍良等：《唐代墓志汇编》太和 012，第 2103 页。

② 周绍良：《唐代墓志汇编》乾宁 005，第 2533 页。

③ 唐长孺：《山居存稿》，中华书局 1989 年版，第 260 页。

④ 郑晦：《大唐故右神策军护军副使朝散大夫行内侍省掖庭局令员外置同正员上柱国赐紫金鱼袋闾府君墓志铭并序》，吴钢主编《全唐文补遗》第三辑，三秦出版社 1996 年版，第 236 页。

简称。①

七　史馆

1. 宫中方位

史馆在唐代有三处，一处在西内太极宫，一处在兴庆宫，另一处则在大明宫。在大明宫内的史馆方位，《长安志》卷六《大明宫》载：日华门"东有门下省，省东弘文馆，次东史馆"。徐松《唐两京城坊考》卷一《大明宫》载："日华门外门下省，其东弘文馆，又东，待诏院，又东，史馆。"两书的记载并不一致，然《唐会要》卷六三《史馆移置》却载：

　　武德初，因隋旧制，隶秘书省著作局。贞观三年闰十二月，移史馆于门下省北，宰相监修，自是著作局始罢此职。及大明宫初成，置史馆于门下省之南。开元十五年三月一日，宰臣李林甫监史馆。以中书地切枢密，记事者宜其附近，史官、谏议大夫尹愔，遂奏移于中书省北。其地本尚药局内药院。

武德、贞观时，史馆在太极宫，不在本书论述范围之内。然这里说置史馆于大明宫门下省南，与上述诸书记载不同。

另据《旧唐书》卷四三《职官志二》载：

　　贞观三年闰十二月，始移史馆于禁中，在门下省北，宰相监修国史，自是著作郎始罢史职。及大明宫初成，置史馆于门下省之南。馆门下东西有枣树七十四株，无杂树。开元二十五年三月，右相李林甫以中书地切枢密，记事者官宜附近，史官尹愔奏移史馆于中书省北，以旧尚药院充馆也。

《新唐书》卷四七《百官志二》载：

---

　　①　傅滔：《唐故宣德郎行内侍省内府局丞弘农杨府君（居实）墓铭并序》，载吴钢《全唐文补遗》第三辑，三秦出版社 1996 年版，第 242—243 页。

　　贞观二年，置史馆于门下省，以他官兼领，或卑位有才者亦以直馆称，以宰相莅修撰。又于中书省置秘书内省，修五代史。开元二十年，李林甫以宰相监修国史，建议以为中书切密之地，史官记事隶门下省，疏远。于是谏议大夫、史馆修撰尹愔奏徙于中书省。

《新唐书》的这一段话最为简略，没有提到在大明宫内置史馆的情况，不过也提到了史官尹愔奏徙史馆之事，即将其移于中书省附近，只是具体方位不清，且时间与上引诸书不同。其所说的贞观二年与诸书不同，可以肯定是错误的。至于开元二十年，亦误。据《新唐书·宰相表中》载，李林甫开元二十二年（734）初拜相，时张九龄为首相。开元二十四年（736），李林甫为中书令，成为首相，故其监修国史只能在开元二十五年（737）。故上引《唐会要》《新唐书》皆有误，而《旧唐书》的记载是可靠的。

　　《册府元龟》卷五五四《国史部·总序》亦载：

　　（贞观）三年，别置史馆于禁中，专掌国史，以他官兼领，卑品有才亦以直馆，命宰臣监修，隶门下省，著作局始罢领史职。是年，又于中书置秘书内省，以修五代史。……明皇开元二十五年，移史馆于中书省北，以其地切枢密，记事附近也。

《长安志》卷六《西内》载：

　　史馆在门下省北。贞观三年，置秘书内省，以修五代史。又置史馆，以编国史。寻废秘书内省。

《类编长安志》卷三《馆》载：

　　东史馆：开元二十五年，李林甫奏移于中书省北，以旧尚药院充馆。

所谓东史馆，即东内史馆之意。上引这些史籍均载，史馆在太极宫时，位于门下省北，置于大明宫时在门下省南，开元二十五年，又移于中书省北的尚药局内药院。这种变化实际上是史馆隶属关系变化的一种反映，修史之职原在秘书省著作局，贞观三年（629）以宰相监修国史，自然将其隶属于门下省，当时由于门下省掌封驳之职，故地位在中书省之上。随着中书省地位的不断提高，不仅将政事堂从门下省移到中书省，监修国史亦多由中书令兼任，故李林甫又将其移至中书省北，实际上隶属于中书省。《唐六典》就将史馆记载在中书省下，也证明其隶属于中书省。既然如此，其机构自然应在中书省附近，就如同弘文馆隶属于门下省，而位于其附近一样。大明宫中书省北为殿中内省，其中包括尚药局，史馆所占之地仅为尚药局所属的药院之地。这一记载与殿中内省在大明宫中的方位完全相符，应该是十分可靠的。且《旧唐书》《唐会要》多本之唐朝的国史、实录，因此其史料价值是比较高的。

《长安志》《唐两京城坊考》等书所记史馆在大明宫中的方位，有两种情况，一种是在唐后期史馆的位置又一次发生过迁移，另一种则是其所记有误。关于前一种情况，不见于史籍记载，故可能性不大。将史馆在大明宫中的方位记在弘文馆以东，最早出现在宋敏求所撰的《长安志》一书中，而此书错讹颇多，并不仅此一例，目前又没有更好的版本。至于徐松之书的记述则是本于《阁本大明宫图》，此图将史馆方位标绘在待诏（制）院以东，少阳院之西南。而徐松之书则曰："日华门外门下省，其东弘文馆，又东，待诏院，又东，史馆，史馆北为少阳院。"与《阁本大明宫图》亦小有差异。程大昌的《雍录》没有记载大明宫史馆的方位。这几种有关大明宫的地理类典籍记载歧义如此之大，自然不能盲目相信，而传统史籍的记载却出奇地一致，故可靠性很大。

2. 史馆职能

我国古代对修史之事十分重视，早在商周时期就已有史官之设置，历代沿袭不变。关于史馆名称的出现，《唐六典》卷九《史馆史官》条载："至魏明帝太和中，始置著作郎及佐郎，隶中书省，专掌国史。至晋惠帝元康二年，改隶秘书省。历宋、齐、梁、陈、后魏并置著作，隶秘书省，北齐因之，代亦谓之史阁，亦谓之史馆。史阁、史馆之名，自此有也。"

至唐太宗贞观三年（629），将修史之职从著作局分离出来，专置史馆，隶于门下省，开元时又改隶中书省。

为了保证史馆有丰富资料以修撰史书，唐朝规定皇帝的制敕、重大灾情与祥瑞、各国朝贡、番夷来降、军事战果、音律改变、州县改易、法律变化、诸司长官与都督府、都护府、行军总管、刺史等重要的除授、州县官员善政、重要官员的死亡、公主与百官定谥等，必须及时报送史馆。此外，凡硕学异能、高人异士、节妇义夫等，州县也要及时报送。史馆史官也可以自行采择史料，包括采访遗闻佚事、文集行状、图籍文书等。

日历是起居舍人与起居郎负责编撰的，它是按日记录国家、宫廷大事和皇帝言行的，编成后再将其交给史馆存档，作为编写起居注和国史的基本素材。此外，唐朝还有一种名曰《时政记》的史书，它是由宰相负责编修的，把有关军国大事记录下来，然后交付史馆，作为修史的资料。不过编修《时政记》制度并未长期坚持下来，一是宰相务繁，顾不上编撰；二是有人以国家机密不便交付史馆的理由，要求不再进行编撰。所以关于《时政记》的修撰时断时续，并非一以贯之。

唐代史馆的修史职能主要体现在两个方面：

第一，修撰前代史。后一王朝为前面的王朝修撰史书是我国古代一个优秀的传统。早在唐高祖武德时期唐朝就开始组织人力、物力修撰前代史，到贞观时期又进一步加大了修撰力度，并设置了修史的专门机构——史馆。有唐一代共修成 8 部正史，占二十四史的三分之一。这 8 部史书是：《晋书》《梁书》《陈书》《北齐书》《周书》《隋书》《南史》《北史》，其中后两部为私人所撰，但经过当时的政府批准而列入正史之中。又因为梁、陈、北齐、周、隋等 5 部书没有志，于是又组织人撰写了《五代史志》一书，一并附入《隋书》，这就是今本《隋书》的十志。

唐朝为什么要为如此之多的王朝修史呢？这是因为中国自魏晋以来，长期陷入分裂割据与战乱之中，许多王朝无暇顾及修史，更不要说为前朝修史了。隋朝虽然是统一的大帝国，但由于统治时期短暂，来不及修撰史书，于是为前朝修史的任务就落在了唐朝的身上。当然魏晋南北朝时期在修史方面也不是一无是处，如《后汉书》《三国志》《魏书》《南齐书》等，便成书于这一历史时期，唐朝只是拾遗补阙，补齐了唐之前的历代史书，从而大大地丰富了我国历史的内容，贡献可谓大焉。

　　第二，撰修国史。主要指国史、实录、起居注等的修撰。唐朝所修撰的国史有两种体例，一是纪传体，二是编年体。前者主要有：《武德贞观两朝史》80 卷、《续武德贞观两朝史》100 卷、《唐书》110 卷（高祖至高宗）、《唐史》80 卷、《唐书》89 卷、《国史》113 卷、《唐书》100 卷又 130 卷等；后者主要有：《唐春秋》30 卷、《唐历》40 卷、《续唐历》30 卷、《唐典》70 卷、《唐统纪》100 卷等。

　　编撰实录是史馆的最重要任务之一，主要成就有：（1）《高祖实录》20 卷；（2）太宗实录 2 部，一名《今上实录》20 卷，一名《太宗实录》20 卷；（3）高宗实录 4 部，即《皇帝实录》30 卷、《高宗实录》100 卷、《高宗后修实录》30 卷、《高宗实录》30 卷；（4）武则天实录 2 部，即《圣母神皇实录》18 卷、《则天实录》30 卷；（5）《中宗实录》20 卷；（6）睿宗实录 2 部，即《太上皇实录》10 卷、《睿宗实录》20 卷；（7）玄宗实录 3 部，即《今上实录》20 卷、《开元实录》47 卷、《玄宗实录》100 卷；（8）《肃宗实录》30 卷；（9）《代宗实录》40 卷；（10）德宗实录 2 部，即《建中实录》10 卷、《德宗实录》50 卷；（11）顺宗实录 2 部，即《先帝实录》3 卷、《顺宗实录》5 卷；（12）《宪宗实录》40 卷；（13）《穆宗实录》20 卷；（14）《敬宗实录》10 卷；（15）《文宗实录》40 卷；（16）《武宗实录》30 卷。以上这些实录绝大部分都是史馆修撰的，只有极少数为馆外修撰。武宗以下诸帝实录，由于唐末动乱，有的未修成，有的根本就没有修撰。

　　史馆的最高官员便是监修国史的宰相，自贞观时期确定以来，并长期坚持下来了。但宰相由于事繁，不可能具体地负责修史，因此其更多的只是起到了一个组织、领导、督促的作用，有的宰相甚至连这些也做不到，仅挂名而已。尽管如此，这一制度的优越性还是很明显的，一是反映了政府对修史工作的重视，二是即使宰相挂名，但其在动员人力、财力方面的作用还是不可忽视的，这些都是保证修史能够顺利进行的基本条件。

　　唐初史馆的史官，无定员的规定，如有修撰大事，则以他官兼任，事罢即停。天宝以后，以他官为史官的，称为史馆修撰，初入史馆的称直馆。元和六年（811）规定，朝官为史官者，称史馆修撰，以官高者一人判馆事，未登朝官为史官者，均称直馆。文宗太和六年（832）七月，"以谏议大夫王彦威、户部郎中杨汉公、祠部员外郎苏涤、右补阙裴休并充史馆修撰。故事，史官不过三员，或止两员，今四人并命，论者非之"①。以后便以此为定额。天祐二年（905），又改史馆修撰为兼修国史，以崇其名。然这时已距唐朝灭亡为时不久了。除了史官的规定外，史馆中还有大量的事务性工作，于是又置"楷书手二十五人，典书四人，亭长二人，掌固六人，装潢直一人，熟纸匠六人"②。

八　待制院与命妇院

1. 待制院

关于待制院在大明宫中的方位，宋敏求《长安志》卷六《东内大明宫》载：月华门"西有中书省，省北曰殿中内省，西有命妇院，北有亲王待制院"。又曰：紫宸殿"后有蓬莱殿，次东有含象殿，后有延英门，内有延英殿。……殿相对思政殿、待制院"。《雍录》卷八《待制次对》载："阁本图待制有院，在宣政殿之东，少阳院之西，盖仿汉世待诏立此官称也。武后名曌，故凡诏皆改为制，而待诏亦为待制也。"《六典大明宫图》《长安志图·唐大明宫图》《陕西通志》等图籍，多未有记载。《阁本大明宫图》标绘有待诏（制）院，未有亲王待制院；《关中胜迹图志》有亲王院，却未有待制院。《雍录》说待制院在宣政殿以东，是指大的方位，其依据来自《阁本大明宫图》，此图将其标绘在弘文馆以东。徐松之书亦是如此，将待诏（制）院确定在弘文馆以东，但其书所附《西京大明宫图》却标绘在少阳院以西，在弘文馆以东标了史馆，正文与图并不一致，而且正文称待诏院，图上却标绘为待制院，尽管两者并无本质上的不同，但作为同一部书应该是统一的。而且仅绘了一处待制院，删去了《长安志》所记的亲王待制院。

徐松之书在待诏院下的注文说："盖此待制院候宣政殿引对者也。思政殿侧之待制院，候延英殿引对者也。待诏院在史馆西，据《大典》及《阁本大明宫图》订。"③在这一段文字中，待诏院与待制院同时出现，说

① 刘昫：《旧唐书》卷一七下《文宗纪下》，第 546 页。

② 刘昫：《旧唐书》卷四三《职官志二》，第 1853 页。

③ 徐松：《唐两京城坊考》卷一《大明宫》，第 20 页。

明徐松承认大明宫有两个待制（诏）院，其中一个应为《长安志》所说的亲王待制院。从其文义看，他所说的宣政殿引对者的这处待制院，应该他正文中所说的待诏院，延英殿引对者的这处应是待制院，也就是《长安志》所载的亲王待制院。不过徐松并没有使用亲王待制院这一名称，而是直接称待制院，又把另一处称待诏院，以便有所区别。徐松的这种做法是正确的，因为唐后期形成了延英召对的制度，宰相在延英殿面见皇帝退出后，皇帝还要召见待制官员，因此这些官员必须有一处等待召见的场所。而亲王不是待制官，是不参加此类召对活动的，故不能称亲王待制院。此外，唐朝皇帝在宣政殿举行完常朝朝会后，也会召见待制官员，详情后述，所以也必须有一处待制官等待召见的场所。因此大明宫内应有两处类似的场所，故《长安志》的记载决不是空穴来风，只是不知何故将前者称为亲王待制院，这其间肯定有讹误存在。

关于这两处待制院的方位，《长安志》说亲王待制院位于命妇院之北，而待制院位于思政殿以东。徐松将后者定在弘文馆以东，其是依据是《阁本大明宫图》，应该是比较可靠的。如依《长安志》的记载，则其位于与延英殿相对的思政殿以东。这里所谓"相对"，是指东西相对，因为延英殿的东面为紫宸院，所以思政殿应在延英殿的西面。思政殿正东面，仍然在内宫之中，故不可能设置待制院。如果其说是正确的话，则这处待制院就与所谓亲王待制院隔光顺门南北相望，两处待制院不可能相距如此之近。且从这里根本无法进入宣政殿，必须出光顺门，绕道中书省，再入月华门，才能到达宣政殿。所以其方位应以徐松所记为准。

至于所谓亲王待制院，《长安志》说其位于命妇院以北，而集贤院也位于"命妇院北，本命妇院之地"①。说明其与集贤院靠得很近，史载：代宗永泰元年（765）三月，敕"尚书左仆射裴冕、右仆射郭英义、太子少傅裴遵庆、太子少保兼御史大夫白志贞、太子詹事兼御史大夫臧希让、左散骑常侍杨瓘、检校刑部尚书王昂、检校刑部尚书崔涣、吏部侍郎李季卿、王延昌，礼部侍郎贾至、杞王傅吴令圭等，并集贤待制。"② 故《文献通考》卷五四《职官考八》说："永泰时，勋臣罢节制，无职事，皆待

---

① 王溥：《唐会要》卷六四《集贤院》，第1320页。
② 王溥：《唐会要》卷二六《待制官》，第591—592页。

制于集贤门，凡十三人，特给餐钱，以优其礼。"就是指上面这些人。该书还记载说："永泰元年，敕裴冕等并集贤待制，此始有待制之所，然则盖唐设官也。"意即集贤门是待制之所。此话也不算错，但马端临却没有细究唐朝的待制之所的变化。另据《旧唐书》卷一二《德宗纪上》载：大历十四年六月，"举先天故事，非供奉侍卫之官，自文武六品已上清望官，每日二人更直待制，以备顾问，仍以延英南药院故地为廨"。这才是专门为待制官设置的待制院。延英门南有殿中内省、命妇院、集贤院，这些机构再向南便是中书省。药院当位于殿中内省的地盘内，史馆也建在尚药局药院，时在开元二十五年，[1] 此次又在药院故地建待制院，除了说明药院所占地盘甚大外，也说明待制院紧靠着史馆。至于待制院具体位在史馆的哪个方向，徐松之书说"待诏院在史馆西"。这句话肯定是有依据的，只是徐松把史馆的位置定在了弘文馆以东，于是便产生了混乱。实际上史馆应在中书省以北的药院故地上，这样我们便可以确定待制院的方位就在中书省以北、史馆以西的位置上。

需要说明的是，徐松之书错讹颇多。其说："待诏院在史馆西"，姑且不论史馆的正确方位应在中书省之北，即使如此，这种说法与其书所附的《西京大明宫图》也不相合，在此图上他将待诏院标绘在少阳院以西、门下省西北。徐书讹误之多，可见一斑。

综上所述，可知大明宫有两处待制院，一处在史馆以西，大历十四年（779）设置，为延英殿待制之处；另一处在弘文馆以东，为宣政殿待制之处，虽不知置于何时，但肯定要早于前一处待制院。

关于待制院的用途，徐松曰："唐初，仿汉立待诏。后以武后讳，改诏为制。每御正衙日，令诸司长官二人奏本司事，谓之待制。贞元间，又令未为长官而预常参者亦每日引见，谓之巡对，亦谓之次对。"[2] 只是徐松说得并不全面，所以有必要略加论述。

关于唐朝待制官的制度，据《新唐书》卷四七《百官志二》载：

---

① 刘昫：《旧唐书》卷四三《职官志二》载（第1852页）：开元二十五年，"史官尹愔奏移史馆于中书省北，以旧尚药院充馆也"。

② 徐松：《唐两京城坊考》卷一《大明宫》，第20页。

初，太宗即位，命京官五品以上，更宿中书、门下两省，以备访问。永徽中，命弘文馆学士一人，日待制于武德殿西门。文明元年，诏京官五品以上清官，日一人待制于章善、明福门。先天末，又命朝集使六品以上二人，随仗待制。永泰时，勋臣罢节制，无职事，皆待制于集贤门，凡十三人。崔祐甫为相，建议文官一品以上更直待制。其后著令，正衙待制官日二人。

先天时的所谓"随仗待制"，就是指在宣政殿待制，因为在这时只有宣政殿举行的朝会才有仗。上面引文的最后一句是指德宗大历十四年（779）六月的一道敕令，即"举先天故事，非供奉侍卫之官，自文武六品已上清望官，每日二人更直待制，以备顾问"①。所谓正衙，即指宣政殿。这种在宣政殿朝会后召见待制官的制度后来又有了变化，元和元年（806）三月，武元衡奏："'正衙待制官，本置此官以备问。比来正衙多不奏事。自今后请以尚书省六品以上职事官、东宫师傅宾詹、王傅等，每坐日令两人待，退朝，诏于延英候对。'从之。"② 即皇帝在宣政殿退朝后，再在延英殿召见待制官员。

其实皇帝在延英殿召见待制官并不限于正衙朝会后，其在延英召对日，与宰相议政结束后，亦召见待制官。如唐德宗"贞元七年诏，每御延英，引见常参官二人，访以政道，谓之次对官，所以广视听也"③。之所以叫次对官，是因为其在召对宰相之后，故谓之次对官。次对官也叫巡对官。"（贞元）七年十月诏：'自今已后，每御延英殿，令诸司官长二人，奏本司事。'俄又令常参官每日二人引见，访以政事，谓之巡对"④。关于次对官也叫巡对官的史料很多，就不一一列举了。此外，唐朝还规定其他官员如有事需要上奏，可于前一日进状请对，然后再在延英殿外等待皇帝召见。当时面奏的必然是大事，非大事则不须面对，之所以规定前一日进状请对，就是要在状上说明请对缘由，这样做就是为了避免大小事务都一窝蜂地去找皇帝。这一种制度当时叫做延英转对。关于待制官的起源

① 刘昫：《旧唐书》卷一二《德宗纪上》，中华书局 1975 年版，第 321 页。
② 刘昫：《旧唐书》卷一五上《宪宗纪上》，第 417 页。
③ 王钦若：《册府元龟》卷一〇七《帝王部·朝会一》，中华书局 1960 年版，第 1280 页。
④ 王溥：《唐会要》卷二六《待制官》，第 593 页。

及演变情况，《唐会要》卷二六《待制官》有详细记载，此外，在第二章的宣政殿与中朝制度、延英殿与中枢决策两节中也有论述，可以参看。

2. 命妇院

唐朝宫廷中共有两处命妇院，一处在西内东宫的宜春宫门外，一处在东内大明宫内。关于大明宫内命妇院的地理方位，宋敏求的《长安志》卷六《东内大明宫》载：中书省"省北曰殿中内省，西有命妇院，北有亲王待制院"。徐松之书记载与此相同，其注文曰："命妇朝于光顺门，故置院于此。"①《唐会要》卷六四《集贤院》载："西京在光顺门大衢之西，命妇院北，本命妇院之地。开元十一年分置。北院全取命妇院旧屋。"说明命妇院位光顺门大街的西面，中书省之北，殿中内省之西的位置上。命妇院又分为内、外命妇两院，《唐会要》卷五三《杂录》载："（元和）十三年九月，宰臣皇甫镈奏：旧例，平章事判度支，并中书省借阙官厅置院，臣以为事体非便。今请权借外命妇院内舍十数间，隔截置官典院。"既然有外命妇院，则一定还有内命妇院。《唐会要》卷二六《命妇朝皇后》载："诸亲及外命妇朝贺辞见见参谢入内，从听依前件，至内命妇朝堂。"所谓"内命妇朝堂"，即内命妇院朝堂。从这条记载看，命妇院内还建有朝堂，作为内外命妇朝拜皇后、举行礼仪的场所。②

那么何谓命妇呢？史载："国朝命妇之制，皇帝妃嫔及皇太子良娣以下，为内命妇；公主及王妃已下，为外命妇。王之母妻为妃。"③可见皇帝与皇太子的嫔妃为内命妇，公主及其他贵族、官僚母妻为外命妇，具体规定是：

> 凡外命妇之制，皇之姑，封大长公主，皇姊妹，封长公主，皇女，封公主，皆视正一品。皇太子之女，封郡主，视从一品。王之女，封县主，视正二品。王母妻，为妃。一品及国公母妻，为国夫人。三品已上母妻，为郡夫人。四品母妻，为郡君。五品若勋官三品

① 徐松：《唐两京城坊考》卷一《大明宫》，中华书局1985年版，第21页。
② 王溥：《唐会要》卷四《杂录》载："各令女及近亲随使，于命妇朝堂待进止。"上海古籍出版社2006年版，第51页。
③ 王溥：《唐会要》卷二六《命妇朝皇后》，第573页。

有封，母妻为郡君。散官并同职事。勋官四品有封，母妻为乡君。其母邑号，皆加太字，各视其夫、子之品。若两有官爵者，从其高。若内命妇，一品之母，为正四品郡君。二品之母，为从四品郡君。三品四品之母，并为正五品县君。凡妇人，不因夫及子而别加邑号，夫人云某品夫人，郡君为某品郡君，县君、乡君亦然。凡庶子，有五品已上官，皆封嫡母。无嫡母，封所生母。①

从以上规定可知，凡官阶在五品以上者，皆可为其母妻请求加封邑号，即成为外命妇，其中勋官四品以上才可以请求授予邑号。另外对内命妇而言，也可以凭借自身地位（品阶）为自己的母亲请授邑号。不过唐朝并不是凡五品官皆可给其母妻请授邑号，技术官即使达到五品，也不能请授。但是在元和十三年（818）六月时，情况发生了变化，"三品已上阶为郡夫人，即止。其国夫人须待特恩，不在叙例"②。就是说三品以上（包括一品）官员其母妻的邑号最高为郡夫人，如果要授予国夫人，必须要皇帝的特殊批准，而以前则是"一品及国公母妻，为国夫人"。可见更加严格了。

《周礼》有贵族、官员朝见天子，命妇朝女君的记载，但是唐朝自建立以来，并未实行此制。永徽五年（654），武则天被册立为皇后，十一月，令"群臣命妇朝皇后"。这是唐朝实行此礼的开始。当时的情况是："命群臣及四夷酋长朝后肃义门，内外命妇入谒。"③ 这是指在太极宫的情况。从这一记载看，男性群臣与内外命妇并不在一处朝见武后。但是从唐肃宗乾元元年（758）起，元日、冬至，却命百官、命妇于光顺门朝见张皇后。于是礼仪使于休烈上奏说："命妇又朝光顺门，与百官杂处，殊为失礼。"④ 肃宗遂下令停止朝见。本来元日、冬至是唐朝举行外朝大朝会的日子，届时在京文武九品以上都要入宫朝见皇帝，即使在武则天当皇后时，也没有在这两个日子接受群臣与命妇的朝见，因此于休烈对张皇后此举提出反对意见，并不全因为群臣与命妇杂处的缘故，也包括反对皇后违

---

① 刘昫：《旧唐书》卷四三《职官志二》，中华书局1975年版，第1821页。

② 王溥：《唐会要》卷八一《阶》，第1773页。

③ 欧阳修：《新唐书》卷七六《则天武皇后》，中华书局1975年版，第3475页。

④ 刘昫：《旧唐书》卷一四九《于休烈传》，第4008页。

反唐朝旧制，有意提高其地位的意思在内，其中最重要还是出于对皇后擅权的担忧。但在元和十五年（820）七月，穆宗颁敕曰："'今月六日是朕载诞之辰，奉迎皇太后于宫中上寿。朕既深欢慰，欲与臣下同之。其日，百僚、命妇宜于光顺门进名参贺，朕于光顺门内殿与百僚相见，永为常式。'非典也。"① 所谓"非典"，意即在皇帝诞日的这种做法不符合唐朝制度。在唐文宗统治初期，每年的元日、冬至，皇帝如不举行大朝会，则要群臣与命妇去朝见皇太后、太皇太后。如"太和元年十一月甲申，日南至，宰臣率百官洎外命妇诣兴庆宫及光顺门行朝贺之礼。"再如太和"二年正月戊午朔，权停朝贺，文武百寮及命妇并赴兴庆宫及光顺门起居太皇太后、义安皇太后。十一月己丑，日南至，宰臣及百寮诣兴庆宫、光顺门，进名起居"②。"正月戊午朔"，就这一年的元日，日南至，就是冬至。在这里问起居也是朝贺的一种方式。可是却没有任何朝臣因为男女混杂，颇失礼仪，而出面谏止过，原因就在于这时已不存在对内宫擅权的担忧了。

那么，内外命妇朝见皇后、皇太后的时间到底是如何规定的，唐睿宗时规定："每月二十六日及岁朝冬至、寒食、五月五日，并命所司于命妇朝堂供养，入诸命妇朝参。"③ 此后还有变化，如"元和元年十月，太常奏：'外命妇参贺皇太后仪制，自今以后，每年元日、冬至，外命妇有邑号者，并准式赴皇太后所居宫殿门，进名参贺。其立夏、立秋、立冬，并进名参。如泥雨即停。'依奏"。可知此次已改为每年的元日、冬至、立夏、立秋、立冬朝贺皇太后。这里没有提及皇后，是因为唐宪宗从未立过皇后之故。至唐穆宗时期，由于皇太后居住在兴庆宫，皇后住在大明宫，于是又规定"即诣兴庆宫起居讫，诣光顺门起居"。也就是说先朝贺皇太后，然后再朝贺皇后。④ 唐敬宗未册立过皇后，所以即位之初，遂颁敕停止了此礼。然从此后的情况看，这一礼仪一直坚持到唐朝灭亡前夕。

唐朝对命妇的管理制度颇为复杂，加封邑号这件事由吏部司封司掌管，主要是管外命妇的邑号授受，这一点在唐代的相关政书中写得十分清

① 刘昫：《旧唐书》卷一六《穆宗纪》，第 479 页。
② 王钦若：《册府元龟》卷一〇八《帝王部·朝会二》，中华书局 1960 年版，第 1283 页。
③ 王溥：《唐会要》卷二六《命妇朝皇后》，第 575 页。
④ 以上均见《唐会要》卷二六《命妇朝皇后》，第 575—576 页。

楚，内命妇的授受则由皇帝自己掌握。由于内外命妇的成分比较复杂，一旦获得邑号后，唐朝规定："凡皇家五等亲，及诸亲三等，存亡升降，皆立簿书籍，每三年一造。除附之制，并载于宗正寺。"① 可见宗正寺不仅掌管男性宗室事务，皇室中的女性也在其内。

命妇朝见皇后、皇太后的相关礼仪却由太常寺掌管，如元和十五年（820）二月，"太常寺奏：'内外命妇，请至朝贺参奉前五日，宗正寺、光禄、内侍省计会进名，御史台具集日，转牒诸司。余准元和元年敕处分。'依奏"② 为什么要太常寺出面进奏呢？原因就在于其为礼仪主管部门。为什么又牵涉到宗正寺、光禄寺、内侍省、御史台等机构呢？原因是宗正寺掌管宗室中的命妇事务；光禄寺掌管朝会进食事务，史书就有不少皇后在接受内外命妇朝见时赐宴的相关记载，这件事宫中六尚之一的尚食局不能管，因为这毕竟也是一种"朝会"；内侍省掌管内命妇的相关事宜及外命妇名帐，所以也要知会；至于御史台是因其负有监察之责。如元和二年七月敕："外命妇朝谒皇太后，多有前却，今后诸亲委宗正寺，百官母妻委台司。如有违越者，夫子夺一月俸，频不到，有司具状奏闻。"③这里所谓"台司"，就是指御史台，其主要监察的是外命妇中的百官母妻，宗室中的外命妇则有宗正寺监管。

命妇朝见皇后、皇太后时的具体事务却是由内侍省掌管。据《新唐书》卷四七《百官二》载："内谒者监十人，正六品下，掌仪法、宣奏、承敕令及外命妇名帐。凡诸亲命妇朝会者，籍其数上内侍省。命妇下车，则导至朝堂奏闻。"原注曰："唐废内谒者局，置内典引十八人，掌诸亲命妇朝参，出入导引。"又曰："内谒者十二人，从八品下，掌诸亲命妇朝集班位，分莅诸门。"这里所说的"朝堂"，就是指命妇院内的朝堂。内谒者监的职能主要有两条，一条是掌管外命妇名帐，另一条则是导引其至朝堂。内谒者的主要职能也是两条，一是掌管命妇的朝会班位，二是"分莅诸门"。因为要进至光顺门，还要经过多道宫门，其分莅诸门，实际起到了一个导引作用，当抵达光顺门外的命妇院后，则由内谒者监导引

---

① 刘昫：《旧唐书》卷四三《职官志二》，第 1822 页。
② 王溥：《唐会要》卷二六《命妇朝皇后》，第 576 页。
③ 刘昫：《旧唐书》卷一五《宪宗纪上》，第 421 页。

进朝堂。命妇的班位基本上还是由其品阶高低决定的，如果品阶相同，则其母的班位排在子妇之前。

命妇院主要是命妇们朝见皇后、皇太后的场所，史籍中有大量的命妇在光顺门朝见或进名起居的记载，实际上都是在命妇院内进行的，并非在光顺门外进行，举行朝见仪式的具体场所就是命妇院朝堂。这里还是举行丧葬之礼的场所，如襄城公主薨，"高宗举哀于命妇朝堂"，并派人吊祭。[①] 在相关记载看，命妇院内还有不少房舍，这是因为命妇入宫后，还得有一个等待召见的场所，相当朝官们的待漏院。唐朝被迫迁都洛阳后，唐哀帝在天祐二年（905）七月二十三日，颁敕说："册皇太后，内外命妇，比合朝贺。今缘命妇未有院宇，兼虑或阙礼衣，若准旧仪，恐难集事。宜令各据章表称贺。"[②] 这是因为迁到洛阳后，尚未修建命妇院，致使内外命妇无处举行朝贺的缘故。从而证明命妇院为命妇朝见皇后与皇太后的专门场所，一旦失去了这一场所，就没有合适的举行相关礼仪的处所了。

此外，命妇院还具有管理命妇相关事宜的职能。大中五年（851）四月，宣宗颁敕曰："起自今以后，先降嫁公主、县主，如有儿女者，并不得再请从人。如无儿者，即任陈奏，宜委宗正等准此处分。如有儿女妄称无有，辄请再从人者，仍委所司察获奏闻，别议处分，并宜付命妇院，永为常式。"[③] 这道敕令的基本内容就是对已出嫁的公主、县主再嫁人的限制，即已有子女者不得再嫁。这样一条禁令有宗正寺和监察机构执行就行了，为什么还要宣付命妇院呢？可见命妇院也负有管理命妇的职能，因为公主、县主也属于外命妇之列。

九　少阳院

少阳院为皇太子所居之处，这一点是无疑义的。关于少阳院在大明宫的方位，《长安志》卷六《东内大明宫》说："翰林门内，翰林院、学士

---

① 欧阳修：《新唐书》卷八三《太宗二十一女传》，第 3645 页。
② 王溥：《唐会要》卷二六《命妇朝皇后》，第 576 页。
③ 王溥：《唐会要》卷六《杂录》，第 85 页。

院。又东翰林院，北有少阳院。"李肇《翰林志》曰："其北门（指翰林门）为翰林院，又北为少阳院。"① 程大昌《雍录》卷四曰："翰林院又北则为少阳院。"在这些记载中，李肇的《翰林志》最早，他本人曾在元和时在学士院任官，其所记最为可靠。故可以肯定在翰林院以北，确有少阳院存在，由于其位于大明宫的西面，可以称之为西少阳院

可是又有记载说：穆宗元和十五年"十月，发右神策军兵各千人，于门下省东、少阳院前筑墙"②。《唐会要》卷三〇《大明宫》亦载：元和十五年十月，"发右神策兵各千人，于门下省东、少阳院前筑墙，及造楼观"。《阁本大明宫图》在待制院以东、浴堂殿东南，也标绘了少阳院，但却没有标绘翰林院以北的这处少阳院。唐人李庚《两都赋》云："宣徽洞达，温室隅南，接以重离，绵乎少阳。"③ 说明在温室殿南有少阳院存在。胡三省亦曰："大明宫中有少阳院，在浴堂殿之东，温室殿西南。"④ 这一切都证明在门下省以东的待制院东面，温室殿以南、浴堂殿东南，也有一处少阳院。徐松不察这种实际情况，只承认这处少阳院，却断然说："《长安志》言右银台门北翰林院北有少阳院，误。"⑤ 由于这处少阳院位于大明宫的东边，可以称之为东少阳院。

综上所述，大明宫有两处少阳院应是无疑义的，但是为什么要建两处少阳院呢？学界却有不同的观点。有一种观点认为东少阳院是太子处理政务的外廷，相当于东宫的左右春坊等曹司，西少阳院则是太子的寝居燕乐的内宫。⑥ 香港学者赵雨乐在《唐宋变革期之军政制度——管理机构与等级之编成》中支持了上述观点，并认为史料多记载西少阳院，是因为唐朝中后期宫廷事变多发生在夜间。这种观点的提出者不知唐后期的太子与前期不同，不仅不能预闻政事，也极少令其监国，反倒时时处在皇帝的监

---

①　洪遵：《翰苑群书》卷一引，文渊阁《四库全书》，上海古籍出版社1987年版，第595册，第347页。

②　王钦若：《册府元龟》卷一四《帝王部·都邑二》，第160页。

③　董诰：《全唐文》卷七四〇《两都赋》，上海古籍出版社1991年版，第3387页。

④　司马光：《资治通鉴》卷二三三，唐德宗贞元三年八月条胡注，中华书局1956年版，第7499页。

⑤　徐松：《唐两京城坊考》卷一《大明宫》，第20页。

⑥　辛德勇：《隋唐两京丛考》，三秦出版社2006年版，第144页。

视之下。此外，在史籍中从未见到太子在少阳院处理政事的记载，因此这种观点很难使人信服。

还有一种观点根据《新唐书》"太子不居东宫，处乘舆所幸别院"的记载，[①] 认为东、西少阳院的设置与历朝皇帝在大明宫的寝殿变化有关，即随着皇帝居处的变化，太子的居处也随之改变。[②] 这一观点比较符合唐代的实际情况，但由于此文在论述过程中出现了不少错误，且有一些不完善之处，故补充论述如下。

太子不居东宫，而另置少阳院以居之，始于唐玄宗时期。玄宗自即位以来，吸取了唐前期宫廷斗争的教训，对太子防范甚严，不但不许其预闻政事，而且还将其搬离太极宫东边的东宫，移居于少阳院，使其无法与东宫系统的官员接触。此外，对诸王也防范甚严，兴建了十王宅与百孙院，将他们集中安置，设官监管之。史载：玄宗"每岁幸华清宫，宫侧亦有十王院、百孙院"[③]。不仅如此，凡皇帝巡幸，太子亦随行，所居乘舆旁之别院，亦谓之少阳院。在唐后期凡储君皆先居少阳院，也不一定全是太子。如文宗病危，仇士良等矫诏立武宗为皇太弟，从十六宅迎入少阳院，待文宗驾崩后，再御正殿即皇帝位。[④]

唐玄宗时期太子居住在东少阳院或是西少阳院？史无记载，不敢妄论。唐肃宗时太子应居住在西少阳院。主要理由是当时肃宗居住在长生殿养病，此殿的方位，诸书均语焉不详，只是说在大明宫内。徐松说：长生殿，"阁氏若璩云：大明宫寝殿也"[⑤]。日本僧人圆仁说："长生殿内道场，自古已来，安置佛像经教。抽两街诸寺解持念僧三七人，番次差入，每日持念，日夜不绝。今上便令焚烧经教，毁拆佛像，起出僧众，各归本寺。于道场安置天尊老君之像，令道士转道经，修炼道术。"[⑥] 也没有说清楚长生殿在大明宫中的方位。既然武宗在这里安置过老子之像，故很可能在三清殿附近。当时张皇后欲诛权阉李辅国与程元振，命越王与"内谒者

①　欧阳修：《新唐书》卷八二《十一宗诸子传》，第 3616 页。

②　董春林：《唐代少阳院小考》，《华夏文化》2009 年第 1 期，第 24—26 页。

③　刘昫：《旧唐书》卷一〇七《玄宗诸子传》，第 3272 页。

④　刘昫：《旧唐书》卷一八上《武宗纪》，第 584 页。

⑤　徐松：《唐两京城坊考》卷一《大明宫》，第 24 页。

⑥　[日] 圆仁：《入唐求法巡礼行记》卷四，上海古籍出版社 1986 年版，第 176 页。

监段恒俊选材勇宦者二百人，授甲长生殿。以帝命召太子。程元振以告辅国，乃相与勒兵凌霄门，迎太子，以难告"。派禁军将太子保护于飞龙厩，然后"勒兵夜入三殿，收系及恒俊等百余人系之，幽后别殿。后及系皆为辅国所害"①。《旧唐书》对此事的记载更加清楚，"元振握兵于凌霄门候之，太子既至，以难告"②。从这些情况看，长生殿当在凌霄门附近，恰好三清殿也距此门很近，否则李辅国在这里等候太子岂不落空了！宝应元年（762）四月"丁卯，肃宗崩，元振等始迎上于九仙门，见群臣，行监国之礼。己巳，即皇帝位于柩前"③。从以上这些情况看，代宗为太子时应居住在西少阳院。代宗只有居住在这里，才符合太子居于皇帝寝殿附近的惯例，且从西少阳院前往长生殿，必然从凌霄门附近经过，如居于东少阳院，赴长生殿时则不必经过凌霄门。

唐德宗欲废太子，召李泌议之，李泌曰："太子自贞元以来常居少阳院，在寝殿之侧，未尝接外人，预外事，安有异谋乎！"据此可知，少阳院的确在皇帝寝殿之侧。胡三省在这里注曰："大明宫中有少阳院，在浴堂殿之东，温室殿西南。"又在"寝殿之侧"后注曰："德宗常居浴堂殿。"④ 那么德宗是否经常住在浴堂殿呢？还有史料可以证明。德宗曾对户部侍郎裴延龄说："朕所居浴堂殿，一栋将压，念易之，未能也。"⑤ 据此可知德宗的确常居于浴堂殿。至于此殿的方位在第三章中已有详论，其西南方向即东少阳院，可知胡三省之论是正确的。

不过德宗死于会宁殿，时太子李诵患疾，史载："太子知人情忧疑，紫衣麻鞋，力疾出九仙门，召见诸军使，人心粗安。"⑥ 九仙门位于右银台门之北，于是有人据此认为太子当居于西少阳院，而反对太子曾在东少阳院居住过。⑦ 这种看法虽有一定的道理，但不全对，上面的论述已经很清楚地表明太子在贞元前期的确居于东少阳院，李泌当时为宰相，不可能

① 欧阳修：《新唐书》卷八二《十一宗诸子传》，第 3617 页。
② 刘昫：《旧唐书》卷一一六《越王李系传》，第 3383 页。
③ 刘昫：《旧唐书》卷一一《代宗纪》，第 268 页。
④ 司马光：《资治通鉴》卷二三三，唐德宗贞元三年八月条及胡注，第 7620 页。
⑤ 欧阳修：《新唐书》卷一六七《裴延龄传》，第 5107 页。
⑥ 司马光：《资治通鉴》卷二三六，顺宗永贞元年正月条，第 7729 页。
⑦ 董春林：《唐代少阳院小考》，《华夏文化》2009 年第 1 期。

把太子的居处搞错了。德宗在位 25 年，不可能一直居于浴堂殿，后来移居会宁殿也是很正常的事，虽然目前无法搞清会宁殿在大明宫中的方位，但从太子力疾出九仙门的举动看，此时太子一定居于西少阳院，故会宁殿当位于大明宫的西部，距西少阳院不会远。因为当时人心疑惧，太子李诵在九仙门召见诸军使时，一定会竭力装出病情不甚严重的样子，由于西少阳院距九仙门不远，故太子尚可勉强抵达。如果仍居于东少阳院，则一定会出左银台门面见诸军使。

直到唐末少阳院一直是太子居住之所，如昭宗被宦官刘季述废黜，囚于少阳院，立太子为皇帝。后来宰相崔胤与禁军将领孙德昭联合，诛杀刘季述等乱党，迎昭宗复位，太子复归于少阳院。

胡三省说：少阳院，"亦谓之东宫"[1]。此说甚是。如文宗开成五年（840）正月，文宗暴崩，"（仇）士良统兵士于十六宅迎太弟赴少阳院，百官谒见于东宫思贤殿。"[2] 再如刘季述废黜昭宗时，对他说道"愿太子监国，请陛下保颐东宫"。胡三省注云："颐，养也；言于少阳院自保养也。"[3] 这一切都证明当时人已将少阳院视为东宫了。

为了加强对太子的监管，[4] 唐后期还设置了少阳院使一职，由宦官充任，从《西门珍墓志铭》的记载看，墓主从内侍省高品，"转为少阳院五品"，并有"以辅储皇"等话[5] 可知这个少阳院五品就是少阳院使，在内诸司使系统中，这一使职的地位也不算低。少阳院使通常置二人，如开成三年（838），文宗"以中人张克己、柏常心充少阳院使"。其下还有判官、品官、白身及内园小儿等数十人。[6] 之所以置两员使职，很可能与少阳院分为东西两院有关。为了加强对太子的教育，皇帝往往还选择博学硕儒为太子侍读。除此之外，少阳院还有驻兵，文宗即位时，"赐少阳院宿

---

① 司马光：《资治通鉴》卷二四三，唐敬宗宝历二年十二月条胡注，第 7974 页。

② 王钦若：《册府元龟》卷一一《帝王部·继统三》，第 122 页；刘昫：《旧唐书》卷一八上《武宗纪》所载亦同。

③ 司马光：《资治通鉴》卷二六二，唐昭宗光化三年十一月及胡注，第 8659 页。

④ 欧阳修：《新唐书》卷八二载《庄恪太子永传》："诏太子还少阳院，以中人护视"。第 3633 页。

⑤ 陆心源：《唐文拾遗》卷二五，西门元佐《大唐故朝议郎行宫闱令充威远军监军上柱国赐紫金鱼袋西门大夫墓志铭并序》，上海古籍出版社 1990 年版，第 123 页。

⑥ 刘昫：《旧唐书》卷一七五《文宗二子传》，第 4541 页。

直官健共四百人，钱各二十五贯、绢二十五匹"。① 在大明宫中的其他机构皆无驻兵，唯独少阳院有之，反映了皇帝对太子的一种防范心理。

十　客省

客省并非唐朝独有，早在南朝刘宋时就已有设置。② 隋文帝初建大兴宫时，便在宫中也建立了客省。③ 唐朝建立后改大兴宫为太极宫，其原客省改为内客省。唐玄宗开元元年（713）七月，玄宗出手镇压太平公主势力，"上因王毛仲取闲厩马及兵三百余人，自武德殿入虔化门，召（常）元楷、（李）慈，先斩之，擒（贾）膺福、（李）猷于内客省以出，执（萧）至忠、（岑）羲于朝堂，皆斩之"。胡三省注曰："四方馆隶中书省，故内客省在焉。中书省在太极门之右。膺福、猷皆中书省官也。"④ 这里所谓的"内客省"当是隋朝客省的继续。内客省在唐朝始终存在，如大历八年（773），晋州男子郇谟上书言事，"帝召见，赐以衣，馆内客省"⑤。再如"（颜）真卿为李希烈所拘，遣兄子岘及家仆奏事五辈，皆留内客省，不得出"⑥。

大明宫建成后，也置有客省。关于始置时间及方位，《长安志》《雍录》《类编长安志》等书皆不载。《资治通鉴》载："初，代宗之世，事多留滞，四夷使者及四方奏计，或连岁不遣，乃于右银台门置客省以处之。"⑦ 唐会要卷六六《鸿胪寺》亦载："永泰已后。益以多事。四方奏计。或连岁不遣。仍于右银台门置客省以居之。"又据新唐书卷五一《食

① 王钦若：《册府元龟》卷八一《帝王部·庆赐三》，第 946 页。
② 司马光：《资治通鉴》卷一二四，宋文帝元嘉二十二年十一月载："其夜，呼晔置客省。"胡注曰："客省，凡四方之客入见者居之，属典客令。"第 3982—3983 页
③ 李延寿：《北史》卷七一《隋宗室诸王传》："初，文帝以开皇三年四月庚午，梦神自天而降，云是天神将生降。癯，召纳言苏威以告之。及闻萧妃在并州有娠，迎置大兴宫之客省。明年正月戊辰而生昭，养于宫中，号大曹主。"中华书局 1974 年版，第 2473—2474 页。
④ 司马光：《资治通鉴》卷二一〇，唐玄宗开元元年七月及胡注，第 6801—6802 页。《旧唐书》卷八《玄宗纪上》、新唐书卷一二一《王琚传》亦同。
⑤ 欧阳修：《新唐书》卷一四五《李少良传》，第 4715 页。
⑥ 欧阳修：《新唐书》卷一六一《张荐传》，第 4980 页。
⑦ 司马光：《资治通鉴》卷二二五，唐代宗十四年七月，第 7264 页。

货志一》载：代宗时，"朝多留事，经岁不能遣，置客省以居"。可知客省乃永泰时期（765—766）所建。但其方位是在右银台门内还是门外，却未有明确的记载。据《旧唐书》卷一一八《李少良传》载："少良怨不见用，乘众怒以抗疏上闻。留少良于禁内客省，少良友人韦颂因至禁门访少良，少良漏其言。"这里所谓禁门，是指右银台门，既称"禁内客省"，说明客省当建在右银台门内。此事《册府元龟》卷一五二《帝王部·明罚》亦有记载，原文是"留少良于禁中客省"。不论是"禁内"或"禁中"，都说明客省是建在宫墙以内的。

通常认为晚唐五代"中央的客省和客省使主要负责藩镇派至朝廷的人事往来"[①]。这一结论应无问题，但并不全面，有必要再展开论述。

据《新唐书》卷五一《食货志一》载：

> 时回纥有助收西京功，代宗厚遇之，与中国婚姻，岁送马十万匹，酬以缣帛百余万匹。而中国财力屈竭，岁负马价。河、湟六镇既陷，岁发防秋兵三万戍京西，资粮百五十余万缗。……而诸镇擅地，结为表里，日治兵缮垒，天子不能绳以法……然帝性俭约，身所御衣，必浣染至再三，欲以先天下。然生日、端午，四方贡献至数千万者，加以恩泽，而诸道尚侈丽以自媚。朝多留事，经岁不能遣，置客省以居。上封事不足采者，蕃夷贡献未报及失职未叙者，食度支数千百人。

据此可知，客省接待者主要为四类人员：一是诸道贡献的使者，二是蕃夷使者，三是上书言书之人，四是失职未叙。本来接待四夷使者的任务由鸿胪寺负责，《旧唐书》卷四四《职官志三》鸿胪寺条载："凡四方夷狄君长朝见者，辨其等位，以宾待之。凡二王后及夷狄君长之子袭官爵者，皆辨其嫡庶，详其可否。若诸蕃人酋渠有封礼命，则受册而往其国。"其入京后由鸿胪礼宾院接待安置。宦官势力膨胀后，置鸿胪礼宾使专掌此事。从上引《新唐书》之文看，客省也负责这方面的事务，其实客省负

---

① 吴丽娱：《试论晚唐五代的客将、客司与客省》，《中国史研究》2002年第4期，第69—82页。

责的是传宣召见之事，详情下面再谈。

客省除了以上职能外，还具有拘押人员和安置待罪官员的职能。如成德节度使李宝臣卒，其子李惟岳继任节度使，后被兵马使王武俊所杀，传首京师。李惟岳弟李惟简时在京师，唐德宗遂将其"拘于客省"①。再如唐末李茂贞与朱全忠大战，"全忠泥首素服，待罪客省……有诏释全忠罪，使朝服见"②。说明客省具有这方面的职能，否则朱全忠也不必在这里待罪。

客省建立后，其长官称客省使，由宦官充任，为内诸司使之一。客省使的职能除了掌管以上所提到接待事务外，最主要的职能还是传宣职能。如甘露之变发生后，大批朝官包括宰相王涯在内被宦官诛杀，昭义节度使刘从谏三次上疏询问王涯到底犯了何罪而被诛杀？并且派遣焦楚长到长安，"于客省进状，请面对"③。为什么通过客省进状，请求面见皇帝呢？原因就在于其具有这方面的职能。再如上面提到朱全忠在客省待罪，昭宗"命客省使宣旨释罪"。胡三省注曰："时客省使，盖通知阁门事，故令宣旨释罪。"④ 意思是客省使掌管了阁门使的职能，故令其宣传皇帝之旨。这种说法是不对的，因为一是阁门使此时并非废去，故客省使不可能取而代之，二是客省使与阁门使职能不同，前者具有导引接待之责，后者只有传宣通报的职能。

在唐后期客省使职能更多地体现在外事接待方面，据宦官《刘中礼墓志铭》载：客省使的职能是"四方之觐礼，万国之奏籍，举不失时，动而合度"⑤。《全唐文》卷八三八收有薛廷圭所撰的《授刘处宏通议大夫内侍省监充客省副使制》一文，其中写道："内省华资，司宾重任。宫朝之选，历代攸难。……况遐方即序，重译来庭。尤思周敏之才，用副绥

---

① 欧阳修：《新唐书》卷二一一《李宝臣附李惟简传》，第 5950 页。
② 欧阳修：《新唐书》卷二〇八《宦者韩全诲传》，第 5901 页。
③ 刘昫：《旧唐书》卷一七下《文宗纪下》，第 564 页。
④ 司马光：《资治通鉴》卷二六三，唐昭宗天复三年正月及胡注，第 8714 页。
⑤ 2002 年 7 月，在西安东郊史家湾一座唐墓中出土了一方题名为《唐故河东监军使银青光禄大夫守左监门卫将军上柱国彭城县开国伯食邑七百户赐紫金鱼袋刘公（中礼）墓志铭并序》的宦官墓志（以下简称《刘中礼墓志》），现收藏于碑林博物馆。以下凡引此志文字，均见于此，不再另外出注。

怀之旨"云云。"司宾""遐方""重译"等词汇已将这时的客省职能表述得再清楚不过了。唐人杨钜所撰的《翰林学士院旧规》中的"对见仪"条载："大殿对蕃客……先于殿西北隅立候,客省奏:'某乙等到',殿上云'唤',客省使递声云'唤',即鞠躬高唱'喏',趋至庭前。"① 可见客省使不仅有导引之责,而且还在皇帝召见蕃客的礼仪中扮演着重要角色。

　　还有一个问题需要说清楚,即上面提到的鸿胪礼宾使,原本负责外事接待任务,这一使职始终未废去,这样岂不与客省使的职能重复了? 其实并不重复,因为这一使职的职能也发生了变化,据《刘中礼墓志》载,墓主也担任过鸿胪礼宾使,志文在记载其任这一使职时写道:"近者北通黠戛斯,西降嗢末,岁时屈膝交辟,献琛执赞者,梯航相接。大行人飨饩,劳问之勤,而辫发貂裘者,无不感悦。"从这些记载看,此时的鸿胪礼宾使主要职能已转为外交出使方面,至于外来贡物的接受与价值评估以及觐见皇帝的安排,似乎仍由其负责,志文所说的"赞",就是指这些外来的贡品。需要指出的是,有关这方面的史料仍然比较缺乏,这个问题还有进一步深入研究的余地。

　　需要说明的是,天复三年(903),宰相崔胤勾结朱全忠大杀宦官,至此诸司使之职遂由内夫人(宫中女官)充任,客省使亦同。昭宗天祐元年(905)四月敕曰:"今后除留宣徽两院、小马坊、丰德库、御厨、客省、阁(阁)门、飞龙、庄宅九使外,余并停废。"② 《资治通鉴》也记有此事,并说:"仍不以内夫人充使。"《考异》曰:"盖初诛宦官后,内诸司使皆以内夫人领之,至此始用外人也。"③ 这里所谓"始用外人",即至此改用士人充任了。此外,五代十国时期除了有客省使的设置外,还有内客省使的设置,但在唐代的史料还未发现有后者的设置。

---

　　① 《翰苑群书》卷五,杨钜《翰林学士院旧规·对见仪》,文渊阁《四库全书》,上海古籍出版社 1987 年版,第 595 册,第 360 页。

　　② 王溥:《唐会要》卷七九《诸使杂录下》,第 1720 页。按:引文中的"阁"字,应为"阁"字之误。

　　③ 司马光:《资治通鉴》卷二六四,唐昭宗天祐元年四月,第 8631 页。

十一　舍人院

舍人院即中书舍人院的省称，唐朝在西内太极宫与东内大明宫中皆置有舍人院，其中大明宫中的舍人院方位，《长安志》《雍录》《类编长安志》以及《阁本大明宫图》皆无记载，只能从传统文献中寻找其相关情况了。

据《旧唐书》卷一一九《常衮传》载：

> 无几，杨绾卒，衮独当政。故事，每日出内厨食以赐宰相，馔可食十数人，衮特请罢之，迄今便为故事。又将故让堂厨，同列以为不可而止。议者以为厚禄重赐，所以优贤崇国政也，不能，当辞位，不宜辞禄食。政事堂有后门，盖宰相时到中书舍人院，咨访政事，以自广也，衮又塞绝其门，以示尊大，不相往来。

常衮任首相是在德宗建中年间，这一时期政事堂早已搬到了中书省内，而中书省位于月华门以西。这一段记载没有具体的时间，另据《唐会要》卷五三《杂录》载：

> （建中）四年，常衮为中书侍郎平章事。政事堂旧有后门，盖宰相过中书舍人院，咨访政事。衮欲自尊大，乃塞其门，以绝往来。

唐代的廨署之门通常都是南向，即以南面为正门，但是大明宫中的机构却不完全是这样，因此这里所谓政事堂后门，还是需要有明确的记载以证实之。另据《新唐书》卷一五〇《常衮传》载：

> 政事堂北门，异时宰相过舍人院咨逮政事，至衮乃塞之，以示尊大。

综上所述，可知舍人院设在中书省内，位于政事堂的北面。元和年间，白居易曾任中书舍人，写了《西省北院新作小亭》《种竹开窗》《东通骑省》《与李常侍隔窗小饮》等诗歌作品，记述了其在舍人院的生活情景。徐松曰："盖中书省中之舍人院东接右骑省直舍，南面有户，而北无之，乐天故于省北创亭以通骑省牖也。"① 徐松的这段话实际上是抄自程大昌《雍录》卷八《唐两省》条，由于徐松的话比程大昌的话更加明确，故引之。文中所谓"右骑省直舍"，是指右散骑常侍在中书省的办公之处，这就说明舍人院的东面为"骑省直舍"，即散骑常侍院。这样就使今人得以知悉唐中书省的内部结构情况，即政事堂北有舍人院与右散骑常侍院，其中舍人院在西，右散骑常侍院在东。

中书舍人与右散骑常侍均为中书省的重要职官，前者置6员，正五品上，后者置2员，从三品。唐朝在门下省与中书省各置有散骑常侍2员，前者在官名前加"左"字，后者加"右"字，以相区别，就品阶而言，他们在本省是仅次于其长官的官员，职能是侍从皇帝，规谏讽喻，顾问应对。由于其品阶崇高，地位尊贵，故在各自的省内置有直院以为办公直宿之处。

其实在中书省最重要的职官应是中书舍人，关于职能情况史书记载较详，下面将《旧唐书》记载的职能情况，录之如下：

> 舍人掌侍奉进奏，参议表章。凡诏旨敕制，及玺书册命。皆按典故起草进画；既下，则署而行之。其禁有四：一曰漏泄，二曰稽缓，三曰违失，四曰忘误；所以重王命也。制敕既行，有误则奏而正之。凡大朝会，诸方起居，则受其表状而奏之。国有大事，若大克捷及大祥瑞，百僚表贺，亦如之。凡册命大臣于朝，则使持节读册命之。凡将帅有功及有大宾客，皆使劳问之。凡察天下冤滞，与给事中及御史三司鞫其事。凡百司奏议，文武考课，皆预裁焉。②

可见中书舍人权任之重，在如此之多的职能中最重要的有两项，即起草诏敕与五花判事。有关这些情况在前面已有论述，就不详述了。正因为中书舍人具有五花判事的职能，为宰相们决策提供参考，所以宰相经常要到舍

---

① 徐松：《唐两京城坊考》卷一《大明宫》，第21页。
② 刘昫：《旧唐书》卷四三《职官志二》，第1850页。

人院向其"咨访政事"。常衮杜塞政堂事北门的行为，不仅是其个人自大之故，实际上反映的是唐后期"五花判事"制度遭到破坏的事实。故唐穆宗在元和十五年（820）即位时云："中书舍人职事，准故事，合分押六司，以佐宰臣等判案。沿革日久，顿复稍难，宜渐令修举，有须慎重者，便令参议。知关机密者，即且依旧。"由于穆宗对此事的态度不甚坚决，故当时并没有很好地贯彻执行，于是在会昌四年（844），宰相李德裕又再次奏请"复中书舍人故事"，即恢复了五花判事的制度。① 估计在这种情况，常衮所塞之政事堂北门应当重新打通了。

舍人院内建有紫微阁，沈括说："唐贞观中，敕下度支求杜若，省郎以谢朓诗云：'芳洲采杜若'，乃责坊州贡之，当时以为嗤笑。至如唐故事，中书省中植紫薇花，何异坊州贡杜若，然历世循之，不以为非，至今舍人院紫微阁前植紫薇花，用唐故事也。"② 沈括说北宋的舍人院在紫微阁前种植紫薇花，是仿效唐代的做法，虽然沈括采用了讥讽的写法，但可见此种做法自唐代已然如此。沈括之所以讥讽，是因为紫微阁的得名缘于天上的紫微星，与人间的紫薇花没有关系。

舍人院既为中书舍人办公之处，其起草诏敕亦在此处。由于中书舍人权重，为时人所重，其礼仪亦重，据宋人记载："舍人院，每知制诰上事，必设紫褥于庭，面北拜厅，阁长立褥之东北隅，谓之压角。宗衮作披垣丛志，而不解其事。按唐书亦无闻焉，惟裴瑶裕《王陵遗事》云：'舍人上事，知印宰相当压角。'则其礼相传自唐也。"③ 这里是指新任命的知制诰，其初次到院时，要在庭前设紫褥面北拜厅，知印的宰相站在褥子的东北角相陪，谓之压角。这种礼仪自唐至宋一直相尚未变。

新任中书舍人人院要掏钱，孙逢吉的《职官分纪》载："五代史，初入者有爆直。晋开运中，杨昭俭约旧制，刻石院中。凡员外郎入五十直，郎中入四十直，它官入八十直。自员外、知制诰转郎中，依旧直者三十直，拜舍人者三十直，自常侍、谏议、给事中、郎中拜舍人者，三十直。

---

① 以上均见《唐会要》卷五五《中书舍人》，第1111—1112页。

② 沈括著，胡道静校注：《新校正梦溪笔谈》，1957年版，第44页。

③ 江少虞：《宋朝事实类苑》卷二九《词翰书籍·知制诰上事阁长压角》，上海古籍出版社1981年版，第364页

旧官再入，约前任减半。"① 杨昭俭在后晋天福四年（939）自虞部郎中任知制诰，此时距唐亡不久，"杨昭俭约旧制"，刻石院中，这一旧制只能是唐制。当时凡新任中书、门下、御史台、翰林院、国子监者，都要收取礼钱，名称不一，如光省钱、光署钱、光台钱、光院钱等，这一做法被五代所沿袭，并且延续到两宋时期。这种钱的收取最初是用于宴请同僚，后来就成为了一种变相收费，主要用于办公支出、食料开支、修缮公廨等。最初是新任者自愿掏钱，后来遂演变为强制性的收费。② 杨昭俭把收费标准刻石公示，就是一种强制性的行为。关于其他诸司的收费情况，笔者已有研究成果，但对舍人院的收费尚未涉及，故附述在此。

有关中书舍人院的"故事"，并不仅限于以上所述，据宋人记载："唐制，节度使除仆射、尚书、侍郎，谓之纳节，皆不降麻，止舍人院出制。"③ 所谓"纳节"，即交出节钺；这里所谓"降麻"，特指使用白麻纸书写制书，不降麻即不用白麻纸书写制书。胡三省曰：

> 唐故事，中书用黄、白二麻为纶命轻重之辩。其后翰林学士专掌内命，中书用黄麻，其白皆在翰林院。……宋白曰：唐故事，白麻皆内庭代言，命辅臣、除节将、恤灾患、讨不庭则用之；宰臣于正衙受付。若命相之书，则通事舍人承旨，皆宣赞讫，始下有司。翰林志：凡赦书、德音、立后、建储、行大诛讨、拜免三公、宰相，命将日，并使白麻纸，不使印。④

由于舍人院起草的制书均用黄麻纸，而白麻之制则由翰林学士院所掌，故"止舍人院出制"一句，言下之意就是以上这些官员的除授只能出自舍人院，即用黄麻纸书写制书了。可见在唐代白麻远比黄麻更为重要，既然如此，为什么"不使印"呢？这是因为皇帝的印玺掌握在门下省手中，舍人院起草的制书经门下省审议通过后，则加盖皇帝印玺，而学士院起草的白麻无须经门下省审议，所以"不使印"。由于重要的制书不盖印，类似

---

① 孙逢吉：《职官分纪》卷七《中书省·舍人院》，中华书局1988年版，第184页。
② 参见杜文玉《五代十国制度研究》，人民出版社2006年版，第533—551页。
③ 江少虞：《宋朝事实类苑》卷二六《官职仪制·纳节不降麻》，第329页。
④ 司马光：《资治通鉴》卷二三五，唐德宗贞元十一年二月胡注，第7689—7690页。

于墨敕，有些不伦不类，于是在唐后期专门铸造了"书诏印"，由于学士院掌之。这些情况前面已有详述，就不多说了。

在唐代新及第的进士皆要拜见宰相、中书舍人，关于其礼仪，王定保有详细记载：

> 其日，团司先于光范门里东廊供帐备酒食。同年于此候宰相上堂后参见。于时，主司亦召知闻三两人，会于他处，此筵罚钱不少。宰相既集，堂吏来请名纸。生徒随座主过中书，宰相横行，在都堂门里叙立。堂吏通云："礼部某姓侍郎，领新及第进士见相公。"俄有一吏抗声屈主司，乃登阶长揖而退，立于门侧，东向，然后状元已下叙立于阶上。状元出行致词云："今月日，礼部放榜，某等幸忝成名，获在相公陶铸之下，不任感惧。"言讫，退揖。乃自状元已下，一一自称姓名。称讫，堂吏云："无客。"主司复长揖，领生徒退诣舍人院。主司襕笏，舍人公服靸鞋，延接主司。然舍人礼貌谨敬有加。随事叙杯酒，列于阶前，铺席褥，请舍人登席。诸生皆拜，舍人答拜。状元出行致词，又拜，答拜如初。便出于廊下，候主司出，一揖而已。当时诣宅谢恩，便致饮席。①

新及第进士之所以要拜见中书舍人，主要原因有二：一是因宰相必须要拜见的，而宰相就在政事堂，与舍人院为近邻，所以也不得不拜见舍人；二是中书舍人深受皇帝与宰相的器重，是士大夫所企望的飞黄腾达的重要阶梯，也是读书人学习的榜样，因此必须拜之。

以上这些不仅是有关舍人院的故事，也与其职能紧密相关，故有必要加以详述。

十二　京兆尹院

京兆尹本为京师地区的行政长官，其府廨署在长安外郭城光德坊东南角，但是在大明宫内亦有京兆尹院，为其在宫内的办公场所。关于京兆尹

---

① 王定保：《唐摭言》卷三《过堂》，三秦出版社 2011 年版，第 37 页。

院在大明宫中的方位，诸书皆无记载，存留至今的几幅有关大明图的古图也无标绘，现能见到的唯有《唐会要》中的一条记载，原文如下："太和四年三月，御史台奏：……自门下直省院西，京兆尹院东，有官地，东西九十尺。南北六十尺……"[①] 门下省位于宣政殿东廊的日华门外，而其直院当在其省的西面。这条记载虽然没有清楚地说明京兆尹院的方位，但从其描述这块官地的方位看，其在门下省直院以西，京兆尹院以东之间，则京兆尹院一定位于门下省直院的西面。门下省位于日华门外，即此门之东，京兆尹院不可能建在日华门内，据此可以断定，其一定在日华门外，在其东隔了这块官地便是门下省。换句话说，京兆尹院建在日华门与门下省之间的位置上。

京兆尹作为长安地区的最高行政长官，自然属于地方官员系列，但由于其毕竟是在京师地区任职，所以又具有朝官的性质，这种双重性质决定了京兆尹在宫中也有许多事务需要办理。首先，京兆尹与其他朝官一样也要参加朝会，和朝廷公卿一样可以讨论朝政。其次，京兆尹还承担了许多为宫廷生活服务的角色，如上巳、重阳、皇帝诞日等，大多由京兆府供食。宪宗元和九年（814）十一月诏曰："如闻比来京兆府每及腊日，府县捕养狐兔，以充进献，深乖道理，既违天性，又劳人力，自今已后宜并停。"[②] 此外，王府官、诸卫率行香，通常也由京兆府按廊下食例供食。公主出降、公卿谒陵、曲江赐宴等，京兆府或负责供给食料，或提供帷帐。除此之外，还有其他一些活动，京兆府往往也要参与其中，如"旧制，节度使受命，戎服诣兵部谒，后寝废，（郑）注请复之，而王璠、郭行余皆踵为常。是日，度支、京兆等供帐"[③]。太和二年（828），大明宫昭德寺发生火灾，"宰臣、两省、京兆尹、中尉、枢密，皆环立于日华门外，令神策兵士救之"[④]。说明京兆尹有很大一部分时间都在宫中，否则不可能及时出现在火灾现场。在京及宫中其他部门也与京兆府有着千丝万缕的工作关系，遂使得京兆尹不得不花费很大的精力在宫中处理相关事务。

---

① 王溥：《唐会要》卷六二《杂录》，上海古籍出版社 2006 年版，第 1282 页。
② 王钦若：《册府元龟》卷一六〇《帝王部·革弊二》，第 1929—1930 页。
③ 欧阳修：《新唐书》卷一七九《郑注传》，第 5316 页。
④ 刘昫：《旧唐书》卷一六五《温造传》，第 4316 页。

在唐代京兆尹往往兼任京师或宫中其他部门的职务，在唐后期则更多地兼任一些使职，如孟皞在大历四年（769），以京兆尹兼勾当神策军粮木炭使；裴武于元和九年（814），以京兆尹兼充岐阳公主出降礼会使；乾宁二年（895），李知柔以京兆尹兼诸道盐铁转运随驾置顿使；天复三年（903），郑元规以京兆尹兼六军诸卫副使。所有这些事务都或多或少地与宫廷发生着关系，从而使京兆尹将很大一部分精力用在于这些方面。设在大明宫中的京兆尹院，便是京兆尹在宫中的办公机构。

十三　左右朝堂

1. 方位与形制

朝堂之置由来已久，从现存典籍的记载看，其应出现在汉代。史载："汉制：九嫔、九卿分治内外官府之事，天子居路寝，九嫔序列东、西，三公处朝堂，九卿前居左、右。"[1] 但是其历史渊源却可以追溯到西周，宋人叶梦得在《石林燕语》卷二中指出："古者，天子三朝：外朝、内朝、燕朝。外朝在王宫库门外，有非常之事，以询万民于宫中。内朝在路门外，燕朝在路门内。"这里所谓"路门"，郑玄解释说："大寝，路寝也，其门外则内朝之中，如今宫殿端门下矣。"[2] 可知由于天子大寝又称为路寝，所以其门也称路门，而路门却相当于后世宫殿的端门，即正门。林希逸的《考工记解》卷下解释说："路门外九室，九卿治事于此也。"郑玄又曰："九室如今朝堂，诸曹治事处。"[3] 受这种古制的影响，隋文帝兴建大兴宫时，便把朝堂建在了正门承天门之外，唐朝建立后，改大兴宫为太极宫，左右朝堂的格局没有改变，仍然在承天门外。

尽管古人大都认为朝堂之名应出现在汉代，然而在《史记》《汉书》中却未见记载，其他典籍也未见西汉时就已有设置的记载。不过班固的《两都赋》中有"左右廷中，朝堂百僚之位。萧、曹、魏、邴，谋谟乎其

---

① 徐松辑：《宋会要辑稿》职官四之一三，中华书局1957年版，第2443页。

② 郑玄注：《周礼注释》卷三一，文渊阁《四库全书》，上海古籍出版社1987年版，第90册，第575页。

③ 郑玄注：《周礼注释》卷四一，第90册，第772页。

上。佐命则垂统，辅翼则成化"等语。① 赋中所提到四人，分别为萧何、曹参、魏相、邴吉，皆为西汉时的丞相。可知西汉时确已有朝堂之置。从现存史籍的记载看，其名在东汉时期大量出现，如《后汉书》卷二《明帝纪》载："公卿百官以帝威德怀远，祥物显应，乃并集朝堂，奉觞上寿。"《后汉书》卷一六《邓禹传附邓骘传》："其有大议，乃诣朝堂，与公卿参谋。"自此以后，历代王朝皆置有朝堂，作为公卿大臣的议政之处，《晋令》甚至明确规定"朔望集公卿于朝堂而论政事"②。直到隋代仍是如此，如高颎在隋文帝时任尚书左仆射、兼纳言，"颎每坐朝堂北槐树下以听事，其树不依行列，有司将伐之。上特命勿去，以示后人。其见重如此"③。高颎本应在朝堂内议事，却坐于朝堂外的槐树下，文帝能够优容，表现了皇帝对其的高度信任。炀帝"诏令（裴）矩与虞世基每宿朝堂，以待顾问"④。也证明了朝堂为议政之处的性质。

关于隋代朝堂的地理方位，宋敏求《长安志》卷六《西内》载：太极宫承天门"外有朝堂，东有肺石，西有登闻鼓"。虽然说的是唐代的情况，但实际上反映的仍然是隋朝建大兴宫时的格局。自龙朔二年（662）大明宫建成后，高宗遂搬离太极宫，从此大明宫便成为有唐一代的政治中心。

关于大明宫左右朝堂的方位，宋敏求《长安志》卷六《东内大明宫》记载得很清楚，"（含元）殿东南有翔鸾阁，西南有栖凤阁，与殿飞廊相接。又有钟楼、鼓楼。殿左右有砌道盘上，谓之龙尾道。夹道东有通乾门，西有观象门，阁下即朝堂、肺石、登闻鼓。（原注：一如承天之制。）"程大昌《雍录》卷一〇《登闻鼓肺石》载："大明宫有含元殿，夹殿有两阁，左曰翔鸾，右曰栖凤，两阁下皆为朝堂，东朝堂置肺石，西朝堂置登闻鼓。"其他图籍的记载一如《长安志》，并不存在分歧，就不多说了。与太极宫不同的是，大明宫的东、西朝堂并未建在其正门丹凤门外，而是建在宫内的主殿含元殿前。这一点与古制完全不同，应是唐代宫廷制度出现的一种变化，就像隋朝在承天门举行外朝活动，而唐朝改在含

①　范晔：《后汉书》卷四〇上《班彪传附班固传》，中华书局1965年版，第1341页。

②　魏收：《魏书》卷二七《穆崇传附眾弟亮传》，中华书局1974年版，第670页。今本《晋书》未载此条令文。

③　魏征：《隋书》卷四一《高颎传》，中华书局1973年版，第1180页。

④　魏征：《隋书》卷六七《裴矩传》，第1582页。

元殿举行外朝一样，都是宫廷礼制变化的表现。

　　关于大明宫东西朝堂的形制，考古工作者曾在 1982 年进行过科学发掘，现将其报告内容简述如下：在翔鸾阁下的为东朝堂，在栖凤阁下的为西朝堂，左右两座朝堂东、西相对，北距两阁均 30 余米。由于西朝堂遗址被现代的建筑占压，因此当时只发掘了东朝堂遗址。经过发掘发现东朝堂曾经过改建和扩大，遗址有早晚两期重叠在一起。

　　早期朝堂的建筑比较简单，只是一座大型庑殿和一道东西向的墙垣。朝堂坐北向南，基坛残存高 0.3—0.6 米，基坛的平面形状呈长方形，东西长 73 米，南北宽 12.45 米。基坛周围砌砖壁，外铺砖散水一周。据基坛面积推测，朝堂面阔 15 间，进深约 2 间。在南侧有踏步三个，间距均 24.15 米。

　　在朝堂东端的中间，有一道 2 米的板筑土墙直向东去，发掘长达 87 米，尚未到尽头。再向东 10 米即含耀门南街。估计此墙的东端很可能与含耀门街西之南北墙相接。所谓的"侧门"很可能就在此处。由朝堂东出侧门，稍南即是昭训门，再南即出望仙门。百官由望仙门入朝，这一东西向的墙即起着与北面宫廷隔绝的作用。

　　晚期的朝堂基址，是在早期的基址上重建的，但向东移了 16 多米，并向北展宽 4 米。又在西端北侧向北新建了一排廊庑，南北长 43 米多（北端被路沟破坏了一部分），东西宽 10.4 米。台基两侧未发现踏步，只有散水的遗迹。

　　改建后朝堂比早期朝堂缩短了 5 米左右，东西长为 68 米，南北宽为 16 米，朝堂面阔可能是 13 间，进深约 3 间。南侧沿用了早期的两个踏步，为左、右阶。东端向东去板筑土墙被废毁，改建为廊道，廊址的台基宽 7.5 米，东西长 73 米。廊址两侧有散水，百官入朝时可由长廊直达朝堂。①

　　大明宫的朝堂形制及在宫中的方位，深刻地影响了两宋之制，至于唐朝所赋予朝堂的许多功能，也为宋制所沿袭。由于这些方面不是本书研究的主题之所在，就不赘述了。

----

　　① 马得志：《唐长安城发掘新收获》，《唐大明遗址考古发现与研究》，文物出版社 2007 年版，第 72—73 页。

2. 主要功能

通常均认为朝堂是百官的议政和候朝之处，但情况要远比这复杂得多，朝堂的功能表现在多个方面，而且早在唐代之前就是如此。[①] 在唐代朝堂的功能主要表现如下方面。

（1）百官议事之处

这是朝堂最主要的功能之一，自汉以来皆是如此。如东汉"邓太后召（班）勇诣朝堂会议"[②]。汉灵帝"乃拜（田）晏为破鲜卑中郎将。大臣多有不同，乃召百官议朝堂"[③]。东汉末年，董卓率军入洛阳，"果陵虐朝廷，乃大会百官于朝堂，议欲废立"[④]。梁武帝曾颁诏曰："自今尚书中有疑事，前于朝堂参议，然后启闻，不得习常。其军机要切，前须咨审，自依旧典。"[⑤] 不过在唐朝以前，朝堂议事有皇帝亲自参与的现象，如北魏"延昌中，世宗临朝堂，亲自黜陟"[⑥]。不过这一现象并非制度性的规定，在有关朝堂议政的《晋令》中，"亦无天子亲临之文"[⑦]。

在唐代皇帝均不参与朝堂议政。杜佑在谈到唐朝的宰相制度时说："开元以前，诸司之官兼知政事者，午前议政于朝堂，午后理务于本司。"[⑧] 因为在朝堂议政是由宰相主持的，故才有杜佑此语。有人认为这

---

① ［日］渡边信一郎：《天空の玉座——中国古代帝国の朝政と仪礼》，柏书房 1996 年版，涉及了一些魏晋南北朝时期的朝堂功能；［日］松本保宣：《从朝堂到宫门——唐代直诉方式之变迁》，收入邓小南、曹家齐、平田茂树主编《文书·政令·信息沟通——以唐宋时期为主》一书，北京大学出版社 2012 年版，论述了唐代直诉方式的变化，其中涉及了朝堂。刘德增：《资治通鉴：中国历代王朝覆亡检讨》，泰山出版社 2009 年版，其中第五部分"朝堂议事中的专制与民主"，宏观地论述了历代朝堂议事情况，对唐代朝堂制度的详情并未涉及；杨鸿勋：《宫殿考古通论》，紫金城出版社 2009 年版，对唐大明宫朝堂进行了建筑复原性的探讨，未涉及朝堂制度与功能；马得志：《唐代长安宫廷史话》，新华出版社 1996 年版，也简要写到过大明宫朝堂的建筑格局及与朝堂有关的事。此外，一些工具书也收有"朝堂"词条。

② 范晔：《后汉书》卷四七《班超传附勇传》，第 1587 页。

③ 范晔：《后汉书》卷九〇《鲜卑传》，第 2990 页。

④ 范晔：《后汉书》卷六四《卢植传》，第 2119 页。

⑤ 姚思廉：《梁书》卷三《武帝纪下》，中华书局 1973 年版，第 84 页。

⑥ 魏收：《魏书》卷八八《明亮传》，第 1904 页。

⑦ 李延寿：《北史》卷二〇《穆崇传附寿孙亮传》，中华书局 1974 年版，第 743 页。

⑧ 杜佑：《通典》卷二三《职官典五》，中华书局 1988 年版，第 632 页。

里所说的"朝堂",是中书之别义,其实不对的。① 有关宰相主持朝堂议政的记载颇多,如安禄山叛军猛攻潼关时,宰相"(杨)国忠集百官于朝堂,惶懅流涕,问以策略,皆唯唯不对"②。便是典型的事例。有关朝堂为议政之处的记载很多,武则天信任宰相狄仁杰,狄仁杰死后,"太后泣曰:'朝堂空矣!'自是朝廷有大事,众或不能决,太后辄叹曰:'天夺吾国老何太早邪!'"③ 也反映了朝堂为议政之处的情况。有这样一件事,武则天临朝称制时,"四方争言符瑞,嵩阳令樊文献瑞石,太后命于朝堂示百官"④。武则天命令将此石拿到朝堂向百官夸示,而没有当殿出示,说明当时百官正在朝堂议事。再如武则天的男宠张昌宗之"弟昌仪为洛阳令,请属无不从。尝早朝,有选人姓薛,以金五十两并状邀其马而赂之。昌仪受金,至朝堂,以状授天官侍郎张锡。数日,锡失其状,以问昌仪,昌仪骂曰:'不了事人! 我亦不记,但姓薛者即与之。'锡惧,退,索在铨姓薛者六十余人,悉留注官"⑤。以上这些事例虽然不一定都发生在大明宫,然制度却是一致的,也可以反映大明宫的情况。

在唐代皇帝面见群臣,商议政事,主要是在大明宫宣政殿举行的中朝和紫宸殿举行的内朝朝会上,此外,皇帝在延英殿召见宰相商议军国大事后,也会召见一些大臣咨询国事,谓之待制官。有关这些方面的情况,学界已有不少研究成果,就不多说了。

(2) 举行重大礼仪的场所之一

唐朝每逢元日、冬至都要举行大朝会,届时在京文武官员、各国各族使者以及各地朝集使都要入宫参加朝会。文官集于东朝堂,二王三恪及武官集于西朝堂,各国使者与朝集使依次排列。皇帝在殿上坐定后,高级官员和重要使臣在礼官的导引下,入殿拜见皇帝,其余人员在通事舍人的引导下,各在殿前规定的方位行礼。在这种场合还有酒食招待,酒行十二遍后,开始举行乐舞表演,唐初表演九部乐,自太宗以来表演十部乐,群官

---

① 龚延明:《中国历代职官别名大辞典·朝堂》,上海辞书出版社 2006 年版。

② 司马光:《资治通鉴》卷二一八,唐肃宗至德元载五月,中华书局 1956 年版,第 7089 页。

③ 司马光:《资治通鉴》卷二〇七,周武则天久视元年九月,第 6667 页。

④ 司马光:《资治通鉴》卷二〇三,唐武则天光宅元年八月,第 6536 页。

⑤ 司马光:《资治通鉴》卷二〇六,周武则天久视元年六月,第 6663 页。

高呼万岁。

在举行这种大朝会时，要将各国各族和各地贡献的物品，凡是金玉等珍贵之物皆由其使者手持，站立于殿前的各自方位上，依次献给皇帝，其余贡品则陈列于朝堂前。在元日朝会时，各地参加科举考试的所谓"贡人"也要排列在朝堂。武则天长寿二年（693）十月，左拾遗刘承庆上疏反对这种做法，认为这是重物而轻视人才，"伏请贡人至元日引见，列在方物之前，以备充庭之礼"①。另据《新唐书》卷四八《百官志三》载："凡献物，皆客执以见，驼马则陈于朝堂。"遂出现了人畜同列的现象，这就是刘承庆提出反对意见的根本原因。

唐朝举行献捷宣露布、册皇后、册皇太子、銮驾出宫、銮驾上山等仪式，军礼中的纂严、解严仪式，以及嘉礼中的亲谒、群臣上礼、临轩命使、命使奉迎、皇帝元正、冬至受皇太子朝贺等仪式时，都离不开朝堂，或作为举行仪式的场所，或作为场所之一。关于这一点在《大唐开元礼》中有大量的记载，可以参看。

此外，外国国王来朝时，其礼仪也与朝堂有关。唐朝派使者将其迎入长安，安置于馆舍后，皇帝派使者宣制表示慰问。国王休整后，由鸿胪寺官员将其迎入宫中，立于朝堂，拜听皇帝的敕旨，还要再回到馆舍。皇帝再一次派使者到馆舍向其宣布召见的时间，然后才能在约定的时间入宫接受皇帝的召见。如果是外国使者返回本国，则由鸿胪寺的典客将其带到朝堂，当面宣赐物品，使者拜谢后退出宫去。

需要说明的是，在这些重大的典礼活动中，朝堂所发挥的作用并不完全相同。在元日、冬至大朝会中，朝堂只是辅助场所；在举行册礼、军礼与嘉礼中的一些典礼时，朝堂则是举行礼仪活动的主要场所。不过皇帝在面见外国国王或使者时，均在相关殿阁进行，与朝堂并无密切的关系。

（3）百官候朝之处

在举行常朝朝会时，百官进入建福门后，先在朝堂等候，天色放明后，御史台官员遂催促百官就班排列。监察御史二人分别站立在左右朝堂砖道上，"平明，传点毕，内门开。监察御史领百官入，夹阶，监门校尉

---

① 王溥：《唐会要》卷七六《缘举杂录》，第 1638 页。

二人执门籍，曰：'唱籍。'"① 进入内门时文班在前，武班在后，至宣政门时，文班入西门、武班入东门，入东、西上阁门时也是如此。朝堂在常朝朝会中的作用就在于此，史载："监察御史分日直朝堂，入自侧门，非奏事不至殿庭，正门无籍。天授中，诏侧门置籍，得至殿庭。开元七年，又诏随仗入阁。"② 所谓"无籍"，是指没有监察御史的门籍。这里所谓"正门""侧门"，均是指朝堂之门。可见监察御史台如果不奏事，则不能进入殿庭，直到武则天时由于给监察御史在侧门置门籍，于是才可以进入殿庭，开元七年（719）又允许其随着仗卫进入阁门，即可以进入紫宸殿。可见在此之前，监察御史在大明宫的主要任务就是在朝堂负责督促百官就班及传点，后来才允许随百官进入阁门，直至紫宸殿，至于入殿后朝仪则由殿中侍御史负责监督了。

关于朝堂为候朝之处，还可以举出一些事例。如唐太宗时的宰相萧瑀好佛，太宗对他说既然如此，为什么不出家？萧瑀答应后又反悔，引起了太宗的不满。于是"瑀寻称足疾，时诣朝堂，又不入见"③。太宗怒，贬其为商州刺史。萧瑀到达朝堂，却又不入殿见皇帝，说明朝堂乃是朝臣的候朝之处。文宗太和九年（835），发生甘露之变，"四宰相、中丞、京兆尹皆死。翌日，两省官入朝，宣政衙门未开，百官错立于朝堂，无人吏引接"④。所谓"错立于朝堂"，意即杂乱地立于朝堂，因为御史中丞被杀，无人指挥御史整理朝班，于是便出现了这种混乱的局面。

有一点需要说明，唐朝直到宪宗元和三年（808）六月，才建待漏院于大明宫建福门外。待漏院是百官早朝时，等待宫门打开的场所，与朝堂为候朝之处不同。宫门五更时打开，天子坐朝是日出或天色放明后，作为臣下皆须等待。

（4）举行册礼之处

在唐代举行册立皇后的礼仪时，朝堂只是辅助场所之一。册立皇太子的场所很多，主要是在宫中诸殿进行，这时朝堂也处在辅助场所的地位。但有时也在朝堂举行受册之礼，如玄宗被册为太子时，史载"皇太子诣

①　欧阳修：《新唐书》卷二三上《仪卫志上》，中华书局 1975 年版，第 488 页。
②　欧阳修：《新唐书》卷四八《百官志三》，第 1238 页。
③　刘昫：《旧唐书》卷六三《萧瑀传》，第 2403 页。
④　刘昫：《旧唐书》卷一七一《张仲方传》，第 4445 页。

朝堂受册"①。尽管此次太子受册是在太极宫朝堂内，但也说明朝堂是太子受册的场所之一。唐宪宗被册为太子是在宣政殿进行的，其监国时，却是在大明宫东朝堂与百官相见的，"百官拜贺，太子涕泣，不答拜"②。按照唐制，高级官员的任命也要举行册礼，这种册礼通常在朝堂进行。

如唐太宗贞观八年（634）敕：

> 拜三师、三公、亲王、尚书令、雍州牧、开府仪同三司、骠骑大将军、左右仆射，并临轩册授。太子三少、侍中、中书令、六尚书、诸卫大将军、特进、镇国大将军、光禄大夫、太子詹事、九卿、都督及上州刺史，在京者朝堂受册。

唐高宗显庆元年（656）九月敕：

> 拜三师、三公、亲王、尚书令、雍州牧、开府仪同三司、骠骑大将军、左右仆射、侍中、中书令、诸曹尚书、诸卫大将军、特进、领军、镇国大将军、光禄大夫、太子詹事、太常卿、都督及上州刺史，在京者诣朝堂受册。

此次规定与贞观八年相比，在朝堂举行受册之礼的范围进一步扩大。这一规定一直执行到武则天光宅元年（684）才停止。③ 通过以上规定可以看出，凡三品以上职官均要册授，并且在朝堂受册。自开元以来，册礼渐废，只有天宝末年册杨国忠为司空时举行过一次。代宗时册郭子仪为尚父，德宗时册李晟为太尉，都举行过册礼。总的来说，这种礼仪很少举行，而且多不在朝堂进行。

此外，某些大臣死后要给予赠官，凡赠予高官者，也要举行册礼。史载："其以敕使册赠，则受册于朝堂，载以轾车，备卤簿，至第。"④ 这种规定与上面所述册授三品以上的规定是一致的，只不过由于受册者已亡，

---

① 刘昫：《旧唐书》卷八《玄宗纪上》，第168页。
② 司马光：《资治通鉴》卷二三六，唐顺宗永贞元年七月，第7741页。
③ 以上均见《唐会要》卷二六《册让》，第569页。
④ 欧阳修：《新唐书》卷二〇《礼乐志十》，第442页。

所以在朝堂举行礼仪后，再乘犊车、备卤簿，送册书于其府宅而已。唐朝自开元、天宝以来，连活人的册礼都很少举行，更何况对死者的赠官了。故唐后期，赠官的现象虽然仍不绝于史籍，但册礼却极少举行。

（5）上表与待命

在京百官可以通过朝堂向皇帝上表，如贞观时，迁魏徵为太子太师，"徵疾少愈，诣朝堂表辞"①。贞观五年"十一月己亥，朝集使利州都督武士彠等，诣朝堂又上表请封禅"。"贞观十五年三月……先是，百僚及雍州父老，诣朝堂上表请封禅"②。"元宗开元十二年闰十二月辛酉，文武百官、吏部尚书裴漼等上请封东岳曰：……谨于朝堂奉表陈情以闻"③。开元"二十八年九月己丑，邠王守礼率宗子，左丞相裴耀卿率百官、僧道、父老，皆于朝堂抗表，以时和年丰，请封嵩、华二山。帝抑而不许"④。

唐制，百司有关政务的表章可以通过尚书省这条沟道分门别类地呈上，由中书省草拟批答，门下省审议。也可以直接向皇帝上表，向皇帝上表则通过朝堂进行。史载：侍御史"则与给事中、中书舍人，更直朝堂受表"⑤。其所接受的也包括民间的上书。从以上所列举的史料看，通过朝堂所上之表，多与朝廷政事无关，而是应该由直接皇帝决断的。当然也不能排除与政务相关的表章通过朝堂呈上的现象发生，通常多是大臣之间有争议的问题，则通过朝堂直接呈送皇帝。

朝堂的这一功能，在唐朝以前早已有之，如东汉"和帝即位，窦太后临朝，后兄车骑将军宪北击匈奴，安与太尉宋由、司空任隗及九卿诣朝堂上书谏"⑥。隋人陆知命"诣朝堂上表，请使高丽"。⑦此后历代皆有这种现象，唐朝只不过沿袭了这一做法而已。

此外，朝堂还是官员待命的场所，比如武则天时，狄仁杰负责督运粮米，"失米万斛，将坐诛，（魏）玄同救免。而河阳令周兴未知也，数于

---

① 司马光：《资治通鉴》卷一九六，唐太宗贞观十六年九月，第6290页。

② 王溥：《唐会要》卷七《封禅》，第94、103页。

③ 王溥：《唐会要》卷八《郊议》，第125页。

④ 王钦若：《册府元龟》卷三六《帝王部·封禅二》，中华书局1960年版，第404页。

⑤ 王溥：《唐会要》卷六〇《侍御史》，第1239页。

⑥ 范晔：《后汉书》卷四五《袁安传》，第1519页。

⑦ 魏征：《隋书》卷六六《陆知命传》，第1560页。

朝堂听命。玄同曰：'明府可去矣，毋久留。'兴以为沮己，衔之"①。魏玄同时为宰相，"明府"是对县令的尊称。狄仁杰失米，是在河阳县境内，其县令负有连带责任，周兴不知狄仁杰获免的原因，反倒数次在朝堂待命，以图得到奖赏，故魏玄同令其速去。可见朝堂亦为官员的待命场所。这样的事例在史籍中甚多。

(6) 宴集的场所

唐朝宫中举行宴会的场所很多，其中也包括朝堂在内。这方面的例子很多，如永徽五年（654）三月，"皇后宴亲族邻里故旧于朝堂"②。武则天统治时，"（宋）璟尝侍宴朝堂，时易之兄弟皆为列卿，位三品，璟本阶六品，在下座"③。唐睿宗景云二年（711）三月十七日敕："每御承天门楼，朝官应合食，并蕃客辞见，并令光禄准旧例，于朝堂廊下赐食。"④所谓每御承天门，是指举大朝会时，这是唐朝制度的规定，并非一时之举措。唐玄宗"开元二年八月辛巳，上以河陇之故，命有司大募壮勇士从军。既募引见，置酒于朝堂享之"⑤。这是皇帝在朝堂宴享从军壮士的例子。立功将士皇帝也往往在朝堂设宴款待，如"（开元）十二年七月，以黔州道招讨使内侍杨思勖，讨溪州贼帅有功。……并依品级宴思勖以下立功将士于朝堂"⑥。再如"（开元）十五年四月丙午，凉州都督王君㚟破吐蕃，凯旋。诏置食朝堂宴之及将士等，并赐物有差"⑦。

朝堂也是皇帝宴集朝集使的场所之一，据《册府元龟》卷八〇《帝王部·庆赐二》载：开元"二十年二月，诸州朝集使还，宴之朝堂，送之赐帛各有差"。开元二十三年（735）九月，"宴朝集使于朝堂，赐物有差"。唐玄宗还在朝堂宴享过参加制举的举子，史载：开元九年（721）五月，玄宗敕曰："并宜朝堂坐食讫，且归私第，即当有试期也。"⑧说明

① 欧阳修：《新唐书》卷一一七《魏玄同传》，第4254页。
② 刘昫：《旧唐书》卷四《高宗纪上》，第80页。
③ 刘昫：《旧唐书》卷九六《宋璟传》，第3030页。
④ 王溥：《唐会要》卷六五《光禄寺》，第1344—1345页。
⑤ 王钦若：《册府元龟》卷一二四《帝王部·修武备》，第1489页。
⑥ 王钦若：《册府元龟》卷一三六《帝王部·慰劳》，第1646页。
⑦ 王钦若：《册府元龟》卷一一〇《帝王部·宴享二》，第1309页。
⑧ 王钦若：《册府元龟》卷六四三《贡举部·考试一》，第7710页。

曾在这里举行过宴会，而且还是坐食，其规格高于廊下食。玄宗还在朝堂给道士赐过宴，开元"七年九月诏曰：东都道俗有来请驾者，东西来去，虽则为常，每岁来请，岂能无扰？宜以理告示，仍于朝堂赐食，即发遣"①。玄宗在位期间，十分重视对县令的选拔，因其为最基层的亲民官，甚至亲自过问铨选之事。为了鼓励县令们勤于政务，关爱民众，开元二十四年（736）二月，铨选结束后，"宴新除县令于朝堂，上作《令长新戒》一篇，赐天下县令"②。

前面已提到景云时规定在朝堂给诸蕃使者赐食，那是指大朝会时的赐食，其他时间也有在朝堂赐宴的情况存在，如开元"二年二月癸丑，宴突厥使及新罗王子于朝堂，以旱废乐"③。说明平时在设宴款待这些外来使者时，是有乐舞助兴的。开元十二年（724）七月，"突厥遣使哥解颉利发献方物求婚，宴于朝堂，赐帛五十匹"④。需要说明的是，朝堂并非唯一的宴请外来使者的场所，宫内其他诸殿也可以设宴。

综上所述，可以看出设在朝堂的宴会，款待的对象的范围十分广泛，既有朝廷百官，也有立功将士、外来使者、各地朝集使，乃至于举子、僧道、战士及普通百姓。这一点与大明宫中其他诸殿阁有很大的不同，诸如针对僧道、战士及普通百姓的宴集活动，无论如何是不会在这些建筑内进行的，原因就在于宴会也是有等级性的。于此可见，在朝堂的宴集活动具有更大更广泛的适应性。

（7）待罪之处

唐制，大臣如被御史对仗弹劾，必须立于朝堂待罪。中宗时，宗楚客为宰相，被御史崔琬当庭弹劾。"故事，大臣为御史对仗弹劾，必趋出，立朝堂待罪。楚客乃厉色大言：'性忠鲠，为琬诬诋！'中宗不能穷也，诏琬与楚客、处讷约兄弟两解之，故世谓帝为'和事天子。'"⑤ 这当然是一种特例，更多的大臣在这种情况下还是要待罪于朝堂的，如显庆元年（656）八月，侍御史王义方弹劾中书侍郎李义府，王义方"对仗叱义府

---

①　王钦若：《册府元龟》卷一四七《帝王部·恤下二》，第 1779 页。

②　司马光：《资治通鉴》卷二一四，唐玄宗开元二十四年二月，第 6933 页。

③　王钦若：《册府元龟》卷一一〇《帝王部·宴享二》，第 1308 页。

④　王钦若：《册府元龟》卷九七五《外臣部·褒异二》，第 11449 页。

⑤　欧阳修：《新唐书》卷一〇九《宗楚客传》，第 4102 页。

令下，义府顾望不退，义方三叱，上既无言，义府趋出。义方乃读弹文曰……"①文中所谓"趋出"，就是勒令被弹劾的大臣出殿到朝堂待罪，所谓"对仗"，就是面对仗卫当众宣读弹文。

这有一种情况，即大臣有罪须在朝堂等待皇帝处理，或者向皇帝请罪。唐太宗就规定："自今三品已上犯罪，不须引过，听于朝堂俟进止。"② 所谓"俟进止"，就是待罪听候处理。如当时的著名贤相房玄龄，史载："玄龄虽蒙宠待，或以事被谴，辄累日诣朝堂，稽颡请罪，恐惧若无所容。"③ 安史叛军攻陷两京，不少原唐朝官员失节任伪职，后来脱身归朝，肃宗"又令朝堂徒跣如初，令宰相苗晋卿、崔圆、李麟等百僚同视，以为弃辱，宣诏以责之"④。这也是一种待罪的形式，只不过更具有凌辱性而已，官员犯罪通常都是素服待罪。贞元三年（787），禁军大将韩游瓌之子勾结妖贼，"游瓌入朝，素服待罪，入朝堂，遽命释之，劳遇如故"⑤。再如宪宗时，"卢坦为御史中丞，举奏前山南西道节度使柳晟、前浙东观察使阎济美违诏贡献。二人皆得（待）罪于朝堂"⑥。

（8）决狱之处

唐制，"凡三司理事，（侍御史）与给事中、中书舍人更直朝堂。若三司所按而非其长官，则与刑部郎中、员外郎、大理司直、评事往讯"⑦。建立这种体制的目的，只是为了接受表章或者投状，还没有形成三司在朝堂直接推决刑狱的制度，其决狱之责更多地体现在出使推按上，三司在朝堂决狱是以后的事。武则天时期在朝堂设置铜匦，接受上书、告密和申诉，"由是人间善恶事多所知悉"⑧。这样做的目的除了接受告密，打击政敌之外，也有使天下冤狱无处申诉者，得以直接向天子申诉，以达到减少冤案的目的。但是从《旧唐书》卷八五《徐有功传》

① 王溥：《唐会要》卷六一《弹劾》，第1258页。
② 司马光：《资治通鉴》卷一九二，唐太宗贞观二年三月，第6161页。
③ 司马光：《资治通鉴》卷一九三，唐太宗贞观三年三月，第6175页。
④ 刘昫：《旧唐书》卷五〇《刑法志》，第2151页。
⑤ 刘昫：《旧唐书》卷一一四四《韩游瓌传》，第3919页。
⑥ 王钦若：《册府元龟》卷五一五《宪官部·刚正二》，第6162页。括号内字为笔者所加。
⑦ 欧阳修：《新唐书》卷四八《百官志三》，第1237页。
⑧ 刘昫：《旧唐书》卷六《则天皇后本纪》，第118页。

的记载来看，实施的效果并不理想，原因就在于"其三司受表及理匦申冤使，不速与夺，致令拥塞"。尽管如此，还是有许多人纷纷赴朝堂鸣冤叫屈。如有人告太子通事舍人郝象贤谋反，武则天命酷吏周兴审理，被判处死刑。垂拱四年（688）四月，"象贤家人诣朝堂，讼冤于监察御史乐安任玄殖。玄殖奏象贤无反状，玄殖坐免官"①。这种情况的出现，原因就在于郝象贤被处死的幕后主使者就是武则天。尽管如此，可以看出这种体制的确在运行。再如酷吏来"俊臣党人罗告司刑府史樊惎谋反，诛之"。神功元年（697）正月，"惎子讼冤于朝堂，无敢理者，乃援刀自剖其腹"②。这样看来对武则天设置铜匦的效果还是要另作评价的。

唐朝这一制度的实施，致使诬陷他人者有之，因细微之事申诉者有之，于是唐睿宗在景云三年（712）四月颁布了一道制书，规定"不得辄至朝堂，妄有披诉"③。但并没有废去这一制度。如开元时，宰相张说被御史中丞宇文融、李林甫、御史大夫崔隐甫等奏弹，"敕宰臣源乾曜、刑部尚书韦抗、大理少卿胡圭、御史大夫崔隐甫就尚书省鞫问，说兄左庶子光诣朝堂割耳称冤"④。就是一例。

在朝堂直接推决刑狱，始于唐太宗贞观元年（627）五月，"敕中书令、侍中朝堂受讼辞，有陈事者悉上封"⑤。次年八月，太宗"幸朝堂，亲览冤屈"⑥。即皇帝亲自到朝堂问案。此后便不断地出现在朝堂推决刑狱的现象，如天宝时，京兆人邢縡谋反，御史大夫兼京兆尹王鉷弟王焊与邢縡关系密切，因此王鉷也受到牵连，史载："（王）鉷缘邢縡事朝堂被推。"⑦ 可知王鉷是在朝堂推问的。至大历十四年（779）六月一日，规定"三司使，准式以御史中丞、中书舍人、给事中各一人为之，每日于朝堂

---

① 司马光：《资治通鉴》卷二〇四，唐武则天垂拱四年四月，第6563页。
② 司马光：《资治通鉴》卷二〇六，周武则天神功元年正月，第6630页。
③ 刘昫：《旧唐书》卷七《睿宗纪》，第159页。
④ 刘昫：《旧唐书》卷九七《张说传》，第3055页。
⑤ 欧阳修：《新唐书》卷二《太宗纪》，第35页。
⑥ 王钦若：《册府元龟》卷五八《帝王部·勤政》，第648页。
⑦ 刘昫：《旧唐书》卷一八六下《吉温传附卢铉传》，第4857页。

受词，推勘处分"①。"推决尚未尽者，听挝登闻鼓"②。意即对推决有异议者，可击登闻鼓，直接向天子申诉。史载："时朝堂别置三司决庶狱，辨争者辄击登闻鼓。（裴）谞上疏曰：'谏鼓、谤木之设，所以达幽枉，延直言。今诡猾之人，轻动天听，争纤微，若然者，安用吏治乎？'帝然之，于是悉归有司。"③ 时裴谞任金吾将军，所谓"悉归有司"，据《旧唐书》卷五〇《刑法志》载，是在建中二年（781）经中书门下奏请，恢复了以刑部、御史台、大理寺等三个部门官员组成三司的旧制。当然裴谞的进谏也对恢复旧制起到了一定的推动作用。需要说明的是，经过这一番争议后，皇帝亲决刑狱的行为得到了纠正，三司的构成发生了变化，但在朝堂命三司使推决庶狱的做法并未改变。

唐朝在朝堂推问决狱的做法，并非其新创的制度，而是对历代之制的沿袭。《周礼》就有这样的记载，郑玄注曰："外朝，司寇断狱弊讼之朝也。"④ 前面已论到后世的朝堂，就是在周代外朝九室的基础上发展而来的。自汉代以来，在朝堂决狱的情况便时有出现，如《魏书》载："诏玄伯与长孙嵩等坐朝堂，决刑狱。"⑤ 甚至有皇帝亲临朝堂决狱的现象，北魏高祖就曾亲坐朝堂，"引见公卿已下，决疑政，录囚徒"⑥。

（9）杖决行刑之处

在唐代刑事审判与行刑并不在一处，但也有特例，这就是朝堂。前面已经论到在朝堂进行刑狱推决的情况，下面把在朝堂行刑的情况简介如下。

早在唐太宗时期就已在朝堂行刑，史载："太宗尝怒苑西守监穆裕，命于朝堂斩之。"⑦《旧唐书》卷五〇《刑法志》载："交州都督卢祖尚，（太宗）以忤旨斩于朝堂，帝亦追悔。"长乐郡王李幼良犯罪，太宗"诏

① 刘昫：《旧唐书》卷五〇《刑法志》，第2153页。另据《唐会要》卷七八《诸使杂录》，第1702页载：三司使，"仍取右金吾厅一所充使院，并于西朝堂置幕屋，收词讼。"

② 司马光：《资治通鉴》卷二二五，唐代宗大历十四年六月，第7380页。

③ 欧阳修：《新唐书》卷一三〇《裴潾传附裴谞传》，第4491页。

④ 郑玄注：《周礼注释》卷一六，文渊阁《四库全书》，上海古籍出版社1987年版，第90册，第305页。

⑤ 魏收：《魏书》卷二四《崔玄伯传》，第622页。

⑥ 魏收：《魏书》卷七下《高祖纪》，第172页。

⑦ 刘昫：《旧唐书》卷七四《刘洎传》，第2611页。

礼部尚书李纲召宗室，即朝堂杖之百，乃释"①。高宗时亦是如此，如永徽二年（651），"华州刺史萧龄之以前任广州都督赃事发，制付群官集议。及议奏，帝怒，令于朝堂处置"②。即处死之意。此后，这种情况还多次发生，如龙朔三年（663）四月，"右史董思恭以知考功贡举事，预卖策问受赃。帝令于朝堂斩之，百僚毕集之"。咸亨二年（671），"婺州司马秦怀恪坐赃，特令朝堂斩之"③。太仆丞裴仙先反对武则天诛杀宰相裴炎，"杖之朝堂，长流瀼州"④。武则天长寿元年，举人沈全交嘲讽朝政，被御史纪先知所擒，"劾其诽谤朝政，请杖之朝堂，然后付法"⑤。次年二月，"禁人间锦。侍御史侯思止私畜锦，李昭德按之，杖杀于朝堂"⑥。

有唐一代在朝堂行刑最多当数唐玄宗时期，比较典型事例有如下数次。

开元四年正月，"尚衣奉御长孙昕恃以皇后妹婿，与其妹夫杨仙玉殴击御史大夫李杰，上令朝堂斩昕以谢百官。以阳和之月不可行刑，累表陈请，乃命杖杀之"⑦。

开元十年，"有洛阳主簿王钧为嘉贞修宅，将以求御史，因受赃事发，上特令朝堂集众决杀之"。

同年，秘书监"姜皎以罪于朝堂决杖，配流而死"⑧。

开元二十年六月，"幽州长史赵含章坐盗用库物，左监门员外将军杨元方受含章馈饷，并于朝堂决杖，流瀼州，皆赐死于路"⑨。

开元二十四年，"时有监察御史周子谅窃言于御史大夫李适之曰：'牛仙客不才，滥登相位，大夫国之懿亲，岂得坐观其事？'适之遽奏子

---

① 欧阳修：《新唐书》卷七八《宗室传》，第3521页。
② 刘昫：《旧唐书》卷八五《唐临传》，第2812页。
③ 王钦若：《册府元龟》卷一五二《帝王部·明罚一》，第1841页。
④ 欧阳修：《新唐书》卷一一七《裴炎传附裴仙先传》，第4249页。
⑤ 司马光：《资治通鉴》卷二〇五，周武则天长寿元年一月，第6593页。
⑥ 司马光：《资治通鉴》卷二〇五，周武则天长寿二年二月，第6606页。
⑦ 刘昫：《旧唐书》卷八《玄宗纪上》，第176页。
⑧ 以上见《旧唐书》卷九九《张嘉贞传》，第3091页。
⑨ 刘昫：《旧唐书》卷八《玄宗纪上》，第198页。

谅之言，上大怒，廷诘之，子谅辞穷，于朝堂决配流瀼州，行至蓝田而死"①。

天宝三载五月，"长安令柳升坐赃，于朝堂决杀之"②。

天宝十一载四月，"（王）銲决杖死于朝堂"③。

唐朝在朝堂对官员施行杖刑，或斩首，或杖决，均为集众行刑，并且置有监刑官员，如开元三年正月，"御史大夫宋璟坐监朝堂杖人杖轻，贬睦州刺史"④。之所以如此严厉，目的就在于通过这种手段震慑犯罪官员，"以肃朝端"⑤。但是这种做法也引起了士大夫们的反对，如"监察御史蒋挺坐法，诏决杖朝堂"，黄门侍郎张廷珪执奏曰"'御史有谴，当杀杀之，不可辱也。'士大夫服其知体"⑥。可见在朝堂当众决杖对士大夫来说，是一种极大的侮辱。从"士大夫服其知体"一语看，支持这种看法的人不少。前述的秘书监姜皎在朝堂被决杖后，时任兵部尚书的张说上疏也指出："臣闻刑不上大夫，以其近于君也。故曰：'士可杀，不可辱。'……若其有犯，应死即杀，应流即流，不宜决杖廷辱，以卒伍待之。"⑦也有人从不利于臣下进谏的角度出发，反对随意在朝堂决杖臣子，所谓"比见上封事者，言有可采，但赐束帛而已，未尝蒙召见，被拔擢。其忤旨，则朝堂决杖，传送本州，或死于流贬。由是臣下不敢进谏"⑧。总之，士大夫们从不同的角度表达了对这种方式的不满情绪，所以从安史之乱以来，在朝堂惩处和杖决臣下的现象便极少再出现。

在朝堂杖责甚至处死臣子的现象，并非是沿袭古制。《周礼》虽然有司寇断狱于外朝的记载，却未将这里作为行刑的场所。后世各朝亦是如此。将朝堂作为行刑的场所，多见于隋文帝时期。《隋书》卷二五《刑法志》记载，隋文帝常在朝堂行刑打人，"一日之中，或至数四。尝怒问事

---

① 刘昫：《旧唐书》卷一〇三《牛仙客传》，第3196页。
② 刘昫：《旧唐书》卷九《玄宗纪下》，第218页。
③ 刘昫：《旧唐书》卷一〇五《王銶传》，第3231页。
④ 司马光：《资治通鉴》卷二一一，唐玄宗开元三年正月，第6828页。
⑤ 王钦若：《册府元龟》卷一五五《帝王部·督吏》，第1878页。
⑥ 欧阳修：《新唐书》卷一一八《张廷珪传》，第4263页。
⑦ 刘昫：《旧唐书》卷九九《张嘉贞传》，第3091页。
⑧ 欧阳修：《新唐书》卷一三二《吴兢传》，第4526页。

挥楚不甚，即命斩之"。开皇十年（590），"尚书左仆射高颎、治书侍御
史柳彧等谏，以为朝堂非杀人之所，殿庭非决罚之地。帝不纳"。后来由
于反对者众，于是在朝堂撤去行刑之杖，"后楚州行参军李君才上言，帝
宠高颎过甚，上大怒，命杖之，而殿内无杖，遂以马鞭笞杀之。自是殿内
复置杖"。大理少卿赵绰执法宽简，引起文帝不满，下令将其处死。"至
朝堂，解衣当斩，上使人谓绰曰：'竟何如？'对曰：'执法一心，不敢惜
死。'上拂衣而入，良久乃释之"①。虽然赵绰侥幸免于一死，但在朝常处
决臣子的做法，又有所恢复。因此，唐朝在朝堂行刑并处决臣僚的做法，
应是沿袭了隋制。

（10）其他方面的功能

在唐代朝堂还是官员谢官的场所，如武则天"长寿三年五月三日敕，
贬降官并令于朝堂谢"②。至于新任官员的辞谢，通常多在光顺门、阁门谢
官，有时也允许当廷面谢。唐后期有时也会在朝堂允许新任官员辞谢，比
如遇到放假期间，而赴任日期又很急迫时。"（元和）三年正月，许新除
官及刺史等，假内于宣政门外谢讫进辞，便赴任。其日，授官于朝堂礼
谢，并不须候假开"③。便是一例。

至德元载（756），命天下兵马元帅广平王率领朔方蕃汉兵 20 万出
征，讨伐安禄山叛军。"出辞之日，百僚致谒于朝堂。百僚拜，答拜，辞
亦如之。"④ 这在唐代是一种非常态的举动，以示对此次出征的重视，可
是在前代却是常制。所谓"汉魏故事，遣将出征，符节郎授节钺于朝
堂。"⑤ 只是在唐代已经很少实行此制了。

贞观时，宰相戴胄卒，"太宗为举哀于朝堂，哭之甚恸。遣卫尉卿刘
弘基监护丧事，诏虞世南为之碑文，赐物千段，悼惜久之"⑥。唐朝皇帝
为重要大臣举哀，并无固定的场所，大多在宫门、皇城门或外郭城门，在
朝堂举行此礼，也是一种非常态的举动。与命将出征一样，此举在前代却

① 魏征：《隋书》卷六二《赵绰传》，第 1485 页。
② 王溥：《唐会要》卷四一《左降官及流人》，第 859 页。
③ 王溥：《唐会要》卷六八《刺史上》，第 1422 页。
④ 刘昫：《旧唐书》卷一二八《颜真卿传》，第 3591 页。
⑤ 房玄龄：《晋书》卷二一《礼志下》，中华书局 1974 年版，第 662 页。
⑥ 王钦若：《册府元龟》卷三一九《宰辅部·褒宠二》，第 3768 页。

是经常之制，史书中有大量的记载。据《晋书》记载，郑冲、王祥、何曾、石苞等朝臣死后，皇帝均在朝堂为之"举哀"，并赐予秘器、钱物等。① 这种情况在其他诸朝也时有出现。② 总之，朝堂作为宫廷中一处重要的场所，其功能及用途十分复杂，但最主要的还是议政与候朝之处，这是其最基本的功能。

正因为朝堂在古代的政治生活具有十分重要的地位，所以十分庄严肃穆，决不允许非礼的行为出现。如肃宗至德初，"大将管崇嗣于行在朝堂背阙而坐，言笑自若，（李）勉劾之，拘于有司，肃宗特原之"③。李勉时任监察御史，负有维护朝堂礼仪及秩序的责任。尽管并非在长安宫中，也不允许有轻佻的举动出现。待到唐军收复长安，肃宗回到大明宫中后，遂于乾元元年（758）三月制定了更加严格的规定，颁敕曰："如有朝堂相吊慰、跪拜，待漏行立失序，谈笑喧哗，入衙门执笏不端，行立迟慢，至班列行立不正，起拜失仪，拜跪不俯伏，舒脚穿班，伏出阁门，不即就班，无故离位；廊下食行坐失仪，拜起振衣，退朝不从正衙门出，非公事入中书。每犯者夺一月俸。"④ 此次整顿的多是有关朝会方面的礼仪问题，是唐朝在取得对安史叛军初步胜利后，为维护朝纲，强化皇帝权威的一次重要步骤。唐宪宗元和二年（807），又再一次强调了这道敕令。⑤ 直到五代时期仍然沿用唐朝的这道敕令。

3. 小结

以上所述的大明宫朝堂功能虽然很多，如根据其性质分类的话，大体上可分为百官议政、候朝之处、政务活动、礼仪活动等四个方面。其中百官议政是在宰相主持下进行的，皇帝并不参加，讨论的结果通常由宰臣奏闻皇帝，机密要务则由宰相与皇帝议决，并不在朝堂讨论，可见在朝堂议决的只是一般政务。朝堂之所以作为百官候朝之处，与古制相关。由于前代朝堂均设在宫门之外，所以百官上朝时往往在这里待朝，西内太极宫的

---

① 分见《晋书》卷三三诸人本传，第987—1003页。
② 参见《魏书》卷三一《于栗䃅传附烈子祚传》，第740页。
③ 刘昫：《旧唐书》卷一三一《李勉传》，第3633页。
④ 王钦若：《册府元龟》卷五一七《宪官部·振举二》，第6182页。
⑤ 王溥：《唐会要》卷二四《朔望朝参》，第545页。

朝堂就是如此，位于承天门外。大明宫建成后，将朝堂移置于宫内，百官无处候朝，早朝时宰相只好在建福门外光宅坊的太仆寺车坊等候，其余百官则各自寻找处所等候，如遇雪雨是非常不便的。直到唐宪宗元和三年（808）六月，才建待漏院于建福门外，作为百官的待朝之处。虽然有了待漏院，然大明宫朝堂作为待朝之处的功能仍然存在，因为建福门五更而开，皇帝坐朝是在日出之后，所以百官入宫后仍然需要等待，朝堂便是其待朝的场所。

在朝堂举行政务活动，范围颇广，上表、待命、决狱、待罪、谢官等，皆可包括在内。朝堂在礼仪方面的功能更为广泛，诸如册礼、宴集、举哀以及《大唐开元礼》中所记载的一系列与朝堂相关的礼仪活动。需要说明的是，在朝堂举行宴集活动，有着明显的等级性，通常是政治地位不高的人员，如地方官员、军中将士、举子、道士等。在这里款待地位较高的人员虽然不敢说没有，但却极少出现，而且这种情况的出现，很可能是出于某种特殊的原因，只是史书疏于记载而已。至于在朝堂款待诸蕃使者大体上分为两种情况：一种是在举行外朝大朝会时，由于所有参加朝会的人员都要赐廊下食，诸蕃使者作为大唐帝国藩属国的代表，也算是臣下，自然也不能例外，于是只好在朝堂廊下给食了。另一种则是特殊情况，如开元二年在朝堂设宴款待突厥使者和新罗王子，因为发生大旱灾，不便举乐，宴集的场所自然也要降等，于是便选在朝堂举行了。至于开元十二年突厥遣使向唐朝求婚，因为双方为敌国关系，唐朝也不愿答应婚事，遂有意选在朝堂赐宴，是唐朝与突厥关系疏远的一种反映。

还有一点需要说明，即朝堂位置从太极宫承天门外，到大明宫含元殿前的转移，是唐朝对古制改变的一种反映，这种变化有利于强化安全性与议政的保密性。

十四　左右金吾卫仗院

左、右金吾卫仗院，又称金吾仗舍，是左、右金吾卫设在宫中的机构。左、右金吾卫的历史渊源可以追溯到秦汉时期，秦置有中尉，掌京师巡警。汉朝建立后，沿袭未变，直到汉武帝时，才改名为执金吾。历代或置或废，隋朝置左右武候府，隋炀帝改为左右武候卫。唐朝在高宗龙朔二年（662）改为左、右金吾卫。

左、右金吾卫各置大将军1员、将军2员，为正副长官，其下有长史、诸曹参军事等文职官员和司阶、中候、司戈、执戟等武职官。左、右金吾卫作为十六卫之一，其下辖有外府，即折冲府50个，内府即翊府1个。折冲府以折冲都尉、果毅都尉为正副长官，翊府以中郎将、左右郎将为正副长官。唐德宗贞元二年（786），诸卫各置上将军1员，位在大将军之上，实际上是用来安置罢节镇的勋臣，待遇优给，并无实际职权。

左、右金吾卫的主要职能是："掌宫中及京城昼夜巡警之法，以执御非违。……凡车驾出入，则率其属以清游队，建白泽朱雀等旗队先驱，如卤簿之法。从巡狩畋猎，则执其左右营卫之禁。"① 具体掌管京城巡警之责的是则是其所属之翊府，"中郎将掌领府属，以督京城内左、右六街昼夜巡警之事；左、右郎将贰焉"②。他们通常兼任左右街使，史载："左右街使，掌分察六街徼巡。凡城门坊角，有武候铺，卫士、骠骑分守，大城门百人，大铺三十人，小城门二十人，小铺五人，日暮，鼓八百声而门闭；乙夜，街使以骑卒循行嚣譁，武官暗探。五更二点，鼓自内发，诸街鼓承振，坊市门皆启，鼓三千挝，辨色而止。"③ 可知长安城中分布着大大小小的所谓武候铺和暗探，以维护京师的安全。左右街使只负责坊里以外的安全事务，关于这一点有一段史料说得很清楚。宪宗元和十一年（816），新任京兆尹柳公绰上任，神策军小将骑马横冲其前导，被柳公绰当街杖死。宪宗质问其专杀之状，柳公绰回答说："'陛下不以臣无似，使待罪京兆。京兆为辇毂师表，今视事之初，而小将敢尔唐突，此乃轻陛下诏命，非独慢臣也。臣知杖无礼之人，不知其为神策军将也。'上曰：'何不奏？'对曰：'臣职当杖之，不当奏。'上曰：'谁当奏者？'对曰：'本军当奏；若死于街衢，金吾街使当奏；在坊内，左右巡使当奏。'"④文中所提"金吾街使"，就是左右街使；所提到的"左右巡使"，则由殿中侍御史充任。可见两者的分工是非常清楚的。

左右街使还负有其他方面的一些职责，如开元二十九年（741）正月

---

① 刘昫：《旧唐书》卷四四《职官志三》，第1901页。

② 李林甫：《唐六典》卷二五《左右金吾卫》，第639页。

③ 欧阳修：《新唐书》卷四九上《百官志四上》，第1285—1286页。

④ 司马光：《资治通鉴》卷二三九，唐宪宗元和十一年十一月，第7726页。

诏曰："古之送终，所尚乎俭，比来习俗，渐至于奢，苟炫耀于衢路，复何益于泉壤！又凡庶之中，情理多阙，每因送葬，或酣饮而归，及寒食上墓之时，亦便为宴乐。在于风俗，岂成礼教！自今已后，其缘葬事，有不依礼法者，委所由州县并左右街使，严加捉搦，一切禁断。其有犯者，官人殿黜，白身人所在决一顿。"① 文宗太和九年（835）八月敕："诸街添补树，并委左右街使栽种，价折领于京兆府。"② 其实这些方面本不在金吾卫的职责范围之内，只是由于皇帝认为由其执行比较便利而已。

除了掌宫中、京师昼夜巡察外，左、右金吾卫的职能远不止以上这些，凡京师处决死囚，金吾卫要派官员与御史一同监刑；凡大功役，金吾卫也要派官与御史巡查；京师中的病坊也是其巡查的对象，主要目的是察看是否有奸人隐藏其间，"凡敝幕、故毡，以给病坊"③。

皇帝坐朝，由诸卫将士组成仗卫，其规模大小，视礼仪之轻重而定。其中以千牛卫仗与金吾卫仗最为重要，前者将士要进入殿内，负责皇帝安全，并承接进状；由于后者负责宫内巡警，所以每次坐朝，由金吾将军一人奏"左右厢内外平安"④。然后唤仗入阁门，称为"仗入"。文宗时发生的甘露之变，当时的左金吾大将军韩约"不奏平安"，说其仗舍内的石榴树夜降甘露，诱使宦官前往观看，欲聚而杀之。⑤ 德宗时太子少保、工部尚书于頔年老，"因入朝仆地，为金吾仗卫掖起，改太子少师致仕"⑥。敬宗童昏，每次坐朝皆晚，史载："上视朝每晏，戊辰，日绝高尚未坐，百官班于紫宸门外，老病者几至僵踣。谏议大夫李渤白宰相曰：'昨日疏论坐晚，论上坐朝之晚也。今晨愈甚，请出阁待罪于金吾仗。'"这里所谓的"金吾仗"则指举行朝会时的金吾仗卫，而非金吾仗院，故胡三省曰："金吾左、右仗，在宣政殿前。"⑦ 之所以说金吾仗在宣政殿前，是因为皇帝此时尚未在紫宸殿坐朝，待坐朝定，始唤仗卫入阁门。又，"贞元十四

---

① 王钦若：《册府元龟》卷一五九《帝王部·革弊一》，第 1926 页。

② 王溥：《唐会要》卷八六《街巷》，第 1868 页。

③ 欧阳修：《新唐书》卷四九上《百官志四上》，第 1285 页。

④ 欧阳修：《新唐书》卷二三上《仪卫志上》，第 489 页。

⑤ 刘昫：《旧唐书》卷一八四《宦官·王守澄传》，第 4770 页。

⑥ 刘昫：《旧唐书》卷一四六《于頔传》，第 3966 页。

⑦ 司马光：《资治通鉴》卷二四三，唐穆宗长庆四年三月，第 7834 页。

年闰五月，侍御史殿中邹儒立以太子詹事苏弁入朝，班位失序，对仗弹之。弁于金吾仗待罪数刻，特放"[1]。指的也是金吾仗卫。

关于大明宫中的左、右金吾卫仗院的方位，诸书的记载完全一致，即左金吾仗院在大明宫望仙门内，右金吾仗院在建福门内。其具体方位，徐松的《唐两京城坊考》所附之图将右金吾仗院在光范门外偏东，左金吾仗院标绘在昭训门外偏西的位置上。史念海主编的《西安历史地图集》之《唐大明宫图（文献）》，将右院标绘在光范门外偏西，左院昭训门外偏东的方位上。有人引《新唐书》卷一七九《李训传》曰："明日，召群臣朝，至建福门，从者不得入，光范门尚闭，列兵谁何。乃縠金吾右仗至宣政衙，兵皆露持。"这段记载记述了此次入宫的线路，即从建福门入宫，经过光范门至宣政殿。由于光范门未开启，所以经右金吾仗仗院通过其他宫门进至宣政门前。"这说明，右金吾仗院当在光范门之东，若在光范门西则无法到达宣政门"[2]。

唐朝的十六卫除左、右金吾卫外，其余诸卫的廨署皆置在皇城内，唯独左、右金吾卫的廨署置在宫中，之所以如此，主要是与其负责宫中巡警的职能密切相关。既然如此，为什么将其廨署称为仗院呢？这是因为其在宫中除了负责巡察之外，还要承担仗卫，所以习惯上称之为金吾仗院、金吾仗舍，还有的书索性记载为金吾仗。关于这个问题，还有史料可以证明，如贞元八年（792）四月，"以雅王傅李翰为金吾卫大将军。翰前为窦参所恶贬官，至是参败，上遽召翰，口授将军，便令金吾仗上事，翌日除书下"[3]。这里所说的"金吾仗"，就是指金吾仗院，所谓"上事"，就是上任理事之意。

左、右金吾仗院的规模很大，其内可以驻兵，史载："初，武元衡之死，诏出内库弓矢、陌刀给金吾仗，使卫从宰相，至建福门而退"[4]。可知这些保卫宰相上朝的禁兵皆从金吾仗院派出的。平定朱泚之乱时，大将李晟率大军攻入长安城，史载："晟军入京城，勒兵屯于含元殿前，晟舍

① 王溥：《唐会要》卷六二《知班》，第 1279 页。

② 尚民杰：《关于大明宫的几个问题》，载《唐大明宫遗址考古发现与研究》一书，文物出版社 2007 年版，第 233 页。

③ 刘昫：《旧唐书》卷一三《德宗纪下》，第 373—374 页。

④ 司马光：《资治通鉴》卷二四五，唐文宗太和九年十二月，第 7922 页。

于右金吾仗。"并在这里发号施令，① 实际上将这里作为临时的司令部。又，文宗太和九年（835）四月，"大风，含元殿四鸱吻并皆落，坏金吾仗舍废楼观城四十余所"②。可见金吾仗院的建筑规模的确不小。

金吾仗院还设有监狱。史载"至德中，有吐蕃囚自金吾仗亡命，因敕晚开门，宰相待漏于太仆寺车坊"③。这里所谓的"吐蕃囚"就是从金吾仗院内的监狱逃亡的，因此晚开宫门，以便搜捕。再如"严郢为京兆尹，宰臣杨炎恶其累已，阴令御史张著廷尉劾郢，诬以他罪，拘于金吾仗。京师百姓日数千百人，将诣阙救郢于建福门。德宗微知之，乃削郢兼御史中丞。百姓知郢得不坐，皆迎拜喧呼，声闻数里"④。这里所说的"金吾仗"，就是指设在金吾仗院内的监狱。自武则天在朝堂设置铜匦之后，历朝皆有人前来投状。唐代宗宝应元年（762）敕："如有告密人登时进状，分付金吾留身待进止。今缘匦院无械系之具，忽虑凶暴之徒，难以理制，请勒安（建）福门司领付金吾仗留身，然后牒送御史台、京兆府，冀绝凶人喧竞。"⑤ 意即将告密人暂时羁押在右金吾仗院，然后再把相关公文（牒）送到御史台和京兆府，以查明实际情况。

由于左、右金吾仗院十分重要，事关宫廷安全，所以时常要有将军以上军官值班，如有违反，则要受处罚。如武宗会昌四年（843）三月，"御史台奏：'今月三日，左右金吾仗当直将军乌汉正、季玗，并不到。准会昌三年二月四日敕，比来当日多归私第，近晚方至本仗宿直，事颇容易，须有提撕。今日以后，昼日并不得离本仗，纵有公事期集，当直人亦不得去。仍令御史台差朝堂驱使官觉察，如有违者，录名闻奏。'敕旨：宜各罚一月俸"⑥。即使有公事要办，当值军官也不得离开仗院，可见管理还是十分严格的。

还要一件事需要分辨清楚，即程大昌所撰《雍录》曰：

---

① 刘昫：《旧唐书》卷一三三《李晟传》，第 3669 页。
② 刘昫：《旧唐书》卷一七下《文宗纪下》，第 558 页。
③ 刘昫：《旧唐书》卷一五上《宪宗纪上》，第 421 页。
④ 王钦若：《册府元龟》卷六八三《牧守部·遗爱二》，第 8154 页。
⑤ 王钦若：《册府元龟》卷四七四《台省部·奏议五》，第 5658—5659 页。
⑥ 王溥：《唐会要》卷八二《当直》，第 1797 页。

唐大明官朝堂外左右金吾仗之侧，有曰侧门者，以其在端门旁侧也。景龙中，于侧门降斜封墨敕，授人以官，号斜封官；又十三年敕，谏官如要侧门论事，即令引对；元宗时，诸王退朝，于侧门候进止；其后又于侧门受词讼；开元元年敕，都督、刺史之官，皆引面辞，侧门取进止；十二年，御史出使，于侧门进状取处分。皆取正殿旁侧为义也。①

徐松在《唐两京城坊考》一书中，将以上文字的大意附在金吾左右仗院之下，并说"其侧有门，曰侧门"②。《雍录》中所说这些现象在今本史籍中皆可查找得到，仔细推敲，发现其所指并非同一处建筑物的侧门，程大昌与徐松之说皆大误。程大昌说端门为宫殿正门，侧门指端门之旁侧之门，是正确的。但是其认为以上这些现象皆发生在大明宫金吾仗院之侧门，则有误，而且这里所谓的左右金吾仗实际上是指其仗卫，并非指仗院。

如"中书门下五品以上及诸司长官，谢于正衙，复进状谢于侧门"。这里的侧门，则指宣政门之侧门。再如"监察御史分日直朝堂，入自侧门，非奏事不至殿庭，正门无籍。天授中，诏侧门置籍，得至殿庭"③。这里所谓侧门是指朝堂之侧门，所以分值朝堂的监察御史在侧门置门籍后，便可进至殿庭。如是指金吾仗院之侧门，那么上述的监察御史又是如何进至朝堂的呢？至于中宗时，韦后与安乐公主所搞的墨敕斜封官，虽于侧门颁降，但当时在太极宫中，与大明宫并无关系，而且也不是指太极宫的金吾仗院。另据《新唐书》卷一九七《循吏传序》载："始，都督、刺史皆天子临轩册授。后不复册，然犹受命日对便殿，赐衣物，乃遣。玄宗开元时，已辞，仍诣侧门候进止，所以光宠守臣，以责其功。"仔细研读这段话，这里所说的侧门，明显是指便殿之侧，在大明宫则是指紫宸殿，与金吾仗院丝毫无涉。关于玄宗时诸王在侧门候进止之事，主要来自于《新唐书》卷八一《睿宗六子传》，原文如下：

---

① 程大昌：《雍录》卷二《端门掖门（谚门侧门）》，中华书局 2002 年版，第 28—29 页。
② 徐松：《唐两京城坊考》卷一《大明宫》，第 19 页。
③ 欧阳修：《新唐书》卷四八《百官志三》，第 1238 页。

　　及先天后，尽以隆庆旧邸为兴庆宫，而赐宪及薛王第于胜业坊，申、岐二王居安兴坊，环列宫侧。天子于宫西、南置楼，其西署曰"花萼相辉之楼"，南曰"勤政务本之楼"，帝时时登之，闻诸王作乐，必亟召升楼，与同榻坐，或就幸第，赋诗燕嬉，赐金帛侑欢。诸王日朝侧门，既归，即具乐纵饮，击球、斗鸡、驰鹰犬为乐，如是岁月不绝……

　　很明显这里所谓侧门，是指兴庆宫之侧门，也与大明宫无涉。类似事例还很多，就不一一列举了。程大昌的这种说法，影响甚大，著名元代史家胡三省也深受影响，他在注《通鉴》时不止一次地引用了这一观点。如"处士韦月将上书告武三思潜通宫掖，必为逆乱；上大怒，命斩之。黄门侍郎宋璟奏请推按，上益怒，不及整巾，屣履出侧门"。胡注曰："侧门，非正出之门。程大昌曰：唐大明宫朝堂外左、右金吾仗之侧，有曰侧门者，以其在端门旁侧也。"① 意即唐中宗看到宋璟的上奏后，心中愤怒，来不及整理衣冠，就跑到了侧门，显然宋璟是通过侧门上表的，故中宗跑出来找他。这时中宗尚在洛阳，这一点胡三省倒没有说错，问题是即使洛阳宫城的金吾仗院也建在距宫门不远的前朝区域中，而从当时中宗慌乱情况看，显然是从便殿很可能也是从寝殿跑出来的，试想一个趿拉着鞋的皇帝能跑到距宫门不远地方去见一位朝臣吗？因此这里的侧门一定在距便殿或寝殿不远之处。从这些情况看，这几位学者显然对唐朝制度了解得还不够深入。②

　　自唐朝的府兵制度崩溃后，十二卫皆无兵可掌，唯有左右金吾卫因负有巡警宫内与京师之责，所以尚掌握了为数不多的军队。然而在唐后期其兵力也不断地呈下降趋势，在这种情况下，为了保证金吾卫掌握一定的兵

---

　　① 司马光：《资治通鉴》卷二〇八，唐中宗神龙二年四月及胡注，第6719页。

　　② ［日］松元保宣：《唐代の側门论事》，原载《东方学》第86辑，1993年，后收人其所著的《唐王朝の宫城と御前会议——唐代聴政制度の展开》一书（第225—247页），晃洋书房2006年版。作者也不同意《雍录》的这一说法，认为侧门并不仅限于大明宫左右金吾仗院，而是分布宫中各处，指出侧门在"唐前半期是指临时设置的待制官等待的场所，在中书、门下两省、武德殿西门（太极宫）、弘文馆、章善门、明福门（洛阳宫）等处都有存在，均位于宫城内部，是距禁中最近的门和机构。"

力，遂于唐德宗建中元年（780）七月，"诏以鸿胪寺所统左右威远营隶金吾"①。

十五　宫内诸库

大明宫内所设诸库，就其归属性质而言，大体上可分为三类。其中左藏、右藏乃是国家之正库，延资库亦是如此；至于神策军库乃是属于军队库藏，与皇家内库无直接关系；属于皇家内库性质的，主要指大盈库、琼林库、宣徽库和维城库。由于以上这些库藏均设在大明宫内，故一并述之。

1. 左藏库与右藏库

左藏库与右藏库为国家正库，所以并不全设在宫廷之中，在长安至少有5个库同时并存。据《唐六典》卷二〇《太府寺》载："太府寺管木契七十只：十只与左藏东库合，十只与左藏西库合，十只与右藏内库合，十只与右藏外库合，又十只与东都左藏库合，十只与东都右藏库合，各九雄、一雌。九雄，太府主簿掌；一雌，库官掌。又，五只与左藏朝堂库合，五只与东都左藏朝堂库合，各四雄、一雌。"可知在长安的左、右藏库为左藏东库、左藏西库、右藏内库、右藏外库、左藏朝堂库。这5个库的具体位置要全部考证清楚，由于史料缺乏之故，难度很大，只能尽力而为了。

左、右藏库在西内太极宫与东内大明宫中皆有设置，其中西内的方位有人考证左藏库在东宫广运门内，右藏库在太极宫安仁门（即崇义门）内，并认为唐朝本无东、西二左藏库。② 关于西内左、右藏二库的方位考证，笔者认为很有道理，但说唐本无东、西二左藏库则值得商榷。一是上引《唐六典》明确记载有东、西二左藏库，而且明确记载太府寺有木契70只，对应的府库也都十分清楚，恐怕不能轻易怀疑；二是唐人也有东库、西库这种说法，如元和时，李绛任户部侍郎、判本司事，"上问：

---

① 王溥：《唐会要》卷七一《十二卫》，第1520页。

② 辛德勇：《隋唐两京丛考》，三秦出版社2006年版，第116页。

'故事，户部侍郎皆进羡余，卿独无进，何也?'对曰:'守土之官，厚敛于人以市私恩，天下犹共非之;况户部所掌，皆陛下府库之物，给纳有籍，安得羡余! 若自左藏输之内藏，以为进奉，是犹东库移之西库，臣不敢踵此弊也。'"① 又，《旧唐书》卷四四《职官志三》载:"皇家左藏有东库、西库、朝堂库，又有东都库。"实际上建在西内的左藏库即为西库，建在东内大明宫的左藏库即为东库，至于朝堂库亦应在太极宫内。据《唐会要》卷七二《军杂录》载:贞元"四年三月，自武德东门筑垣，约左藏库之北，属于宫城东城垣。"② 这里所谓的"武德东门"，即指太极宫武德殿院落之东门，在其门外筑了一道墙，经过左藏库的北面，直达宫城东城墙。据此而断，可知这座左藏库应位于这道墙的南面，其方位应在武德东门的东南方向。这座左藏库与位于东宫的左藏库显然不是同一座库，又在武德门外，距西内东朝堂不远，很可能就是所谓左藏朝堂库。

　　关于大明宫内左、右藏库的方位，诸书记载颇为混乱，宋敏求《长安志》卷六《东内大明宫》载:"西面右银台门，内侍省、右藏库，次北翰林门，内翰林院、学士院。"胡三省说:"余按《雍录》:太极宫中东左藏库，西左藏库;东库在恭礼门之东，西库在安仁门之西。大明宫中有左藏库，在麟德殿之左。又有右藏署令，掌邦国宝货杂物。"③《阁本大明宫图》在右银台门内，内侍别省西北、麟德殿西南的方位上标绘有左藏库。徐松《唐两京城坊考》卷一《大明宫》所载与《阁本大明宫图》略同，并认为"'左'，《长安志》作'右'，误"。综上所述，在右银台门内，内侍别省附近确有一座仓库，只是《长安志》记载为右藏库，其他诸书记为左藏库而已。另据《次柳氏旧闻》载:"玄宗西幸，车驾自延英门出，杨国忠请由左藏库而去，上从之。望见十余人持火炬以俟，上驻跸曰:'何用此为?'国忠对曰:'请焚库积，无为盗守。'上敛容曰:'盗至，若不得此，当厚敛于民。不如与之，无重困吾赤子也。'命撤火炬而后行。"玄宗从延英门出，经左藏库而去，必出右银台门，然后出禁苑之

　① 司马光:《资治通鉴》卷二三八，唐宪宗元和六年二月，第7805页。

　② 王钦若:《册府元龟》卷一四《帝王部·都邑二》，第159页，所载相同。

　③ 司马光:《资治通鉴》卷二一六，唐玄宗天宝八载二月条胡注，第7012页。

延秋门，①奔上西行之路。据此可知徐松的说法是正确的，此处应为左藏库，即所谓左藏东库。

至于大明宫中的右藏库诸书皆无记载，前面笔者已有过论述，认为右银台门附近的西夹墙内的遗址应是右藏库之所在。就其方位而言，也正好在左藏库之右。由于其没有建在大明宫内，故很可能是《唐六典》所谓的右藏外库，而太极宫安仁门内的应为右藏内库。

左藏库既为国家正库，故不可能仅区区数座库便能满足收贮国家财政之需，仅长安城内还置有一库，如《长安志》卷七载：安上门街，"街东第一少府监，次东左藏外库院"。即此库设在皇城之内。贞元八年（792），裴延龄判度支，遂进奏曰："天下每年出入钱物，新陈相因，常不减六七千万贯，唯有一库，差舛散失，莫可知之。请于左藏库中分置别库：欠、负、耗、剩等库及季库、月库，纳诸色钱物。"上皆从之。②一般而言，左藏的库藏规模要大于右藏，故史书中有关左藏的兴建或修葺记载相对较多，如杨国忠在天宝中，"又贱贸天下义仓，易以布帛，于左藏库列造数百间屋，以示羡余"③。"裴次元为太府卿，元和五年上言：'左藏库置修屋宇本钱二百万。'从之。"④仅修屋本钱就达200万，可知其规模很大，故需要如此之多的经费支持。

左藏库与右藏库分别归左藏署与右藏署掌管，它们都隶属于太府寺，每个署置有令、丞为正副长官，下有府、史、监事、典事、掌固等官吏。其中左藏署掌"掌邦国库藏"，实即国库之所在；右藏署掌"国宝货……凡四方所献金玉、珠贝、玩好之物，皆藏之"⑤。左、右藏既然为国家库藏之所在，所以必须接受尚书省户部的政令指导。两者关系是：户部掌管国家财政的收支，左藏与右藏收贮之钱物的调出或调入，必须有户部的公文方可进行，否则不能擅动一分一毫；左、右藏的主要职责就是妥善保管

---

① 欧阳修：《新唐书》卷二〇六《杨国忠传》载："帝出延秋门，群臣不知，犹上朝。"（第5851页）

② 刘昫：《旧唐书》卷一三五《裴延龄传》，第3720页。

③ 王钦若：《册府元龟》卷五一〇《邦计部·希旨》，第6117页。

④ 王钦若：《册府元龟》卷六二〇《卿监部·举职》，第7460—7461页。原文在"太府卿"后有一"奏"字，为衍文，笔者已删之。

⑤ 刘昫：《旧唐书》卷四四《职官志三》，第1890页。

好各自的库藏之物，防止丢失或损毁。按照唐制，左、右藏库物的出纳，除了必须有户部公文和太府寺的木契外，太府卿和殿中侍御史也要到场监察。负责监察此事的殿中侍御史称监左藏库使，责任十分重大。

此外，左、右藏每季还要上报库藏数字的变化情况，并接受尚书比部的审计，一旦有误，将会受严厉的惩处。因此，左、右藏虽有库设在宫内，但其性质仍然是国家库藏，与皇家内库不同，即使皇帝动用库物也要经过相关部门的同意。

唐代宗时第五琦任度支、盐铁使，掌管国家财政，"京师多豪将，求取无节，琦不能禁，乃悉以租赋进入大盈内库"。这样虽然杜绝了这些跋扈将帅的求索，但却使国家库藏落入皇帝之手，皇帝另外委派亲信宦官掌管其事，而负责国家财政的相关部门却不知库藏多少，无法调节国用，安排财政收支。而皇帝因为取用方便，也乐得如此。唐德宗即位后，任用杨炎为相，他决心改变这种状况，遂向德宗进言曰："夫财赋，邦国之大本，生人之喉命，天下理乱轻重皆由焉。是以前代历选重臣主之，犹惧不集，往往覆败，大计一失，则天下动摇。先朝权制，中人领其职，以五尺宦竖操邦之本，丰俭盈虚，虽大臣不得知，则无以计天下利害。臣愚待罪宰辅，陛下至德，惟人是恤，参校蠹弊，无斯之甚。请出之以归有司，度宫中经费一岁几何，量数奉入，不敢亏用。如此，然后可以议政。惟陛下察焉。"这一番话入情入理，同时也保证了皇家的开支，从而获得了德宗的赞同。故旧史称赞说："炎以片言移人主意，议者以为难，中外称之。"① 这样遂使唐朝的财政管理体制又回到了正常的轨道上。

2. 大盈库与琼林库

这二库在历史上影响很大，其肯定设在大明宫中，至于具体方位史书缺载，不得而知。其始置时间应该是唐玄宗时期。《旧唐书》卷四八《食货志上》载："开元中……又王鉷进计，奋身自为户口色役使，征剥财货，每岁进钱百亿，宝货称是。云非正额租庸，便入百宝大盈库，以供人主宴私赏赐之用。"同书《陆贽传》亦载："琼林、大盈，自古悉无其制，传诸耆旧之说，皆云创自开元。贵臣贪权，饰巧求媚，乃言：'郡邑贡赋

---

① 以上见《旧唐书》卷一一八《杨炎传》，第 3420 页。

所用，盖各区分：赋税当委于有司，以给经用；贡献宜归于天子，以奉私求.'玄宗悦之，新是二库，荡心侈欲，萌柢于兹，迨乎失邦，终以饵寇。"如此看来这二库始置于开元时期当无异议，就其性质而言，属于真正的皇家内库。

两库自建立以来，至代宗大历时期发展到了极限，"大历元年，敛天下青苗钱，得钱四百九十万缗，输大盈库，封太府左、右藏，镭而不发者累岁"①。也就是说大盈库一度代替了左藏库的地位，具体情况已见前述。泾原兵变，唐德宗逃到奉天后，各地贡奉陆续运抵，遂在行宫外庑之下置大盈、琼林二库，引起了翰林学士陆贽的警觉，于是写了著名的《奉天请罢琼林大盈二库状》，劝谏德宗罢去了二库之名。不过此次罢去的只是奉天临时设置的二库之名，并不是从此不再有这两个内库，实际上其一直存在到唐朝末年。

关于这两库的职能，其中大盈库主要收贮金银、钱物、绢帛等，在代宗之前，天下税赋悉入大盈内库，杨炎改制之后，则度支"每岁于数中量进三五十万入大盈"②。如德宗贞元四年（788）二月，"元友直运淮南钱帛二十万至长安，李泌悉输之大盈库。然上犹数有宣索，仍敕诸道勿令宰相知"③。之所以不让宰相知道，是因为这些都是诸道的进奉，担心宰相李泌知悉后又要劝谏。据此可知大盈库物除了度支调拨外，诸道进奉也是其一项重要收入。

琼林库主要收贮珠宝、珍玩、锦绫、器皿、杂物等，以满足皇帝及嫔妃奢侈生活之需。故王建《宫词》一诗曰："殿前明日中和节，连夜琼林散舞衣。"④白居易《秦中吟十首·重赋》亦曰："夺我身上暖，买尔眼前恩。进入琼林库，岁久化为尘。"⑤正因为琼林库收贮与大盈库不同，所以琼林库之下还管辖有手工业作坊和工匠，为皇室制造各种器皿用品。

---

① 欧阳修：《新唐书》卷五五《食货志五》，第1400页。
② 刘昫：《旧唐书》卷一一八《杨炎传》，第3420页。
③ 司马光：《资治通鉴》卷二三三，唐德宗贞元四年二月条，第7631页。
④ 彭定求：《全唐诗》卷三〇二，第3440页。
⑤ 彭定求：《全唐诗》卷四二五，第4674页。

如宦官《李日荣墓志》载："贞元廿年十一月十九日，授琼林库作坊判官。"① "（元和）七年七月，琼林库使奏：'巧儿旧挟名敕外，别定一千三百四十六人，请宣下州府为定额，特免差役。'时给事中薛存诚，以为此皆奸人窜名，以避征徭，不可以许"②。可知琼林库所属工匠人数不少。琼林库收贮之物除了自造外，大量的还是各地进奉或者缴纳的，懿宗在即位赦文中说："及欠琼林库年支金银锡器锦绫器皿杂物等，自开成五年以后至咸通元年以前，并宜放免。"③

大盈、琼林二库既然为内库，领其事者自然是宦官，仅大盈库"中官以冗名持簿书，领其事者三百人，皆奉给其间，连结根固不可动"④。琼林库由于辖有作坊，其领事宦官人数亦不少。这两库的最高长官皆以库名为使名，如宦官程希诠曾在代宗时任过大盈库副使，⑤ 文宗太和末，有大盈库使宋守义，⑥ 太和七年（833）宦官仇士良"转大盈库，领染坊，依前知省事。……绮罗万段，锦绣千筐。每极珍华，曾无滥恶。又玄黄朱紫，染彩文章，靡不精鲜，悉中程度"⑦。"绮罗、锦绣"等语，是说大盈库所藏之物；"玄黄朱紫，染彩文章"等语，是说其管理的染坊所染之物的精美程度。宣宗大中时，有大盈库使刘遵礼。⑧ 宦官许遂忠，"（元和）二年，改琼林库使"⑨。李敬实，"（大中时）复为琼林使。工巧获一，寮吏不欺"⑩。其中"工巧获一"一句，是说其管理工匠之规范情况。

3. 宣徽库与维城库

宣徽库应属于宣徽院，其在大明宫中的方位，史书缺载，应该设在宣

---

① 《大唐故李府君墓志铭》，周绍良等《唐代墓志汇编续集》元和019，上海古籍出版社2001年版，第814页。

② 王溥：《唐会要》卷五四《给事中》，第1102页。

③ 董诰：《全唐文》卷八五，懿宗《即位赦文》，第392页。

④ 刘昫：《旧唐书》卷一一八《杨炎传》，第3420页。

⑤ 《大唐故程公墓志之铭》，周绍良等《唐代墓志汇编续集》大历026，第709页。

⑥ 欧阳修：《新唐书》卷二〇七《仇士良传》，第5872页。

⑦ 董诰：《全唐文》卷七九〇，郑薰《内侍省监楚国公仇士良神道碑》，第3666—3667页。

⑧ 《唐故彭城刘公墓志铭》，周绍良等《唐代墓志汇编》咸通072，上海古籍出版社1992年版，第2435—2436页。

⑨ 《大唐故许府君墓志铭》，周绍良等《唐代墓志汇编续集》太和024，第899页。

⑩ 《唐故军器使赠内侍李公墓志》，周绍良等《唐代墓志汇编续集》大中078，第1028页。

徽院内。宣徽院"掌总领内诸司及三班内侍之籍，郊祀、朝会、宴飨供帐之事；应内外进奉，悉检视其名物。分掌四案，曰兵案，曰骑案，曰仓案，曰胄案"①。由于宣徽院所掌职能的性质决定，宣徽库应该规模很大，宫中举行郊祀、朝会、宴飨、供帐等事所需之物，均由供给，此外内外进奉之物也应由其收纳，包括内外进奉的钱财布帛、金银器物。咸通十一年（870）十一月，唐懿宗一次就赐给设在徐州的感化军节度使所属将士"宣徽库绫绢十万匹，助其宴犒"②。考古发掘中也发现了一些有关宣徽库的资料，如 1958 年在陕西耀县出土了一批唐代金银器，其中包括刻有"宣徽酒坊"字样的银碗、玉曲银碟、鎏金刻花银盘等，是唐宣宗大中四年诸道盐铁转运使敬晦从浙西进奉给宣徽库的贡品。③ 1979 年在西安西郊又出土了唐懿宗咸通十三年刻有"宣徽酒坊"字样的银酒注。④ 应该都属于宣徽库藏的物品，只是归内酒坊使用而已。

　　宣徽院分为南院与北院，各置有一使为其长官，其中宣徽南院使的资望略优于北院使，均属于内诸司使系统，"然事皆通掌，只用南院印"⑤。宣徽库的管理者无异也是宦官，如宦官刘遵礼，"开成五年，方赐绿，授将仕郎、掖庭局宫教博士，充宣徽库家。地密务殷，选清材称，举止有裕，阶资渐登"。其有四子，"次曰重胤，宣徽库家，登仕郎、内侍省奚官局丞"⑥。这应是一个掌管宣徽库的宦官世家。宦官李敬实在唐穆宗时入宫，"充宣徽库家；翌日赐绿，光焕一时，人称独步"⑦。从目前所看到史料，凡掌管宣徽库的宦官皆称宣徽库家，而没有单独置使。此外，宦官许遂忠，"洎宪宗临御，特加朱绶，迁登仕郎、内府局丞，充宣徽供奉官"⑧。单从"宣徽供奉官"来看，还看不出其与宣徽库有何关系，但由

---

① 马端临：《文献通考》卷五八《职官考十二》，中华书局 2011 年版，第 1722—1723 页。

② 刘昫：《旧唐书》卷一九上《懿宗纪》，第 676 页。

③ 陕西省博物馆：《陕西耀县柳林背阴村出土一批唐代银器》，《文物》1966 年第 1 期，第 46—49 页。

④ 朱捷元等：《西安西郊出土唐"宣徽酒坊"银酒注》，《考古与文物》1982 年第 1 期，第 51 页。

⑤ 马端临：《文献通考》卷五八《职官考十二》，中华书局 2011 年版，第 1722 页。

⑥ 《唐故彭城刘公墓志铭》，周绍良等《唐代墓志汇编》咸通 072，第 2435—2436 页。

⑦ 《唐故军器使赠内侍李公墓志》，周绍良等《唐代墓志汇编续集》大中 078，第 1028 页。

⑧ 《大唐故许府君墓志铭》，周绍良等《唐代墓志汇编续集》太和 024，第 899 页。

于同时其又充任内府局丞，而此职是掌管宫中内库的，可知许遂忠是以内府局丞的身份，以掌管宣徽库。在唐后期宦官充任宣徽供奉官者不少，如宦官杨彦符，身服金紫，地位极高；① 宦官马师士韦，"宣徽供奉官、奉义郎、行内侍省内寺伯、上柱国，赐紫金鱼袋"②。这两人是否与宣徽库有关，还有待进一步研究。

维城库设置较晚，大约设置于开元时期。史载："开元后，皇子幼，多居禁内，既长，诏附苑城为大宫，分院而处，号'十王宅'……既又诸孙多，则于宅外更置'百孙院'。""天子岁幸华清宫，又置十王、百孙院于宫侧。宫人每院四百余，百孙院亦三四十人。禁中置维城库，以给诸王月奉。"③《旧唐书》的记载与之同，只是在记到维城库的职能时，说"诸王月俸物，约之而给用"④。据此可知，维城库是为了供给诸王孙的生活消费而设置的。

关于维城库在大明宫中的方位，宋敏求的《长安志》与骆天骧的《类编长安志》皆无明确记载，只是对其库名略有提及，所用史料没有超出上述的范围，看来早在宋元时期，当时人已搞不清其方位了。

4. 延资库与神策军库

延资库设在大明宫内是没有问题的，宋敏求《长安志》卷六《别见》载："延资库、咸宁殿、灵台殿、永安宫。"但没有具体说明其方位，据此看来应该是在咸宁殿、灵台殿附近。

延资库的设置较晚，据载："会昌五年九月敕：置备边库，收纳度支户部盐铁三司钱物。至大中三年十月，敕改延资库。"⑤ 据载："懿宗尝行经延资库，见广厦钱帛山积，问左右：'谁为库？'侍臣对曰：'宰相李德裕，以天下每岁度支备用之余，尽实于此。自是以来，边庭有急，支备无乏。'"⑥ 据此看来此库应是李德裕任宰相时提出设置的。从"广厦连绵，

---

① 《唐故左太君夫人墓铭》，周绍良等：《唐代墓志汇编续集》乾符 005，第 1121 页。

② 《唐故夫人王氏墓志铭》，周绍良等：《唐代墓志汇编续集》乾符 001，第 1118 页。

③ 欧阳修：《新唐书》卷八二《十一宗诸子传》，第 3616 页。

④ 刘昫：《旧唐书》卷一〇七《玄宗诸子传》，第 3272 页。

⑤ 王溥：《唐会要》卷五九《延资库使》，第 1200 页。

⑥ 王谠：《唐语林》卷三《赏誉》，上海古籍出版社 1978 年版，第 105 页。

钱帛山积”的记载看，延资库规模不小。

设置延资库主要为了满足军需，防御边境之用，其库物主要来自度支、盐铁、户部以及诸道进奉的助军钱。史载："初年，户部每年二十万贯匹，度支盐铁每年三十万贯匹。次年以军用足，三分减其一。诸道进奉助军钱物，则收纳焉。"① 从唐后期的情况看，由于财政紧张，三司经常拖欠延资库钱物，咸通五年（864）七月，延资库使夏侯孜说："盐铁户部先积欠当使咸通四年已前延资库钱绢三百六十九万余贯匹。"② 以至于唐僖宗即位后不得不颁诏减免部分拖欠，所谓"从咸通十三年以前，甸内所欠延资库、户部、度支榷酒除陌及和籴、赈贷钱物斛斗，一物以上，并宜放免"③。之所以出现地方欠延资库钱物的现象，是因为三司在地方应上缴中央的税额中已按比例划出一部分，直接交给了延资库，另外还要再向其交纳库物，致使地方无力承担，于是就出现了地方拖欠延资库钱物的现象。还有一事需要说明，延资库既然为了备边而置，所以有部分钱物直接在沿边要地存放，如"河东向管延资库斛斗五十万石"④。在西北沿边地区亦是如此，否则一旦有战事发生，再从京师的延资库中运送军需如何来得及。

至唐末延资库的性质已发生了变化，不再是单纯的军事性质。天祐二年（905）六月，"朱全忠奏：'得宰相柳璨记事，欲拆北邙山下玄元观，移入都内清化坊。取旧昭明寺基，建置太微宫，准备十月九日南郊行事，缘延资库盐铁，并无物力，令臣商量者。臣已牒判六军诸卫张全义，指挥工作讫。'优诏嘉之"⑤。据此来看，延资库已经成为单纯的为皇家生活服务的内库，与军事毫无关系。

延资库设置之初，只是以度支郎中兼判，所谓"初以度支郎中判，至（大中）四年八月，敕以宰相判。右仆射平章事白敏中、崔铉，相继判"⑥。以宰相判延资库，说明最初尚无使名。至于延资库使的正式设置，

① 王溥：《唐会要》卷五九《延资库使》，第 1200 页。
② 刘昫：《旧唐书》卷一九上《懿宗纪》，第 657 页。
③ 董诰：《全唐文》卷八九僖宗《南郊赦文》，第 407 页。
④ 同上书，第 408 页。
⑤ 王溥：《唐会要》卷九下《杂郊议下》，第 232 页。
⑥ 王溥：《唐会要》卷五九《延资库使》，第 1200 页。

从目前所见记载看，应始于咸通五年（864）夏侯孜任延资库使，此后凡宰相判此库者皆加以延资库使之名。然从此后的情况看，任此职者均为首相，遂形成了凡首相才可兼任此职的惯例。这一做法始于唐昭宗时期，如孔纬，"至昭宗龙纪元年，自左仆射、门下侍郎平章事，加守司空、太清宫使、弘文馆大学士、延资库使，领诸道盐铁转运等使"①。此后，杜让能、韦昭度、徐彦若、郑从谠、王铎、崔胤、裴枢、柳璨、裴枢等，大都是如此。如果不是宰相，则称判延资库事。

对于唐朝的这些做法，宋代著名史家欧阳修评论说："宰相事无不统，故不以一职名官，自开元以后，常以领他职，实欲重其事，而反轻宰相之体。故时方用兵，则为节度使；时崇儒学，则为大学士；时急财用，则为盐铁转运使，又其甚则为延资库使。至于国史、太清宫之类，其名颇多，皆不足取法，故不著其详。"② 但是宰相兼任大学士，却被历代沿袭下来了，一直到清朝末年，仍是如此。

关于神策军库的方位，史书中没有记载，由于左右神策军分驻于东、西内苑，其库当在驻地内，应该分别在东、西内苑之中。神策军库主要是收藏军事物资，比如军械、甲胄、粮饷以及其他物资。西安曾出土过一件鎏金莲花银茶托子，其圈足内刻有"左策使宅茶库"的字样，据研究这件物品是唐宣宗大中十四年（860）左神策军使院茶库之物。③ 这一茶库应是神策军库的一个分库。"元和中，以左威卫将军随吐突承璀讨王承宗，诸将多覆军，独霞寓有功，诏藏所获铠仗于神策库以旌之"④。宪宗命大宦官吐突承璀为帅率大军讨伐河北叛镇王承宗，久战无功，唯左威卫将军高霞寓获得小胜，为了挽回皇帝的面子，故明诏将其所缴获的铠甲器械收入神策军库，同时大张旗鼓地表彰高霞寓。

① 王钦若：《册府元龟》卷三二九《宰辅部·兼领》，第 3889 页。
② 欧阳修：《新唐书》卷四六《百官志一》，第 1183 页。
③ 马得志：《唐长安城平康坊出土的鎏金茶托子》，《考古》1959 年第 12 期，第 679—681 页。
④ 欧阳修：《新唐书》卷一四一《高霞寓传》，第 4661 页。

参考文献

一 古籍

（东汉）班固等：《汉书》，中华书局 1962 年版。

（东汉）郑玄注：《周礼注释》，文渊阁《四库全书》，台湾商务印书馆 1983 年版。

（刘宋）范晔：《后汉书》，中华书局 1965 年版。

（北齐）魏收：《魏书》，中华书局 1974 年版。

（唐）房玄龄：《晋书》，中华书局 1974 年版。

（唐）姚思廉：《梁书》，中华书局 1973 年版。

（唐）魏徵：《隋书》，中华书局 1973 年版。

（唐）李延寿：《北史》，中华书局 1974 年版。

（唐）萧嵩：《大唐开元礼》，民族出版社 2000 年版。

（唐）李林甫：《唐六典》，中华书局 1992 年版。

（唐）杜佑：《通典》，中华书局 1988 年版。

（唐）裴庭裕：《东观奏记》，中华书局 1994 年版。

（唐）刘肃：《大唐新语》，中华书局 1984 年版。

（唐）李肇：《唐国史补》，上海古籍出版社 1957 年版。

（唐）冯贽：《云仙杂记》，文渊阁《四库全书》，上海古籍出版社 1987 年版。

（唐）朱景玄：《唐朝名画录》，四川美术出版社 1985 年版。

（唐）杜光庭：《广成集》，文渊阁《四库全书》，上海古籍出版社 1987 年版。

（唐）苏鹗：《杜阳杂编》，《唐五代笔记小说大观》，上海古籍出版社 2000 年版。

（唐）慧立、彦悰：《大慈恩寺三藏法师传》，中华书局 1983 年版。

（唐）郑处诲：《明皇杂录》，上海古籍出版社 1985 年版。

（唐）韦述撰，辛德勇辑校：《两京新记辑校》，三秦出版社 2006 年版。

（唐）崔令钦：《教坊记》，中华书局 2012 年版。

（唐）崔令钦撰，任半塘笺订：《教坊记笺订》，中华书局 1964 年版。

（唐）徐坚等：《初学记》，中华书局 1962 年版。

（唐）白居易：《白氏长庆集》卷，文渊阁《四库全书》，上海古籍出版社 1987 年版。

（唐）蒋偕：《李相国论事集》，文渊阁《四库全书》，上海古籍出版社 1987 年版。

〔日〕圆仁：《入唐求法巡礼行记》，上海古籍出版社 1986 年版。

（后晋）刘昫：《旧唐书》，中华书局 1975 年版。

（五代）王定保：《唐摭言》，三秦出版社 2011 年版。

（五代）孙光宪：《北梦琐言》，中华书局 2002 年版。

（宋）欧阳修：《新唐书》，中华书局 1975 年版。

（宋）李昉等：《太平广记》，中华书局 1961 年版。

（宋）李昉：《文苑英华》，中华书局 1966 年版。

（宋）李昉：《太平御览》，中华书局 1960 年版。

（宋）王钦若：《册府元龟》，中华书局 1960 年版。

（宋）王溥：《唐会要》，上海古籍出版社 2006 年版。

（宋）王溥：《五代会要》，上海古籍出版社 1978 年版。

（宋）薛居正：《旧五代史》，中华书局 1976 年版。

（宋）欧阳修：《新五代史》，中华书局 1974 年版。

（宋）宋敏求撰，辛德勇点校：《长安志》，三秦出版社 2013 年版。

（宋）沈括撰，胡道静校注：《新校正笔溪笔谈》，中华书局 1957 年版。

（宋）司马光：《资治通鉴》，中华书局 1956 年版。

（宋）司马光：《涑水记闻》，中华书局 1989 年版。

（宋）赵升：《朝野类要》，中华书局 2007 年版。

（宋）文莹：《湘山野录》，中华书局 1984 年版。

（宋）孙逢吉：《职官分纪》，中华书局 1988 年版。

（宋）王应麟：《玉海》，江苏古籍出版社 1988 年版。

（宋）程大昌撰，黄永年点校：《雍录》，中华书局 2002 年版。

（宋）王谠：《唐语林校证》，中华书局 1987 年版。

（宋）叶梦得：《石林燕语》，中华书局 1984 年版。

（宋）钱易：《南部新书》，中华书局 2002 年版。

（宋）蔡絛：《铁围山丛谈》，中华书局 1983 年版。

（宋）曾敏行：《独醒杂志》，《宋元笔记小说大观》，上海古籍出版社 2007 年版。

（宋）吴曾：《能改斋漫录》，中华书局 1960 年版。

（宋）江少虞：《宋朝事实类苑》，上海古籍出版社 1981 年版。

（宋）张君房：《云笈七签》，文渊阁《四库全书》，上海古籍出版社 1987 年版。

（宋）赵彦卫：《云麓漫抄》，中华书局 1996 年版。

（宋）赞宁：《宋高僧传》，中华书局 1987 年版。

（宋）刘跂：《学易记》，文渊阁《四库全书》，上海古籍出版社 1987 年版。

（宋）林希逸：《考工记解》，文渊阁《四库全书》，上海古籍出版社 1987 年版。

（宋）纪有功著，王仲镛校笺：《唐诗纪事校笺》，巴蜀书社 1989 年版。

（宋）赵令畤：《侯鲭录》，《宋元笔记小说大观》，上海古籍出版社 2007 年版。

（宋）吴自牧撰，符均、张社国校注：《梦粱录》，三秦出版社 2004 年版。

（宋）洪遵：《翰苑群书》，文渊阁《四库全书》，上海古籍出版社 1987 年版。

（宋）陈著：《本堂集》，文渊阁《四库全书》，上海古籍出版社 1987 年版。

（宋）叶时：《礼经会元》，文渊阁《四库全书》，台湾商务印书馆 1983 年版。

（元）骆天骧撰，黄永年点校：《类编长安志》，中华书局 1990 年版。

（元）马端临：《文献通考》，中华书局 1986 年版。

（元）佚名：《宋史全文》，黑龙江人民出版社 2004 年版。

（元）辛文房撰，傅璇琮主编：《唐才子传校笺》，中华书局 1987 年版。

（元）脱脱：《辽史》，中华书局 1974 年版。

（元）许谦：《读书丛说》，文渊阁《四库全书》，上海古籍出版社 1987
　　年版。

（明）陶宗仪：《说郛》，文渊阁《四库全书》，上海古籍出版社 1987
　　年版。

（清）王先谦《汉书补注》，中华书局 1983 年，影印虚受堂本。

（清）董诰：《全唐文》，上海古籍出版社 1990 年版。

（清）彭定求：《全唐诗》，中华书局 1960 年版。

（清）徐松等辑：《宋会要辑稿》，中华书局 1957 年版。

（清）秦蕙田：《五礼通考》，文渊阁《四库全书》，台湾商务印书馆 1983
　　年版。

（清）赵翼撰，王树民校证：《廿二史札记校证》，中华书局 1984 年版。

（清）王鸣盛：《十七史商榷》，凤凰出版社 2008 年版。

（清）徐松：《唐两京城坊考》，中华书局 1985 年版。

周绍良等：《唐代墓志汇编》，上海古籍出版社 1992 年版。

周绍良等：《唐代墓志汇编续集》，上海古籍出版社 2001 年版。

吴钢：《全唐文补遗》第三辑，三秦出版社 1996 年版。

陈尚君：《全唐文补编》，中华书局 2005 年版。

赵力光：《西安碑林博物馆新藏墓志汇编》，线装书局 2007 年版。

二　今人著作

［日］平冈武夫：《长安与洛阳》（地图篇），陕西人民出版社 1957 年版。

中国科学院考古研究所：《唐长安大明宫》，科学出版社 1959 年版。

马正林：《丰镐—长安—西安》，陕西人民出版社 1978 年版。

陈寅恪：《元白诗笺证稿》，上海古籍出版社 1982 年版。

张国刚：《唐代官制》，三秦出版社 1987 年版。

唐长孺：《山居存稿》，中华书局 1989 年版。

张永禄主编：《唐代长安词典》，陕西人民出版社 1990 年版。

〔日〕石井正敏：《唐与日本》，吉川弘文馆1992年版。

任继愈主编：《宗教大辞典》，上海辞书出版社1998年版。

史念海：《西安历史地图集》，西安地图出版社1996年版。

〔日〕渡边信一郎：《天空の玉座——中国古代帝国の朝政と仪礼》，柏书房1996年版。

马得志：《唐代长安宫廷史话》，新华出版社1996年版。

齐东方：《唐代金银器研究》，中国社会科学出版社1999年版。

傅熹年：《中国古代建筑史》，中国建筑工业出版社2001年版。

贺旭志等：《中国历代职官辞典》，中国社会科学出版社2003年版。

〔日〕足立喜六：《长安史迹研究》，三秦出版社2003年版。

〔美〕高耀德：《斗鸡与中国文化》，中华书局2005年版。

杜文玉：《五代十国制度研究》，人民出版社2006年版。

〔日〕金子修一：《中国古代皇帝祭祀の研究》，岩波书店2006年版。

辛德勇：《隋唐两京丛考》，三秦出版社2006年版。

龚延明：《中国历代职官别名大辞典》，上海辞书出版社2006年版。

〔日〕松元保宣：《唐王朝の宫城と御前会议——唐代聴政制度の展开》，晃洋书房2006年版。

中国科学院考古研究所等：《唐大明宫遗址考古发现与研究》，文物出版社2007年版。

陕西省考古研究院等：《法门寺考古发掘报告》，文物出版社2007年版。

〔日〕桑原骘藏：《考史游记》，中华书局2007年版。

刘德增：《资治通鉴：中国历代王朝覆亡检讨》，泰山出版社2009年版。

杨鸿勋：《宫殿考古通论》，紫金城出版社2009年版。

张永禄：《唐都长安》（增订本），三秦出版社2010年版。

杜文玉：《唐代宫廷史》，百花文艺出版社2010年版。

杨鸿勋：《大明宫》，科学出版社2013年版。

周伟洲：《汉唐气象——长安遗珍与汉唐文明》，中国社会科学出版社2013年版。

三　学术论文

陕西省文物管理委员会：《唐长安城地基初步探测》，《考古学报》1958
　　年第 3 期。

马得志：《唐长安城平康坊出土的鎏金茶托子》，《考古》1959 年第
　　12 期。

马得志：《1959—1960 年唐大明宫发掘简报》，《考古》1961 年第 7 期。

中国科学院考古研究所资料室：《中国科学院考古研究所 1960 年田野工作
　　的主要收获》，《考古》1961 年第 4 期。

刘致平、傅熹年：《麟德殿复原的初步研究》，《考古》1963 年第 7 期。

陕西省博物馆：《陕西耀县柳林背阴村出土一批唐代银器》，《文物》1966
　　年第 1 期。

傅熹年：《唐长安大明宫玄武门及重玄门复原研究》，《考古学报》1977
　　年第 2 期。

朱捷元等：《西安西郊出土唐"宣徽酒坊"银酒注》，《考古与文物》
　　1982 年第 1 期。

李尤白：《梨园考论》，《人文杂志》1982 年第 5 期。

保全：《唐重修内侍省碑出土记》，《考古与文物》1983 年第 4 期。

张达宏等：《西安市文管会收藏的几件珍贵文物》，《考古与文物》1984
　　年第 4 期。

胡宝华：《唐代朝集制度初探》，《河北学刊》1986 年第 3 期。

［日］室永芳三：《唐代内侍省的宦官组织》，《日野开三郎颂寿纪念论
　　集》，日本中国书店 1987 年版。

杨希义：《唐延英殿补考》，《文博》1987 年第 3 期。

辛德勇：《大明宫西夹城与翰林院学士院诸问题》，《陕西师大学报》1987
　　年第 4 期。

马骥：《西安新出土柳书〈唐回元观钟楼铭碑〉》，《文博》1987 年第
　　5 期。

马得志：《唐长安城发掘新收获》，《考古》1987 年第 4 期。

王仓西：《从法门寺出土金银器谈文思院》，《文博》1989 年第 6 期。

王仓西：《从法门寺出土金银器谈文思院》，《文博》1989 年第 6 期。

［日］室永芳三：《唐代内侍省内养小论》，《长崎大学教育学部社会科学论丛》第 43 号，1991 年。

张十庆：《麟德殿"三面"说试析》，《考古》1992 年第 5 期。

张连成：《唐后期中书舍人草诏权考述》，《文献》1992 年第 2 期。

李有成：《繁峙县发现唐代窖藏银器》，《文物季刊》1995 年第 1 期。

王永平：《论唐代宣徽使》，《中国史研究》1995 年第 1 期。

拜根兴：《唐代的廊下食与公厨》，《浙江学刊》1996 年第 2 期。

中国社会科学院考古研究所西安唐城工作队：《唐大明宫含元殿遗址1995—1996 年发掘报告》，《考古学报》1997 年第 3 期。

王永平：《论唐代道教内道场的设置》，《首都师范大学学报》1999 年第 2 期。

王仲殊：《唐长安城大明宫麟德殿对日本平城京、平安京宫殿设计的影响》，《考古》2001 年第 1 期。

吴丽娱：《试论晚唐五代的客将、客司与客省》，《中国史研究》2002 年第 4 期。

中国社会科学院考古研究所西安唐城队：《西安市唐长安城大明宫丹凤门遗址的发掘》，《考古》2006 年第 7 期。

［韩］柳浚炯：《试论唐代内养宦官问题》，《国学研究》第 26 卷，北京大学出版社 2006 年版。

尚民杰：《关于大明宫的几个问题》，《唐大明宫遗址考古发现与研究》，文物出版社 2007 年版。

周侃：《唐中后其宫廷宴飨与乐舞、百戏表演场所考察——以勤政殿、花萼楼、麟德殿、曲江为考察中心》，《中华戏曲》2008 年第 2 期。

李向菲：《唐大明宫浴堂殿方位考》，《中国历史地理论丛》2008 年第 4 辑。

樊波：《唐大明宫玉晨观考》，《唐代国家与地域社会研究》，上海古籍出版社 2008 年版。

刘思怡、杨希义：《唐大明宫含元殿与外朝听政》，《陕西师范大学学报》2009 年第 1 期。

仝建平：《唐代宣徽使再认识》，《兰州学刊》2009 年第 9 期。

董春林：《唐代少阳院小考》，《华夏文化》2009 年第 1 期。

侯卫东：《含元殿、麟德殿遗址保护工程记》，《中国文化遗产》2009 年第 4 期。

王颜、杜文玉：《论唐宋时期的文思院与文思院使》，《江汉论坛》2009 年第 4 期。

杜文玉：《唐代起居制度初探》，《江汉论坛》2010 年第 6 期。

李英：《大明宫外宫墙诸宫门名称考》，《丝绸之路》2010 年第 24 期。

于赓哲、吕博：《中古放赦文化的象征——金鸡考略》，《陕西师范大学学报》2010 年第 3 期。

杜文玉：《唐大明宫含元殿与外朝朝会制度》，《唐史论丛》第 15 辑，三秦出版社 2012 年版。

［日］松本保宣：《从朝堂到宫门——唐代直诉方式之变迁》，载《文书·政令·信息沟通——以唐宋时期为主》，北京大学出版社 2012 年版。

尚民杰：《唐代宫人、宫尼墓相关问题探讨》，《唐史论丛》第 16 辑，陕西师范大学出版社 2013 年版。

王孙盈政：《唐代宣徽院位置小考》，《唐史论丛》第 19 辑，三秦出版社 2014 年版。

后　记

　　这部书原是西安大明宫研究院研究项目的结题成果，从 2011 年 4 月批准立项开始，结项后又花了一些时间进行修改，至今已有三年半。这在我已出版的学术专著中算是完成最快的一部书了，原因就在于凡研究项目皆有结题时间的规定，促使笔者不得不加快撰写的步伐。正因为研究的时间不长，所以难免有这样那样的不足，欢迎批评指正。

　　生活在西安的学者在研究大明宫时，有着得天独厚的优越条件，这不仅表现在西安是我国古代建都时间最长的大都市，历史文化积淀深厚，更重要的是大明宫遗址就在今西安市区内，如今又成为国家级遗址公园，考察十分方便，可以随时掌握第一手的田野考察资料。再加上本书原本就是大明宫研究院的项目，其在研究过程和考察中都提供了许多资料和方便，这也是本书结稿较快的一个原因。如今"长安学"已逐渐成为一门热门学科，国内外有不少学者投身于研究之中。陕西师范大学还与陕西省政府、日本学习院大学、韩国忠南大学共同成立了国际长安学研究院，集合了一批来自中国、日本、韩国、中国台湾、中国香港等国家和地区的学者，共同从事这方面的研究。当然本书仅是大明宫研究的阶段性成果，因为时至今日，大明宫遗址内已探明的建筑物仅 40 余处，相当数量的建筑遗址还没有进行发掘，随着考古发掘的不断进行，将会提供更多的考古资料，从而为进一步地研究大明宫创造有利的条件。

　　在本书即将出版之际，笔者还要对那些提供过帮助的人说几句话，没有大明宫研究院提供的研究经费，本书不可能顺利地完成；此外，我的几位研究生也为本书出了不少力，或核对资料，或校对书稿；出版社的宋燕鹏编辑也付出了辛勤的劳动，精心编校书稿。他们都为本书的顺利出版做出了贡献，笔者将永远铭记在心，并表示衷心的感谢。

杜文玉

2014 年 12 月 20 日